대한민국의 대통령들

■ 이 책은 2011년 출간된《대통령 이야기》의 전면 개정판입니다.

대한민국의 대통령들

1판 1쇄 발행 2017. 2. 10.
1판 2쇄 발행 2017. 3. 27.

지은이 강준식

발행인 김강유
편집 고우리 | 디자인 홍세연
발행처 김영사
등록 1979년 5월 17일 (제406-2003-036호)
주소 경기도 파주시 문발로 197(문발동) 우편번호 10881
전화 마케팅부 031)955-3100, 편집부 031)955-3250
팩스 031)955-3111

값은 뒤표지에 있습니다. ISBN 978-89-349-7716-2 03900

독자 의견 전화 031)955-3200
홈페이지 www.gimmyoung.com 카페 cafe.naver.com/gimmyoung
페이스북 facebook.com/gybooks 이메일 bestbook@gimmyoung.com

좋은 독자가 좋은 책을 만듭니다.
김영사는 독자 여러분의 의견에 항상 귀 기울이고 있습니다.

이 도서의 국립중앙도서관 출판시도서목록(CIP)은 서지정보유통지원시스템 홈페이지
(http://seoji.nl.go.kr)와 국가자료공동목록시스템(http://www.nl.go.kr/kolisnet)에서
이용하실 수 있습니다.(CIP제어번호 : CIP2017001636)

좋은 대통령
나쁜 대통령

대한민국의
대통령들

강준식

김영사

대통령의 자세

"옛날 천하를 다스리던 임금은 그 지혜가 하늘과 땅을 덮을 만해도 스스로 생각하지 않았다"고 장자莊子는 말했다. 훌륭한 위정자는 자신의 생각이 옳다 해도 그것을 국민에게 강요하지 않고 국민의 생각을 도리어 자신의 생각으로 삼았다는 뜻이다. 따라서 국가의 과제나 프로젝트 또한 국민이 관심을 두는 일부터 우선순위를 정해야 한다는 얘기다.

그럼 국민이 가장 관심을 두는 일은 무엇일까?

원론적이지만 "자공子貢이 나라 다스리는 일을 물으니 공자孔子가 이르기를 먹을 것이 족하고 병兵이 족하면 백성들이 이를 믿게 된다子貢問政, 子曰足食足兵 民信之矣"는 말이 《논어論語》에 나온다. 결국 국민의 최우선 관심사는 배불리 먹는 일이고 외부의 위협으로부터 보호받는 일이다. 경제와 국방. 위정자에게는 이 두 가지가 최우선이고 다른 모든 것은 그 다음의 선택이어야 한다.

먹고사는 일도 아니고 안보에 해당하는 일도 아닌데, 자기가 하고 싶다고 국민에게 강요하는 대통령이 있다면 문제가 있어도 한참 있는 대통령이다. 그 일을 통해 어떤 대통령은 자신의 한풀이를 하고 싶었는지도 모르고, 어떤 대통령은 뒷돈을 챙기고 싶었는지도 모르며, 어떤 대통령은 공과 사를 구별하지 못해 국민이 선출하지 않은 사람이 국정을 농단하도록 내버려두었는지도 모른다.

문제는 이런 일을 강행하는 대통령을 견제할 세력이 사실상 없다는 점이다. 삼권분립은 겉모양뿐으로 대통령에 대한 견제와 균형Checks and Balances의 전통은 확립되어 있지 못하다. 조선조의 임금통치로부터 식민지의 총독통치를 거쳐 독재정권에 이르기까지 권력이 한 사람에게 집중되는 풍토는 크게 변하지 않았다. 남북분단의 대치 상황이 대통령의 권력집중을 정당화시켜준 측면도 있다.

대통령의 3대 권한은 정책권, 인사권, 예산권이다. 여기에 덧붙여 한국 대통령에겐 대통령제의 본고장인 미국 대통령이 갖고 있지 못한 권한이 세 개 더 있는데, 그 하나는 검찰·경찰·국세청·감사원을 움직일 수 있는 사정권이고, 둘은 국정원과 기무사 등을 통해 얻을 수 있는 정보권이며, 셋은 집권당을 사실상 자기 뜻대로 움직일 수 있는 당권이다. 대통령은 위에 열거한 권력기관들을 통해 대한민국의 모든 부문에 영향력을 미칠 수 있다.

이에 반해 백악관엔 사정을 담당하는 사정비서관이나 민정비서관 같은 자리가 아예 없다. 연방검찰이나 내국세청(IRS)이나 연방회계감사원도 완전 독립되어 있어 백악관에서 영향력을 행사할라치면 직권남용의 엄청난 스캔들로 비화한다. 또한 미국 대통령에겐 당권도 없다. 반면 한국 대통령은 사실상의 공천권과 사실상의 당직 임명권 등을 통해 여당 의원들을 청와대의 거수기로 만들 수 있다.

옛날 중국의 황제는 자신을 '짐朕'이라 칭했는데, 이는 자신의 희로애락에 따라 천하의 기류가 바뀔 수밖에 없는 '조짐'의 주체라는 뜻이었다. 마음만 먹으면 얼마든지 세상을 바꿀 수 있는 한국의 대통령 또한

'짐'에 못지않은 제왕적 존재다.

국가라는 거대한 행정관료 체제를 지휘하고 엄청난 물자를 통제하며, 합법적 국가폭력을 독점한 그는 전쟁을 치를 수도 있고, 수출입국을 할 수도 있으며, 남북교류의 물꼬를 트거나 거대 토목공사를 강행할 수도 있고, 나라를 환란이나 혼돈에 빠뜨릴 수도 있다.

그래서 국민적 반대를 무릅쓰고 도모한 일리―利는 결국 국민 부담으로 고스란히 돌아온 경우가 많았다. 지지율이 높은 대통령일수록 폭주하는 경향이 있었다. 서행운전은 가벼운 접촉사고로 끝나지만 폭주는 대형사고가 된다.

역사의 학습효과

대한민국의 역대 권력자에 대한 글을 쓰면서 내 뇌리를 떠나지 않았던 것은 어디선가 읽은 로마 황제의 묘비명이다.

"Tu fui, ego eris(나는 그대였나니 그대도 내가 되리라)."

많은 것을 생각하게 하는 문구다. 누구나 죽으니까. 그에 덧붙여 처음엔 누구나 다 밝은 아침으로 시작하지만 그 종말은 어두운 밤으로 끝난다는 점에서 그렇다. 이 점, 한국의 역대 권력자들도 예외가 아니다.

이를테면 정부수립의 공을 세운 이승만은 하와이로 망명해야 했고, 민주적인 장면은 민주정체를 빼앗겼으며, 실권 없는 윤보선은 쿠데타를 시인함으로써 군사정권의 길을 터주었고, 경제개발을 일으킨 박정희는 부하에게 피살되는 비운을 맞았으며, 민중의 열망과 군부의 총구 사이에서 무기력했던 최규하는 짧은 서울의 봄과 함께 무대 뒤로 사라져야 했고, 권위주의적인 전두환은 안전장치로 세운 친구에 의해 백담사로 유배되었으며, 거대공사들을 일으킨 노태우는 정경유착으로 투옥되었고, 신한국을 창조하겠다던 김영삼은 IMF환란을 맞았으며, 햇볕정책의 김대중은 특검에 의해 그 정당성이 부정되는 곤욕을 치렀고, 서민들의 꿈이었던 노무현은 퇴임 후에 자살하고 말았다. 또 경제 대통령을 슬로건으로 내걸었던 이명박은 임기 후 여론조사에서 '최악의 대통령'으로 뽑혔고, 콘크리트 지지율을 자랑하던 박근혜는 최순실 게이트로 탄핵 사태를 맞았다.

대통령의 비극이다. 그러나 대통령의 비극은 대통령 한 사람에게 국한된 것이 아니라 그의 통치를 받는 한국인 전체의 비극으로 이어진다는 점에서 간단한 문제가 아니다. 그에 대해 "청와대의 터가 세서 그렇다"는 속설도 있을 정도다. 대체 왜 그런 비극이 계속 되풀이되었던 것일까?

대한민국 권력자들의 영고부침榮枯浮沈을 당대에 다 목격한 사람도 많을 것이다. 그들의 정치행적을 살펴보면 하나의 공통점이 발견되는데, 그건 역사로부터 배운 것이 없었다는 점이다. 가령 장기집권의 끝을 보고서도 영구집권을 꿈꾸는가 하면, 정경유착의 폐해를 적시하면서도 답습하고, 권력집중을 비난하면서도 그것을 즐겼다. 거기에 욕망을 채워주는 달콤한 무엇이 있었기 때문이다. 그 달콤함을 즐기느라고 그들은 역사와 대화하지 않았다. 그래서 일반 국민이 익히 알고 있는 아주 간단한 역사적 교훈도 받아들이지 않은 것이다. 다시 말하면 역사의 학습효과가 없었다. 대통령의 비극이 되풀이될 수밖에 없었던 이유다.

처음엔 그들도 맑은 꿈과 올바른 대의를 갖고 정치를 시작했을 것이다. 그러나 권력에 중독되면서 꿈과 대의가 변질되고 나중엔 인상마저도 바뀐다. 가장 비권위주의적이었다는 평을 들은 노무현조차도 권좌에 있었을 때는 그렇게 온화한 표정이 아니었다. 묘한 것은 권좌를 내려온 뒤의 표정은 다들 다시 온화해진다는 점이다.

그렇다면 권력 자체가 악인가? 그럴지도 모른다. 〈반지의 제왕〉에 나오는 절대반지를 낀 것처럼 권좌에 앉으면 누구나 마음이 강퍅해지고 오만해지는 모양이다. 자기를 드러내고 과시하고 차별화하고 싶기 때문일 것이다. 이런 이유로 역대 정권은 전임 정권을 거의 다 부정했다. 이를테면 장면은 이승만을 독재정권이라고 부정했고, 박정희는 장면을 무능부패 정권이라고 부정했다. 김영삼은 '신한국 창조'라는 이름으로, 김대중은 '제2의 건국'이라는 이름으로 역대 정권을 사실상 부정했다. 이명박도 ABR(Anything But Roh) 정책이니 '잃어버린 10년'이니 하면서 노무현 내지는 김대중 정권을 부정했다. 그러나 역사란 단절과 청산의 대상이 아니다. 좋은 정책은 전임 정부의 것이라도 계승하고 발전시켜나가는 것이 선진적인 태도다. 단절한다면 사회의 안정적 발전을 도모할수 없기 때문이다. 심지어 탄핵 같은 불행한 경험도 우리나라 역사를 발전시키는 귀중한 경험과 교훈이 될 수 있다.

두 가지 질문

올해로 정부수립 69년째다. 역대 권력자들에게는 부정적인 면도 있었지만 다 그 나름의 시대적 역할이 있었다는 생각이 짙게 든다.

가령 이승만이 아니었다면 이 땅에 현재의 자유민주체제가 선택될수 있었을까? 장면의 내각제를 겪지 않았다면 역설적으로 대통령제가 확립될 수 있었을까? 박정희가 아니었다면 경제개발이 가능했을까? 전두환이 아니었다면 그토록 격렬한 민주화 운동권이 형성되었을까? 노태우의 징검다리 역할이 없었다면 민간정부의 등장에 대한 군부의 거부반응을 누그러뜨릴 수 있었을까? 김영삼이 아니었다면 하나회를 제거할 수 있었을까? 김대중이 아니었다면 남북화해무드를 느껴볼 수 있었을까? 노무현이 아니었다면 권위주의 타파를 경험할 수 있었을까? 이명박이 아니었다면 경제인 출신이 정치권력을 장악하게 되면 경제적 불안정성이 더 커질 수도 있다는 사실을 깨달을 수 있었을까? 박근혜가 아니었다면 권력자의 아들딸로 자란 정치인의 가문정치가 선대의 잘못을 인정하거나 고치기 어렵다는 사실을 절감할 수 있었을까?

이렇게 보면 우리 역사는 단절된 것이 아니라 한 고비 한 고비의 사실을 배우고 경험을 축적하면서 계승·발전되어왔다는 것을 알 수 있다. 과오가 있었던 것도 사실이지만 이 역사는 우리의 역사이고 우리의 자산이다. 미국의 초대 대통령 조지 워싱턴George Washington도 국정운영 능력은 그리 신통치 않았던 것으로 알려져 있다. 그럼에도 미국 정부가 교과서 등을 통해 그를 위대한 대통령으로 계속 띄워 올린 것은 대통령직의 상징성을 정착시키고 미국이라는 나라를 자랑스럽게 여기도록 만들기 위함이다.

이제는 우리도 우리가 뽑은 지도자를 흔들어 모두를 실패자의 카테고리로 밀어 넣지만 말고, 부족한 데가 있었다 할지라도 차세대가 이 나라를 자랑스럽게 여길 수 있도록 역대 대통령의 공과功過를 분명히 하여 공은 띄워 올려야 할 때가 되지 않았나 하는 생각이 든다.

해방 후 우리가 겪은 권력자는 모두 12명이다. 대통령은 11명이었지만 내각책임제하의 국무총리를 포함해서 '대한민국호'를 운전한 선장은 모두 12명이다. 그중 10명의 선장을 다룬 이야기를 2011년 낸 바 있으나 이명박과 박근혜를 추가하여 대통령이 만든 우리 현대사를 재조명코자 이 책을 출간하게 되었다.

12명의 선장에게는 저마다 공과가 있고 시대적 역할이 있었다. 그들

권력이 탄생한 과정에서부터 정치적 상황, 일화, 업적, 평가 등을 이야기 형태로 담아 대통령들이 직조한 우리 현대사가 읽는 이의 머릿속에서 저절로 그려질 수 있도록 집중했다. 아울러 또한 대통령은 어떤 사람이어야 하는가를 판단케 하는 데 서술의 행간을 두었다. 역대 대통령을 다룬 이 이야기를 내리닫이로 다 읽으면 그것이 바로 우리 한국의 현대사다.

관점은 중립적인 입장을 취했다. 재미있으면서도 엄정하고 객관적인 서술이 되도록 많은 자료와 인터뷰를 섭렵하고 현장에서 취재한 정보들을 활용했는데, 이 과정에서 다양한 견해와 비사를 들려준 선후배 여러분에게 감사의 마음을 전하고 싶다.

탄핵으로 앞당겨 치르게 된 19대 대선을 앞두고 이 졸저가 시대정신에 부응하는 바람직한 대통령상과 그 선택에 대한 팁이 된다면 더없는 기쁨과 보람이 될 것이다. 강조하건데, 선택에 앞서 유권자들은 반드시 다음 두 가지 질문을 대통령 후보에게 던져보아야 한다.

첫째, 당신은 왜 대통령이 되고 싶은가?

둘째, 당신은 대통령이 되고 나서 무엇을 하고 싶은가?

2017년 1월

강준식

4. 박정희　　　　　　　　　　　　　　　　가난이라는 '병'을 수술하라

5. 최규하　　　　　　　　　　　돌다리도 두드려보고 남이 건너기를 기다려라

6. 전두환　　　　　　　　　　　　　　　　　　5공은 3공의 모조품?

7. 노태우　　　　　　　　　　　　　　　너무 일찍 터뜨린 샴페인

8. 김영삼　　　　　　　　　　　　　　　문민정부의 개혁과 실책

9. 김대중　　　　　　　　　　　　　　　주변부를 중심부로

10. 노무현　　　　　　　　　　　　　　　　　　　'사람 사는 세상'을 위해

11. 이명박　　　　　　　　　　　　　　　　　　　　　　　　CEO 대통령

12. 박근혜　　　　　　　　　　　　　　　　청와대의 '공주'에게 비전은 있는가

1

이승만

**망명길에 오른
'건국의 아버지'**

다른 가능성도 있었던 해방공간에서 그는 자유민주체제를 택한
다. 학교에 자유민주주의 교육을 도입시킨 것도 그다. 하지만 그의
집권 12년 동안 자유민주주의 이념 교육에 의해 한국 사회의 가장
강력한 세력의 하나로 성장해 있던 학생집단은 그를 거부한다. 자
신이 편 정책의 성공으로 자신의 통치가 부정되는 역사에서의 토
크빌효과를 만든 그는 마침내 망명길에 오른다.

야누스의 얼굴

서울 종로구 이화동 1번지 낙산 기슭에 위치한 이화장 대문에 들어서면
제일 먼저 눈에 들어오는 것이 초대 대통령 이승만李承晩의 동상이다. 오
른손을 치켜든 동상이 "뭉치면 살고 흩어지면 죽는다"고 외치는 것만 같
다. 혼돈의 해방정국에 그가 던졌던 이 구호는 지금도 세인의 뇌리에 깊
이 각인되어 있다. 정치적 리더십의 지향점은 결국 통합이기 때문이다.

그러나 반대세력으로부터 분열주의자로 매도당하기도 했던 그는 특
히 4·19혁명 뒤에는 독재자라는 낙인까지 찍혀 역대 대통령 인기순위
에서 상위권을 차지하지 못했다.

그러다가 근년에 들어 긍정적 시각이 대두되었는데 그 내용은 주로
"우리는 지금 세계 10위권의 경제대국에 들 정도로 잘사는 나라가 되었
다. 이 같은 경제발전은 이승만 대통령이 자유민주체제의 틀을 만들어
놓았기 때문에 가능했던 것 아니냐?"는 것이다.

이런 기조 위에 일부 추종자는 미국의 경우처럼 이승만을 '건국의
아버지Founding Father'로 받들어 광화문광장에 동상도 세우고, 거리에 이
름도 붙이고, 화폐에 초상화도 집어넣자는 주장을 편다.

그러나 중학교 때 4·19를 겪은 나로서는 몇 가지 의문이 있다. 우선 어린 학생들에게까지 자유민주주의 교육을 시킨 것은 다름 아닌 대통령 이승만이었다. 그래서 1950년대의 어린 나도 해마다 반장 선거와 어린 이회장 선거에 나섰던 기억이 난다. 당시 초등학생에게 장래 무엇이 되고 싶으냐고 물으면 남자아이들은 대개 '대통령'이라고 대답하곤 했다. 사회 분위기도 상당히 자유롭고 민주적이었다. 다시 말해 이승만 정책은 성공적으로 수행되었던 것이다. 이렇게 자신이 편 정책의 성공으로 자신의 통치가 부정되는 역사에서의 토크빌효과Tocquevillean effect를 만든 장본인이 바로 이승만이기도 했다.

여기서 나의 의문은 ① 미국식 민주주의를 한국에 편 이승만과 그 민주주의를 신봉한 사람들을 억누른 이승만이 어떻게 동일인일 수 있었는가 하는 점이다.

② 반공주의라는 키워드도 떠오른다. 그런 그도 1933년에는 도움을 얻으러 소련을 방문한 일이 있고, 1945년 귀국해서는 공산당을 수용하겠다는 성명을 발표한 일도 있으며, 1948년에는 공산당 출신의 조봉암을 초대 농림부 장관에 발탁하기도 했다.

③ 반일주의 또한 그의 전매특허였다. 일본이라면 넌더리를 쳤지만 실제 맥락에서는 친일파를 수용했고 친일파를 처단하려던 반민특위를 해체시켰다.

④ 단결을 부르짖었지만 실제 "이 박사가 가는 곳은 교포사회나 독립단체에 분열이 일어나지 않는 곳이 없었다"[1]는 평을 듣기도 했다.

⑤ 그리고 무엇보다도 이승만 하면 친미주의라는 용어가 떠오른다. 비판세력들은 여기서 한 걸음 더 나아가 그를 '미국의 앞잡이'로 매도

---

1   "밖에서 본 이승만 박사", 〈신동아〉, 1965년 9월호.

하기도 했다. 그 정도는 아니라 해도 대부분은 그가 미국의 덕을 보았다고 생각한다. 미국에서 공부했고, 미국을 좋아했으며, 미국의 힘에 의존하려 했던 것은 사실이다. 그러나 묘한 것은 미국 정부가 그를 시원하게 밀어준 적은 단 한 번도 없었다는 점이다. 그 이유는 시기마다 다르지만 그는 미국 정부로부터 줄곧 '왕따'를 당했다.

그럼에도 불구하고 그가 미국의 덕으로 나라도 세우고 집권도 하고 전쟁도 치르고 경제원조도 받을 수 있었던 것은 약소국의 희생이 다반사로 벌어지는 살벌한 국제정치의 현실에서 미국을 아는 그가 미국을 철저히 이용한 결과였다. 그의 일생은 미국과의 힘겨루기였다고 해도 과언이 아니다. 그렇게 줄다리기를 하면서 끝내는 미국을 자기 페이스로 끌어들였던 용미주의用美主義자. 그런 야누스적인 이중 면모가 어떻게 가능했던 것인가? 과연 그는 어떤 인물이었을까?

영어 공부

영어 이야기부터 시작하는 것이 좋을 것 같다. 이승만은 미국과 밀접한 관계가 있었기 때문이다. 역대 대통령 가운데 통역을 데리고 다니지 않아도 좋을 만큼 영어를 잘했던 대통령으로는 아무래도 미국에서 40년 가까이 생활했던 이승만을 꼽지 않을 수 없을 것이다.

물론 그 말고도 영국에 유학했던 대통령으로는 윤보선이 있고 미국에 유학했던 총리로는 장면이 있다. 그러나 해방직후 영어회화를 가장 유창하게 구사했던 정치인으로 미 제24군단 정보참모부(G-2)의 문서가 기록하고 있는 것은 장택상인데 이는 유학을 갔던 나이와 관계있는 듯하다. 장택상이 영국에 유학 간 나이는 17세다. 그에 비해 장면은 21세,

윤보선은 24세, 이승만은 30세 때였다.

1875년생인 이승만은 어릴 때는 도동서당을 다니며 《동몽선습 童蒙先習》《통감 通鑑》과 사서삼경 四書三經을 공부했고, 13세부터 19세까지는 해마다 과거를 보았다. 그러나 정답을 돈 주고 판다는 소문까지 나돌았던 구한말의 과거시험은 그를 번번이 낙방하게 만들었다.

1894년 갑오개혁으로 과거시험을 폐지한 조정이 신식학교를 세우고 젊은이들로 하여금 외국어와 서양문물을 배우도록 장려하자 이승만은 배재학당에 들어가 영어를 배우기 시작했다. 화학을 가르치던 W. A. 노블 W. A. Noble 선생으로부터 알파벳을 배웠다는데 얼마나 머리가 좋았던지 "영어공부를 시작한 지 6개월밖에 되지 않았는데 영어선생이 되었다고 하여 사람들의 칭찬이 자자했다."[2]

배재학당을 2년 반쯤 다니고 1897년 졸업할 때는 영어실력이 정부고관·외국 외교관·선교사·학부형 등 800여 명의 하객 앞에서 '한국의 독립 Independence of Korea'이란 제목으로 영어연설을 했을 정도다.

그 후 구국운동을 하다 붙잡힌 이승만은 서소문 옆의 한성감옥, 속칭 '선혜청 감옥'에 갇혀 사형수의 형틀을 쓰고 있으면서도 영어 단어를 외워 "'언제 죽을지도 모를 사람이 그런 공부를 해서 무엇에 쓰나' 하고 옆에서 물으면 '죽으면 못 쓰더라도 산 동안 할 건 해보아야지…… 혹 쓰일 일이 있을지도 모르니까' 하고 태연히 대답했다"고 한다.[3]

같이 수감되었던 신흥우의 증언에 따르면 이승만은 감옥에서 《영일사전》을 갖고 있었고, 선교사들이 들여보낸 미국 잡지들(〈더 아웃룩 The Outlook〉〈더 인디펜던트 The Independent〉)과 《신약성경》을 교과서로 삼아 거

---

2   "청년 이승만 자서전", 〈신동아〉, 1979년 9월호.
3   프란체스카 도너 리(조혜자 역), 《대통령의 건강》, 보건신문사, 1988.

기 실린 영어단어와 문장을 관사 하나 틀리지 않게 다 외웠다고 한다. 나중에는 의욕을 갖고 영한사전을 F항목까지 집필하기도 했다.

1904년 8월, 특별사면으로 석방된 후 시종무관장 민영환이 건넨 고종의 밀서를 품고 미국에 건너간 것도 영어를 할 줄 알았기 때문이다. 그는 통역 없이도 시어도어 루스벨트Theodore Roosevelt 미 대통령을 만나 한국의 독립을 도와달라는 청원을 영어로 말할 수 있었다.

밀사활동 실패에 실망한 이승만은 미국에 남아 더 공부하기로 마음먹고 조지워싱턴대학 3학년에 편입한다. 배재학당에 다닌 기간을 단과대학 2년 수료 과정으로 인정받았던 것이다.

학비와 생활비는 민영환이 밀사활동 자금으로 보내준 300달러와 그 자신이 워싱턴 일원의 여러 장로교회 주일학교나 청년회 모임, 선교사 모임을 다니며 영어로 신앙 간증을 하고 받은 사례비로 충당했다.

대학을 졸업한 그는 하버드대학원을 거쳐 1910년 6월에는 프린스턴에서 〈미국의 영향을 받은 중립Neutrality as Influenced by the United States〉이란 논문으로 박사학위를 받았다. 흥미로운 점은 미국에 가기 전 그가 고베에서 탄 기선 시베리아호의 승선부에 적은 이름은 Seung Manh Ye, 학위를 받기 전 피츠버그 기독교대회의 참가자 명단에 적은 이름은 E. Sung Man이었던 데 반해 논문의 영어 표기명은 Syngman Rhee로 바뀌었다는 점이다.

Woman should be seen, not be heard

해방 후 초대 대통령이 된 이승만은 영어 잘하는 사람을 우대했다. 그래서 해방 전 미국 유학을 다녀온 김도연(재무), 김태선(내무), 김현철(재무),

백낙준(문교), 윤치영(내무), 이교선(상공), 이기붕(국방), 임병직(외무), 임영신(상공), 장석윤(내무), 조병옥(내무), 조정환(외무), 최규남(문교), 최순주(재무), 허정(사회) 등을 장관에 발탁했고, 영국 유학을 다녀온 신성모(국방·내무), 윤보선(상공), 장택상(외무) 등을 장관에 기용했다.

이밖에 영미에 유학했던 것은 아니지만 영어에 능통했던 변영태를 외무장관에 발탁하기도 했다. 이승만 시대의 육군참모총장 8명 가운데 군사영어학교 출신은 모두 5명이나 되었다.

미국생활을 오래 한 탓이기도 하고, 부인 프란체스카Francesca Donner Rhee가 한국말을 잘 모르는 탓도 있어 이승만은 집에서 주로 영어를 사용했는데, 그 단적인 증거가 4·19 후 하와이로 망명하면서 남기고 간 애견 '해피'의 존재다. 잉글리시 토이 스패니얼 계통의 이 개는 영어만 알아듣는 탓에 주인이 없던 이화장 측에서 기르기가 아주 곤란했다는 것이다. 그래서 줄리어드음대를 나와 프란체스카와 가까이 지냈던 소프라노 편정희가 두어 달 키우다가 인편을 통해 하와이로 보냈다고 한다.

그럼에도 불구하고 이승만의 영어는 네이티브 스피커에게 아주 완벽하게 들리지는 않았던 모양이다. 〈시카고 선타임스Chicago Sun-Times〉지의 마크 게인Mark Gayn 특파원은 1946년 서울을 방문한 뒤 "이승만은 하버드에서 석사를 받고 프린스턴에서 박사를 받았지만 그의 영어는 부자연스러웠고 힘들여 문장을 이어나가곤 했다"고 꼬집기도 했다.[4]

이 점 스코틀랜드에 유학하여 영어가 능통했던 오스트리아 출신의 부인 프란체스카가 "프린스턴대학에서 박사학위를 받았지만 남편은 늘 학생처럼 열심히 새 (영어) 단어를 외우며 꾸준히 공부를 했다. 나이 80이 넘을 때까지도 남편은 계속 공부를 하며……"라고 회고한 것을 보면

4　Mark Gayn, 《Japan Diary》, New York: William Sloane Associates, Inc., 1948.

영어는 그에게 역시 외국어였던 모양이다.

　실제 이승만이 어떤 영어회화를 구사했는지 모르겠으나 프란체스카가 적어놓은 이승만의 영어 문장이 하나 있어 옮겨보면 다음과 같다. "Woman should be seen, not be heard." 회고록에는 이 문장이 "여자란 말이 적어야 한다"로 번역되어 있다. 의역을 해보자면 "여자는 얼굴을 보여야지 말소리가 들려선 안 된다→여자는 엉덩이가 가벼워야지 말이 많으면 못 쓴다"는 뜻 정도로 보통 한국인이 사용하기 쉽지 않은 미국식 영어였음을 알 수 있다. 프란체스카는 이 문장 앞에 "사실은 그동안 많은 분들이 나에게 글을 써달라고 부탁을 했었지만 나는 늘 사양해왔다. 그것은 '여자란 말이 적어야 한다Woman should be seen, not be heard'는 남편의 가르침에 따라 내가 살아온 때문이다"라는 설명을 붙여놓았다.[5]

　프란체스카의 순종적인 성격과 이승만의 권위적인 성격이 동시에 느껴지는 문장이다.

프란체스카

이승만의 리더십을 흔히 '가부장적 권위주의'로 규정한 글이 많은데, 바로 그 같은 점을 잘 보여주는 삽화가 하나 있다. 시인 서정주가 1947년 〈민중일보〉 사장이던 윤보선의 부탁으로 이승만이 살던 돈암장을 방문했을 때의 목격담이다.

　조그마하고 가냘프고 유순한 부인(프란체스카)은 묵묵히 명령대로 나가 꽤

5　프란체스카 도너 리(조혜자 역), 《대통령의 건강》, 보건신문사, 1988.

오랜 뒤에 돌아와서 그게 어디에 있는지 아무리 찾아봐도 잘 나타나지 않는다고 했다. 그런 일은 어느 집에서나 가끔 있는 일로 자세히 오래 찾아야 하는 일이기 때문에 나는 다음에 와서 가져가겠다 하고 여기를 뜨려 했다. 그러자 이 박사는 침대에서 허리를 반만 일으키고는 들어와 서 있는 프란체스카 부인을 화난 눈으로 바라보며 영어로 "겟 아웃(나가)!" 하고 크게 소리치고는 나보고 거기 앉으라고 했다. 나는 그의 부인이 마치 꾸지람 들은 어린애처럼 풀이 죽어 주춤주춤 물러나가는 것을 보며……[6]

민주주의가 고도로 발달한 미국에서 교육을 받고 오래 생활했다지만 이승만은 젊은 시절을 19세기 말 조선에서 보낸 사람이다. 남존여비의 유교사상이 그의 내면에 뿌리 깊게 자리 잡고 있었는데, 그 점은 가령 1952년 여성으로서 사법고시에 처음 합격한 이태영의 판사임용을 김병로 대법원장이 요청했을 때 "여성은 아직 이르니 가당치 않다"면서 제외시켰던 사례에서도 발견된다.[7]

서양인임에도 불구하고 여필종부적인 성격의 프란체스카 도너를 이승만이 처음 만난 것은 1933년이었다. 그해 1월 26일 그는 일본의 한국 병탄과 만주침략을 규탄하는 선전활동을 벌이고 국제연맹으로 하여금 대한민국 임시정부를 승인하도록 설득하느라 국제연맹 본부가 있던 스위스 제네바를 방문한 일이 있었다.

그때 자신이 묵고 있던 레만 호반의 호텔 '드 라 뤼시'의 레스토랑에서 프란체스카를 만나게 되었는데, 당시 그녀는 어머니와 함께 파리를 경유해 스위스를 여행하던 중이었다고 한다.

---

6 서정주, 《미당 자서전 2》, 민음사, 1994.
7 이태영, 《나의 만남, 나의 인생》, 정우사, 1991.

"동양에서 오신 귀빈이 자리가 없으신데 함께 합석해도 되겠습니까?"

지배인의 말에 모녀는 고개를 끄덕였다. 이승만은 프랑스어로 "좌석을 허락해주셔서 감사합니다" 하고 정중히 인사한 뒤 앞자리에 앉았다. 이렇게 만난 두 사람은 곧 사랑에 빠지게 되었는데 이때 이승만의 나이는 58세, 프란체스카의 나이는 33세였다. 이들은 이듬해 10월 8일 뉴욕 몬트클레어 호텔 특별실에서 윤병구 목사와 존 H. 홈스John H. Holmes 목사의 합동 주례로 결혼식을 올렸고, 하와이로 건너가 신혼살림을 차렸다.

두 사람 다 초혼은 아니었다. 프란체스카는 20세 때 오스트리아의 자동차경주 선수였던 헬무트 뵈링Helmut Böring과 결혼했다가 이혼한 경력이 있었고, 이승만은 19세 때 남산 우수현 언덕 아랫동네에 살던 동갑내기 처녀 박승선과 결혼하여 아들까지 낳았으나 뒤에 갈라선 경력이 있었다.

첫 부인 박승선

홀어머니 밑에서도 글공부를 하고 자란 첫 부인 박승선은 "마음씨가 곱고 살림을 잘했다"고 한다. 1899년 이승만이 투옥되자 그녀는 갓난아이를 업은 채 덕수궁 앞에 거적때기를 펴고 사흘이나 임금에게 읍소하여 서울 장안에 열녀라는 소문이 나기도 했다고 한다. 이때만 해도 부부 사이는 그리 나쁘지 않았던 것이 가령 감옥에 있을 때 아내를 그리며 그가 지은 〈규원 閨怨〉 등의 한시 같은 것이 남아 있기 때문이다.[8]

---

8 이원순,《인간 이승만》, 신태양사, 1965.

그 후 미국에 건너간 이승만이 그녀와 헤어지게 된 이유는 무엇이었을까?

"아들 태산을 두고 박씨 부인은 보내지 않으려 하고 미국의 이승만 씨는 보내라 하고 그 실랑이가 굉장하였다고 한다…… 이 일로 인해 이들 부부는 어느 결에 사이가 멀어져갔고 또 자기와 한 번 틀려 밉게 생각되면 좀처럼 돌보지 않는 성미인 이 박사는 그의 본처 박씨를 외면하게끔 되었던 것"이라고 그 원인을 첫 부인의 뻗대는 성격 탓으로 돌린 자료도 있다.[9]

이렇게 미국으로 데려간 아들은 장티푸스에 걸려 14세의 나이에 필라델피아 시립병원에서 죽고 말았다. 아들이 죽은 뒤 첫 부인에 대한 이승만의 정분도 싸늘하게 식었는데, 이는 그가 박사학위를 받은 뒤 서울 황성기독교청년회(YMCA)의 청년부 간사직을 맡아달라는 제안을 수락하고 1910년 10월 말 귀국했을 때 분명히 드러났다.

그 무렵 박승선은 남편이 있는 미국에 갈 생각으로 상동예배당의 서양 부인에게서 영어를 배우며 따로 살고 있다가 남편이 금의환향했다는 소식을 듣고 달려갔으나 이승만은 냉담한 반응을 보였다. 그녀는 남편의 정을 돌려보려고 애썼지만 그럴수록 이승만이 멀리해 결국 종로 2가 YMCA 부근에 집을 따로 얻어 아이들에게 글을 가르치며 살았다고 한다.

그 후 1912년 이승만은 미국으로 돌아갔다. 그로부터 프란체스카를 만나는 1933년까지 21년 동안 이승만은 독신으로 혼자 살았던 것일까?

첫 부인(박승선)과 둘째 부인(프란체스카) 사이에 두 여인이 있었다는 자료들이 있다. 하나는 "이 박사의 대對 여인관계는 신비의 베일 속에 싸여 있지만 그가 프란체스카 부인과 결혼하기 전 어떤 미국 여자와 동

---

9 문일신,《이승만의 비밀-박씨 부인은 살아 있었다》, 범양출판사, 1960.

거생활을 했다"는 것이고,[10] 다른 하나는 임영신이 1930년대 초 이승만의 구혼을 받고 10여 일 동안 혼자 번민하다가 거절했다는 것이지만,[11] 두 자료의 신빙성은 높지 않다.

오히려 이승만의 여자관계는 깨끗했던 것으로 알려져 있다. 무엇보다도 이승만 자신이 프란체스카와 결혼한 것에 만족해했다. 그래서 1945년 해방되던 날 워싱턴의 신문기자들과의 인터뷰에서 그는 "아내의 지혜와 용기, 인내와 슬픔, 노력이 나로 하여금 오늘 이날을 맞게 했다"며 아내의 은공을 치하했다고 한다.[12]

해방 다음 해인 1946년 1월 초 한국에 건너온 프란체스카가 조선타이어주식회사 사장 장진영이 제공한 돈암장에 거처하고 있을 때 이승만의 첫 부인이 그곳을 찾아왔다. 이때 그녀를 이승만과 상면하지 못하도록 따돌린 것은 이기붕의 부인 박마리아였다.

박마리아는 한국인 부인에게 남편을 빼앗길지도 모른다는 불안감에 휩싸여 있던 프란체스카를 안심시키며 변호사 이인에게 한국내 결혼수속을 매듭짓도록 주선해주었다. 이 공으로 박마리아는 프란체스카의 신임을 얻어 훗날 남편 이기붕과 함께 '서대문 경무대'라는 별명을 들을 정도의 권세를 누리게 되었다는 것이다.

안주인의 권세가 컸던 것은 프란체스카의 경우도 예외가 아니었지만 그것은 단지 해로했던 그녀의 생각을 이승만이 존중해주었기 때문이다. 실제로 그의 기를 누를 사람은 아무도 없었다. 이 점 "여자란 말이 적어야 한다는 남편의 가르침에 따라" 살아왔다는 프란체스카의 진술

10 "밖에서 본 이승만 박사", 〈신동아〉, 1965년 9월호.

11 손충무, 《한강은 흐른다―승당 임영신의 생애》, 동아출판사, 1972.

12 "초대 이승만 대통령의 부인 프란체스카 여사의 일생", 〈여성신문〉, 2007년 1월 26일.

이 많은 것을 말해준다.

왕손의식

이승만은 백호白虎상이다. 흰 범 곧 백호는 감춰진 공력이 엄청나므로 산속에 사는 맹호보다 훨씬 고수다. 그래서 누런 범 곧 황호黃虎상의 김 구도 이승만 앞에서는 꼬리를 내려야 했다. 김구뿐만 아니라 누구도 그 의 권위에 도전해 이긴 자가 없었다.

가령 하와이에서 그와 맞섰던 박용만은 북경에서 암살당했고, 통일 문제를 둘러싸고 대립했던 김구는 흉탄에 쓰러졌으며, 한강변 30만 인 파로 위협적인 세를 보였던 신익희는 대선 직전 급서했고, 야당 대통령 후보로 나섰던 조병옥 또한 갑자기 병사했다. 또 216만 표의 위협적인 득표를 보였던 조봉암은 대선 후 형사刑死의 비운을 당했다.

기이하게도 이 도전자들은 모두 죽음을 면치 못했다. 만인을 제압하 는 백호의 힘이었을까? 운세만 센 것이 아니었다. 기도 강해 그 앞에 서 면 누구나 오금이 저려 옴짝달싹 못했다고 한다. 비단 프란체스카만 그 랬던 것이 아니다. 돈암장 시절 이승만의 공보비서를 지냈던 최기일의 회고에 의하면 이승만 앞에서 5분 이상 대등하게 말할 수 있는 한국인 이 없었다고 한다. 만일 상대도 배포가 있어 말을 길게 하면 이승만은 1~2분도 안 돼 입을 다물라는 뜻으로 두 손을 상대방의 입에 갖다 대곤 했다는 것이다.[13]

그는 자기에게 도전하는 자는 결코 용납하지 않았다. 어릴 때 이승

---

13 최기일,《자존심을 지킨 한 조선인의 회상》, 생각의나무, 2002.

만과 가까이 지냈던 신흥우는 6·25 후 미국 교포들로부터 대통령에 출마해보라는 권유를 받았다. 그래서 1952년 귀국하자 부산 피난지의 이승만 임시관저를 방문했다. 여러 채널을 통해 미국 교포들의 동향을 듣고 있던 이승만은 "대통령을 다시 하라는데 난 할 생각이 없으니 당신이 하는 게 좋겠어" 하고 신흥우에게 출마를 권했다. 이에 신흥우가 "그럼 믿고 내가 출마하리다" 하고 승낙하니 이승만은 그렇게 하라면서 그의 손을 꼭 붙들었다. 하지만 이후 신흥우가 무소속으로 출마하자 이승만은 두 번 다시 그를 만나주지 않았다고 한다.[14] 속을 떠보고 도전의사가 드러나자 옛 친구를 내친 것이었다.

> 그분은 오랜 망명생활을 통해 같은 한국 사람들 사이에서는 1대1의 우정을 나눌 수 있는 친구를 갖지 못했다. 같은 한국 사람끼리의 인간관계에 있어서는 그의 추종자가 되어 애정을 공급해주지 않는 한 모두가 그의 적이 되었다.[15]

이 같은 성격이 부모의 과잉사랑에서 비롯되었다는 설도 있다. 어머니(김해 김씨)는 이승만이 여섯 살 때 《천자문千字文》을 떼자 없는 살림에도 온 동네사람을 불러 잔치를 베풀 만큼 애지중지 키웠고, 또 아버지 이경선은 집안 족보를 강조하면서 아들에게 양녕대군의 16대손이라는 선민의식을 심어주었다. 큰 용이 하늘에서 날아와 어머니 가슴으로 뛰어드는 태몽도 한몫 거들었다. 그래서 초명을 승룡承龍이라 지었는데 이는 '용(왕)을 계승한다'→'왕이 된다'는 뜻이다. 그런데 사주팔자 같은 것을 풀어보니 늦게 왕이 될 운세라 '늦게 (왕을) 계승한다'는 뜻의 승만

---

14 김석영, 《경무대의 비밀》, 평진문화사, 1960.
15 "정신의학자가 본 이승만 박사", 〈신동아〉 1965년 9월호.

承晚으로 개명한 것이었다.

이처럼 아버지가 심어준 왕의 꿈이 이승만에게 체현되기 시작한 것은 프린스턴에서 박사학위를 취득한 뒤부터였던 것 같다. 한국인 최초의 박사라는 엘리트의식과 왕손의식은 그를 보통사람과 달리 백성을 내려다보는 위치에 서게 만들었다.

여기에 3·1운동 후에 얻은 임시정부의 '대통령' 타이틀은 그의 카리스마를 한층 강화시켜주었다.

카리스마

《신약》〈고린도전서〉에 등장하는 카리스마χάρισμα란 단어는 본래 '성령의 은사'→'신이 주신 특수한 능력'이란 뜻인데, 막스 베버Max Weber는 이를 원용하여 카이사르나 나폴레옹처럼 세계사를 움직일 정도로 초인적인 자질을 가진 사람에게 피지배자가 절대적 신뢰를 갖고 복종하는 현상을 '카리스마적 지배'라고 명명했다.

이승만의 경우도 뚜렷한 비전, 정확한 판단력, 독창성, 분명한 표현력, 그리고 개인적 역량이나 매력을 지녔다는 점에서 카리스마의 소유자임에 틀림없었다. 그럼에도 불구하고 1920년 말 그가 상하이 임시정부에서 대통령직을 수행했을 때 국무위원들과의 불화에서 드러났던 바와 같이, 그의 카리스마 리더십이 다 통했던 것은 아니다.

기호파(경기도·전라도)를 중심으로 그를 따르는 무리도 있었지만, 동북파(함경도)의 이동휘, 북간도의 국민군, 서간도의 군정서, 하와이의 독립단, 박용만의 국민공회, 신숙의 통일당, 신채호·김원봉·장건상 등 연대서명자 54명을 비롯해 많은 세력들이 그에게 반기를 들었다. 이유는

1919년 그가 국제연맹에 조선의 위임통치를 청원했다는 것이었지만 당시 그의 존재가 아직은 카리스마적 권위로까지 받아들여지지 못했던 반증이기도 하다.

이승만은 이 문제를 수습하는 과정에서 통합의 솜씨를 보이지 못했다. 우호세력과 연합세력을 많이 확보하지 못했던 것이다. 여기서 우리는 단지 학위를 얻었을 뿐인 그가 사실은 본격적인 조직생활을 해본 경험도, 아래로부터의 정치를 몸에 익힐 기회도 가져보지 못했다는 것을 확인할 수 있다. 그는 머리 좋은 사람들이 대개 그렇듯 여론을 중시하기보다는 자신의 능력과 판단을 더 믿는 타입이었다.

결국 이승만은 사태를 수습하지 못한 채 1921년 5월 말 다시 하와이로 건너갔다. 그리고 상하이에서의 경험을 통해 현실정치에 조직이 필요하다는 것을 절감하고 그해 7월 21일 민찬호·안경현·이종관 등 지지세력을 중심으로 '동지회'를 발족시켰다. 이때 이승만은 "앞으로 여러분은 경찰도 되고 군병도 되고 몽둥이도 되어 악한 분자를 처치해야 한다"고 발언했는데, 이는 상하이에서 그가 당한 수모가 어떤 것이었는지를 짐작하게 한다.

동지회는 임시정부 대통령인 이승만을 종신총재로 추대하고 그에게 절대복종하는 것을 신조로 삼았다. 어떤 모임이든 그 단체의 장은 회원들의 선출을 통해 일정기간 임하는 것이 통례인데 이승만은 처음부터 영구총재가 되었다. 여기서 우리는 제왕적 또는 카리스마적 리더십을 취하려 한 이승만의 성격을 발견하게 된다. 이 점은 그가 선호했던 형식으로서의 민주주의와 분명 배치되는 부분이다.

세월과 함께 이런 경향은 점점 굳어져갔다. 아마도 그의 카리스마가 가장 빛을 발했던 기간은 그가 귀국한 1945년 10월 16일부터 11월 16일까지의 한 달간이었을 것이다. 이때 200여 개에 달하던 남한의 좌우

단체가 전부 그의 지도를 받겠다고 모여들었다. 독립협회 시절부터 전해진 그의 명성, 임정 대통령 이력, 71세의 나이, 좌파에서 추대된 인민공화국의 주석이라는 호칭, 그리고 미군정의 전폭적인 지원 등이 시너지 효과를 발휘했던 것이다.

이에 따라 200여 단체로 구성된 '독립촉성중앙협의회'의 총재에 취임하게 된 이승만은 절대적인 카리스마를 지닌 국부國父로 떠오르게 된다. 다만 그 기간이 길지는 못했다. 그의 카리스마를 인정하지 않는 세력이 있었던 것이다. 조선공산당을 중심으로 한 좌파였다. 이후 그는 공산당이라면 넌더리를 치게 되었다.

해방 전의 반공의식

배재학당에 다닐 때만 해도 평민주의자의 한 사람이었던 이승만은 공산주의의 주요 가치가 되는 평등사상에 대해 비교적 긍정적인 생각을 갖고 있었다.

1898년 11월 군주제를 폐지하고 공화정을 도입하려 했다는 혐의로 윤치호·이상재·남궁억 등 독립협회 간부 17명이 체포되자 그는 배재학당의 학생들과 대중 수천 명을 이끌고 경무청과 평리원(고등법원) 앞에서 철야농성을 벌였다. 석방을 요구하는 집회가 밤낮으로 계속되자 그의 아버지가 찾아왔다.

"선친은 내 손을 잡고 눈물을 글썽거리면서 '승만아, 너는 6대 독자라는 것을 잊지 마라'라고 하셨다. 17명은 종내 석방되고 말았는데 그날 밤 나는 참으로 득의충천하였었다. 민주주의를 위한 위대한 승리를 이룩하였던 것이다"라고 이승만은 자서전에 썼다.

또한 황실 조종의 황국협회가 독립협회 회원들을 습격하여 김덕구 란 사람이 죽었을 때 수천 명의 민중이 그 장례식에 참여했는데 이승만 은 바로 그 무리의 리더이기도 했다.

이처럼 당시로서는 진보적이었던 그가 보수적인 생각을 갖게 된 것 은 미국에 건너간 뒤부터였던 것 같다. 1908년 정명운, 장인환 의사義士 가 친일파 미국인 더럼 스티븐스Durham Stevens를 샌프란시스코에서 암 살하여 미국 법정에 서게 되었을 때, 이승만은 자신에게 들어온 법정 통 역 요청을 거절하면서 "예수교인으로서 사람을 죽인 이의 통역을 원치 않는다"고 했는데, 우리는 이 발언을 통해 그가 공산주의를 싫어하게 된 배경이 공산주의를 사탄시하는 기독교의 영향 때문이었다는 것을 유추 할 수 있다.

실제로 그가 공산주의자와 처음 부닥치게 된 것은 1921년 상하이 임시정부에서였다. 당시 국무총리 이동휘는 공산주의자였다. 1919년 이승만이 미국의 토마스 우드로 윌슨Thomas Woodrow Wilson 대통령을 통 해 조선을 국제연맹의 위임통치국으로 인정해달라고 청원한 사실이 뒤 늦게 알려지자 무장독립론을 견지하던 공산주의자와 그 동조세력이 격 렬하게 들고일어났던 것이다.

하와이로 건너간 이승만은 공산주의에 대해 빈부의 격차를 없애는 평등주의는 당當하나, ① 재산분배 ② 자본가 폐지 ③ 지식계급 폐지 ④ 종교단체의 혁파 ⑤ 국가소멸의 다섯 가지는 부당不當하다는 글을 발표 한 일이 있다.[16]

공산주의에 대한 그의 인식을 표현한 이 글로 미루어보건대 이때만 해도 공산주의 자체를 혐오하는 수준까지는 아니었던 것 같다. 왜냐하

---

16 "공산당의 당부당當不當", 〈태평양잡지〉, 1923년 3월호.

면 1933년에는 소련에 도움을 구하러 간 일도 있기 때문이다. 그는 스위스 제네바에서 소련 비자를 얻어 기차를 타고 소련으로 갔다.

> (만주사변 후) 일본의 영토확장이 중국과 마찬가지로 소련에도 위협이 되므로 그는 서방에서보다 더 환대를 받게 되지 않을까 희망했다. 그러나 소련인들은 소련과 만주 지역의 한인들에 아주 적절한 발판을 확보하고 있었기 때문에 소련의 말을 가장 듣지 않을 것 같은 이 망명분자를 도와줄 생각이 전혀 없었다.[17]

그해 7월 20일 모스크바역에 도착한 이승만은 즉시 추방되는 수모를 당했는데, 이것이 공산주의라면 넌더리를 치는 계기가 되었다는 설도 있다.

1945년 5월 연합국 대표들이 샌프란시스코에서 유엔창립총회를 열었을 때, 미 국무부는 중국 외교부장 쑹쯔원朱子文을 시켜 한인 각파 지도자들로 하여금 '한국통일위원회'를 구성케 하여 좌우연립을 종용했다.

당시 이 복안에 앞장섰던 인물은 대일첩보로 미 국무부의 호감을 사고 있던 한길수와 중도파의 김용중 등이었다. 이승만은 임정 대통령을 지낸 자신과 이들을 동격으로 취급하는 국무부의 태도에 화가 났다.

거기다 자신의 지지세력과 상대방이 세 대결에 들어가면 결코 유리한 상황도 아니었다. 이에 이승만은 그런 식으로 연립을 하게 되면 한국을 공산주의에 내주는 것이나 마찬가지라며 단호히 거부했다.

참모인 로버트 올리버Robert Oliver가 이승만의 지도력은 이걸로 끝이

---

17 Richard Allen, 《Korea's Syngman Rhee》, Rutland and Tokyo: Charles E. Tuttle Company, 1960.

라고 한 국무부 관리들의 말을 전하자, 워싱턴에 돌아온 이승만은 그럴지도 모른다면서 "그러나 나 좋자고 한국을 파느니 나는 차라리 아이오와의 작은 양계장으로 은퇴하겠소" 하고 국무부가 종용한 연립안에 대해 강한 거부감을 피력했다. 이처럼 이승만의 반공투쟁은 미국에서부터 시작되었던 것이다.

해방 후의 반공주의

1945년 10월 16일 귀국한 이승만은 남한의 좌우정당·사회단체 대표들이 모두 그의 지도를 받기 위해 모여든 것에 크게 고무되었다. 미군정 또한 그의 지도력을 원했다.

이에 이승만은 10월 21일 '공산당에 대한 나의 감상'이란 방송연설을 통해 "나는 공산당에 대하여 호감을 가지고 있는 사람이다. 그 주의에 대하여도 찬성함으로 우리나라의 경제대책을 세울 때 공산주의를 채용할 점이 많이 있다……"라고 하여 공산주의를 포용하겠다고 선언했다.[18]

다분히 공산당을 의식한 일종의 제스처였을 것이다. 좌파는 환호했다. 아직 수락하지는 않았지만 이승만은 이 시점에서 그들이 세운 인민공화국의 주석이기도 했다. 연설 직후인 10월 23일 각 정당·단체 대표 200여 명이 모여 이승만을 정점으로 한 '독립촉성중앙협의회'를 구성하기로 했는데, 여기엔 조선공산당 등 좌파 단체들도 모두 포함되었다.

10월 31일 이승만은 조선공산당 책임비서 박헌영을 돈암장에 불러

---

18 "이승만, 공산당에 대한 그의 태도를 방송", 〈매일신보〉, 1945년 10월 22일.

들였고, 두 사람의 이날 회담은 원만하게 타결된 듯이 보였다.[19]

그러나 회담에서 논의된 친일파 배제 문제가 공전하자 박헌영이 반기를 들었다.

이에 이승만은 11월 21일 '공산당에 대한 나의 관념'이란 방송연설을 통해 "악독한 왜적의 압박하에서 지하공작으로 절折불굴하고 배일항전하던 공산당원들을 나는 공산당원으로 보지 않고 애국자로 인정한다"면서 자신은 근로대중에게 복리를 주는 경제정책을 펴자는 공산주의자에 대해서는 어느 정도 찬성하지만, 경제정책은 어찌 되든지 공산정부만 세우자고 선동하는 공산주의자에 대해서는 "나랏일에 손해를 끼치는 이들이니 이 분자가 참으로 염려된다"고 말했다.[20]

좌익을 둘로 나누어 한쪽은 인정하지만 다른 한쪽은 인정할 수 없다는 분할통제적인 연설이었다. 그러나 좌파의 정당·단체들은 그 최고 사령탑인 박헌영의 눈치를 보지 않을 수 없었다. 어느 정도 유연성을 보이던 기타 좌익 단체들이 독립촉성중앙협의회로부터 모두 탈퇴했다.

이승만은 12월 17일 '공산당에 대한 나의 입장'이란 방송연설을 통해 "공산분자들이 러시아를 저희 조국이라 부른다니 과연 이것이 사실이라면 우리의 요구하는 바는 이 사람들이 한국에서 떠나 저희 조국에 들어가서 저희 나라를 충성스럽게 섬기라고 하고 싶다"[21]고 공산당과 완전 결별을 선언한다.

여기서 한 걸음 더 나아가 이승만은 "무기휴회된 공위가 재개될 기색도 보이지 않으며 통일정부를 고대하나 여의케 되지 않으니 우리는

---

19 "독립촉성중앙협의회 결성을 위하여 각 정당, 각 단체 대표 회합", 〈매일신보〉, 1945년 11월 2일.
20 "이승만, '공산당에 대한 나의 관념'을 방송", 〈서울신문〉, 1945년 11월 23일.
21 "이승만, '공산당에 대한 나의 입장'이란 제목으로 방송", 〈서울신문〉, 1945년 12월 21일.

남방만이라도 임시정부 혹은 위원회 같은 것을 조직하여……"[22]라고 저 유명한 '남선단정南鮮單政' 발언을 감행하게 된다.

비난여론이 들끓었다. 그러나 그의 발언은 단순히 정권욕에서 나온 것이 아니라 이대로 두면 한반도 전체가 공산화되니 남한만이라도 건져야 하지 않느냐는 절박한 심정에서 나온 것이었다는 해석이 점차 유력해지고 있다. 이를 뒷받침해주는 것이 당시 이승만이 사용한 '임시정부 혹은 위원회'란 용어다. 여기서 '위원회'는 다분히 그해 2월 성립된 북한의 '임시인민위원회'를 의식한 단어로서 소련이 사실은 단독정권을 추구하고 있는 것이 아니냐고 이승만은 의심했던 것이다.

그런데 이 같은 의혹은 1993년 공개된 소련 문서에 의해 사실로 입증되었다. 즉 스탈린Iosif Stalin은 이미 1945년 9월 20일 극동군 총사령관 및 제25군에게 "북조선에 반일적인 민주주의 정당·단체들의 광범위한 동맹에 기초하여 부르주아 민주정권을 수립하는 데 협조하라"는 지령을 보냈고, 이에 따라 소련은 북조선5도행정위원회→북조선5도행정국→임시인민위원회를 통해 이미 북한의 단독정권을 구축해나가고 있었던 것이다.

공산주의와의 협력이나 타협이 불가능하다는 이승만의 지론은 1921년 이동휘 등과의 마찰, 1933년 소련 방문 때 당한 모욕, 1943년과 1945년 좌우연립을 둘러싼 갈등과 미 국무부의 진보적인 관리들로부터 받은 수모 등 자신의 개인적 체험에 바탕을 둔 것이기도 했다.

또한 그는 2차대전 후 연립정권을 구성했지만 좌우연립은 명목이었을 뿐 결국 공산정권이 되고 만 폴란드의 사례에서 공산주의와의 타

---

22 "이승만, 정읍 환영강연회에서 남조선 임시정부 수립과 민족주의 통일기관 설치의 필요성을 주장", 〈서울신문〉, 1946년 6월 4일.

협은 불가능하다는 것을 재확인했는데, 이 점은 '공산당에 대한 나의 입장'이란 그의 라디오담화문 속에 잘 드러나 있다.[23] 통일 분위기에 찬물을 끼얹었다는 점에서 많은 비판을 받았지만 반공주의적인 시각에서는 역시 보는 눈이 남달랐다고도 할 수 있다.

그의 반공주의의 완결편은 일제의 치안유지법을 거의 그대로 옮긴 국가보안법의 제정이었다. 이 법에 의해 반공은 대한민국의 국시國是가 되었던 것이다.

거듭되는 좌절

서재필은 이승만을 가리켜 "독립운동보다 한평생 대통령운동을 한 사람"이라고 말한 일이 있다. 하지만 대통령 꿈을 갖지 않고 어떻게 대통령이 될 수 있겠는가? 우리는 대통령이 되겠다고 중학교 때부터 벽에 써 붙이고 살았다는 김영삼, 정적들로부터 '대통령병' 환자라는 소리를 들었던 김대중 등의 사례를 알고 있다. 꿈을 현실로 만드는 것은 결국 그 자신인 것이다.

이승만의 경우는 조국의 독립운동과 자신의 대통령운동이 겹쳐 있었다고 봐야 한다. 이 두 가지 목표를 동시에 성공시키는 전략으로 그는 미국의 힘을 이용하고자 했다. 그러나 과정은 험난했다. 아이러니하게도 미국 정부는 이승만을 도와준 적이 단 한 번도 없었던 것이다.

고종의 밀서를 품고 미국에 건너간 이승만은 1905년 7월 6일 아침 뉴욕 오이스터베이 별장에서 여름휴가를 보내고 있던 시어도어 루스벨

---

23 "이승만, '공산당에 대한 나의 입장'이란 제목으로 방송", 〈서울신문〉, 1945년 12월 21일.

트 대통령을 만났다. 한국의 독립을 도와달라는 청원서를 받아든 루스벨트는 잠시 문서를 들여다보더니 이승만에게 말했다. "당신 나라를 위해 무엇이든지 할 수 있다면 좋겠소. 다만 이 청원서가 공식계통을 밟아 올라오기 전에 나로서 해줄 수 있는 것이 아무것도 없소." 사실상의 거절이었다. 이것이 미국 정부와의 접촉에서 이승만이 겪은 첫 번째 좌절이다.

두 번째 좌절은 1차대전 직후에 있었다. 전후 파리강화회의가 열린다는 뉴스를 접한 미주 교포들은 1918년 11월 25일 대표자회의를 소집하여 이승만·정한경·민찬호를 파견하기로 결의했다. 그러나 미국 정부에서 출국허가를 내주지 않았으므로 이승만 등은 1919년 2월 25일 월슨 미 대통령 앞으로 청원서를 보냈다. 내용은 한국을 일본의 압제에서 벗어나 국제연맹의 위임통치 아래 두게 해달라는 것이었다. 그러나 미국 정부는 아무런 반응도 보이지 않았고 대통령 면담신청도 받아주지 않았다. 이승만으로서는 프린스턴 시절의 은사였던 월슨 대통령과의 개인적인 친분에 희망을 걸고 접근해보았지만 국제정치의 현실은 냉정했다.

세 번째 좌절은 1921년 11월 12일부터 미국 워싱턴에서 열린 태평양군축회의에서였다. 이승만은 임정 대통령으로서 한국대표단을 구성하고 워싱턴회의에 한국 문제를 상정하기 위해 총력 외교를 펼쳤다. 미국 각처의 한국친우회도 한국대표단을 측면 지원했다. 이에 상하이 임정은 정쟁을 중단하고 이승만에 대한 기대감을 다시 높였다. 그러나 미국은 한국대표단의 존재 자체를 인정하지 않았다. 나아가 미국은 일본과 새로운 협력 체제를 구축함으로써 이른바 워싱턴 체제를 출범시켰다. 그의 세 번째 좌절이다.

네 번째 좌절은 1942년에 있었다. 이승만은 그해 1월 2일 무기대여법Lend-Lease Act에 의한 원조를 받기 위해 국무부를 방문했다. 그러나 국무장관 특별보좌관 앨저 히스Alger Hiss는 그것이 불가능하다고 했다. 그의 말은 이승만이 정말 한인들의 지지를 받고 있는지 미국 정부로서는 확인할 길이 없다는 것이었다. 그래서 이승만은 일본이 패전하면 오랫동안 부동항을 갖고 싶어 했던 소련이 끼어들 터인데, 이를 막자면 미국이 한국의 독립을 미리 승인해주는 길밖에 없다는 논조를 폈다. 그러자 앨저 히스는 책상을 치며 "미국의 주요맹방인 소련을 공격하다니 도저히 들어줄 수가 없소" 하고 쏘아붙였다. 협상은 결렬되었다. 이것이 미국 정부로 인한 네 번째 좌절이었다.

1943년 여름, 이승만은 미 대통령에게 한국 지하운동 조직망의 설계도를 작성해서 보냈다. 이에 프랭클린 루스벨트Franklin Roosevelt는 워싱턴에 와 있던 중국 외교부장 쑹쯔원에게 한인 저항운동의 능력을 평가해달라고 부탁했다. 조사를 해보니 이승만은 중국 옌안에 상당한 기반을 구축하고 있던 독립동맹의 김두봉·최창익·한빈의 좌파세력은 말할 것도 없고, 심지어 미국에 기반을 둔 국민회·흥사단의 안창호 계열과도 적대관계를 형성하고 있었다.

쑹쯔원은 우선 한길수·김용중 등 미국 내의 중도파부터 제휴해보라고 권유했으나 이승만은 반목하는 제휴에서 무슨 지도력이 나올 수 있느냐며 거절했다. 그러자 쑹쯔원은 한인들이 너무 분열되어 있어 무기원조를 제공할 가치가 없다고 루스벨트에게 보고했고, 이에 임시정부는 미국의 승인이나 무기원조를 받을 기회를 상실하고 말았는데, 이것이 다섯 번째 좌절이다.

1945년 5월 연합국 대표들이 샌프란시스코에서 유엔창립총회를 열었을 때, 이승만은 한국독립의 보장을 획득하기 위해 전력을 투구하기로 결심했다. 그래서 한인 지도자들을 모두 불러 샌프란시스코의 마우리스 호텔에 본부를 설치하고 유엔창립총회 사무총장 일을 보게 된 국무부의 앨저 히스에게 한국도 옵서버 자격을 갖게 해달라고 요구했으나 보기 좋게 거절당했다. 이것이 여섯 번째 좌절이다.

1945년 8월 15일 마침내 일본이 항복했다. 그는 하루빨리 귀국하고 싶었으나 국무부가 비협조적이었다. 전시에 인연을 맺은 미국 전략정보국(OSS)이 도움을 주어 겨우 여행증을 받았으나 얼마 후 다시 취소되었다. 이유는 그가 임정 고등판무관High Commissioner의 자격으로 한국에 들어갈 수는 없다는 것이었다.

구원의 손길은 다시 군부로부터 왔다. 구체적인 인맥은 OSS 차장으로 승진한 프레스턴 굿펠로Preston Goodfellow 대령이었다. 정보기관 부책임자의 추천은 연합군 최고사령관 더글러스 맥아더Douglas MacArthur에게도 무게 있게 받아들여졌다. 그로부터 한 달. 이승만은 도쿄행 군용기를 얻어 타게 되었다. 10월 4일 그는 배웅 나온 임병직에게 편지를 한 통 건넸는데 거기에는 그동안 그가 국무부에 '왕따' 당한 피눈물 나는 설움이 이렇게 피력되어 있다.

> 미쥬를 떠나는 나 리승만은 새벽 등불하에서 두어 줄 글로 미포美胞 1만 동포에게 고별합니다. 40년 동안 혈전고투하든 우리로 필경 왜적이 패망하고 우리가 살아서 고국산천에 발을 다시 드려노케 되니 엇지 깃분 감상을 늣기지 안으리요만은 이때 나의 심회는 도로혀 억울통분하여서 찰하리 죽어서 아모 것도 모르고 십흡니다……[24]

귀국한 그는 미군정 사령관 존 하지John Hodge의 정치고문으로 서울에 온 굿펠로 대령을 도와 1946년 2월 14일 '민주의원'을 발족시켰다. 그러나 미 국무부는 어떤 종류의 좌파도 포함되지 않은 우익만의 민주

---

24 "리승만 박사의 고별사", 〈북미시보〉, 1945년 11월 1일.

의원은 쓸모가 없다면서 그 의장과 부의장에 취임한 이승만과 김구에 대해 "망명의 배경 때문에 중국 국민당 지원을 받고 있는 것이 분명한 김구나 다년간 국무부가 협상해본 결과 만족스럽지 못했던 이승만 그룹에 대하여 어떤 애정도 표시하지 말라"는 메시지를 육군부→맥아더를 경유해 하지에게 전달했다.[25] 이승만의 일곱 번째 좌절이었다.

하지와의 불화

군인으로서의 하지는 반공에 대한 생각이 이승만과 같았지만, 통치자로서의 하지는 국무부의 지령을 수용해야 하는 입장이었다. 여기서 하지는 목하 진행중인 미소공동위원회(미소공위)를 염두에 두고 이승만에게 소련과 공산주의에 대한 비난을 자제하도록 종용했다. 이승만은 불만이었다. 그러나 하지는 국무부의 지령에 따라 극좌·극우 세력을 배제하고 중도파의 김규식·여운형을 앞세운 좌우합작운동을 출범시켰다. 미군정의 1차 목표는 이승만의 '민주의원'을 대신할 '(남조선 과도) 입법의원'의 설립이었다.

이에 이승만은 자기 세력을 '입법의원'에 많이 진출시키기 위해 전국적으로 위원회를 조직하는 데 심혈을 기울였고 11월 선거에서 만족할 만한 성과를 얻었다.

그러나 민선의원 45명과 별도로 관선의원 45명을 중도파로 선임한다는 계획을 듣고 이승만은 하지를 방문하여 그 계획을 철회하도록 촉구했다. 이에 하지는 이승만의 집권을 도울 생각이 없다고 퉁명스럽게

---

25 〈FRUS〉, February 28, 1946, U. S. Department of State, Washington.

말했고, 발끈한 이승만은 "앞으로는 당신을 공개적으로 반대하겠다"고 응수했다. 이에 하지는 "당신이야말로 미국의 계획에 협력하지 않으면 매장될 것"이라고 경고했다.

위기감을 느낀 이승만은 미국 로비를 하러 그해 12월 2일 출국한다. G-2문서를 보면 이승만의 미국내 활동을 하지에게 보고한 첩보기록물이 많이 발견된다. 1947년 2월 워싱턴을 방문한 하지는 미국 고위층·국회의원·언론이 자신을 "친공적인 인물로 보는 바람에 변명하느라 애를 먹었다"고 윌리엄 드레이퍼William Draper 육군차관과의 대담에서 밝혔다.[26]

이승만은 미국내 참모 8명(임병직·임영신·로버트 올리버 교수·굿펠로 대령·프레더릭 해리스Frederik Harris 목사·존 스태거스John Staggers 변호사·제이 윌리엄스Jay Williams 기자·에머리 우들Emory Woodall 대위)을 불러 모아 활동을 전개해보았지만 대미 로비는 그의 입장에 우호적인 존 힐드링John Hildring 차관보를 만난 정도에서 그쳤다. 국제정치의 벽은 높았던 것이다. 이에 비해 하지는 손쉽게 해리 트루먼Harry Truman 대통령을 만나 미소공위의 재개를 건의했고, 이것이 받아들여져 미국은 제2차 미소공위를 재개한다는 데 소련과 합의한다. 이승만에겐 좋지 않은 소식이었다.

그러나 낭보도 있었다. 그것은 1947년 3월 12일 트루먼 대통령이 의회연설을 통해 미국은 앞으로 공산주의에 대항해 싸우겠다는 '트루먼 독트린'을 발표한 일이었다. 이승만은 트루먼에게 감사의 편지를 보내고 "공산주의와 연립하는 신탁통치를 폐지하고 한국에 이 독트린을 적용하시라"고 당부했다.

---

26 "Orientation for Undersecretary of the Army Draper and Party, by Lt. Gen Hodge at 0900 23 September 1947", RG 338, Lt. Gen John R. Hodge Official Files, 1944~48.

4월 하순 중국 상하이를 경유해 귀국한 그는 미국 특파원들에게 "신탁통치를 안 하는 것이 더 이익이 많다"고 호언했다.

그러나 5월 21일 서울에서 열린 제2차 미소공위가 어느 정도 진척을 보이자 이승만의 신탁통치반대(반탁) 진영은 붕괴하기 시작했다. 맨 먼저 한독당에서 참가파가 갈라져나가더니 우익의 중추인 한민당이 "이 박사는 끝났다!"며 떨어져나가자 우익 59개 단체를 장기판 위의 말처럼 호령하던 이승만 본영은 위세를 잃었다.

그런 분위기에 편승해 돈암장을 빌려준 해주 재벌 장진영조차 빨리 집을 비워달라고 성화였다. 이 무렵부터 이승만은 하지가 보낸 미군 헌병들의 감시를 받아 사실상의 가택연금에 들어갔다. 시련의 계절이었지만 그는 이철승 등 반탁 학생간부들을 독려하여 미소공위를 방해하는 반탁운동을 끊임없이 벌여나갔다. 그는 자신의 승리를 확신하고 있었던 것이다.

과연 잘나가는 것 같던 제2차 미소공위가 8월 들어 결렬되었다. 이에 조지 마셜George Marshall 국무장관은 신탁통치안을 포기하고 한국 문제를 유엔총회로 이관시켰다. 11월 14일 유엔위원단 감시하의 남북 총선거 실시안이 43대 0으로 가결되었다. 이렇게 하여 신탁통치 문제는 결국 이승만의 승리로 끝나게 되었다. 그야말로 칠전팔기였다. 그는 미국 정부를 움직일 힘을 가졌던 것은 아니지만 결과론적으로 미국이 그의 구상을 수용할 수밖에 없도록 만든 셈이었다.

정략가

1948년 5월 10일 남한에서 총선거가 실시되었다. 그 결과 198명의 제헌

의원이 선출되었는데 이 가운데는 말년에 아버지가 살았던 동대문 갑구에서 단독출마한 이승만도 포함되어 있었다. 5월 31일 개원한 제헌국회는 이승만을 의장으로 뽑았고, 이승만 의장은 헌법기초위원을 임명했다.

7월 20일 대통령에 선출된 이승만은 부통령선거 직전에 가진 기자간담회에서 "부통령에 김구가 나오면 합작할 의사가 있느냐?"는 기자질문에 "없다"고 대답함으로써 자신의 단정안에 반대하여 평양을 다녀온 김구에 대해 냉담한 반응을 보였다. 그 대신 임정을 대표한다는 차원에서 이시영을 언급했고, 이런 이승만의 의향이 의원들에게 영향을 주어 결국 그가 부통령에 당선되었다. 이승만은 배반은 철저히 징계하고, 자신을 넘보는 세력은 철저히 견제하는 성격이었다.

이 무렵 이승만을 떠받들어온 한민당은 안국동 윤보선 집의 사랑방에 본부를 설치하고 예비 내각Shadow cabinet이랄 수 있는 속칭 '안동내각安洞內閣'을 꾸미고 있었다. 한민당 영수인 김성수를 국무총리로 하고 그 밑에 내무장관·외무장관·재무장관·상공장관 등 최소한 주요 자리 4개는 차지한다는 복안이었다.

그러나 정권을 잡은 이승만에게 한민당의 효용가치는 임정과 마찬가지로 이미 끝난 것이었다. 그는 1948년 7월 27일 국회 본회의에 출석하여 북한의 대표성을 보완한다는 의미에서 평안도 출신의 이윤영을 국무총리에 임명했다. 그의 우군이던 한민당은 아연실색했다. 의당 김성수를 택할 줄 알았는데 엉뚱한 기독교 목사를 택하자 한민당은 일치단결하여 총리 인준을 부결시켰다. 이에 어부지리로 민족청년단의 이범석이 초대 국무총리가 되었다. 그리고 총리를 기대했던 김성수의 거부로 재무장관 자리는 김도연에게 돌아갔는데, 한민당에서 입각한 사람은 12각료 중 그 하나였다.

이는 김구의 임정세력(→한독당)과 마찬가지로 자신의 권력을 넘보는 한민당을 토사구팽시킨 것이다. 1947년 한민당이 자신을 배반하고 미군정의 좌우합작운동에 가세했던 것에 대한 징계의 성격도 있었다.

그렇지만 초기의 이승만이 반드시 파당적으로만 인사를 했던 것은 아니다. 초대 내각은 각계각층에서 유능한 인재를 간추린 거국내각 비슷한 것이었는데 그 대표적인 사례가 농림장관 조봉암이다. 즉흥적으로 기용했던 것이 아니다. 그는 1946년 봄 조봉암이 박헌영과 결별할 때 쓴 '3000만 동포에게 고함'이란 글에 날카로움이 있는 것을 보고 일찌감치 점찍어두었다고 한다.[27]

그러나 달리 생각해보면 지주가 중심인 한민당(→민국당)의 저항을 뚫고 농지개혁을 밀어붙이기 위해서는 과거 공산주의자였던 조봉암 같은 인물이 필요했던 것이다. 좌파의 공세도 차단하고 한민당의 경제기반도 약화시키며 농민의 지지도 확보하는 1석3조였다. 그 효과는 6·25 때 농민들이 인민군에 호응하지 않았던 점으로도 입증된다.

더불어 이승만이 역점을 둔 것은 이후 한국 근대화의 원동력이 될 교육이었는데, 의무교육제를 도입하여 교육 기반을 확충시킬 문교장관에는 독일 박사 출신의 안호상을 기용했다.

1948년 8월 15일 그는 초대 대통령에 취임했다. 그의 나이 74세 때였다. '늦게 (왕을) 계승한다'는 그의 이름처럼 늦게 권좌에 올랐다. 그러나 흔히 알려진 것처럼 미국의 덕을 본 것이 아니다. 미국은 장사꾼 논리로 이긴 자와 손을 잡은 것뿐이다. 그게 안전하기 때문이다. 이승만도 자기 힘으로 대통령 자리에 올라갔기에 미국이 손을 잡아준 것이다.

그가 대외적으로 역점을 둔 것은 대한민국이라는 국가를 국제적으로 승인받는 것이었다. 이를 위해 이승만은 장면을 단장으로 하고 올리

---

27 김석영, 《경무대의 비밀》, 평진문화사, 1960.

버를 고문으로 하는 강력한 대표단을 유엔에 파견하여 승인을 받았다. 이 승인을 받아놓았기에 뒤에 발발하는 6·25 전쟁 때 유엔군의 신속한 파병이 가능했다고 볼 수 있다. 국제정치의 묘미를 알고 있던 이승만다운 솜씨였다.

호랑이 문답

나라의 기틀을 잡기 위한 이승만의 노력은 여러 방면으로 이어졌다. 특히 농지개혁과 의무교육제의 도입은 그의 공로다. 그러나 나라를 운영하는 일은 쉽지 않았다. 그는 1949년 1월 방한한 자신의 미국내 참모 올리버에게 "장관들이 자기 부처를 꾸려나가는 방법을 몰라. 이 사람들이 조직이나 행정을 이해하지 못한다니까"라고 불평을 늘어놓았다.[28]

이 때문에 장관직에 주로 정치인을 기용하던 이승만은 점차 실무적인 인물을 앉히게 되는데, 문제는 실무를 알든 모르든 중학 이상의 학력을 가진 사람이 나라를 통틀어 2만 5000명밖에 되지 않았다는 점이다. 이 같은 인재빈곤 현상이 친일파를 척결하지 못한 배경의 하나였다는 설이 있다. 사실이다.

하지만 친일파 문제는 그것만이 원인이었다고는 볼 수 없다. 미군정 때 대거 기용된 친일파를 청산하라는 국민적 요구가 높은 가운데 출범했던 반민족행위특별조사위원회(반민특위)를 해체한 것은 바로 이승만 자신이었기 때문이다.

1949년 1월 5일 친일재벌 박흥식을 잡아들이면서 반민특위가 본격

---

28 로버트 T.올리버(박일영 역),《건국의 비화》, 계명사, 1990.

활동에 들어가자 이승만은 "처벌대상을 축소하라"는 담화를 발표했고, 1월 25일 악명 높은 친일경찰 노덕술이 체포되자 "그 사람은 공산당 잡는 기술자가 아니냐?"면서 석방지시를 내린 뒤 곧 반민법 개정안을 내놓았다. 그러나 이것이 부결되자 반민특위는 경찰의 습격을 받고 해체되었다. 사건이 커지자 이승만은 "내가 해산시키라고 경찰에게 명령한 것"[29]이라고 외신기자에게 밝혔다.

이승만이 반민특위를 해체한 이유는 친일파야말로 그의 눈에 가장 확실한 반공세력으로 비쳤고, 자신의 집권과 정권유지에 핵심적 역할을 담당했기 때문이라고 비판론자들은 해석한다. 정확한 원인이 무엇이었든 민족정기를 회복시킬 절호의 기회를 놓친 아쉬움이 남는다.

그러나 이런 면모와 다르게 이승만은 또 지독한 반일주의자이기도 했다. 조선총독부 고위관리였던 야기 노부오八木信雄의 책에 이런 일화가 나온다.

　　1953년 1월, 맥아더는 한국과 일본의 사이를 중재할 요량으로 이승만을 방일시켜 요시다 시게루吉田茂 수상과 만나도록 주선했는데, 초대면의 인사를 끝낸 요시다가 이승만에게 "한국에 아직도 호랑이가 있습니까?" 하고 물었다. 그러자 이승만은 발끈하며 "한국의 호랑이는 가토 기요마사加藤淸正가 다 없애버렸지만 여기 아직 한 마리가 남아 있소" 하고 손가락으로 자기 코를 가리켰다고 한다.[30]

협상은 결렬되었다. '호랑이 문답虎の問答'이라는 이 외교비사 뒤에

29　"이 대통령 특경特警 해산이유 언급", 〈동아일보〉, 1949년 6월 8일.
30　八木信雄,《日本と韓国》, 東京: 日韓文化協会, 1978.

도 한일 국교정상화는 진전되지 않았다. 이 같은 이승만의 반일주의는 일본 중심의 동아시아정책을 펴온 미국의 골칫거리였다.

그러나 정상에 오른 자는 내려가는 길을 마음대로 택할 수 있듯이 다년간 미국으로부터 좌절과 설움만 받아오다 이제 정상에 선 이승만은 미국의 눈치를 보지 않고 '대마도 반환요구' '국교반대' '일본군 참전반대' '평화선(이승만 라인) 선포' 등 대일 강경노선을 펴나갔다. 국내적으로도 그의 반일주의는 반공주의에 맞먹을 정도였다. 그래서 내가 어릴 때는 일본말을 하면 잡아간다는 소리를 들었던 기억도 난다. 실정법은 어땠는지 모르지만 말이다.

이같이 강력한 반일정책이 없었더라면 식민지를 겪은 세대의 종주국에 대한 문화적 향수 때문에 오늘날 한국 젊은이들이 일본에 보여주는 당당한 '한류' 같은 것은 꿈도 꿀 수 없었을 거라는 생각도 든다. 이점 일본과 거리를 둔 이승만의 공로였다고 볼 수 있다. 하지만 친일파를 수용한 대목은 한국 민족주의의 단절과 아픔이었다.

38선을 돌파하라

미처 나라의 기틀을 잡기도 전에 동족상잔의 비극이 일어났다. 이승만은 1950년 6월 27일 새벽 3시 반경 특별열차편으로 서울을 떠나 대구로 내려갔다. 그러나 뉴스를 듣고는 서울을 너무 일찍 빠져나왔다는 생각에 기차를 다시 북으로 돌려 대전으로 올라갔다.

그날 저녁 7시쯤 존 무초John Muccio주한 미대사가 찾아와 "전쟁은 이제부터 각하의 전쟁이 아니라 우리 미국의 전쟁이 되었다"[31]고 말했다. 이에 고무된 이승만은 밤 10시경 "수도 서울을 사수하니 시민은 동요 말고 생업에 종사하라"는 대국민 담화 방송을 내보냈다. 하지만 그로부터 세 시간 뒤 미아리고개 방어선은 무너졌고, 당황한 국군은 28일 새벽 2시 30분 한강다리를 끊었다.

부산에 내려간 이승만은 7월 2일 현재도 한강방어선이 뚫리지 않고 있다는 보고를 받고 "내가 잘못 판단했어. 이렇게 빨리 부산으로 오지 않아도 되는 것인데……"라고 후회했다고 한다.[32] 그가 내보낸 녹음방송이나 150만 서울 시민을 적 치하에 두게 한 한강다리의 조기 폭파는 민심이반의 한 계기가 되었다.

하지만 유엔군이 참전하고 맥아더가 인천상륙작전으로 서울을 수복하면서 이승만은 활기를 되찾는다. 기회가 온 것이다. 통일의 꿈은 그에게도 있었다. 그는 군 수뇌부를 불러 "맥아더 장군에게 우리 국군지휘권을 맡기기는 했으나 내가 자진해서 한 것입니다. 따라서 되찾아올 때도 내 뜻대로 할 것"이라며 38선을 돌파하라는 명령을 내렸다.[33]

맥아더도 그 결정을 추인해주어 국군과 유엔군은 10월 20일 평양을 수복하고 압록강까지 북상했다. 그러나 중공군 개입으로 다시 남하하게 된다. 1·4후퇴였다. 그 후 38선을 두고 공방전을 계속하게 되면서 휴전이 모색되었다. 휴전협상은 2년을 끌었다. 미국은 한반도 문제에서 손을 떼고 싶은 생각이 있었다. 이를 알아차린 이승만은 휴전 자체를 반대하고 나섰다. 그는 미국이 공산세력에 대한 방어장치를 마련해주지 않으면 한국군 단독으로라도 북진하겠다며 학생과 일반인을 동원하여 '북진통일' 시위를 전국적으로 벌여나갔다.

31 중앙일보사, 《민족의 증언 1》, 중앙일보사, 1983.
32 부산일보사 기획연구실편, 《임시수도천일-상》, 부산일보사, 1983.
33 정일권, 《전쟁과 휴전》, 동아일보사, 1986.

이에 화가 치민 미 합참본부는 1953년 이승만 제거계획을 세우라는 지령문을 보낸다. 마크 클라크Mark Clark 유엔군사령관은 이승만 제거를 위한 '에버레디Ever-ready 계획'을 세웠지만 공산세력을 막을 지도자로 그만큼 국민의 지지를 받고 있는 인물도 없다는 점 등이 고려되어 실행에 옮기지는 못했다.

결국 워싱턴은 호주·뉴질랜드와 맺은 태평양안전보장조약(ANZUS) 수준의 방위조약으로 이승만을 무마해보려고 했다. 그러나 이승만이 원하는 것은 미국의 즉각 개입을 보장한 북대서양조약기구(NATO) 수준의 방위조약이었다. 줄다리기가 시작되었다. 이승만은 지고는 못 사는 성격이다. 비록 상대가 미국 대통령이라 할지라도. 그는 반공포로 2만 6424명을 석방한다는 카드로 미국을 압박했다.

할 수 없이 협상에 임한 월터 로버트슨Walter Robertson 국무차관보와 클라크 유엔사령관은 두 손을 들고 말았다. 그런 이승만을 "마음에 들지 않는 동맹자an unsatisfactory ally"라고 일기에 적은 드와이트 아이젠하워 Dwight Eisenhower 대통령은 하는 수 없이 존 포스터 덜레스John Foster Dulles 국무장관을 서울로 보내 1953년 8월 8일 이승만이 요구하는 수준의 한 미상호방위조약에 서명시킬 수밖에 없었다. 이승만의 빛나는 승리였다. 이만한 배포를 가진 대통령이 그 말고 또 누가 있었겠는가?

권모술수와 부정부패

그러나 당시 세간에서는 이승만을 빗대 "외교엔 귀신, 내정엔 등신"이란 말이 유행했다. 비록 한미상호방위조약과 전쟁중 증강시킨 60만 대군으로 안보 문제를 해결했다 하더라도 여전히 먹고사는 문제가 남아 있었던 것이다.

옹호론자들은 이승만 시대에 경제도 그 기초를 마련했던 것처럼 미화하고 비판론자들은 그 시대의 무능부패를 강조하지만, 식민지를 갓 벗어났고 거기다 전쟁까지 치른 처지에 경제를 일으키기는 누군들 쉽지 않았을 것이다. 내가 기억하기로 이승만 시대는 전반적으로 배가 고팠다. 미국의 원조가 있었지만 배고파 "못살겠다"는 선거구호가 등장할 정도였다. 백성을 배불리 먹이지 못하면 외교나 국방을 아무리 잘해도 '등신' 소리를 듣는다.

당시 의원들은 이승만을 신뢰하지 않았다. 1951년, 임기를 1년 남긴 그는 대통령 직선제가 아니면 연임할 수 없다는 것을 알았다. 그래서 종래의 무당주의를 버리고 자유당을 창당한다. 직선제 개헌안을 통과시키기 위해서였다. 이승만은 마키아벨리스트였다. 그렇게 순수한 것만은 아니었다. 정체불명의 백골단·땃벌떼·민중자결단에 의한 공포 분위기가 조성되고, 계엄령이 선포되며, 일부 의원들이 연금된 가운데 개헌안이 통과되었다. 이것이 저 유명한 '부산정치파동'이다.

그해 8월 2일 제2대 대통령에 당선되지만 이승만은 이 과정에서 헌법준수의 원칙을 무너뜨렸다. 특히 권력욕을 성취하기 위한 도구로 만든 자유당은 이후 정치 지도자의 이해관계에 따라 생겼다 없어지는 포말정당의 선례가 되었다는 점에서 한국정치에 매우 부정적인 유산으로 남게 되었다.

이승만은 형식은 미국식 민주주의를 따랐지만 본질은 미군정 시대 그의 별명이었던 '버번Bourbon(왕당파)'이었는지도 모른다. 그는 왕 같은 영구집권을 원했다. 이 욕망을 실현하는 과정에서 1954년 3선개헌을 위한 이른바 '4사5입(반올림)' 파동이 일어났던 것이다. 이를 계기로 국민들의 눈에는 이승만이 권력에 눈먼 독재자로 비치기 시작했다.

나이 든 이승만을 대신하여 정권을 쥐락펴락하기 시작한 것은 '4사5입'을 통해 이승만에게 영구집권의 길을 터준 이기붕이었다. 이 무렵부터 경무대를 둘러싸고 '인의 장막'이라는 말이 나돌기 시작했다.

이기붕이 대통령의 인사를 좌지우지했던 사례를 하나 들어보겠다. 1956년 6월 27일 육군대장 이형근이 육군참모총장에 임명되자 이기붕은 전화를 걸어 "생고무를 많이 가진 훌륭한 청년이 있는데 그 사람에게 군대 비옷을 만들게 해주면 고맙겠다"고 말했다. 이형근은 부하에게 그것이 가능한지 알아보라고 지시했다. 그러나 비옷은 미군 원조로 도입되는 항목인데다가 예산마저 잡혀 있지 않아 불가능했다. 그 점을 알렸더니 이기붕 쪽에서는 반가워하지 않았다.

그 뒤 이형근은 멀건 소금국만 나오는 군부대의 부실한 부식 문제를 해결하기 위해 조사에 나섰다. 그 결과 자유당에 줄을 댄 중간상인들을 빼고 군에서 직접 부식물을 만들면 연간 96억 환의 거액이 절약된다는 사실을 알게 되었다. 이를 보고하자 이승만도 "대단히 좋은 일이야" 하고 동조했다.

이에 힘을 얻은 이형근은 개선작업을 추진하도록 지시했다. 그러나 군납업자들이 자유당을 움직이면서 사태는 심상치 않게 돌아갔다. 하루는 군무를 보고하기 위해 경무대를 찾아갔더니 이승만이 "사람들이 자네를 야당이라고 하네" 하고 퉁명스럽게 말했다. 나중에 진상을 알아보니, 이승만이 진해 별장에 내려가 요양하는 틈에 자기가 장면 부통령을 찾아가서 "이제 때가 왔으니 대통령 취임 준비를 하시지요"라고 말한 뒤 군무보고까지 했다는 소문이었다. 옛날로 치면 누군가 자신을 '역모'로 모함한 것이었다. 이는 전혀 사실이 아니었다.

그러나 설상가상 이승만은 군 사열식을 참관한 뒤 "이번에 영국하고 대사를 교환하기로 했는데 자네가 초대 대사로 나가면 어떻겠나?"

하고 이형근에게 말했다. 참모총장을 그만두라는 소리였다. 측근들의 모략은 이처럼 무서웠다. 거기다 이기붕은 자신의 뜻을 관철시킬 수 있는 도지사나 경찰서장 정도는 전부 자기 손으로 인사를 요리했다.

나이 탓에 이승만의 총기가 흐려지자 그를 둘러싼 '인의 장막'은 몇 겹이 생겨났다. 박마리아나 프란체스카의 선을 타도 이를 손쉽게 뒤집는 경무대 비서진이 있었다. 특히 이승만의 경호책임자이던 곽영주의 위세는 대단했다. 그와 연계된 임화수·이정재·유지광 등의 정치깡패들도 그 연장선상에 있었다.

인의 장막은 경무대 밖에도 있었다. 국무위원으로는 내무장관 최인규·재무장관 송인상·국방장관 김정렬 등이 있었고, 자유당 간부로는 한희석·임철호·박용익 등이 권력을 휘둘렀다고 한 자료는 전한다.[34]

4·19와 망명

부정부패가 만연해 있었다. 그런 와중에 정상적으로는 이길 자신이 없었던 이기붕이 1960년 이승만의 러닝메이트로 부통령에 출마한다. 3월 15일 선거에서 대대적인 선거부정이 일어나자 학생들이 들고일어났다. 배움에 살길이 있다면서 이승만이 양산해낸 학생들이 국민적 통합이념으로 이승만이 제시한 자유민주주의를 배워 이승만 정부에 반기를 든 것이었다.

발포 소리가 경무대 안까지 들리자 이승만은 "웬 소란이냐?"고 물었다. 그러자 인의 장막을 치고 있던 곽영주 등은 "국부님의 대통령 당선

---

34 김석영, 《경무대의 비밀》, 평진문화사, 1960.

을 축하하는 환영군중이온데 빨갱이들이 섞여 난동을 부리는 바람에 경찰이 공포탄을 쏜 것이옵니다"라고 대답했다.

그러나 실상은 사망자가 183명, 부상자가 6259명에 달했다. 이렇게 되자 주한 미대사(월터 매카나기Walter McConaughy)와 유엔군사령관(카터 매그루더Carter Magruder), CIA 한국지부장(피어 디 실바Peer De Silva)이 바삐 움직였다. 4월 26일 이승만은 하야성명을 내고 경무대를 나와 사가인 이화장으로 갔다. 이것이 이승만의 결단이었다는 설도 있고 미국의 압력이었다는 설도 있다. 그러나 당시 신문은 미국의 압력이 있었다고 보도했고, 미국 자료에도 "국민이 원한다면 대통령직을 사임하겠다"는 하야성명에서 "국민이 원한다면"이라는 유보조항을 강력히 지적한 것은 매카나기 대사였다고 기록되어 있다.[35]

그 무렵 국제수지의 악화로 한국에 대한 원조를 일본과 분담하고 싶어 했던 미국으로서는 반일외교를 고집하는 이승만이 골칫거리였다. 그래서 과거에 세운 이승만 제거계획을 한국인의 민중봉기에 편승하여 보다 세련된 방식으로 달성했다고 보는 견해가 있다. 이승만 쪽에서 보자면 미국은 막판까지 그를 편들어주지 않았던 셈이다.

하야 후의 그에게 하와이행을 권유한 것은 미국 CIA였다. 5월 29일 아침 이승만 내외는 가방 네 개를 트렁크에 신고 김포공항으로 달렸다. 차창을 내다보던 이승만은 "춘수만사택 春水滿四澤(봄물이 여기저기 가득 찼으니)……" 하고 도연명의 〈사시四時〉란 시를 읊었는데, 이것이 동승했던 전 경무대 수행계장 김창근이 들은 이승만의 마지막 음성이었다고 한다.

그는 CIA 산하 미국 민간항공교통사Civil Air Transport 소속의 DC-4 비행기에 탑승할 때까지 한마디도 하지 않았다. 다만 프란체스카만이

35 〈FRUS〉, 1958~1960, U. S. Department of State, Washington.

소감을 묻는 기자들의 질문에 영어로 "Nothing. I love Korea"라고 짤막히 대답했을 뿐이다.

말없이 비행기에 오른 이승만은 이때 무엇을 생각했을까?

돌이켜보면 그는 조국의 독립과 건국과 보국을 위해 미국과 싸우며 미국의 힘을 자신이 원하는 방향으로 이용해온 용미주의자였다. 집권 전 일곱 번이나 좌절했지만 여덟 번째 일어나 집권한 뒤로는 미국과의 싸움에서 매번 이기다가 딱 이번 한 번만 진 것인데 그 점을 못내 아쉬워했을까? 정치는 현실이다. 그리고 그는 철저한 현실주의자였다.

그렇지만 때로는 역사와도 대화를 나누었어야 하지 않았을까? 그래서 민주국가에서 선례가 없는 4선에 출마하지 않았더라면, 4사5입 개헌 파동으로 장기집권의 길을 택하지 않았더라면, 부산정치파동으로 헌법을 뜯어고치는 선례를 만들지 않았더라면, 그리고 사당이 아닌 공당을 만들어 정당정치의 전통을 만들었더라면 모두가 자랑스러워하는 대통령으로 남지 않았을까? 다른 가능성도 있었던 해방공간에서 자유민주주의 체제를 선택하고 정부수립을 주도한 것은 그의 공이었다.

무릇 지도자란 집단이 가야 할 길을 제시하고 선택하는 사람이다. 국가의 큰 물줄기를 설정하거나 바꾸었다는 점에서 나는 역대 대통령 가운데 자유민주주의 체제를 선택한 이승만과 그 후 대외지향적인 교류 국가로 나아가는 길, 다시 말해 수출입국의 먹고사는 길을 선택한 박정희, 그리고 대결의 연속이었던 남북문제를 교류와 협력의 햇볕정책으로 바꾸었던 김대중 등 세 사람을 준비된 지도자로 꼽는다. 그리고 거기엔 못 미치지만 권위주의의 새 길을 제시했던 노무현 또한 추가적으로 평가하고 싶다.

그러나 과過도 있었다. 이승만의 경우 자신의 장기집권을 위한 독재정치는 분명한 과다. 아쉬움이 크다. 더불어 지나친 반공주의 때문에 선의의 피해자를 낳는 선례를 남기지 말았더라면, 그리고 지나친 반일주의로 경제개발의 시기를 늦추지 말았더라면 대한민국의 행로가 얼마나 달라졌을 것인가!

그 모든 아쉬움을 역사의 페이지로 넘긴 채 그는 고국을 떠났다.

하와이에 도착한 뒤 "독립운동 당시의 옛 동지들과 사랑하는 제자들을 만나게 된 대통령은 한결 즐거운 듯했고 건강도 좋아지는 듯했다."[36] 종친회의 권유로, 죽은 이강석 대신 이인수를 새 양자로 맞아들이고 즐거워하기도 했다.

그러나 고국을 그리워하는 마음이 점차 강해지면서 1962년 3월에는 비행기 표까지 사서 귀국을 시도했으나 한국 정부의 차단으로 뜻을 이루지 못했다. 향수병에 걸린 그는 부인 프란체스카와 함께 쓸쓸히 만년을 보내다가 1965년 7월 19일 호놀룰루의 마우라나니 양로원에서 뇌졸중으로 숨을 거두었다. 누린 해는 90년이다. 그의 시신은 국내로 옮겨져 동작동 국립묘지에 안장되어 있다.

---

36 프란체스카 도너 리(조혜자 역),《대통령의 건강》, 보건신문사, 1988.

2

장면

**민주정체를 빼앗긴
민주정치인**

그는 독립운동을 하거나 쿠데타로 목숨을 거는 삶을 살지 않고도
학생들이 일으킨 4·19혁명의 결과로 정상의 자리에 오른다. 사람
을 존중하는 성실한 인품의 그는 평소 소신대로 진정한 자유민주
주의 정치를 펴나갔지만 결단력과 과단성을 요구하는 시대적 지
도력을 제공하지 못함으로써 해방 후 한국 사회의 또 다른 세력집
단으로 부상해 있던 군부에 의해 민주정체를 빼앗기고 만다.

우유부단

1980년대 초 나는 A. M. 로젠탈A. M. Rosenthal의 칼럼을 읽다가 충격을 받은 일이 있다. 당시 로젠탈은 〈뉴욕타임스New York Times〉의 편집국장이었지만 5·16이 나던 1961년에는 도쿄 특파원이었다. 그 무렵 일본을 방문한 로버트 케네디Robert Kennedy 법무장관은 왜 미국은 민주적인 장면張勉 정권을 쓰러뜨린 한국의 군사세력을 징계하지 않았느냐는 기자들의 질문에 "그는 자기 할 일을 아는 사람이오. 그래서 형과 내가 그를 좋아하는 거요He keeps his boots polished; my brother and I like him"라고 대답했던 것으로 로젠탈은 회고했다. 여기서의 '그'는 박정희, '형'은 존 F. 케네디John F. Kennedy를 가리킨다.

얼마나 충격적이었던지 로버트 케네디의 이 말은 내 머릿속에 30년 가까이 입력되어 있었다. 그래서 이 글을 쓰기 전 〈뉴욕타임스〉를 검색해보았더니 1984년경 내가 읽었던 그 칼럼은 발견되지 않았으나, 해당 구절은 이라크 문제를 다룬 로젠탈의 다른 칼럼[1]에 짧게 인용되어 있었고, 미국의 외교 문제를 다룬 러셀 베이커Russell Baker의 칼럼에는 "남한에 박정희 장군이 있는데, 미국이 그를 민주주의의 공식적인 승자로 공표하기로 결정을 내렸을 때 그는 로버트 케네디가 말한 것처럼 '자기 할 일을 아는 사람'이었던 것이다"[2]라는 식으로 인용되어 있었다.

이 대목이 충격적이었던 것은 장면의 제2공화국이 젊은 날의 내게는 늘 아쉬움의 대상이었기 때문이다. 그런데 로젠탈의 회고담을 읽고 나서 나는 미국이 당시 장면의 손을 놓았던 것을 분명히 알 수 있었다. 케네디도 이런 식이라면 앞으로 5공의 민주화에 미국의 도움은 기대하기 어렵겠다는 생각이 들어 몹시 허탈했던 기억이 난다.

로버트 케네디가 박정희를 가리켜 "자기 할 일을 아는 사람"이라 평한 것은 "반공을 국시의 제1의義로 삼는다"는 혁명공약과 함께 반공태세의 재정비·강화를 분명히 했던 때문일 것이다. 전부터 알고는 있었다. 미국은 민주적 가치를 높이 평가하지만 실제 맥락에서는 러셀 베이커의 표현처럼 "제3세계의 터프가이에게 이상하게 감탄하는a strange admiration for third-world tough guys" 경향이 있다는 것을. 안보 문제는 터프한 쪽이 보다 확실하다는 판단이었을 것이다. 이를 뒤집어 말하면 정권을 전복당한 장면은 터프하지 못한 사람이었다는 뜻이다.

아닌 게 아니라 장면을 평가한 글들을 보면 '우유부단' '나약' '유약'이라는 수식어가 붙은 경우가 많다. 이 같은 관점은 당시 주한 미대사였던 월터 매카나기가 1961년 3월 11일 미 국무장관에게 보낸 보고서에도 드러난다. "장면 정부는 여러 가지 면에서 취약합니다. 장면 자신은 우유부단하며 한국이 요구하는 확고부동한 지도력을 제공할 능력이 없는 인물로 자주 평가됩니다"라고 적혀 있는데, 그는 정말 유약한 인물이

---

1 A. M. Rosenthal, "ON MY MIND; Five Missing Words", 〈New York Times〉, November 20, 1990.

2 〈New York Times〉, May 2, 1990.

었을까? 실제 장면은 어떤 인물이었을까?

운명이 이끄는 삶

역대 대통령의 일생을 살펴보면 대통령이 되기까지 한평생 독립운동을 하거나 쿠데타로 목숨을 걸거나 죽음의 문턱을 오가거나 하는 식으로 치열한 삶을 살았던 사람이 많은데, 제2공화국을 이끈 내각책임제하의 국무총리 장면은 그렇게 파란만장한 삶을 살지 않고서도 정상의 자리에까지 오를 수 있었던 인물이다. 시쳇말로 하면 그만큼 운이 좋았던 것이다.

그는 스스로 대통령이 되겠다는 꿈을 가져본 적이 없다. 정치를 해보겠다는 생각조차 없었다. 그래서 미국에 유학 가서도 교육학을 택했고, 귀국해서는 상업학교 교장으로 있다가 해방을 맞았다.

해방 후 정치에 입문하게 된 것도 그의 자의는 아니었다. 천주교의 의견을 청취하기 위해 하지 사령관이 노기남 주교를 불렀을 때 장면은 그 통역으로 따라갔다. 유창한 영어를 구사하는 장면을 본 하지 사령관은 그에게 교육계에만 머물지 말고 나랏일에 힘써달라고 권유했다.

> 내가 보기에 장 박사는 종교인이며 교육가이지 정치가의 소양은 없는 편이었다. 그러나 우리는 여러 차례 논의한 끝에 드디어 하지 중장의 간청을 받아들이기로 했다. "나라가 서는 중요한 시기인데 장 박사가 교계를 대표하여 일해주시오." 아무도 그가 정계에 투신하는 것을 막지 않았다. 더구나 그의 인격을 높이 숭앙하고 있던 친지들이나 신자들은 그가 정계에 나아가 나랏일을 잘볼 것을 조금도 의심하지 않았다.[3]

이렇게 하여 장면 자신은 의도하지도 않았는데 천주교 대표로 1946년 2월 14일 미군정 자문기관인 '민주의원' 의원에 지명되는 행운을 누리게 된다. 그 후 이승만·김구가 주도한 민주의원이 유명무실해지고 이를 대신하는 김규식 주도의 '입법의원'이 개원되자 장면은 이번에도 천주교 대표 자격으로 관선의원에 지명되었다.

그러나 그 자신은 정계에서 일하는 것을 그리 탐탁해하지 않았다. 1948년 이른 봄 남한 총선거를 앞두고 천주교 사람들이 그의 거취 문제를 논의하게 되었는데, 이 자리에서 장면은 "내가 정계에 발을 들여놓았지만 해보니 내 성격에도 맞지 않을뿐더러 별로 자신이 없소" 하고 불출마의 뜻을 밝혔다.[4]

그러나 주변의 권유에 따라 그는 무소속으로 종로 을구에서 출마하여 당선되었다. 매사가 이런 식이었다. 자신은 의도하지 않았는데 말하자면 운명 또는 팔자가 그를 이끈 셈이었다.

제헌국회 의원이 된 지 석 달 만인 1948년 8월 11일 그는 초대 대통령 이승만에 의해 유엔총회 한국대표로 발탁되었다. 영어를 잘한다는 것이 그 이유였으나 당시 한민당은 영어에 능통한 구미유학파가 많았다. 이승만이 그들 가운데서 대표를 발탁하지 않은 것은 잠재적 정치 라이벌인 한민당 인사들을 되도록 멀리하려는 생각 때문이었다. 그에 반해 장면은 정치적 기반이 없는 무소속이었다. 젠틀한 용모와 부드러운 인품도 이승만의 마음에 들었지만, 천주교의 평신도 대표인 장면을 통해 바티칸의 영향력을 활용하려는 정치적 계산도 깔려 있었다.

이렇게 하여 한국 수석대표가 된 장면은 1948년 12월 8일 유엔총회

3   노기남, 〈운석 선생 회고의 일화〉, 운석기념회, 1999.
4   유홍열, 〈운석 선생 회고의 일화〉, 운석기념회, 1999.

에서 대한민국을 한반도 내 유일 합법정부로 승인받았고, 그 공로로 초대 미국대사에 발령되었다. 그리고 2년 뒤인 1950년 11월 23일 그는 느닷없이 제2대 국무총리에 지명되어 국회인준을 받게 된다. 이때도 행운이 따랐다. 6·25로 이승만의 인기가 폭락한 탓에 집권할 때 그를 도왔던 정치인 대부분이 반대세력으로 둔갑해, 그 주변에는 총리로 기용할 만한 마땅한 사람이 눈에 띄지 않았던 것이다.

이렇게 되어 자신의 군번보다 일찍 총리가 된 장면은 이후 그 위상이 지도자급으로 격상된다. 그래서 민주당 창당 때도 이견 없이 최고위원이 되었다. 당시 민주당에는 신익희와 조병옥 등 거물 정치인이 많았지만 그들이 차례로 서거하면서 부통령을 지낸 장면은 거뜬히 제2공화국의 수반이 되었다. 마치 정상까지 올라가는 자동 에스컬레이터를 타고 있는 사람 같았다. 이처럼 삶의 신산辛酸이나 실패를 모르는 운세가 그를 원만한 성격으로 만들었던 것 같다. 아니, 실제론 그의 온유한 성격이 행운을 가져다준 것이었는지도 모른다.

너그럽고 부드러운 성격

환경이 인격형성에 어떤 영향을 끼치는 것이라면 확실히 장면의 성격은 유복한 가정환경에 빚진 것이 많다. 1899년 평양 출신의 아버지 장기빈과 어머니 황루시아 사이에서 3남 4녀 중 장남으로 서울 적선동에서 태어난 장면이 인천에서 성장하게 된 것은 아버지가 인천 해관海關에 근무했기 때문이다.

해관이란 항구에 설치된 세관인데 예나 지금이나 세무서 또는 세관에 다니는 관리는 경제적 여유가 있다. 그래서 일제강점기에 여섯 자식을 모두 해외에 유학시켰다. 장면의 첫째 동생 장발은 서울미대 초대 학장을 지냈고, 둘째 동생 장극은 세계적인 항공물리학자가 되었으며, 둘째 누이 장정온은 한국인으로는 처음으로 천주교 수녀원장이 되었다.

이처럼 유복한 가정에서 성장한 덕분이었는지 장면의 성격은 모난 데가 없었다. 어릴 때부터 부모를 따라 성당에 다녔고, 학교도 인천성당에 부설된 박문학교에 취학하여 한문을 배웠다. 그후 인천공립심상학교를 거쳐 수원농림학교를 나왔지만 그는 "금테 모자를 쓰고 칼을 차는" 관리가 되기보다는 미국 유학을 가고 싶어 YMCA에서 영어를 공부했다. 그의 생각을 알게 된 메리놀외방전교회는 1920년 그가 조선천주교 청년회의 대표자격으로 미국 유학을 떠날 수 있도록 지원해주었다. 당시 미국에 유학 가 있던 한국인이 10명 이내였다고 하니 행운이었다고 아니할 수 없다.

유학을 마치고 돌아온 그는 평양성당에서 일하다가 1931년 동성상업학교 서무주임 겸 영어 교사로 취직하게 되는데, 이 또한 자신의 노력이 아니라 천주교인들의 추천으로 얻은 자리였다. 신통한 일자리가 별로 없던 일제강점기에 학교 선생은 아주 번듯한 직업이었다. 마치 행운이 그의 뒤를 졸졸 따라다니는 것 같았다. 그러니 인생에 대한 그의 태도도 온화해질 수밖에 없었을 것이다. 너그러운 성품의 그는 사람을 존중해주었다. 그래서 아무리 화가 나도 상대를 "이놈, 저놈" 하고 비하하는 일이 없었다. 자신을 찾아온 손님이 학생이거나 망령기가 있는 노인이거나 함부로 대하는 법이 없었다.

평소 과묵한 그는 아랫사람에게도 늘 진지한 태도로 그들의 의견을 존중해주고 인격적으로 대해주었는데, 이 점과 관련하여 훗날 국무총리를 역임한 강영훈은 다음과 같은 일화를 들려주었다.

내가 (주미 대사관) 무관으로 갔던 1952년의 일입니다만, 장면 대사를 자동차로 모시던 인도 출신의 운전기사가 있었는데, 나한테 가끔 장 대사의 안부를 물어요. 그래 어째서 장 대사의 얘기를 가끔 하느냐고 그러니까 "저는 장 대사를 존경합니다" 그러면서 얘기가 "그분은 나를 일개 운전사로 대하는 게 아니고 친구로서 대해주셨습니다" 그런 얘기였어요. 그래서 지금의 양유찬 대사는 어떠냐고 물어보니까 "그분은 저를 일개 고용인으로 보고 시간 외 근무를 하면 돈도 더 주고 해서 고맙지만, 장면 대사는 제가 근무 외에 무슨 일을 한다고 해서 돈을 더 준 분이 아니지만 저를 친구로 대해주셨기 때문에 그분을 존경합니다"라고 하는 거예요.[5]

외유내강

장면은 남에게는 너그러웠으나 자신에 대해서는 엄격했다. 그래서 남이 다 하는 술 담배를 처음부터 하지 않았다.

동성상업학교 교사 시절, 학교 휴식시간이나 일과가 끝나면 동료교사들이 모여 장기나 바둑을 두거나 객쩍은 한담으로 시간을 보내는 경우가 많았으나, 서무주임이면서 영어를 가르쳤던 그는 성서를 읽거나 영어책을 들여다보곤 했다.[6] 당시는 서울시내에 전차가 다녔는데 그는 만원 전차를 탔다가 사람들에게 밀려 전차표를 미처 내지 못하고 내리는 날이면 그 종이 전차표를 다시 쓰지 않기 위해 그 자리에서 꼭 찢어버렸다고 한다. 그만큼 정직한 품성이었다. 그는 거짓된 것을 가장 싫어

---

5 강영훈 녹취록. https://unsuk.tistory.com/58
6 유동진, 〈운석 선생 회고의 일화〉, 운석기념회, 1999.

했다.

국무총리 시절 그의 공보비서관을 지낸 기자 출신의 송원영이 "정치가는 쇼맨십도 갖추어야 한다"고 진언하고, 인기를 위한 몇 가지 제안을 해본 일도 있으나 모두 거절했다. 그는 자신에 대해서는 기준이 엄격했다. 그래서 집권 9개월 동안 세단차를 타고 앞뒤에 호위를 하는 행차는 겨우 몇 번에 불과했고, 대부분은 지프차를 타고 일반차량과 같이 신호를 기다리기가 일쑤였다.[7]

또한 미국서 민주교육을 받은 그는 권위주의적인 것을 싫어했다. 그래서 부통령 때나 총리 때나 권위주의적인 '각하' 호칭을 부르지 못하게 하여 측근은 물론 관리들까지도 그를 '박사님'으로 부르곤 했다는 것이다(장면은 1948년 모교인 맨해튼대학에서 명예 법학박사 학위를 받았다).

이런 장면을 민주당 신파로서 같이 활동하며 옆에서 지켜보았던 박순천은 "장 박사님을 일컬어 외유내강하신 분이라고 하는데 정확한 표현일 것 같다"고 회고했고,[8] 장면 내각의 재무장관이었던 김영선은 "장 박사의 인간상은 한마디로 진실 그것이다…… 진실된 사람이니만치 누구보다 강한 분"이었다고 평하면서 특히 1956년 그가 3대 부통령에 취임한 뒤부터 자유당 치하의 혹독한 탄압을 참고 견뎌낸 것은 그의 강인한 정신이 아니었으면 불가능했을 것이라고 회고했다.[9]

이 시절의 '죄수 아닌 죄수생활'에 대해 장면 자신은 이렇게 적었다.

부통령에 당선된 후에 받은 구박과 설움도 한두 가지가 아니었다. 8월 15

7   송원영, 《제2공화국》, 샘터사, 1990.
8   박순천, 〈운석 선생 회고의 일화〉, 운석기념회, 1999.
9   김영선, 〈운석 선생 회고의 일화〉, 운석기념회, 1999.

일에 있은 정·부통령 취임식에서 내외 귀빈을 소개하던 이 박사가 그 좌석의 말단까지 모두 소개하면서도 부통령인 내 소개는 빼놓았다. 남산의 국회의사당 기공식에 내외 귀빈들의 좌석은 모두 준비되었는데 부통령에게는 청첩까지 보내고도 막상 가보니 좌석은 준비되어 있지 않았다. 시청 앞에서 부통령 공관까지의 도로포장만 제외되는가 하면, 외국 귀빈들의 부통령 면회는 여러 가지로 방해까지 하는 지극히 어려운 일이었고, 아시아반공연맹회의 때 왔던 외빈들이 나를 예방하려 할 때에 관례적으로 제공해주기로 된 자동차도 내주지 않아 그들 스스로 자동차를 구하거나, 호텔에서 순화동 공관까지 걸어온 사람들도 많았다. 그나마 부통령공관에 드나드는 사람을 일일이 감시하고 귀찮게 굴어 내 친척들마저 출입에 큰 곤란을 당했다.[10]

굴욕을 참고 또 참았던 배경은 무엇이었을까? 이에 대해 예의 김영선은 "내가 알고 있는 장 박사로 말하자면 남방군자보다도 더 강한 신앙적 강자였다"고 했는데, 이로 미루어 장면의 외유내강이 깊은 신앙심에 기초했던 것임을 알 수 있다.

육계를 범한 일이 없소?

독실한 가톨릭 집안에서 자란 장면은 어릴 때부터 신앙심이 깊었다. 미국 유학조차도 가톨릭을 좀 더 연구하여 개신교의 논리를 반박할 지식을 습득하기 위해서였다는 설이 있을 정도다. 그는 실제로 교육학을 전공하면서도 한편으로는 신학을 공부했다.

---

10 장면,《한 알의 밀알이 죽지 않고는》, 운석기념회, 1999.

귀국 후 신앙심에 기초한 그의 인격에 대한 일화로는 동성상업학교 교장 시절의 것이 전해진다. 4학년 학생 3명이 신학을 더 배우고자 로마로 유학을 갔다가 신품을 받고 귀국하여 모교를 찾아왔을 때, 일본인 교사들은 그들을 "기미君(자네)"라고 불렀고, 체육 선생 이모 씨는 신자이면서도 "어서들 오게" 하고 반말로 맞았으나 교장인 장면만은 "아, 신부님들 오셨습니까" 하고 깍듯이 그들을 대접했다. 동료교사였던 유동진은 이렇게 기록한다.

놀란 것은 나뿐만 아니었다. 주위의 모든 교사들이 크게 경탄해 마지않았다. 우리의 놀람은 곧 장 박사를 경외하는 마음으로 변했다. 그분은 그 제자 신부들에게 처음부터 끝까지 스승이요, 교장의 신분이 아닌 평신도로서 신부를 대하는 예를 갖추었기 때문이다. 나는 그때의 장 박사 태도에 감복되어 얼마 후에 신도가 되었고, 신도가 된 후에 나도 신부에게 절대로 평어를 쓰지 않고 존경어를 쓰게 되었다.[11]

이렇게 신앙심이 깊었던 장면의 젊은 날이 궁금했던지 장면 내각의 국방장관을 지낸 현석호는 어느 날 교리에 대한 이야기를 나누다가 "장박사는 육계를 범한 일이 없소?" 하고 물어보았다. 육계肉係는 외도란 뜻이다. 그러자 장면은 조금 주저하는 것 같더니 솔직히 털어놓았다.

그가 동성상업학교 교장으로 재직할 때의 이야기다. 일제강점기에는 상업학교에 들어가기가 힘들었다. 하루는 종로경찰서의 일본인 고등주임이 장면을 찾아와서 친지 자제의 입학을 부탁했다. 귀찮도록 매일졸라대어 두고 보자 해놓고 부탁한 학생의 시험성적을 알아보았더니 커

---

11 유동진, 〈운석 선생 회고의 일화〉, 운석기념회, 1999.

트라인에서 간당간당했다. 장면은 교직원회의에 말하고 그 학생을 입학시켜주었다.

그러자 일본인 고등주임은 장충단의 일류 요릿집으로 장면을 데려가 한턱냈다. 술좌석이 파하자 고등주임은 나까이仲居(중간역)를 시켜 장면으로 하여금 여자와 동침하도록 꾸몄다. 그것을 최대 호의라고 생각했던 것이다. 술을 할 줄 몰라 탐탁지 않은 좌석에서 피곤함을 느끼던 장면이 나까이가 이끄는 대로 어느 방에 들어갔더니 성장을 한 게이샤가 기다리고 있었다. 그는 너무도 어이가 없어 당장 택시를 부르라고 나까이에게 소리쳤다. 이튿날 이 소식을 듣고 달려온 고등주임이 장면에게 백배 사죄했다고 한다.

젊은 날 외도 한 번 해본 일이 없는 사람, 그것이 장면이었다. 수원농림학교 2학년 때 부모의 주선으로 얼굴도 보지 못한 채 결혼한 부인 김옥윤과 그는 금슬 좋게 6남 3녀를 키우며 평생을 함께했다.

신앙과 정치

가톨릭에는 '프란치스코 제3회'라는 것이 있다. 온전한 봉헌과 순명으로 재물에 대한 욕심을 버리고 성 프란치스코가 살았던 방식대로 세상 속에서 수도회 규칙을 지키는 수도생활을 말한다. 재속생활을 하면서는 실제로 지키기 어려운 규칙이 많은데, 1921년 미국 뉴욕에서 프란치스코 제3회에 입회한 장면은 재속 수도사 생활을 하면서 이 규칙을 철저히 지켰다고 한다.

그런 그가 정계에 들어갔다. 신앙과 정치. 어딘가 아귀가 맞지 않는 조합이다. 하지만 그는 1947년 입법의원 시절부터 사창제도를 폐지시키는 법안을 통과시켰고, 제헌국회 의원 시절에는 '혼인의 순결과 보호' 라는 가정의 순수성에 관한 법조문의 삽입을 제안·채택시킴으로써 종래 사회적으로 용인되던 축첩제蓄妾制를 소멸시키고 여권의 신장과 더불어 가정과 사회의 건전화를 이루는 도덕적 기반을 닦는 데 크게 기여했다. 모두 가톨릭 신앙을 바탕으로 몸소 실천하고 지켜온 가치들이었다.

그렇기는 하지만 신앙과 정치는 양립하기가 쉽지 않았다. 그래서인지 장면은 때로 "정치를 하면 천당 가기 힘들어…… 거짓말을 해야 하니까" 하고 되뇌곤 했다. 한번은 그의 주치의였던 유병서가 정치를 하게 된 연유를 물어보니까 "멋모르고 발을 디뎌놓았다가 꼭 잡히고 말았는데 아예 할 일이 아니야"라고 대답했다고 한다.

그는 종교인으로서 성실의 원칙을 정치에 적용하려고 부단히 애썼던 정치인이다. 어느 날 부흥부 장관을 지낸 주요한과 단둘이 앉은 자리에서 그는 "민주당을 하느라고 집 두 채를 날려버렸지마는 하여간 정치를 한다고 하면서 소위 정치자금을 사용하는 일이 가장 양심에 걸린다"고 자탄하기도 했다.[12] 자기 집을 두 채나 없애는 깨끗한 정치를 하면서도 당을 이끌기 위해 어쩔 수 없이 불법자금을 써야 했던 일에 대해 자책하는 그런 정치인은 지금도 찾아보기가 쉽지 않을 것이다.

그런 그를 두고 "장 박사는 천당에 가도 외로우실 것입니다"라고 말하는 사람들이 많았는데, 그것은 "이 세상에서 천당에 갈 사람은 오직 장 박사 한 분뿐이라는 뜻"이었다고 박순천은 회고했다. 사후에 그를 '성자'였다고 칭하는 천주교인들이 많을 정도로 그의 신앙은 돈독했다.

그러나 종교는 그에게 정치적 힘이 되기도 했다. 민주당을 창당할 때도, 신구파 사이의 대통령 후보지명과 총리 인준을 둘러싼 대립이 있

---

12 주요한, 〈운석 선생 회고의 일화〉, 운석기념회, 1999.

을 때도 가톨릭 교단의 지원을 받았고, 1960년 내각제 개헌 이후 7·29 총선 때도 장면이 속한 신파 쪽에 가톨릭 계통의 정치자금이 흘러들어 갔다.[13]

또 그가 결정적으로 천주교의 도움을 받은 사건이 있다. 1948년 유엔총회 때다. 새로 세워진 한국 정부에 대한 국제적 승인을 얻기 위해 한국대표단 단장에 선임된 장면은 파리로 떠나기 전 패트릭 번J. Patrick Byrne 신부를 만나 도움을 청했다. 패트릭 번은 가톨릭을 국교로 삼고 있는 유럽과 중남미의 대표들에게 소개장을 써주었고, 교황 비오 12세에게도 '한국대표단을 도와달라'는 편지를 보냈다.

파리에 간 장면은 번 신부가 써준 소개장을 가지고 각국 대표와 영향력 있는 가톨릭 신자들을 만났다. 안드레이 비신스키Andrei Vyshinskii소련 대표가 방해공작을 했지만 미국과 바티칸의 지원을 받게 된 장면은 동분서주하며 득표활동에 진력했다. 그리고 투표가 있을 예정이던 당일 새벽, 장면은 잠도 자지 않고 새벽기도를 갔는데 함께 동행했던 시인 모윤숙은 그때 일을 이렇게 묘사했다.

(1948년 12월) 12일 새벽 3시, 비가 멎은 파리의 날씨는 좀 추웠다. 파리 시가는 적막에 잠겨 있고 지나가는 자동차도 보이지 않았다. 우리는 네온사인이 명멸하는 거리를 걸었다…… 성조셉성당에 들어서자 촛불이 켜진 성모상 앞에 경건히 무릎을 꿇고 기도의 세계에 몰입되었다. 깊은 세계에서 몰아의 경지를 맛보고 있는 듯한 엄숙하고 또 성스러운 표정으로 기도를 드리는 장 박사는 거의 한 시간 만에야 일어섰다. 성조셉성당을 나왔을 때 날은 아직 채 밝지 않았다. 나는 그냥 호텔로 돌아올 줄 알았는데 "요 근처 아베마리아성당이 있는데

---

13 "민주당 시대", 〈중앙일보〉, 1979년 4월 17일.

우리 거기 가서 한 차례 더 미사에 참례합시다"라고 말하지 않는가. 나는 그만 주저앉을 것만 같았다.[14]

그날 오후 5시 15분, 한국 문제의 찬반을 가리는 투표가 끝나고 개표가 되었다. 찬성 48표, 반대 6표, 기권 1표! 이로써 대한민국은 비로소 국제사회의 일원으로 등장하게 되었다. 신앙으로 싸워 이긴 장면의 빛나는 승리이기도 했다.

초대 주미 대사

유엔 승인이 있은 다음 해 1월 1일 트루먼 대통령은 한국 정부를 승인한다는 성명을 발표했고, 그 며칠 뒤 장면은 초대 주미 대사에 임명되었다.

나는 귀국 예정대로 짐도 전부 본국으로 부친 후였고, 하도 뜻밖의 일이라 당황도 하였지만, 할 수 없이 워싱턴에서 임시정부 때 쓰던 구미외교위원부 자리로 가서 친구의 비서를 한 사람 데려다가 그와 함께 집 안 소제 등 정리를 하고 우선 사무실을 하나 꾸며놓았다. 이것이 바로 '대한민국 주미 대사관'의 첫 모습이었다…… (그 후) 1년 반 동안을 두고 대사관 청사도 증축하여 직원도 정비하고 운영도 본궤도에 올려놓아 대사관의 기초가 튼튼해지고 나의 마음도 안정되었을 무렵, 1950년 6월 25일 밤 느닷없이 UPI 기자에게서 전화가 오고 뒤이어 이 대통령으로부터 국제전화가 오는데 "북한 공산군이 탱크를 앞세우고 쳐들어오는 중이니 속히 미국 정부와 유엔에 호소하고 활동을 개시하라"는

---

14 모윤숙, 〈운석 선생 회고의 일화〉, 운석기념회, 1999.

것이었다.[15]

장면은 미 국무부 고위층과 대통령을 순방하면서 구원을 요청하고, 대對유엔활동을 개시하여 민주 우방 제국 대표들에게 눈물로 호소하는 등 밤잠을 못 자고 동분서주했다. 이 무렵의 장면에 대해 딘 애치슨Dean Acheson 국무장관은 이렇게 회고했다.

점심식사를 마친 뒤 한국 대사는 매우 침통한 표정으로 눈물을 글썽이면서 이승만 대통령의 원조요청을 트루먼 대통령에게 전달하기 위해 나와 함께 백악관을 방문했다. 트루먼 대통령은 장 대사를 위로했으며 나는 면담을 마친 뒤 미국이 유엔의 결의를 적극 지지하고 있다는 성명을 기자들에게 발표하도록 그에게 일러주었다.[16]

한편 장면을 만난 트루먼 대통령은 자서전에 이렇게 썼다.

이승만 대통령의 호소문을 가져온 한국 대사는 낙심 끝에 이슬처럼 맺히는 눈물을 훔쳤다. 나는 전투가 발생한 지 이제 48시간밖에 되지 않았고, 또 다른 나라 사람들도 훨씬 더 절망적인 상황에서 그들의 자유를 수호하여 마침내 승리에 이르렀다는 말로 장 대사를 위로하려고 애썼다.[17]

이후 장면의 활약은 빛났다.

---

15 장면, 《한 알의 밀알이 죽지 않고는》, 운석기념회, 1999.

16 Dean A cheson, 《The Korean War》, New York: W. W. Norton & Company, 1971.

17 Harry S. Truman, 《Memoirs》, New York: Garden City, 1955.

초년병 외교관이지만 장 박사의 역량은 십분 유감없이 발휘되었다. 6·25가 발발하자 유엔 안전보장이사회에 한국 실정을 호소하여 드디어 유엔군을 파병케 하여 위기에 놓였던 이 나라를 구한 그의 빛나는 공적, 그리고 초조하게 기다리는 국민들에게 '미국의 소리'를 통해서 이 사실을 우리 국민들에게 알려주던 그의 음성![18]

이때부터 그는 절망에 빠져 있던 국민들에게 희망의 서광을 비춰준 명외교관, 아니 민족적 지도자로 부각되기 시작했다. 이후 유엔군과 국군이 북상하면서 국내정세가 호전되던 1950년 11월 23일, 그는 국회에서 국무총리 인준을 받게 된다.

제2대 국무총리

이 무렵 이승만과 국회 사이는 수화상극水火相剋일 정도로 악화되어 있었다. 국무총리로서 장면에게 주어진 역할의 하나는 이승만과 국회 사이의 갈등을 봉합하는 일이었다. 처음에 그는 중재해보려고 애썼으나 국민방위군사건, 거창양민학살사건 등 잇따라 악재가 터지면서 노력이 수포로 돌아가곤 했다.

초대 대통령의 임기는 1952년 8월까지였다. 국회간선제로는 연임이 어려웠던 이승만은 대통령 직선제로 헌법을 뜯어고치려 했다. 그러나 국회 쪽에서 그 발췌개헌안을 부결하고 도리어 내각책임제 개헌안을 추진했다.

18 노기남, 〈운석 선생 회고의 일화〉, 운석기념회, 1999.

이처럼 정부와 국회가 정면으로 맞서자 백골단·땃벌떼 등 천여 명의 깡패들이 국회로 몰려와 국회해산을 요구하며 일대난동을 벌였다. 이승만은 계엄령을 선포하고 의원내각제를 주동한 서민호 등 12명의 국회의원을 구속하고 버스에 탄 국회의원 50여 명을 헌병대로 끌고 가 국제공산당과 결탁했다는 혐의를 씌우는 등 무리수를 두어 대통령 직선제 개헌안을 통과시켰다.

이 같은 '부산정치파동'을 겪으면서 반反이승만 세력이 리더로 밀어 올린 것이 장면이었다. 1948년 유엔총회에서 한국의 국제승인을 이끌어내고 다시 6·25때 유엔군의 참전결정을 이끌어낸 그는 이 무렵 국민들 사이에 민족적 영웅으로 부각되어 있었다.

> 부산정치파동이 일어나자 야당 국회의원들을 끌고 가 문초하면서 그들은 자꾸만 운석雲石(장면)의 거처를 묻는 것이었다. "난 운석이 어디 있는지 몰라." 나는 정말 어디 있는지 몰랐다. 운석은 그때 미군병원에서 요양중이었던 모양이고 우리들 스스로가 애국충정에서 그를 지도자로 모시고자 했지만 하늘은 그에게 기회를 주지 않았다.[19]

당시 자유당 쪽에서 만들어낸 소문은 장면이 반이승만 세력을 배후 조종하기 위해 부산항에 정박해 있던 덴마크병원선에 몰래 숨어 있다는 것이었다.

그러나 사실은 달랐다. 제6차 유엔총회의 한국 수석대표로 파리에 가 있던 장면은 간염이 도져 병원에 입원해 있다가 귀국명령을 받고 귀로에 도쿄에 기착해서 양유찬 대사를 만났다. 그와 함께 일본에 와 있던

---

19 곽상훈, 〈운석 선생 회고의 일화〉, 운석기념회, 1999.

매슈 리지웨이Matthew Ridgway 미8군사령관을 예방하게 되었고, 장면의 병세를 들은 리지웨이가 부산의 미군병원을 주선해주어 귀국 후 그곳에 4개월간 입원했던 것인데 소문은 다르게 났다. 이는 당시 미국의 이승만 제거계획과 맞물려 장면이 그 대안으로 떠올라 있었기 때문이기도 하다.

내가 '미군병원선에 피신해 있다'는 소문은 도를 넘어 귀국 후 이 대통령을 만나지도 않고 병원선으로 피신했다고 일부러 악선전을 하는 사람도 있었다. 귀국시 비행장에 내린 나는 총리서리로 있던 허정 씨와 함께 바로 대통령을 만나 귀국보고를 하였고, 그 후 국무회의와 국회에서 경과보고를 한 후 기자회견도 끝내고 장기치료를 요한다는 미군의 진단서를 대통령에게 제시하고 그 동의를 얻어 미군병원에 입원한 후 며칠 만인 4월 19일 사표를 제출했던 것이다. 도대체 병원선엔 가본 일도 없다.[20]

그는 사표를 제출한 뒤 "진정한 민주주의란 건실한 도의에 입각한 책임행위로서만 실현될 수 있는 것이므로 이 도의심과 책임성이 결여한 이상은 어떠한 사회제도와 정치체제도 하등의 성과를 거두지 못할 것"이라는 요지의 글을 싣기도 했는데,[21] 실제로 그는 이 무렵부터 독재에 항거하는 민주투사의 길을 걷기 시작했다고 볼 수 있다.

20 장면, 《한 알의 밀알이 죽지 않고는》, 운석기념회, 1999.
21 "하야유감", 〈신경향〉, 1952년 4월호.

부통령 시절

재야인사가 된 장면은 천주교에서 운영하던 〈경향신문〉의 고문으로 활동했다. 그러다가 1954년 자유당이 "초대 대통령에 한해 중임제한을 철폐한다"는 것을 골자로 한 장기집권의 헌법개정안을 날치기로 통과시킨 이른바 '4사5입' 파동이 일어나자, 그는 재야생활을 청산하고 민주당 창당작업에 가담했다.

민주당 최고위원의 한 사람에 선출된 장면은 1956년 제3대 정·부통령선거에서 부통령 후보로 출마했다. "못살겠다, 갈아보자!"는 선거구호와 함께 자유당 독재를 견제하는 민주당의 활동은 열렬한 국민적 지지를 얻었다. 대통령 후보 신익희의 연설을 듣기 위해 한강변 유세장에 모인 청중이 당시로서는 놀라운 숫자인 30만 인파에 달했다. 자유당은 "갈아봤자 소용없다, 구관이 명관이다"는 구호로 맞섰으나 시종 수세였다.

그러나 선거 도중 신익희 후보가 급서했다. 이 바람에 정권교체는 실패했지만 장면은 이기붕을 20만여 표차로 따돌리고 부통령에 당선되었다. 국민의 심판을 받아 민주주의의 상징으로 부상한 그는 80이 넘은 이승만의 유고有故 발생시 그 자리를 승계할 입장이었다. 바로 이 점 때문에 그는 부통령에 취임한 지 한 달 반 만에 권총 피격사건을 당한다. 다행히 왼손에 관통상을 입는 가벼운 부상으로 끝났지만 그 후로도 내무장관과 치안국장이 연루된 암살기도들이 부단히 이어졌다.

이런 상황이니 헌법에 규정된 부통령의 권한을 봉쇄당한 채 그는 앞에서 언급한 '죄수 아닌 죄수생활'로 몇 년을 보내야 했다. 제4대 정·부통령 선거를 한 해 앞둔 1959년 10월 26일 민주당 전당대회가 열렸다. 민주당은 구 한민당→민국당 계열의 구파와 관료 출신들로 구성된 신파가 반이승만 기치를 내걸고 결합한 당이었는데, 신파의 수장인 장면과 구파의 수장인 조병옥은 침묵하고 있었지만 신익희 사후 양파의 밑바닥 암투는 치열했다. 여차하면 당이 깨질 수도 있었다. 투표 결과 신파의 장면은 481표, 구파의 조병옥은 484표를 얻었다

3표차로 이긴 조병옥은 대통령 후보지명을 수락하지 않으려 들었다. 그러자 장면은 "한 표가 많아도 다수결로 지명받은 것이니 수락해야 합니다. 나는 기꺼이 부통령 후보지명을 받겠습니다"라고 권하여 당을 분열의 위기에서 구했다. 구파인 조병옥도 신파인 장면도 양보와 타협이라는 민주주의의 진수를 보인 셈이었다.

1959년 말 조병옥과 장면은 각각 민주당 제4대 대통령 후보와 부통령 후보로 등록을 마쳤다. 그러나 조병옥이 갑자기 발병, 도미하여 월터리드육군병원에 입원하더니 선거를 불과 며칠 앞두고 세상을 떠났다. 단독후보가 된 이승만의 대통령 당선은 예정된 것이었기 때문에 3월 15일의 선거는 사실상 부통령선거나 다름없었다.

개표 결과 이기붕은 833만여 표, 장면은 185만여 표로 이기붕이 압승한 것으로 나타났다. 후보는 같은데 3대 때의 표차는 20만여 표, 4대 때의 표차는 648만 표였다. 정상적인 방법으로 장면을 이길 수 없었던 이기붕이 대대적인 선거부정을 저지른 반증이었다. 민주당은 3월 15일 선거무효를 선언했고, 그날 밤 마산에서부터 학생 데모가 시작되었다. 4·19혁명의 서곡이었다.

민주당 천하

"한국에서 민주주의를 바라는 것은 쓰레기통에서 장미꽃을 구하는 것과 같다"고 했던 영국의 한 기자(〈타임스Times〉의 허그로프)도 4월 26일 이

승만 하야 소식에 거리로 쏟아져 나온 수십만 서울 시민을 보고 함께 만세를 부르며 감격의 눈물을 흘렸다고 한다.[22]

대통령 승계 1순위는 부통령이지만 장면은 꽃다운 젊은이들이 총탄에 쓰러진 데 대한 책임감을 느끼고 이미 4월 23일 자리를 사임한 터였다. 이에 따라 외무장관으로 대통령서리에 취임하여 과도정부를 이끌게 된 허정은 학생·시민의 강력한 요구이자 민주당의 오랜 강령인 내각제 개헌을 추진했다.

마침내 새 헌법절차가 만들어지고, 그에 따라 1960년 7월 29일 제5대 민의원과 초대 참의원 선거가 실시되었다. 민주당은 용산 갑구에서 출마한 장면을 필두로 민의원 175명(전체 233석 중), 참의원 31명(전체 58석 중)이 당선되는 기염을 토했다. 민주당 시대가 도래한 것이다. 이렇게 되자 83석을 차지한 윤보선의 구파는 당내 다수파가 내각도 구성해야 한다면서 '대통령에 윤보선, 국무총리에 김도연' 안을 내놓았고, 78석을 차지한 장면의 신파는 '대통령에 윤보선, 국무총리에 장면' 카드를 제시했다.

새 국회가 개원한 8월 12일 민의원·참의원 합동회의에서 대통령에 당선된 윤보선은 국무총리에 구파의 김도연을 지명했다. 그러나 뜻밖에 인준이 부결되었다. 그리고 2차로 지명한 신파의 장면이 과반수에서 4표를 더 얻어 당선되었다.

8월 23일 내각책임제하의 제1차 내각이 의욕적으로 출범했다. 청신한 사회기풍을 진작시키기 위해 장면 총리 이하 각료들은 일제히 코르덴 옷감으로 만든 국토개발복을 착용하고 외식과 요정 출입금지를 다짐하며 도시락을 지참하고 출근했다. 장면은 "나는 총소리를 듣고 집권했

22 최석채,《4월혁명 5주년 문집》, 1965.

지만 내가 물러날 때는 총소리를 듣지 않고 평화적으로 물러날 수 있도록 하겠다"고 말했다.

그러나 신정권 출범 1주일 만에 민주당 구파가 각료 인선에 불만을 품고 별도의 원내교섭단체를 만들었다. 의원내각제에서 원내 기반이 흔들리면 국정 자체가 마비된다. 이에 장면은 9월 10일 협상을 통해 구파 인사 5명을 입각시킨 제2차 내각을 발표했다. 그러나 구파의 불만은 그치지 않았다.

"윤보선 씨 자신의 말을 빌리면 구파에 준 자리가 '빈탕'이 아니냐는 것이다. 어째서 국방부와 교통부, 보사부 같은 중요한 직위가 빈탕이란 말인가?" 하고 장면은 회고록에서 아쉬워했다.

마침내 구파는 분당을 선언했다. 하지만 내각이 점차 안정되어가면서 장면은 계획한 정책들을 추진해나가기 시작했다.

경제제일주의

장면 정권은 경제제일주의를 표방했다. 그래서 ① 경제개발 5개년계획 ② 국토건설사업계획 ③ 태백산종합개발 ④ 소요재원조달 및 재정안정계획 등의 4대 프로젝트를 입안했다.

그중 '경제개발 5개년계획'은 5·16 군사정권에서 처음 만든 것으로 아는 이가 많지만, 사실은 자유당 정권 부흥부 산하의 산업개발위원회가 1960년 초에 입안한 '경제개발 3개년계획'을 장면 정권에서 '경제개발 5개년계획'으로 완성한 것이고, 이를 군사정권에서 다시 원용한 것이다.

이를 위해 장면 정권은 1960년 12월 15일부터 5일간 대형 '종합경제회의'를 열었는데, 이 자리에는 윤보선 대통령·장면 총리를 포함한 경제계·기술계·학계·언론계의 오피니언 리더 200여 명이 참석했다. 바로 이 회의에서 나온 내용들이 장면 정권을 뒤엎은 뒤의 5·16 군사정권 초기 정책교본서로 활용된다. 이를테면 '경제계획원'을 '경제기획원'으로 이름만 바꾼다든지 하는 식으로.[23] 경제개발 5개년계획은 물론이고 국토종합개발계획, 건설부의 설치 같은 정책도 사실은 이 회의에서 나온 건의안들을 군사정권에서 실현시킨 것이다.

문제는 재원이었다. 장면이 집권한 1960년 현재 한국의 1인당 국민소득은 81달러, 수입은 수출의 10배 이상, 실업률은 23.7%, 실질 경제성장률은 -1.0%였다. 게다가 국가예산의 반을 미국 원조에 의존하고 있어 경제개발에 필요한 재원을 조달할 방법이 없었다.

이에 장면은 재원확보를 위한 획기적 조치를 생각했다. 그 하나가 10만 감군안이다. 감군에 의한 재원을 경제개발에 전용한다는 것이었는데, 이 안은 결국 군부와 미국의 반발을 불러와 유야무야되고 말았다.

다른 하나는 한일 국교정상화를 통한 대일청구권 자금의 확보였다. 자유당 시대에는 '배상금'이란 용어를 사용했고 그 액수도 "일본이 36년간 지배했으니 36억 불은 내야지" 하고 이승만이 개념을 제시했던 것으로 알려졌으나 단지 일방적인 것이었다.

1960년 9월 6일 일본 외상 고사카 젠타로小坂善太郎를 단장으로 하는 친선사절단이 방한했을 때 장면은 대일청구권 금액으로 10억 달러를 제시했고, 고사카 측에서는 6억 달러를 제시하여 그 절충점인 8억 달러 선이 성립되려 했었다고 한다(5·16 군사정권의 청구권 금액은 3억 달러였다).[24] 이후 유진오를 수석대표로 한 한국대표단이 일본에 건너가서 실

---

23 "김입삼 회고록 '시장경제와 기업가정신 13-경제제일'", 〈한국경제신문〉, 1998년 6월 29일.

무회담을 진행했다.

장면은 경제 문제에서만큼은 의욕적이었다. 경제개발 5개년계획의 청사진을 마련한 그는 우선 국토건설단부터 출범시켰다. 1961년 3월 1일 3000명의 국토건설단 대원들이 보무도 당당하게 시가행진하는 모습을 보고 국민들도 큰 기대감을 가졌다. 이처럼 계획들이 하나하나 궤도 위에 올려지고 있을 때 5·16쿠데타가 일어났다.

장면은 "경제안정이 전제되어야 정국안정과 민주주의 실현이 가능해진다"고 말했지만, 사실은 정치안정이 선행되어야 경제발전이 가능하다는 점을 몰랐던 것일까?

데모로 날이 새고 저물어

자유당 시대가 '반공'으로 날이 새고 '반공'으로 날이 저물었다면, 민주당 시대는 '데모'로 날이 새고 '데모'로 날이 저물었다. 각종 데모가 끊이지 않는 가운데 심지어 데모를 그만하자는 데모까지 등장할 정도였다.

경찰 집계로는 하루 평균 3회 연간 1036회의 시위가 있었다는 것이지만, 당시 주한 미대사관 정무참사관에 따르면 "4·19혁명에서 5·16쿠데타에 이르는 1년간 약 2000건의 데모가 일어났고 연 90만 명이 참가한 것으로 추정된다"는 것이었다.[25]

이렇게 사회가 혼란한 것과는 반대로 치안을 담당할 경찰력은 재판

---

24 "대일청구권의 문제점", 〈국회보〉, 1964.

25 Gregory Henderson, 《KOREA: Politics of the Vortex》, Cambridge: Harvard University Press, 1968.

계류 중 입원해 있던 전 내무장관 장경근이 일본으로 도망가는 것조차 알아차리지 못할 만큼 약화되어 있었다.

가장 큰 원인은 장면 자신의 정치철학 또는 민주주의에 대한 신념 이었다. 측근들은 정권의 안정을 위해 군경검軍警檢 3기관 합동의 특별 기구를 총리 직속으로 설치하자고 제안했지만 장면은 "제2의 김창룡 특무대를 만들자는 거요?" 하고 거부반응을 보였다. 당시 총리 비서관 이었던 박종률은 "4·19 학생의 피가 가시기도 전에 정권을 연장해보겠 다고 계엄령을 펴거나 독재적 방법을 쓸 수는 없다. 물러나면 물러났지 그렇게는 못한다"고 장면이 강하게 말했던 것으로 회고했다.

장면이 민주주의에 대한 신념을 지닌 정치가였다는 것만큼은 틀림 없다. 그러나 그가 신봉한 교과서적인 자유민주주의의 원리원칙은 고도 로 발전한 선진국에 어울리는 것이었다. 그 원칙이 신생 한국의 여건 속 에 들어오면 어떻게 수용되어야 바람직한가에 대한 분명한 현실인식은 갖고 있지 못했던 것 같다.

사태는 날로 악화되어갔다. 마침내 학생들과 혁신계 일부의 성급한 통일논의가 "북으로 가자, 남으로 오라!"는 데까지 급진전되자 장면도 손을 쓰지 않을 수 없었다. 그래서 1961년 3월 19일 데모규제법과 반공 특별법안을 제정하기로 결의했다.

그러자 이는 야당탄압을 위한 악법이라면서 혁신계와 신민당 일부, 그리고 민주당 소장파들까지 들고일어났다. 데모대의 구호는 "장면 물 러가라"에서 "양키 고 홈"으로 바뀌기 시작했다. 야당인 신민당은 반미 구호가 등장한 점을 중시하고 장면의 입장을 이해하는 쪽으로 돌아섰다.

그 결과 3월 23일 청와대회담이 열렸다. 이 자리에서 윤보선은 "사 태를 수습할 거국내각이라도 만들어 비상사태를 선포하라"고 촉구했 다. 그러나 장면은 "좀 더 시간이 필요하다"면서 "내가 그만둔다 해도 더 잘할 사람이 당장 있겠는가. 내가 그만둔 뒤의 대책은 무엇이냐?"고 맞받았다.

신민당 참석자들은 항간의 쿠데타설을 꺼내 대책을 물었다. 쿠데타가 일어나지 않도록 대비하고 있다는 게 장면의 답변이었다. 이날 청와대회담은 결론 없이 끝났다. 며칠 후 신민당 당수 김도연은 "장 정권을 더 이상 지지육성할 수 없게 되었다"면서 신민당이 정권을 인수할 태세를 강화해야겠다는 말을 했다.

단명을 재촉한 '3신'

정치평론가 신상초는 장면 정권의 단명을 재촉한 원인으로 '3신新'을 꼽았는데, 그 첫 번째 '신'이 바로 사사건건 장면을 물고 늘어진 신민당이었다.

하지만 여당 내부도 복잡했다. 종래의 신파는 정일형·주요한 등의 흥사단계, 오위영 등의 원내 자유당계, 현석호 등의 자유당 탈당파 등 노장파가 중심이었다.

그러나 7·29총선 때 40대 전후의 젊은이들이 5대 국회에 대거 진출하면서 젊은 의원 43명으로 구성된 '소장동지회'의 존재가 신파 안에서 두드러지게 되었다. 이철승·조연하·김재순·함종빈 등 이들 소장파는 장면의 총리 인준시 구파 의원들과 중도파 의원들을 포섭해 이를 성사시키는 공을 세웠다.

그러나 이 민주당 소장파는 조각의 논공행상에서 제외되자 '신풍회新風會'의 간판을 내걸고 틈을 엿보다가 소위 '대한중석사건'으로 알려진 정치자금 스캔들이 터지자 이를 집요하게 물고 늘어지기 시작했다. 부정부패 및 부정선거가 도화선이 됐던 4·19혁명을 겪은 지 얼마 안 된 시점이라 국민들의 충격은 컸다. 결과적으로 장면 정권의 단명을 재촉한 두 번째 '신'이 바로 이 신풍회였다.

세 번째 '신'은 중석사건을 비롯하여 장면 정권의 문제점을 공격한 각종 신문들이었다. 자유당 시대보다 7배나 급증한 매체는 자유의 분출을 넘어 무책임 언론으로 전락했는데, 이런 시류는 정부 편을 들던 KBS나 〈서울신문〉이나 장면과 가깝던 신문들도 예외가 아니었다. 장면의 공보비서였던 송원영은 "마치 언론자유는 장 정권을 타도함으로써 완성되는 것처럼 언론이 민주정권을 독재정권보다도 더 가혹하게 두들겼다"고 회고했다.[26]

그럼에도 장면은 집권 9개월 동안 2주에 한 번 이상 기자회견을 가졌다. 당시 민주당 원외 대변인을 지낸 김대중은 "훗날 각본화된 정치쇼가 아니라 사전각본 없이 진행되는 자유로운 기자회견은 초기의 이승만과 장면 두 분밖에 없었다"면서 "민주당 정권의 몰락을 재촉한 것은 신민당·신문·혁신정당이었다"고 또 다른 '3신'을 언급한 일이 있다.

아닌 게 아니라 4·19혁명 후 통일논의에 대한 정부의 독점구조가 무너지면서 혁신계 정당과 사회단체들은 일부 급진적인 학생들과 더불어 민주적인 장면 정권을 분쇄해야 할 '통일방해세력'으로까지 규정했다.

군부는 안보에 민감한 집단이다. 주한 미군사령부에서도 북한의 위협과 반미운동의 확산을 우려하면서 "대한민국의 경제적 발전의 실패와 자신감 결여·혼란·판단불능 때문에 공산주의 선전에 대해 적절히 대처하는 것이 현재 어려운 형편"이며, "군사적 견지에서는 이승만 정권보다 상황이 더욱 악화돼 있다"고 판단하고 있었다.[27]

---

26 송원영,《제2공화국》, 샘터사, 1990.

이런 가운데 세간에는 '3·4월 위기설'이 광범하게 나돌았다. 3월이나 4월 중 장면 정권이 넘어갈지도 모른다는 뜬소문이었다.

약한 고리

블라디미르 레닌Vladimir Lenin은 사슬의 '약한 고리'에서 혁명이 이루어진다고 했다. 장면 정부의 약한 고리는 바로 군부통제력이었다. 허정의 과도정부만 해도 군에서 신망이 높은 이종찬 장군을 국방장관에 기용했었다.

그러나 장면 내각에는 군부 출신이 단 한 명도 없었다. 2공의 초대 국방장관은 현석호였는데 그는 군 경력이 없는 총독부 행정관료 출신이었다. 단지 그의 동생 현석주가 장성으로 있으니 그를 통해 군대 사정을 잘 알 수 있을 것이라 해서 국방장관에 임명되었다고 한다.[28] 또 신구파의 갈등에 따른 타협안으로 2대 국방장관에 기용된 민주당 구파의 권중돈 역시 군 경력이 없는 정치인 출신이었다. 국방장관이 아니면 차관이라도 군 출신을 썼어야 했는데, 장면이 기용한 국방 정무차관(박병배→우희창)이나 국방 사무차관(김업)이나 모두 군 경력이 없는 정치인 출신들이었다.

이러니 군의 내부사정을 정확히 알지 못했던 것 같다. 장면이 선거공약에서부터 군의 부정부패 척결을 공언해온 터라 4·19 후 군부의 소장 장교그룹은 공개적으로 상급 장교들의 용퇴를 요구하는 정군整軍운

---

27 "과도정부와 제2공화국(새로 쓰는 한국현대사)", 〈서울신문〉, 1995년 12월 18일.
28 현석호, 《한 삶의 고백》, 탐구당, 1986.

동을 전개해오고 있었다. 허정의 과도정부는 자유당 때부터 군에 만연된 파벌주의와 부정부패에 따른 진급 적체 등에 대해 손도 대지 못하고 물러났던 것이다.

장면이 집권 후 임명한 최경록 육군참모총장은 정군에 의욕적인 태도를 보이며 "자유당 정권에 붙어먹던 놈들은 다 내보내야 한다"고 호언했다.

이 같은 정군 또는 숙군肅軍에 찬성하고 있던 장군들(이종찬·김형일·심흥선·이한림·박정희·박병권)은 소수였고, 나머지 중장 이상의 군 고위층은 대부분 정군 대상이었는데 그 가운데는 장도영도 포함되어 있었다. 정군 대상으로 지목된 이들은 제각기 구명로비를 벌였는데 그 창구는 민주당 고위층과 주한 미군사령부였다.

미군은 허정의 과도정부 때부터 정군에 반대하는 입장이었다. 최영희, 김종오 등과 함께 정군의 대표적 표적이 되어 있던 장도영은 영어를 잘해 미군 수뇌부와 아주 가까웠던 인물이다. 그가 어떻게 로비했던지 하루는 주한 미사령관 카터 매그루더가 장면에게 편지를 보내왔다. 이 편지를 읽어본 총리 비서실장 김홍한은 이렇게 증언했다.

대강 이런 요지였어요. "당신들이 장도영 장군을 내보내려고 하는데 그 사람이 그럴 만한 무슨 잘못이 있는지 이해할 수 없다. 군인을 장성으로 키우는 데는 20년 이상이 걸리는데 당신들은 사람을 아낄 줄 모르고 내보내려고만 하느냐. 우리는 절대반대다."[29]

여기서 미국의 눈치를 보던 장면은 "미국 사람들이 저러니 곤란한

---

29 "정일형·최경록, 박정희 배후로 착각했다", 〈신동아〉, 1997년 4월호.

데……" 하고 정군에서 뒤로 물러섰다. 이렇게 하여 구정권에 밀착했던 군 고위층을 물갈이하지 못함으로써 그는 군부를 통제할 수 있는 절호의 기회를 놓치고 만 셈이었다.

자유당 때 이기붕·박마리아의 선을 탔던 장도영은 매그루더에 대한 로비로 기사회생하게 되자 차제에 더 높은 목표를 향해 뛰기 시작했는데, 그 목표란 다름 아닌 육군참모총장 자리였다.

참모총장의 경질

장도영의 로비는 현석호와 가까운 장인을 통해 이루어졌는데 현석호는 장면 정권의 실세였다. 제1차 국방장관에 기용되었다가 신구파의 갈등으로 한 달 만에 물러났던 현석호는 1961년 1월 30일 국방장관에 다시 복귀하면서 최경록 육군참모총장의 경질을 추진했다. 표면적으로는 김종필 중령이 주동이 된 '16인 항명사건'을 빌미로 군 기강을 바로잡기 위해선 최경록 총장을 경질하는 것이 좋겠다는 명분을 내세웠다.

경질 건의를 받은 장면은 심사숙고했다. 최경록에 대해서는 전부터 경계심을 갖고 있었다. 비록 부통령 시절 자신의 신변보호를 해주었던 장군이라고는 하나 최경록은 본래 외무장관 정일형의 인맥이었다. 그런데 정일형으로 말하자면 수석 국무위원으로 국무회의를 거의 주도하는데다가 자신의 비서실장인 김홍한이 그 사위였다. 그런 정일형이 최경록 육군참모총장을 통해 군대까지 움직일 수 있다는 점이 장면의 마음에 걸렸던 모양이다. 더구나 참모차장 김형일까지 정일형의 집을 자주 드나들었다. 장면은 현석호의 건의에 동의했다.

그는 국방장관 현석호와 미군사령관 매그루더가 동시에 추천한 장도영에게 호감이 갔다. 영어 잘하고 인상이 좋은 장도영은 박순천, 오위영 의원 등의 별도 추천도 있었지만 사적으로는 그의 먼 친척이었던 것이다. 육군참모총장 인사안이 국무회의에 올려졌다. 반대의사를 피력한 것은 장면의 라이벌격인 정일형이었다.

"불과 다섯 달 만에 참모총장을 갈아치운다면 군 내부도 납득하지 못할 것이다. 이 문제는 정부의 운명과 관계있는 일"이라며 그는 외무장관직 사퇴서까지 내놓았다. 무임소장관 김선태가 동조하여 이날 안은 무산되었으나 수주일 뒤 다시 상정되었다. 이때 장면은 "장도영 장군을 밀어주시오. 이 시기에 군을 잘 이끌 유능한 인물입니다"라고 역설했다. 총리가 미니 아무도 반대의견을 내놓는 사람이 없었다. 이렇게 하여 장도영 안이 통과되었다. 실로 운명의 선택이었던 셈이다.

정군 대상이었던 장도영이 육참총장에 오르자 정군운동을 펴온 소장 장교그룹은 격앙된 분위기였다. 쿠데타에 대한 소문이 여러 채널로 들려오기 시작했다. 당시 쿠데타를 일으킬 위험인물로 지목된 것은 박정희 소장과 조선민족청년단계 세력이었다. 박정희가 오래 근무한 곳에서는 언제나 쿠데타 소문이 꼬리를 물었던 것이다 .

등한시한 정권안보

1960년 10월 초 미국을 방문하고 귀로에 오른 당시 예산국장 이한빈은 김영선 재무장관으로부터 "혹시 박정희란 이름을 들은 적이 있느냐?"는 질문을 받았다. "없다"고 대답하자 김영선은 "워싱턴에 있는 동안 어떤 미국 인사가 그 사람이 쿠데타를 계획하고 있다는 귀띔을 해주더라"고 했다. 이한빈은 하도 어마어마한 이야기라 그냥 듣기만 했다고 한

다.[30]

김영선은 이 정보를 장면에게 전했다. 정권안보에 민감한 지도자였다면 단호한 조치를 취했을 것이다. 그러나 장면은 단지 박정희를 부하가 없는 제2군 부사령관으로 좌천시켰을 뿐이다. 이런 점은 군 문제에 극히 민감했던 전임 이승만이나 잠재적 정적을 전광석화처럼 제거해버리는 후임 박정희와 확실히 대조적이었다.

신민당 당수 김도연 또한 가까이 지내던 한 대령으로부터 일부 장교들이 쿠데타 모의를 하고 있다는 정보를 듣고 청와대를 방문해 윤보선 대통령에게 알렸다. 윤보선은 즉시 전화를 걸어 장면에게 알려주었으나 장면은 며칠 후 알아보니 별것 아니라는 답전을 해왔다고 한다.

1961년 4월 초 뉴욕에서 열린 유엔총회에 참석했던 외무장관 정일형은 그곳에서 국내 쿠데타 준비설을 듣고 장면에게 네 번이나 국제전화를 걸었다. 그러나 장면은 "장도영은 내 친척이니 절대 안심하시오. 뉴욕까지 가서 무슨 서울 걱정을 합니까? 유엔 일이나 잘 보고 오시오"라고 일축했다.

안보 불감증이었던 것일까?

군사쿠데타는 군부가 일으키는 것이다. 주동자의 이름도 얼추 알려져 있었다. 그렇다면 용의자를 잡아서 철저히 조사하면 될 일이었다. 그런데 이 무렵 장면 정부는 4·19혁명 1주년을 기해 폭동이 날지 모른다는 소문이 항간에 나돌자 그 진압작전을 경찰에 맡기지 않고 군부에 맡기려고 들었다. 그러자 쿠데타세력은 폭동진압을 구실로 군대를 동원하여 쿠데타를 일으킬 계획을 세웠다는 것이다.

이러한 군대의 움직임이 당시 시경국장 정태섭에 의해 포착됐다. 그

---

30 이한빈,《세기의 격랑》, 팔복원, 1994.

는 자기가 입수한 정보를 가지고 직접 찾아가서 보고했으나 장면은 "유엔군이 건재하고 장도영 총장이 건재한 이상 절대로 걱정할 것 없다"고 했다는 것이다.[31]

상식적으로 이해가 가지 않는 일이다. 옛날로 치면 '역모'에 대한 정보를 이렇듯 가벼이 처리했으니 말이다. 미 CIA 한국지부장이었던 피어 디 실바도 쿠데타에 대한 정보를 알려주었으나 장면은 귀담아듣지 않았다고 회고했다.

나는 그에게 그와 그의 정부에 대한 군사쿠데타가 계획되고 있고 행동개시 일자만이 아직 확정되지 않은 상태라고 말해주었다. 장 총리는 이 보고를 귀담아듣지 않는 듯했다.[32]

결정적인 제보는 1961년 5월 6일에 있었다. 그날 민주당 의원 윤병한이 쿠데타 음모를 제보했다. 이야기를 들은 장면은 "입수한 정보를 장도영에게 전하고 '이것이 어떻게 된 일인가?'고 물었다. 그러자 장도영은 '천만에 말씀이십니다. 그런 일이 있겠습니까?'라는 태연한 대답이었다."[33]

장도영이 사전에 거사를 알고 양다리를 걸쳤다고 보는 견해가 일반적이고, 장면 총리의 고문을 지낸 도널드 위태커Donald Whitaker도 장도영이 거사를 미리 알고 "칼의 양날 플레이를 한 것"이라고 증언했다.[34] 그

31 "장면은 장도영의 이중 플레이에 속았다", 〈신동아〉, 2001년 11월호.

32 Peer De Silva, 《Sub Rosa: The CIA and the Uses of Intelligence》, New York: Times Books, 1978.

33 장면, 《한 알의 밀알이 죽지 않고는》, 운석기념회, 1999.

34 "장도영 총장 믿었던 게 한", 〈동아일보〉, 1982년 5월 27일.

러나 장도영은 자신의 회고록에서 쿠데타를 준비한다는 소문은 들었지만 누가, 언제 일으킬지는 모르고 있었다고 부정했다.

한편 장면은 이태희 검찰총장에게도 조사를 지시했다. 이태희는 서울지검 김홍수 부장검사에게 수사를 맡겼고, 김홍수는 윤병한 의원이 언급한 사람(김덕승)을 체포해서 박정희의 쿠데타 음모설이 사실임을 알아냈다. 그리고 5월 13일 군부대 사이의 전화를 감청하던 경찰로부터 쿠데타를 준비하고 있다는 확신이 들게 하는 군부대의 움직임에 대한 정보를 입수하고 이를 검찰총장에게 알렸다.

이태희는 총리집무실이 있던 반도호텔로 달려가서 이 사실을 보고했고, 장면은 즉시 장도영을 불러들였다. 그러나 "모두 공연한 모략입니다. 아무 염려 마십시오. 제가 있는 동안 절대 그런 일이 없습니다" 하는 장도영의 말에 마음을 놓은 장면은 "5월 15일에도 나는 아무런 관심 없이 당의 회의를 가졌다"고 회고록에 적었다. 정권안보가 달린 일이었는데 '아무런 관심 없이' 다른 일을 보다니!

왜 이처럼 정권안보에 등한했던 것일까?

취약한 정보관리

장면이 정권안보에 민감하지 못했던 이유로는 첫째 육군참모총장 장도영의 이중 플레이를 꼽을 수 있다. 장면 자신도 "쿠데타가 지난 지금 말할 수 있는 것은 장도영이 양다리를 짚지 않고 처음부터 굳세게 나갔거나 매그루더를 만난 윤 대통령이 진압할 뜻을 표시했다면 5·16정변은 결코 성공되지 못했을 것"이라고 회고록에 적었다.

둘째는 정보관리 능력의 저하를 들 수 있다. 민간정보를 가장 정확히 포착하는 것은 경찰이다. 나무의 실뿌리처럼 세세한 곳까지 정보망이 뻗어 있기 때문이다. 그런데 장면은 자유당 시절의 부정부패 원흉들을 처벌하면서, 민중을 탄압한다는 지탄을 받았던 경찰서장 81명을 포함하여 모두 4500명의 경찰관을 숙청하고 나머지 경찰관 또한 80%를 전보 발령했다. 이 같은 조처는 악명 높은 제정 러시아의 고등경찰을 10배로 확대하여 KGB를 발족시킨 레닌과 대조된다.

클라우제비츠Karl Clausewitz의 병법을 깊이 연구한 레닌은 권력이 어떻게 유지되는지를 알고 있었던 데 반해 장면은 자유당 정권의 각급 정보기관들을 정리하는 데만 신경을 썼다. 정보처리 능력이 수준 이하가 될 수밖에 없었던 배경이다. 1961년 3월에 와서야 총리 직속의 정보기관(시국정화운동본부)을 설치하지만 시기적으로 너무 늦었다.

셋째는 장면 자신의 리더십이다. 그의 리더십은 민주적이었지만 혁명적 상황에 효율적으로 대응하지 못했다. 결단력과 과단성을 보여주지 못함으로써 '유약하다'거나 '우유부단하다'는 평을 받았는데, 이 점은 정권안보와 관련해서 특히 그랬다.

넷째는 대미 의존도가 너무 높았다는 점이다. 장면은 문민우위의 논리로 군을 통제할 수 있다는 공론적 태도를 견지하면서 국군은 미군의 작전통제하에 있으므로 쿠데타와 같은 행동이 사실상 불가능하다고 보았다. 하지만 미국을 너무 의지했다. 그런 그를 친미주의를 넘은 사대주의자라고 평한 이도 있다. 어느 정도였느냐 하면 가령 이후락을 중앙정보연구위원회 실장으로 임명할 때 비서실장 김흥한이 "정보기관의 책임자를 임명하는 일인데 그 사람을 잘 모르시지 않습니까? 괜찮을까요?" 하고 물었더니 "응, 미국이 좋다고 해서 시켰어" 하고 대답했다고 한다.

최경록 육군참모총장을 경질할 때도 '정군반대' 입장을 표명한 윌리스턴 파머Williston Palmer 대장의 발언을 두고 최경록이 '내정간섭'이라고 언명한 데 대해 미국 쪽에서 좋지 않게 생각한다는 점을 염두에 두었고, 최경록을 대신하여 장도영을 육군참모총장에 기용할 때도 매그루더 사령관의 추천을 중시했다.

그는 5월 16일 쿠데타가 났을 때도 미국에 의지하려고 했다.

38시간의 침묵

장면은 이렇게 적었다.

> 1961년 5월 16일 새벽 2시경이다. 장도영에게서 전화가 왔다. 나에게 직접 온 것이 아니고 경호실을 통한 보고였다. 그때 나는 반도호텔 809호실에 있었고 경호실은 808호실이었다. 30사단에서 장난하려는 것을 막아놓았고, 지금 해병대, 공수부대가 입경하려는 것을 한강에서 제지시키고 있다는 보고가 아닌가.
>
> "아무 염려 마시고 그저 그런 일이 있다는 것만 알고 계십시오." 여전히 무사하다는 말이었다. 얼마 후 총성이 요란하게 들렸다. 신변의 위험을 느꼈다. 가야 할 목적지를 정하고 나선 것은 아니다. 우선 길 건너 미 대사관으로 가보려 했으나 문이 절벽으로 잠겨 있었다. 무교동 골목으로 빠져 청진동으로 달려가 한국일보사 맞은편 미 대사관 사택의 문을 두드렸다. 어떤 엄명이 내렸는지 문이 열리지 않았다. 잠시 피신해 정세를 보기 위해서 아무도 짐작 못 할 혜화동의 수도원으로 가보았다. 내자가 전부터 친교가 있던 원장에게 사정을 말하고 허락을 받아 방 하나를 얻었다.[35]

이후 수녀원에 잠복한 장면은 외부와의 접촉을 끊음으로써 행방불명의 존재가 되었다. 그는 잠적할 것이 아니라 밖으로 나와 진두지휘를 했어야 했다. 그랬다면 역사가 달라졌을 것이다.

장면은 최후의 순간까지도 미국의 심중을 헤아렸던 모양이지만, 이는 그가 미국을 잘 알면서도 사실은 미국을 잘 모르는 부분이 있었다는 얘기다. 미국은 대개 이긴 자와 손을 잡는다. 그래서 내부 싸움은 스스로 이겨내야만 하는 것이다. 그러나 장면에게는 그런 승부사의 기질이 없었다.

당시 마셜 그린Marshall Green 대리대사와 매그루더 주한 미사령관은 AFKN을 통해 "미국은 쿠데타와 아무 관련이 없으며 여전히 민선정부를 지지한다"는 요지의 성명을 발표했다. 그로부터 12시간 뒤에 이를 지지한다는 미 국무부 극동과의 입장표명도 있었다.

> 그런데 문제가 생겼습니다. 윤보선 대통령과의 얘기가 제대로 되지 않았습니다. 게다가 장면 총리는 행방불명이고요. 그래서 무엇을 할 수 있는 모든 기회가 사라졌습니다.[36]

그린 대리대사의 이 말은 군 통수권을 가진 대통령이 동의하지 않고 국정의 책임자인 총리가 행방불명인 상태에서 미국 독단으로 무엇을 도모할 수는 없었다는 얘기다. 그렇다면 장면은 왜 38시간 동안 수녀원에 잠적한 채 침묵했던 것일까?

---

35 장면,《한 알의 밀알이 죽지 않고는》, 운석기념회, 1999.
36 "워싱턴 침묵·혼자 뛴 48시간",〈동아일보〉, 1982년 3월 5일.

팔리 보고서

대학생 정대철은 1966년 부활절 아침 명동성모병원에서 같이 입원해 있던 장면으로부터 "내가 고백할 게 있는데…… 당시 박정희 뒤에는 최경록 장군이 있고, 또 최 장군 뒤에는 자네 부친 정일형 박사가 있었던 걸로 알았네. 그래서 무척 당황했고 어떻게 판단해야 할지 몰랐어. 나가 봐야 소용없겠다는 생각도 들고"라는 말을 들었다고 한다.[37]

평소 라이벌로 여기던 외무장관 정일형이 최경록 장군과 함께 박정희 소장을 움직여서 쿠데타를 일으킨 것으로 생각했기에 판단이 서지 않아서 수녀원에 잠적해 있었다는 것이다. 위기의 순간에 임하는 과단성이 아쉬워지는 대목이다.

그린 대리대사는 5월 16일 아침 장면 총리와 전화통화를 했다고 증언했다. 장면은 수녀원에서 기도를 드리면서 한편으론 전화를 통해 미국의 동정을 살펴보고 있었던 것 같다.

당시 국무부는 쿠데타를 반대했어도 펜타곤(국방부)은 지지했다는 설이 나돌았는데, 이에 대해 그린 대리대사는 국방부가 아니라 이승만의 친구였던 제임스 밴 플리트James Van Fleet 등 미군 장성들이 지지한 것이라고 증언했다.[38]

실상은 어땠을까? 미국 자료들을 보면 그것만이 전부는 아니었던 것 같다. 미 국무부 산하 국제협력국(ICA)의 한국지부장 휴 팔리Hugh Farley가 작성한 한국의 상황에 대한 보고서의 존재가 바로 한 반증이다.

"1961년 2월 현재 한국은 병든 사회로서 자신과 장래에 대한 자신

---

37 정대철, 《장면은 왜 수녀원에 숨어 있었나?》, 동아일보사, 1997.
38 "5·16쿠데타 미 장성들만 지지했다", 〈중앙일보〉, 1986년 5월 15일.

감을 상실하고 있다"로 시작되는 25쪽짜리 보고서에서 팔리는 장면 정부의 리더십을 통한 개혁은 불가능하다고 진단하면서 "지금부터 1년 이내에 일어날 궁극적인 감정의 폭발은 지금보다 더 폭력적이고 반미적일 것"이며 "장면 정부가 몰락한다면 예상대로 일어날 수 있는 최악의 상황은 군대의 정권탈취"라고 예언했다.[39]

이 보고서를 백악관에서 처음 읽어본 사람은 국가안보보좌관실의 로버트 코머Robert Komer였다. 그는 상관인 월트 로스토Walt Rostow에게 이 보고서를 상신하면서 "남한이 베트남처럼 무너지기 전에" 손을 쓰는 게 어떠냐는 견해를 첨부했다.

로스토를 자극한 것은 남한의 베트남화, 곧 공산화의 개념이었다. MIT 교수를 지내다 백악관에 합류한 로스토나 CIA 출신의 코머나 모두 한국에 대한 새 정책을 취하고 싶어 했다. 백악관에 새로 들어온 정권이었기 때문이다. 그러던 차에 팔리보고서가 눈에 띈 것이다.

군사정권에 부정적인 국무부 관리들과 백악관 참모들 사이에 한국 문제를 둘러싼 격론이 벌어졌다. 결과적으로 로스토는 팔리보고서를 이용하여 케네디 대통령이 장면의 손을 놓고 박정희의 손을 잡도록 영향력을 행사한다. 그리고 이런 과정을 거쳐 로버트 케네디가 "그는 자기 할 일을 아는 사람"이라고 평하게 되었고, 이 말을 로젠탈이 칼럼에 옮겼으며, 그 칼럼을 읽은 내가 충격을 받게 되었던 것이다.

그러나 이는 결과론이다. 그 시점에 케네디의 결론이 거기까지 도달해 있었던 것은 아니다. 하지만 장면은 쿠데타세력과 맞서지 못했다. 피를 흘리게 할 수는 없다면서. 장면의 결단력이 아쉬워지는 대목이다.

결국 그는 미 대사관으로부터 헌법상 군 통수권을 갖고 있던 윤보선

39 국가안보파일. http://www.archives.go.kr/archivesdata/upFile/palgan/20070329150628495.pdf

대통령이 쿠데타를 지지한다는 말을 전해 들은 5월 17일 마음을 정한다. 그리고 다음 날 모습을 드러내고 사임을 발표했다. 이렇게 하여 장면의 민주정권은 역사 속으로 가라앉고 말았다.

이후 그는 연금생활을 하다가 군사정권을 전복하려 한 이른바 '이주당사건'의 배후라는 혐의로 10년형을 선고받는 등 곤욕을 치른다. 형 집행면제로 풀려난 뒤 지병인 간염을 앓고 있던 그를 찾아간 전 민의원 의장 곽상훈은 훗날 이런 글을 남겼다.

벌써 15년 전 총리실 뒷방에서 앓던 바로 그 병이었다. "이젠 살 만큼 살았잖소." 쓸쓸한 대답이다. 내가 병자와 오래 이야기할 수 없어 일어서려면 붙들어 앉히고, 일어서려면 또 앉히곤 했다. 몹시 외로움을 느끼는 것 같았다. 그러던 그가 떠나고 말았다. 인간에게는 누구에게나 장단점이 있게 마련이다. 내 이제 고인을 두고 무슨 말을 하리오. 다만 생전의 운석에게서 바라고 싶은 것이 있었다면 좀 더 과단성을 지녔으면 하는 것이었다. 운석은 난세의 정치가로서는 좀 어려운 성격의 소유자였다. 그러나 그는 그의 소신대로 진정한 자유민주주의 정치를 했던 것만은 아무도 부인하지 못하리라.[40]

관운과 재운과 명예운은 물론 부모복과 형제복과 처복과 6남 3녀의 자식 복마저 있었던 다복한 그도 한 가지 갖지 못했던 복이 있었는데, 그것은 건강이었다. 결국 그는 지병인 간염을 이기지 못하고 1966년 6월 4일 명륜동 자택에서 숨을 거두었다. 누린 해는 67년이다. 국민장을 치른 후 그의 시신은 지금 경기도 포천군 소흘면의 포천묘원에 안장되어 있다.

---

40 곽상훈, 〈운석 선생 회고의 일화〉, 운석기념회, 1999.

3

윤보선

쿠데타를 추인한 '영국 신사"

그가 민주당 구파의 지도자로 급부상하게 된 데는 조용하고 신사
적이며 중후한 영국신사의 이미지도 한몫한다. 민주당 구파의 몫
으로 내각책임제하의 대통령이 된 그는 사회혼란을 구실로 쿠데
타를 일으킨 군부세력이 결국 자신에게 정권을 넘길 거라는 기대
와 오판하에 쿠데타를 추인한다. 그러나 결과가 다르게 나타나자
그는 '민주화투쟁'이라는 이름의 '반反박정희' 운동을 벌인다.

국립묘지에 없는 무덤

오래전의 어느 해 현충일이었던 것으로 기억되는데, 나는 아들을 데리고 동작동 국립묘지를 찾아간 일이 있다. 이따금 서울시내에 있는 유적지를 하나씩 찾아가서 거기 관련된 이야기를 들려주고 돌아오는 길에 맛있는 음식을 사주는 학습방법은 지금은 돌아가신 선친이 나를 가르치시던 방법이기도 했다.

그날 나는 무명용사들 무덤 앞에서 6·25 이야기를 아들에게 들려주고, 이왕 온 김에 대통령 무덤도 보고 가자며 초대 대통령 무덤부터 찾아갔다. 그리고 시대순에 따라 다음 대통령인 윤보선尹潽善 무덤을 찾았으나 아무리 찾아도 보이지가 않았다. 그래서 관리인에게 물어보았더니 "그분 묘지는 충남 아산 선영에 있다카대요" 하고 대답하던 기억이 난다.

아니, 대통령을 지낸 분이 왜 국립묘지에 묻히지 않았을까? 그 후 늘 궁금하던 그 까닭을 이번 글을 쓰기 전에 좀 알아보았더니 두 가지 설이 있었다. 하나는 선영이 명당이라 그랬다는 소위 풍수지리설이었고, 다른 하나는 대통령 박정희와 같은 곳에 묻히기 싫어 그랬다는 유언설이었다.

그러고 보니 제2공화국과 군사정권 초기의 대통령을 지낸 윤보선이 5대와 6대 대선에 출마하여 박정희 후보와 치열하게 대결했던 기억이 난다. 당시 그는 야당 당수로서 '선명야당'의 기치를 걸고 투쟁하면서 '극한대치'라는 한국정치의 한 틀을 만들어낸 장본인이기도 했다. 물론 근본원인은 3공의 야당파괴 정책에 있었다.

그러나 극한대치는 정치를 실종시키고 억압과 저항만 남긴다. 이 같은 여야 대결의 원형이 윤보선이 활동하던 시대에 형성되었다는 점에서 그의 삶과 정치형태를 한 번 살펴볼 필요가 있지 않나 하는 생각이 들었다. 그는 대체 어떤 인물이었을까?

이상과 현실

어떤 이는 자기 이상이나 신념을 위해 싸운다. 그래서 가진 것이 엄청 많은데도 현상을 뒤엎는 혁명에 가담한 귀족들이 있다. 해위海葦 윤보선도 그런 경우였을까?

1897년 아버지 윤치소와 어머니 이범숙 사이에서 부잣집 아들로 태어난 윤보선은 이상과 현실 사이를 부단히 왕복했던 인물이다. 어느 정도 부자였느냐 하면 그가 태어난 충남 아산 생가나 그가 성장하면서 살았던 서울의 안국동 집이 둘 다 문화재로 지정될 정도의 대저택들이었다.

"당숙(윤치호)이 미국에서 자전거를 처음 사 와서 그걸 즐겨 탄 것이 내가 바퀴를 접한 최초일 거야. 어른 자전거여서 한쪽 발을 차체 사이에 넣고 페달을 밟으며 탔지"라고 윤보선은 '축지기계'를 타고 놀던 어린 시절을 회고한 일이 있다. 또 1905년에는 "큰아버님(윤치오)이 영국제 자동차를 사 오셨지. 운전수가 없어 상하이에서 중국인 운전수를 데려왔다"면서 그 차를 타던 어린 시절을 회상한 일도 있다.

그런 풍족한 생활을 영위하는 신분이었으면서도, 일본에 대한 나랏빚을 갚자는 운동이 벌어지자 그는 어린 나이에 점심을 절식한 돈으로 국채상환운동에 동참했다고 한다. 그렇지만 또 학교는 진고개(충무로)에 있던 일본인 전용의 히노데日出소학교에 다녔다.

그 후 그는 도쿄로 떠나 게이오의숙慶應義塾 중등부를 두 학기 다니다가 그만두고 세이소쿠正則영어학교로 진학하게 되었다. 일본인의 평균 월급이 20엔이던 시대에 집에서 월 25엔의 학비를 부쳐줘 공부하는데 아무 지장이 없었지만 "몸과 마음이 당시 중국의 신해혁명에 쏠려 있어 그런 상태로는 도저히 학업을 계속할 수 없었기 때문에" 2년쯤 공부하다 귀국했다고 한다.[1]

나라를 구해야겠다는 생각뿐이었다. 그래서 상하이에서 온 여운형의 도움을 얻어 중국 상하이로 건너갔다. 거기서 상하이 임시정부의 최연소 의정원 의원이 된 그는 임정 대통령 이승만으로부터 "국내에 잠입하여 자금을 조달해 오라"는 명을 받고 동생을 시켜 집에서 가져온 3000엔을 이승만에게 바쳤다. 오늘날의 화폐가치로 7억 원에 가까운 거금을 쾌척한 셈이다. 그 후로도 독립운동을 계속했는가? 아니다. 돈을 전달한 그해 6월 그는 영국으로 유학을 떠났다.

그리고 예비학교를 거쳐 에든버러대학에 입학했는데 전공은 그가 목표로 했던 구국 또는 독립운동과 아무 관련도 없는 고고학이었다. 영국인의 평균 월급이 7파운드이던 시대에 그는 400파운드를 주고 이탈리아제 스포츠형 오픈카를 구입했는데, 그 시절은 영국에서도 아직 학

---

1 윤보선,《구국의 가시밭길》, 한국정경사, 1967.

생 오너드라이버가 없어 한국의 '프린스'로 통했다고 한다.[2]

공부가 끝난 뒤 유럽 각지를 구경 다니느라고 집에서 보내준 여비를 두 번이나 다 써버리자 부친은 "부자지정을 생각해서 여비를 다시 보내지만 다음에는 더 생각 않겠다"는 편지를 보내왔다. 이에 배를 타고 10여 년 만에 귀국하게 된 그가 집에 도착해 고고학 학사 졸업증부터 내밀었더니 부친은 "그래 할 일이 없어 이 쓰잘데없는 걸 배워왔느냐?" 하고 핀잔을 주었다고 한다.[3]

귀국 후 그는 집에 찾아오는 친구들과 다시 나라를 빼앗긴 울분과 정한을 나누면서 그로부터 해방이 되기까지 13년 동안 '애국적 무위無爲'로 일관하게 된다. 이처럼 이상과 현실 또는 명분과 실리를 왕복하는 그의 특이 행보는 그 후로도 죽 이어진다.

명사정치

해방이 되자 그는 한민당 창당작업에 적극 참여했다. 그래서 그가 살던 안국동 저택은 한민당 산실이 되었다. 아마도 영어를 잘했기 때문이라고 생각되는데, 인천에서 태어난 조지 윌리엄George William 중령이 한민당 출신들을 하지 사령관에게 천거할 때 그 또한 추천되어 군정청 농상국 고문에 위촉되었던 것 같다.

그러나 그는 군정청 일을 그만두고 1947년 4월 경영난에 빠진 〈민

---

2 "처음 차를 탄 것은 1905년 전후 윤보선, 한국 학생 오너드라이버 1호", 〈자동차생활〉, 2008년 8월호.

3 윤보선, 《구국의 가시밭길》, 한국정경사, 1967.

중일보〉를 인수하여 사장에 취임한 뒤, 상하이 시절부터 인연을 맺었던 이승만을 적극 도왔다. 그것이 구국의 길이라고 믿었기 때문이다. 발행 부수 1만 2000부의 〈민중일보〉는 당시 '이승만 신문'이라는 평을 들었을 정도다.

그 공으로 윤보선은 대통령이 된 이승만에 의해 서울시장→상공부 장관→적십자 총재에 기용된다. 그러나 1951년 국민방위군 간부들이 국민방위군에 편성된 정부예산을 횡령함으로써 약 5만 명에 달하는 방위군이 식량과 침구를 지급받지 못해 굶어 죽거나 얼어 죽거나 영양실조로 죽어가는 사건이 발생했다.

그 참혹한 현장을 목격한 윤보선이 사실을 보고하러 대통령 관저에 찾아갔더니 이승만은 "아, 윤 총재도 세상 사람들의 모략에 걸렸군!" 하고 오히려 그를 장황하게 설득하려고 들었다. 이에 정나미가 떨어진 윤보선은 1952년 5월 부산정치파동이 터지자 독재를 강화하는 이승만과 결별했다.

그 후 야당에 들어가 3대와 4대 국회의원에 연달아 당선되었고, 1959년에는 민주당 최고위원에 선출되었다. 아직 재선이었지만 지난날 서울시장→상공장관→적십자 총재를 역임한 화려한 경력은 1960년 대통령 후보였던 조병옥이 급서한 뒤 그를 일약 민주당 지도자의 반열에 올려놓는다.

그리고 같은 해 4·19혁명이 일어났다. 그는 독재정권을 쓰러뜨린 주체가 아니었지만, 주체세력인 학생이 정권을 잡을 수 없는 처지라 제2공화국의 대통령 자리에 오르는 행운을 누릴 수 있었다. 그리고 이때 국무총리가 된 사람이 장면이었다.

그러나 다음 해 5·16 군사쿠데타가 일어났을 때 그는 이를 사실상 추인함으로써 자신을 대통령으로 만들어준 제2공화국을 버렸다. 그는 쿠데타를 일으킨 세력이 자신에게 정권을 넘길 것으로 기대했으나 결과는 달랐다. 이에 배신감을 느낀 윤보선은 대통령 후보로, 야당 당수로, 그리고 재야인사로 3공에 맞서 치열한 민주투쟁을 전개해나갔다.

그러나 3공이 끝난 뒤 그는 5·18의 엄청난 희생 위에 성립된 5공을 인정했다. 1공과 3공의 독재에 맞섰던 그가 어떻게 새로운 독재정권을 인정할 수 있었던 것일까?

이에 대해 투쟁의 대상이 체제가 아닌 한 특정인 때문이었다는 분석(이용원)도 있고, '명사名士정치'의 한계 때문이었다는 분석(유재일)도 있다. "명사정치의 특징은 시대적 과제를 고민하기보다는 권력 획득과 품위 유지에 더 집중하면서 종종 기회주의적 속성을 보인다"는 것이다. 바로 이 점에 이상과 현실, 명분과 실리를 왕복하던 그의 특이 행보의 비밀이 숨겨져 있었던 것일까?

영국신사

윤보선은 자리 그 자체에 연연해하는 사람은 아니었다. 서울시장을 하다 상공장관에 영전되었을 때는 "업무를 거의 파악한 서너 달 후엔 벌써 입맛이 떨어져버렸다"고 했고, 민주당 창당 후 원내총무에 추대되었을 때는 번잡한 정당잡무가 귀찮아 "병난 것을 기화로 부산에 내려가 요양하며 겨우 (사표를) 수리시켰다"고 회고했다.[4]

장관이나 대학총장급의 명사 13명을 배출한 해평 윤씨의 명문가에서 자라난 그에게 자리는 그저 '권위' 또는 '체통'을 확립해주는 하나의

4　윤보선 외, 《사실의 전부를 기록한다》, 희망출판사, 1965.

방편일 뿐이었다. 그렇기 때문에 자리를 이용해서 자기 세를 불린다든지 치부를 한다든지 하는 편법이나 부정부패와는 거리가 멀었다. 그에게 중요한 것은 체통 그 자체였다. 그래서 체통을 지키는 데 필요한 격식, 품격, 서열 같은 것을 아주 중시했다. 용모에 신경을 쓴 것도 그와 관련이 있다. 그는 하루도 거르지 않고 줄넘기와 아령, 그리고 산책 등의 아침운동을 했는데 이 또한 단정한 몸매로 체통을 유지하는 일과 관련이 있었다.

청와대 대변인으로 그를 가까이서 보필한 김준하는 "그분이 넥타이를 매지 않은 모습을 본 사람은 그다지 많지 않을 것 같다. 청와대에서 거의 동거하다시피 했던 나도 대통령을 만날 때는 반드시 정장을 했던 것으로 기억한다"고 회고했다.[5]

체통을 중시한 대표적 사례로는 대통령에 선출된 다음 날 곧바로 경무대에 들어갔던 일을 들 수 있다. 경무대는 대통령이 기거하는 곳이지만 집무처의 성격이 강해 내각책임제하의 제2공화국에서는 정부를 이끄는 국무총리가 들어가는 것이 마땅했는데, 대통령의 체통을 앞세운 그가 경무대를 선점해버린 것이었다. 큰 집이 탐났던 것은 아니다. 그에겐 99칸의 대궐 같은 안국동 집이 있었다. 그럼에도 경무대로 들어간 것은 그 상징성 때문이었을 것이다. 그 결과 나중에 국무총리가 된 장면은 반도호텔 828호실을 집무실로 사용하게 되었으나 장소가 비좁아 여간 애먹은 것이 아니라고 한다.

경무대에 들어가서 그가 한 일이 몇 가지 전해진다. 그중 하나는 원부怨府의 이미지가 강한 경무대의 이름을 청와대로 바꾼 일인데, 이에 대해 "윤 대통령의 치적으로 남은 것은 청와대라는 이름뿐"이라고 비꼰

---

5 "박정희, 윤보선에게 대장 계급장 요구하다", 〈신동아〉, 2001년 9월호.

이도 있었다.[6]

다른 하나는 청와대에 '파우더룸'을 만든 일이다. 윤보선은 "레이디는 파우더룸이란 데서 화장도 고치고 향수도 뿌리고 하며 옷매무새를 가다듬는 것이 아주 중요하다"면서 청와대 안에 파우더룸을 설치하도록 지시했고, 서양식 정장차림의 여성 방문객이 모자와 흰 장갑을 내려놓을 수 있도록 탁자의 위치와 치수, 한국 수를 놓은 타월까지 지정할 정도로 신경을 썼다.[7] 격식을 중시하던 윤보선다운 배려였다고 할 수 있다.

체통과 관련하여 서열은 그에게 아주 중요한 문제였다. 그래서 1959년 민주당 전당대회에서 최고위원에 뽑혔을 때 "상산(김도연)이 있는데 내가 나설 수 있나?" 하고 종내 연단에 올라가기를 거부했다. 이에 사회자가 "해위(윤보선)는 급통이 생겨서 나오지 못하게 되었다"고 둘러댔는데, 이런 그를 두고 민주당 신파의 김재순은 "점잖은 분"이라 평했고, 구파의 고흥문은 "조용한 성품의 당인黨人"이라 평했다.

또 야당 대변인으로 윤보선을 가까이 보좌한 김수한은 기골이 크고 위풍당당한 그를 "영국신사"라고 평했다. 점잖고 품위 있는 영국신사의 이미지는 윤보선의 입지에 플러스 요소로 작용한다.

대통령 자리

'영국신사' 윤보선은 평소에 그렇게 두각을 나타내는 인물은 아니었던 것 같다. 안국동에서 윤보선과 앞뒤 집에 살던 내무차관 김영구는 "윤보

6　송원영,《제2공화국》, 샘터사, 1990.
7　"청와대 문화의 기틀을 닦다",〈여성신문〉, 2007년 2월 2일.

선 상공장관 시절에 그를 만나본 미국인들은 'He is a sleeping man(잠자는 사람)'이라고 평했다. 업무를 전혀 모르면서 자리만 지킨다는 의미였다"고 털어놓은 일이 있다.

기자 출신으로 청와대 대변인을 지낸 김준하는 "윤보선 씨는 특출나게 눈에 띄는 정치가는 아니었다"고 회고했고, 윤보선의 부인 공덕귀는 남편이 대중의 공감을 불러일으킬 만한 "언변이 없었다"고 증언했다.[8]

그런 그가 민주당 구파의 리더로 급부상하게 된 것은 우선 구파를 이끌던 신익희와 조병옥 등 거물급이 차례로 세상을 떠난 데 그 일차적 원인이 있다. 구파의 지도자급으로 남게 된 인물은 윤보선과 김도연이었는데, 그 무렵 윤보선의 당내 위상은 김도연에 미지치 못했다.

그런 윤보선이 지도자로 급부상하게 된 배경에 대해 조병옥의 핵심 참모였던 고흥문은 조병옥 밑에서 민주당 조직을 사실상 운영해온 유진산이 조병옥의 사후 윤보선을 등에 업기로 결정했기 때문이라고 했다. 김도연은 작지만 자기 계파를 갖고 있어, 차기 당수를 노리던 유진산으로서는 계파 없는 윤보선을 택하는 것이 유리하다고 판단했다는 것이다.[9] 여기에 조용하고 신사적이며 중후한 윤보선의 영국신사 이미지가 한몫했다.

7·29총선 이후 다수당이 된 민주당의 의석수는 신파가 78석, 구파가 83석으로 구파 쪽이 5석 더 많았다. 이에 고무된 구파는 신파를 제치고 제2공화국의 대통령과 국무총리 자리를 둘 다 확보한다는 전략을 세웠다. 그리고 이 문제를 논의하기 위해 23인 소위원회를 열었다. 김도연

---

8   공덕귀, 《나, 그들과 함께 있었네》, 여성신문사, 1994.
9   고흥문, 《못다 이룬 민주의 꿈》, 무애, 1990.

은 이렇게 회고했다.

나와 윤보선 씨가 합석한 자리에서 "두 분 중에서 어느 한 분이 대통령 후
보나 국무총리 후보로 지명되어도 불평이 없겠는가?"고 다짐하기에 나는 불평
없이 중론에 따라 행동하겠다고 답변하였다.[10]

그러나 윤보선의 경우는 내심 실권을 가진 국무총리를 하고 싶었던
것 같다. 그 점이 부인 공덕귀의 회고록에 다음과 같이 간접 투영되어
있다.

나는 그때 개인적으로는 해위가 총리를 하는 것이 좋을 것이란 생각을 했
다. 누가 더 잘할 것이라는 보장은 없지만 해위는 야당 지도자로 쌓은 오랜 경
험이 있으니 그 경험을 살려 일할 수 있지 않겠나 하는 생각 때문이었다.[11]

그러나 총리 후보로 지명받기가 쉽지 않았다. 우선 구파 내의 라이
벌인 김도연으로 말하면 초대 재무장관을 역임한 경제학 박사 출신으로
국무총리에 어울릴 만한 행정능력을 갖추고 있었다. 그런 그를 제치고
국무총리 후보가 되는 것은 쉽지 않은 일이었다. 거기다 2대 국무총리
와 민선 부통령 등을 역임하여 대중적 인기가 있던 신파의 장면과 맞붙
을 경우 승산이 있다고 보기는 더더욱 어려웠다.

이에 윤보선은 대통령 후보 쪽을 택한다. 전략적인 선택이었지만 체
통을 중시하는 그로서는 서열의 정점인 대통령도 나쁘지 않다는 판단이

---

10 김도연, 《나의 인생백서》, 경우출판사, 1967.
11 공덕귀, 《나, 그들과 함께 있었네》, 여성신문사, 1994.

었을 것이다. 마침 신파 쪽에서도 총리 자리를 가져가기 위해 대통령으로는 개성이 강한 김도연보다는 명문 출신의 윤보선을 선호하여 그에게 표를 몰아줄 생각이었다.

이렇게 하여 윤보선은 1960년 8월 12일, 양원 합동회의에서 재석 259석 중 208표의 압도적 지지를 얻어 제2공화국 대통령에 당선되었다. 다음 날 대통령에 취임한 그는 즉시 거처를 경무대로 옮겼다.

민주당 구파의 리더

누군가는 윤보선의 사주팔자를 "권출타인權出他人 사불유기事不由己 재세수현在世雖顯 유질연수有疾延壽", 곧 "권력이 남에게서 나오니 자기 일을 자기가 처리하지 못하나, 세상에 있을 때는 높이 현달하며 병이 있더라도 장수한다"고 풀었다. 생애와 대조해보면 어지간히 맞혔다는 생각도 든다. 제2공화국과 군사정부 양쪽의 대통령을 역임했지만 그는 어느 쪽에서도 실권을 가져본 일이 없기 때문이다.

하지만 높은 자리다. 많은 사람들이 그를 무난한 인물로 보았고 신파도 그를 대통령 적임자로 생각했으나, 막상 높은 자리에 오른 그는 전혀 다른 모습을 취했다. 위계질서의 가장 높은 자리에 올랐으니 만사를 자기 뜻대로 움직일 수 있다고 생각했던 것일까?

양원 합동회의에서 재석 259석 중 208표를 얻었다는 것은 민주당 신파가 전략적으로 표를 몰아주었다는 뜻이다. 그러나 윤보선은 신구파에서 한 자리씩 나눠 갖기로 한 정치적 합의를 지킬 생각이 별로 없었다.

이에 대해 민주당 신파였던 김재순은 "7·29총선 후 대통령은 구파에서 총리는 신파에서 나눠 맡기로 했는데, 윤보선을 먼저 대통령으로 뽑고 나니 구파의 마음이 달라졌다"고 회고했다. 그리고 4·19혁명 후 과도정부를 이끌었던 허정은 이런 기록을 남겼다.

나는 윤 대통령에게 물었다. "누구를 지명하겠는가?" 그는 대답을 망설였다. 나는 대통령으로서 파벌을 초월하여 신파의 장면 씨를 총리로 지명하는 것이 정치도의에 맞는 일이라고 윤 대통령에게 권고했다. 그러나 그는 웃으며 말했다. "장면 씨는 안 돼. 당내 공기도 그렇고……" 이 말을 듣고 나는 쏘아붙였다. "대통령도 국무총리도 모두 구파에서 차지하는 법은 없어. 정치는 타협이 아닌가?"[12]

그러나 대통령 자리를 확보한 윤보선은 끝내 국무총리에 김도연을 지명한다. 그가 총리가 되면 구파의 리더인 자기가 뒤에서 조종해볼 수 있으리라는 계산이었는지도 모른다. 이 점 남편이 총리를 하고 싶어 했다는 공덕귀의 회고록을 상기해볼 필요가 있다.

그러나 8월 17일 인준표결에 부친 김도연 지명안은 보기 좋게 부결되고 말았다. 의석수는 구파 쪽이 5표가 더 많았는데도 과반수에서 3표가 모자랐다. 이는 구파가 독식해선 안 된다는 신파의 명분이 먹혀들어갔음을 뜻한다. 구파에 대통령 자리를 내줌으로써 총리 자리를 가져올 명분을 확보한다는 신파 전략이 성공한 것이었다.

이에 윤보선은 어쩔 수 없이 장면을 지명할 수밖에 없게 되었다. 8월 19일 인준표결에서 장면은 과반수에서 4표를 더 얻어 국무총리에 당선되었다.

---

12 허정, 《내일을 위한 증언》, 샘터사, 1979.

이렇게 신파로 정권이 넘어가자, 구파 동료들은 윤보선이 장면을 먼저 지명했더라면 인준이 부결되고 김도연이 국무총리에 당선될 수도 있었을 게 아니냐며 불평을 토로했다. 리더십에 상처를 입은 윤보선은 실권을 장악한 장면을 곱지 않은 시선으로 바라보았다.

라이벌의식

윤보선은 장면에 대해 이상할 정도로 라이벌의식을 보였다. 그에게 정권을 빼앗겼다는 상실감에서 비롯된 현상만도 아니었다. 그 방증의 하나가 아직 국회가 개원되기 전인 8월 6일께 남산의 외교구락부에서 열린 기독교인 국회의원 당선자 축하연에서의 일화다. 이 자리에 참석했던 허정은 "윤보선 씨와 장면 씨는 두 시간 동안 나란히 앉아 있으면서도 말 한마디 나누지 않았다"고 증언했다.[13]

불과 반년 전 독재정권 타도를 위해 뜻을 같이했던 두 사람이 왜 같은 자리에서 말 한마디 나누지 않는 사이가 되었던 것인지 그 정확한 이유는 알 수 없다.

두 사람에겐 비슷한 구석도 많았다. 가령 명문가의 아들로 태어나 풍족하게 자란 윤보선이 영국 유학을 다녀온 것처럼 인천해관 간부였던 아버지 밑에서 유복하게 자란 장면 또한 미국 유학을 다녀온 처지였다. 두 사람의 관계 진출 계기가 이승만의 발탁에 의한 것이었다는 점도 같고, 민주당에 들어가 정계로 진출한 계기가 독재에 맞서기 위해서였다는 점도 같다. 다만 나이가 두 살 아래인 장면이 윤보선보다 늘 서열이

---

13 허정, 《내일을 위한 증언》, 샘터사, 1979.

높았다는 점이 달랐다.

그러나 국가원수가 된 지금 윤보선은 의전상이라도 장면보다 서열이 높았다. 그 점을 확인시키고 싶었던 것일까? 윤보선은 제1차 장면 내각이 출범한 직후 비서실을 통해 "대통령께서 휴가 겸 민정시찰을 떠나시니 모두 나와 전송하시오"라는 전갈을 보냈다.

이에 장면을 비롯한 각료 전원이 8월 29일 이른 아침 서울역에 나와 윤보선을 기다렸다. 이윽고 '관1호' 차를 타고 느긋하게 도착한 윤보선 부처는 장면 총리 이하 각료들의 정중한 배웅을 받으며 오전 8시 특별열차 편으로 서울역을 떠났다.

이 소식이 전해지자 정치권에서는 "내각책임제인데 대통령이 각료들에게 전송 나오라는 지시는 무엇이며, 그렇다고 이를 군말 없이 따른 장 내각은 또 뭐냐"는 말들이 나돌았다. 한마디로 "윤보선은 월권을 했고 장면은 제 밥그릇도 못 챙긴다"는 평이었다.[14]

갈등은 1차 조각 때부터 빚어졌다. 구파는 신파 일색이라고 비난하며 별도의 교섭단체를 등록했다. 이를 기점으로 윤보선은 구파 정치인들을 청와대로 불러들여 모임을 갖고 대책을 강구하는 가운데, 한번은 허정 과도정부 때 임명된 시장과 도지사를 경질한 일에 대해 구파의 입장을 대변하는 '유감' 성명을 발표한 일이 있다. 장면 내각이 왜 대통령이 정치에 개입하느냐고 반박하자 윤보선은 국가적인 잘못에 대해 국민의 한 사람으로 말한 것이라고 응수하기도 했다.

이 같은 윤보선에 대해 장면의 공보비서였던 송원영은 "지금 생각해도 이상한 존재였다. 그는 헌법에 있는 그대로 상징적인 존재로 가만히 있지 않고 행정부·입법부·사법부 위에 군림하려 하였다"고 회고했다.[15]

---

14 이용원, 《제2공화국과 장면》, 범우사, 1999.

윤보선은 여기서 한 걸음 더 나아갔다. 1961년 1월 12일, 신년치사를 하기 위해 양원 합동회의에 참석한 그는 현시국을 '국가적 위기'로 규정하면서 거국내각을 구성하도록 촉구했는데, 이는 장면 내각 자체를 부정한 발언이었다.

청와대 회담

장면은 발끈했지만 데모로 인한 사회적 혼란이 극심한 것은 사실이었다. 이에 장면은 각의에서 '데모규제법'과 '반공임시특별법'을 제정하기로 결의했다. 그러자 이를 야당탄압을 위한 '악법'이라면서 혁신계 정당을 중심으로 39개 단체들이 들고일어났다. 여기에는 구파(신민당)의 일부와 신파(민주당) 내의 신풍회도 가세했다.

1961년 3월 18일 대대적인 반대시위가 있었고, 이어 3월 22일에는 사회대중당과 통일사회당 등 혁신계가 주도한 횃불데모가 일어났다. 이날 시청 앞에서 '2대 악법 성토대회'를 개최한 혁신계는 '장 정권 타도'를 외치며 장면의 사택이 있는 명륜동으로 몰려갔다. 횃불을 든 이들은 '미군 철수' '김일성 만세' 등을 목이 터져라 외쳤다.

나도 구호들이 심상치 않아 단신으로 지프차를 타고 혜화동까지 그들의 뒤를 따라가며 현장에서 동태를 살펴보았다. 그 분위기는 몹시 살벌하고 극렬하여 어딘가 색채가 다른 데모라고 단정할 수 있었다.[16]

15 송원영, 《제2공화국》, 샘터사, 1990.
16 윤보선, 《구국의 가시밭길》, 한국정경사, 1967.

청와대로 돌아온 윤보선은 조재천 법무장관을 불러 장시간 대책을 논의했으나 결론을 내릴 수가 없었다. 그런데 그즈음 부산에 다녀온 민의원 의장 곽상훈이 찾아와 "민심이 심각하니 우리가 한번 모여서 협의를 갖도록 합시다" 하고 제안했다.

이에 윤보선은 3월 23일 장면과 민의원 의장 곽상훈, 참의원 의장 백낙준, 그리고 민주당 구파인 신민당 중진들(김도연·양일동·유진산·조한백·서범석)을 청와대로 불렀다. 이날 청와대 회담에 참석했던 장면은 이렇게 회고했다.

> 이날 논제로 내가 연락받고 온 것은 반공을 위한 국민운동을 전개해보자는 것이었다. 처음엔 화기애애한 가운데 그런 얘기가 교환되었다. 그런데 갑자기 화제가 정권 문제로 바뀌더니 나중에는 윤 대통령으로부터 "혼란한 정국을 유지할 자신이 있느냐?"는 질문까지 받게 되었다. 윤 씨의 어조는 은근히 나의 국무총리 사임을 종용하는 것임을 알 수 있었다.[17]

이에 장면은 "내가 그만두면 나보다 더 잘할 사람이 당장 어디 있겠소?"라고 반박했다.[18]

이날 참석자들은 밤 11시 30분까지 머물렀지만 결론이 난 것은 아무것도 없었다. 헤어질 때 회담내용을 일체 함구하기로 했으나, 다음 날 백낙준이 공개하는 바람에 각 신문에는 "윤 대통령이 장 총리에게 정권을 내놓으라고 했다"는 기사가 대서특필되었다.

그러자 격분한 신파는 "윤 대통령이 이런 식으로 간섭한다면 우리

---

17 장면,《한 알의 밀알이 죽지 않고는》, 운석기념회, 1967.
18 윤보선,《구국의 가시밭길》, 한국정경사, 1967.

민주당도 가만있지 않을 것"이라는 성명을 발표했다. 이로써 윤보선과 장면은 돌아올 수 없는 강을 건넌 것이 되고 말았다. 대통령과 총리의 반목은 정치력 약화라는 치명적인 부작용을 가져와 차후 닥치는 정변에 적절히 대응하지 못한 원인의 하나로 작용하게 된다.

"올 것이 왔구나"

1961년 5월 16일. 침실문을 다급하게 두드리는 소리가 곤한 잠 속의 나를 깨웠다. 이재항 비서실장을 보는 순간 나는 불길한 예감에 휩싸였다. 그때 시각은 3시 30분을 넘어 4시 가까이 된 것으로 기억된다. "장도영 육군참모총장의 전화가 와 있습니다. 대통령 각하께 직접 보고해야 할 일이랍니다." 수화기를 드니 장 총장의 다급한 목소리가 들렸다. "각하, 지금 군부쿠데타가 일어났습니다. 정부 인사들이 은신하고 있는 중이오니 대통령 각하께서도 신변의 안전을 배려해주십시오."[19]

비서실장도 잠시 피신하는 것이 좋겠다고 권유했으나 윤보선은 거절했다. 그가 피신하지 않았던 것은 그 자신의 표현을 빌리면 "반란군들과 사리를 따져볼 수도 있겠고 혹 최악의 경우라도 의연히 대처하리라 다짐했다. 포로가 되든 피살이 되든 그리 부끄러울 것은 없다고 생각했다"는 것이다.

이날 아침 9시쯤 장도영 등이 찾아왔다. 비서의 보고를 받은 그가 응접실로 내려갔더니 거기에는 장도영을 비롯한 3군 참모총장과 해병대

---

19 윤보선, 《외로운 선택의 나날》, 동아일보사, 1991.

사령관, 현석호 국방장관, 그리고 박정희 소장과 유원식 대령이 기다리고 있었다. 윤보선은 그들을 보자 "올 것이 왔구나" 하고 말했다고 한다.

이 발언이 문제가 된 것은 "5·16혁명 전에 혁명군의 계획이 윤보선 대통령에게 알려져 있었다는 새로운 사실이 3일 최고회의 유원식 위원에 의해서 밝혀졌다"고, 한 신문이 '사전내통설'을 폭로한 뒤부터였다.[20] 유원식은 윤보선에게 쿠데타 계획을 알리고 "혁명이 일어나거든 대통령으로서 국민에게 사과하는 성명을 발표하고 사표를 내면 혁명군이 그대로 유임하도록 할 것이라는 이야기까지 했었으며, 이때 윤 대통령도 이에 동의했었다"는 것이다.

이 같은 보도가 나가자 신파 측은 "역시 그랬었구나" 하고 분개했으나 윤보선은 가타부타 말이 없었다. 그러나 몇 년 뒤 한 월간지와의 대담기사에서 "3월 위기설이다, 4월 위기설이다 하여 금시 무슨 일이 생길 것 같은 상태 아니었소. 그래서 '날 것이 났구먼' 하는 말이 나온 것이지 다른 뜻은 없었다"고 사전내통설을 부인했다.[21]

그리고 1967년에 출간한 《구국의 가시밭길》에서는 "날 것이 났구먼"을 "올 것이 왔구나"로, 1991년에 출간한 《외로운 선택의 나날》에서는 "온다던 것이 왔구나"로 기록했다.

그러나 당일 현장에 있었던 국방장관 현석호는 "윤보선 씨는 선뜻 계엄을 지지하지는 않았으나 이에 조금 앞서 '올 것이 왔구나' 하면서 5·16사태를 애국적 거사로 극구 찬양해마지 않았다"고 회고했다.[22]

또 당일 청와대에 갔으나 밖에서 대기했던 당시 대령 김재춘은 "대

---

20 "윤 대통령엔 미리 알려", 〈동아일보〉, 1962년 5월 4일.
21 〈신동아〉, 1966년 1월호.
22 "5월 16일 10시의 윤보선 씨", 〈월간중앙〉, 1970년 7월호.

통령 거실 안에서 일어난 일을 나는 박 장군에게서 자세히 들었다. '윤 대통령도 민주당 신구파 싸움에 아주 지친 모양이야. 올 것이 왔구려 하면서 군사혁명을 지지하고 계엄령도 추인했어. 우린 이제 성공했어!'"라고 회고했다.[23]

사건을 폭로했던 유원식 또한 윤보선의 해명에 대한 반박문을 〈월간중앙〉[24]에 발표했다.

사전내통설에 대한 진실은 누구도 모른다. 그러나 당시 쿠데타세력이 펴낸 책은 쿠데타세력이 윤보선과 "소극적이나마 혁명의 필연성을 인정하는 데 의견의 일치를 보게 되었다"고 기록했다.[25]

인조반정

윤보선의 회고록이나 그의 대변인이었던 김준하의 회고록에 따르면 거실에서 대면했을 때 긴장된 분위기를 깨고 먼저 입을 연 것은 박정희였다.

"대통령 각하, 이렇게 근심을 끼쳐드려서 대단히 죄송합니다. 저희도 처자가 있는 젊은 몸으로서 오직 우리 국가와 민족을 위하는 애국일념에서 목숨을 걸고 이 혁명을 일으킨 것입니다."

그러면서 이미 선포된 계엄령을 추인해달라고 했다. 윤보선은 거부했다. 다시 추인을 요구했지만 역시 거부하자, 일행은 일단 모두 물러갔다. 그러나 잠시 후 박정희와 유원식이 다시 돌아와서 "저희들은 대통령

---

23 "5·16혁명사는 다시 쓰여져야 한다", 〈신동아〉, 1983년 10월호.
24 "올 것이 왔다의 진상", 〈월간중앙〉, 1970년 8월호.
25 국가재건최고회의 한국군사혁명사 편찬위원회, 《한국군사혁명사》, 국가재건최고회의 한국군사혁명사 편찬위원회, 1963.

각하께 과거에도 충성을 다했고 지금도 그러합니다. 앞으로도 그 충성에는 변함이 없을 것입니다. 그리고 저희는 이 혁명을 인조반정仁祖反正으로 생각하고 있습니다"라고 말했다.[26]

인조반정이란 1623년 서인이 광해군을 몰아내고 인조를 옹립한 정변을 가리킨다. 결국 장면을 몰아낸 뒤 윤보선을 옹립하겠다는 뜻인데, 당시 정치부 기자였고 뒤에 정치인이 된 이만섭은 "윤보선 대통령은 지나가는 말로 들었다지만 어쨌든 혁명은 났거든요"라는 말로 윤보선이 그 말을 귀담아들었을 것임을 시사했다.

쿠데타세력이 돌아간 다음 청와대를 찾아온 것은 유엔군사령관 카터 매그루더와 주한 미대리대사 마셜 그린이었다. 먼저 입을 연 것은 매그루더였는데, 옆에 있던 그린 대리대사는 이때의 대화내용을 국무부에 다음과 같이 보고했다.

매그루더는 총구멍에서 시작된 소규모 그룹에 의한 정권찬탈은 한국의 미래에 재난이 될 것이라고 강조했다. 그러고 나서 나(그린)는 매그루더 장군과 내가 오늘 아침 일찍 발표한 (장면 정권 지지) 성명을 언급했고, 나는 합헌적으로 한국에서 수립된 정부를 지지하며, 매그루더 장군이 말한 것과 같이 총구멍에서 야기된 정부의 어떤 변화도 (4·19혁명에 의해) 거대한 사회적 비용을 치르고 획득한 한국의 민주적 기관의 생존에 장기적으로 부정적인 결과를 가져올 것으로 믿는다고 강조했다.[27]

그러나 윤보선의 입장은 달랐다.

---

26 윤보선,《외로운 선택의 나날》, 동아일보사, 1991.
27 박태균,《우방과 제국, 한미관계의 두 신화》, 창비, 2006.

대통령은 자신의 견해가 매그루더 장군과 나의 견해와 다르다고 말했다. 현정부에 대한 불만과 환멸이 광범위하게 퍼져 있고, 국민들은 더 이상 장면 내각의 약속을 믿지 않는다고 주장했다.[28]

매그루더는 지금 서울 시내에 들어온 반란군의 병력은 약 3600명인데, 그 열 배인 3만 6000명만 동원하면 진압할 수 있으니 병력 동원령을 내려주기 바란다고 요청했다. 그러자 윤보선은 국군 사이에 교전이 벌어지면 그 틈을 타 북한이 쳐내려올 수도 있다는 논리를 들어 이를 거부하고, 사태 해결을 위해서는 거국내각을 구성해야 한다는 견해를 피력했다.

이날 그린 대리대사는 "각하의 이 결정으로 한국은 지금부터 오랫동안 군부 통치하에 놓여지겠지요"라는 말을 남긴 채 청와대를 떠났다고 한다.

대통령의 친서

윤보선이 쿠데타 진압을 반대한 것에 대해 한 신문은 이렇게 보도했다.

윤보선 전 대통령은 1961년 5·16쿠데타 당시 진압에 반대했던 것으로 최근 비밀이 해제된 미 국무부 문서에서 밝혀졌다. 카터 매그루더 당시 주한 유엔 군사령관이 미 합참의장에게 보낸 비밀전문에 따르면 윤 대통령은 16일 상오 청와대를 방문한 장도영 육군참모총장에게 "군사계엄선포에 반대하지만 군사

---

28 박태균,《우방과 제국, 한미관계의 두 신화》, 창비, 2006.

혁명을 무산시키는 어떠한 단호한 조치도 반대한다"고 말했다. 윤 대통령은 또 이날 하오에 있은 매그루더 사령관 및 마셜 그린 주한 미대리대사와의 세 시간 가까운 면담에서 장면 정권의 무능력과 부패상 등 급박한 현안과 직결되지 않은 문제를 거론하면서 거국내각 구성을 주장했다고 이 비밀전문에 기록돼 있다.[29]

이 기사는 당시 대리대사 그린이 국무부에 보낸 보고서 말미에 붙인 논평, 곧 "윤보선 대통령은 장면 총리의 사임을 보장하면서 즉각적인 난관을 해소한 뒤에 한국을 이끌어나갈 거국내각을 구성해야 한다는 언질을 쿠데타세력으로부터 받은 듯하다"[30]는 내용과 비슷하다.

윤보선이 주장한 거국내각이란 결국 자신을 정점으로 하는 새로운 정권을 의미한다. 거국내각에 대한 언질을 받은 때문이었을까, 그는 언론계 사장단의 자문을 받은 뒤 5월 16일 밤 장도영의 요구를 받아들여 "사태수습을 위해 전국민이 협조해줄 것"을 당부하고 "장면 총리 이하 전 국무위원은 한시바삐 나와 사태를 수습하기 바란다"는 대민방송을 행했다.

그리고 5월 17일에는 비서들을 시켜 1군사령관과 6개 군단장에게 각기 "국군끼리 충돌하지 말라"는 요지의 친서를 보냈다. 당시 대변인 김준하에 의하면 이 역시 장도영의 강력한 요구가 있었기 때문이라고 한다. 헬리콥터를 타고 원주의 1군사령관 이한림에게 대통령 친서를 전달하러 갔던 김준하는 당시를 이렇게 회고했다.

29 "5·16쿠데타 진압 윤보선 씨가 반대", 〈한국일보〉, 1996년 10월 9일.

30 박태균, 《우방과 제국, 한미관계의 두 신화》, 창비, 2006.

나는 16일 아침 장도영 장군과 박정희 장군이 청와대를 방문한 일부터 자세하게 청와대에서 일어난 일을 설명해주었다. 그러고 나서 "대통령께서 박정희 소장에 대해 자세히 알아 오라고 했다"고 말한 사실을 전했다. 그랬더니 뜻밖에도 이 장군은 "그가 우마노호네까 이누노호네까馬の骨か犬の骨か(말 뼈다귀가 개 뼈다귀가) 알고나 있습니까?" 하고 일본어를 섞어가며 불만스럽게 대꾸했다.[31]

처음엔 쿠데타를 진압할 계획이었던 이한림은 지침을 기다렸으나 잠적한 장면 총리로부터 아무 연락이 없어 결단을 내리지 못하고 있다가 대통령의 친서를 받고 마음을 정하게 되었던 것 같다. 그날 낮 매그루더 유엔군사령관으로부터 진압 권유가 있었으나 그는 응하지 않았다.

17일 오후 6시, 군사령부 연병장에서 열리는 국기강하식에서 이한림은 예하 전 장병들에게 "북한군이 호시탐탐 노리고 있는 이 시기에 내란으로 치달을 위기를 조성할 수 없다고 판단돼 부득이 나는 쿠데타 반대에서 묵인하는 입장으로 전환했음을 알립니다"라고 언명했다. 그리고 그는 집무실에 돌아와 부관 박준병 대위에게 전화로 박정희 장군을 연결하라고 지시했다 .

"네 쿠데타에 나는 묵인한다." "고맙다." "나는 야전군의 일을 할 터이니 그리 알라. 너는 서울 쪽을 하고 내가 하는 일에 간섭하지 말라." "그래, 알았어." 이것으로 5·16쿠데타를 진압할 힘을 가졌던 유일한 세력인 제1야전군도 꺾이고 만 것이었다.[32]

---

31 김준하, 《대통령과 장군》, 나남출판, 2002.
32 "매그루더 '쿠데타 진압' 권유-이한림 회상록", 〈동아일보〉, 1994년 11월 17일.

윤보선의 오산

5월 18일, 수녀원에 잠적했던 장면이 모습을 나타내고 사임을 발표했다. 장면은 자기가 사임을 결정하게 된 동기는 윤 대통령의 태도를 알았기 때문이라고 회고했다.

> 쿠데타를 지지하는 태도를 처음에는 알지 못했으나 17일경에는 알게 되었다. 미 대사관으로부터 윤 씨의 태도에 대한 연락을 받았다. 윤 씨가 그렇게 나오는 한 자기들은 별 도리가 없다는 것이다. 그는 군 쿠데타를 지지할 뿐 아니라 쿠데타 진압을 방지하기 위해 온갖 방법을 쓰고 있음을 알았다. 대통령이 김모 비서를 1군사령관 이한림에게 보내어 쿠데타 진압을 저지하도록 했다. 국군통수권을 쥐고 있는 대통령의 태도가 이러한 것을 알고는 쿠데타가 진압되리라는 희망을 포기하는 수밖에 없었다. 나라의 운명은 결정되었다.[33]

이렇게 하여 2공의 민주정권은 역사 속으로 가라앉고 말았다. 장면은 윤보선에게 그 책임을 전가했고, 윤보선은 자신의 충고를 받아들이지 않은 장면에게 그 책임을 전가했다.

그러나 민주당 구파였던 김영삼은 "만약 그때 두 사람 중 한 사람이라도 분명한 태도를 취했다면 쿠데타는 충분히 막을 수 있었다"면서 윤보선과 장면 양쪽에 책임이 있다는 점을 지적했다.[34]

민주당 신파였던 김대중 역시 "윤보선 대통령은 쿠데타 성립에 대해 작위적인 책임이 있고 장면 총리는 부작위의 책임이 있다"면서 윤보

---

33 장면,《한 알의 밀알이 죽지 않고는》, 운석기념회, 1999.
34 김영삼,《김영삼 회고록》, 백산서당, 2000.

선과 장면 양쪽에 책임이 있다는 점을 분명히 했다. 장면의 경우도 위기관리 측면에서 문제가 있었지만, 윤보선의 경우 "쿠데타는 엄연히 그가 인정한 것이었고 또 지지한 것이기도 했다. 어쩌면 그는 허울뿐인 내각제 아래에서의 대통령직에 불만이 고조돼 있었던 것인지도 모른다"고 김대중은 덧붙였다.[35]

그런 대리대사가 국무부에 보낸 전보에 따르면 박정희는 5월 16일 아침 윤보선을 처음 만났을 때 곧 민정이양을 실시할 것이라고 말했다고 한다. 여기서 윤보선은 자신을 정점으로 한 민주당 구파와 쿠데타세력의 일부를 연합한 새로운 권력형태를 구상했을 가능성이 높다는 것이다.[36]

이와 관련하여 유원식은 "군사혁명이 일어난 다음 날 윤보선 대통령은 미국과 홍콩에 가 있는 사람들에게 조속한 귀국을 재촉하는 한편 시내에 있는 정치인들을 불러 의사를 타진했다"는 글을 남겼다.[37]

구파의 고흥문 역시 윤보선이 어떤 기대감을 갖고 있었다고 회고했다.

해위는 한 달이면 7~8번씩 나를 청와대로 불러올렸다. 그때마다 해위는 '민정이양 시기가 되면 내게 정권이 올 것'이라는 요지의 말을 자주 내뱉곤 했다. "그들의 말을 믿지 마십시오. 목숨 내걸고 쿠데타 일으킨 사람들인데 정권을 내놓다니요. 절대로 그렇게 안 할 겁니다." 나는 해위의 오산을 염려했지만 그는 내 말에 귀를 기울이는 것 같지 않았다.[38]

35 김대중,《나의 삶, 나의 길》, 산하, 1997.
36 박태균,《우방과 제국, 한미관계의 두 신화》, 창비, 2006.
37 유원식,《혁명은 어디로 갔나》, 인물연구소, 1987.
38 고흥문,《못다 이룬 민주의 꿈》, 무애, 1990.

고흥문의 염려대로 쿠데타세력은 윤보선에게 끝내 정권을 내주지 않았다.

거듭되는 하야 번복

장면 내각이 사퇴함에 따라 군사혁명위원회는 '국가재건최고회의'로 이름을 바꾸고 내각수반에 장도영을 임명했다. 새로운 각료 명단도 발표했다. 거의가 현역 군인들이었다. 그런데 '내각수반'이란 직제는 헌법에 있지도 않았다. 결국 2공의 내각책임제 헌법이 공중에 떠버리면서 대통령의 위상이 문제로 대두되었다.

당시 헌법은 대통령이 민의원과 참의원 양원 합동회의에서 재적 3분의 2 이상의 투표를 얻어 선출되도록 되어 있었다. 그런데 대통령을 선출한 근거가 되는 양원은 모두 해체되지 않았던가?

(…)

그럴 무렵 기막힌 일이 일어났다. 최고회의가 전일 장면 내각에서 결의한 비상계엄령의 인준안을 청와대로 이송해온 것이다. 그들은 아직도 윤보선 씨를 대통령으로 인정하고 있다는 말이 되기 때문이다. 청와대에서는 양론이 일었다. 반송하자는 주장과 결재를 해야 한다는 주장이었다. 대통령은 후자를 택했다.[39]

윤보선은 도장을 찍고 나서 하야할 것을 결심하고 최고회의에 사람

---

[39] 김준하,《대통령과 장군》, 나남출판, 2002.

을 보냈다. 그러나 아무도 오지 않았다. 그는 5월 19일 저녁 방송을 통해 하야성명을 발표했다.

그날 밤 장도영과 박정희가 황급히 찾아와서 하야 번복을 종용했다. 민정이양을 앞당기고 싶었던 윤보선은 이들의 요청을 수락하지 않았다. 그런데 20일 하야 기자회견을 앞두고 외무부 사무차관 김용식이 청와대로 찾아와 "현재 대한민국의 유일한 헌법기관인 대통령이 사라지면 유엔군의 군사원조를 받는 법적근거가 소멸되고, 정부수립 후 54개국과 맺은 조약 등의 외교문서가 모두 무효가 되니 하야하시면 안 됩니다"라고 건의했다.[40] 이에 윤보선은 고민 끝에 하야를 번복하게 된다.

그 대신 6월 3일 "군사정부는 빠른 시일 내에 민간인에게 정권을 넘겨주기 바란다"는 요지의 기자회견을 가졌다. 초창기에 그의 충언에 호의적이었던 군부는 즉각 반발하며, 그 보복조치로 회견내용을 보도한 〈동아일보〉 기자들(김영상·이만섭·이진희·조용중)을 연행했다. 유언비어 유포죄였지만 이들에 대한 연행은 민정이양을 촉구한 윤보선 자신에 대한 협박이기도 했다.

7월 3일, 장도영이 제거되고 박정희가 전면에 부상했다. 군사정권의 실체가 드러난 8월 초순 국가재건최고회의 의장이 된 박정희가 청와대로 찾아와 "군정을 1년쯤 더 한 뒤 민정으로 정권을 이양하면 좋을 것 같은데 다른 사람들이 반대하는 바람에 1년 반쯤 더 해야 될 것 같습니다" 하는 말을 하고 돌아갔다.

그런데 8월 12일에 나온 성명을 보니 군정을 2년 연장하여 1963년 여름에나 민정이양을 한다고 되어 있었다. 이에 분개한 윤보선은 8월 15일 하야하기로 하고 공보비서에게 성명서를 기초하도록 지시했다.

---

40   김용식, 《희망과 도전》, 동아일보사, 1987.

그런데 어떻게 알았는지 새뮤얼 버거Samuel Berger 주한 미대사가 찾아와 "하야하시면 안 됩니다. 이는 내 개인의 의사가 아니고 미 국무부의 의사입니다"라고 알렸다. 이에 윤보선은 한미관계의 중요성을 고려해 하야를 다시 번복하게 되었다는 것이다.

하지만 미국은 원래 이긴 자와 손잡는다. 이 무렵 쿠데타의 성공이 확실해지면서 군사정권과 손잡기로 방침을 정한 미국은 유일한 헌법기관인 대통령이 하야하면 군사정권의 합법성을 확보하는 데 어려움이 뒤따르기 때문에 윤보선의 하야를 적극 만류했던 것에 지나지 않았다.

대장 계급장

민정이양에 대한 시기 문제로 군사정권과의 관계가 몹시 껄끄러워져 있을 때 갑자기 박정희가 청와대로 찾아왔다. 평소와 달리 만면에 미소를 지으며 들어온 그는 청와대 비서들과도 일일이 악수를 나누었다.

윤보선과 방미에 관한 이야기를 나누던 그는 대미관계에서 권위를 세우기 위해 자신의 현재 계급을 중장에서 대장으로 승진시키고 그 계급장을 "대통령께서 직접 달아주셨으면 고맙겠습니다" 하고 윤보선에게 요청했다. 이 바람에 옆에 서 있던 청와대 비서들이 웃음을 참느라고 애를 먹었다고 한다.

며칠 뒤 청와대에서는 송요찬 내각수반을 위시하여 최고회의 간부, 최고회의 출입기자들이 참석한 가운데 진급식이 열리게 되었다.

이 자리에서 박정희 의장과 김종오 장군에 대해 직접 계급장을 달아주던 윤보선이 "두 분은 다 같이 키가 작군요" 하고 주위 사람이 들을 수 있는 목소리로 농을 했다. 장내에 웃음소리가 들렸다. 그러자 박 의장은 정색을 하고 대꾸했다. "작은 고추가 맵다고 하지 않습니까?" 그 말소리도 주위 사람이 모두 알아들을 정도였다. 그러나 주위에 있던 군인들은 웃지 않았다. 나중에 들은 말이지만 박 의장은 그의 키가 작은 데 대해 심한 콤플렉스를 가지고 있었으며 어려서부터 '키가 작다'는 말만 들으면 노골적으로 화를 냈다고 한다.[41]

이렇게 하여 대장 계급장을 달고 도미한 박정희는 그해 11월 14일 케네디와 한미정상회담을 갖고 공동성명을 발표하게 되는데, 이는 군사정권에 대한 미국의 승인을 정식으로 얻어냈다는 뜻이었다. 윤보선은 "1963년 여름까지 군사정권을 민간인에게 이양하겠다고 천명한 한국 정부의 의도를 환영한다"는 공동성명의 내용을 보고 "괜히 대장 계급장을 달아주는 들러리만 선 셈이었군" 하고 후회했다고 한다.

이로부터 효용가치가 끝난 윤보선은 본격적인 따돌림을 당하기 시작한다. 귀국 후의 박정희도 청와대를 형식적으로 예방하기는 했으나 방미 결과에 대한 자세한 설명도 없이 그저 건성으로 다녀갔다. 체통을 중시하던 그의 분통을 터뜨리게 한 사건은 '대통령 특사' 김종필이 자유중국을 방문한다는 신문기사였다.

　　명색이 대통령 특사인데 대통령인 나와는 일언반구 상의하거나 의례상으로 양해를 받은 일도 없이 어떻게 특사가 된단 말인가? 나는 대통령직을 사임할 시기가 임박해오고 있음을 직감했다.[42]

41　김준하, 《대통령과 장군》, 나남출판, 2002.
42　윤보선, 《외로운 선택의 나날》, 동아일보사, 1991.

1962년 3월 16일 최고회의는 정치활동정화법을 전격적으로 통과시킨 뒤 이 법안을 청와대로 보냈다. 형식적인 결재를 받기 위함이었다. 윤보선은 박정희를 청와대로 불러 약 4000명의 정치활동을 규제하는 이 법안을 철회하도록 촉구했다. 그러자 박정희는 일본인들이 자주 쓰는 '목숨을 걸고命を掛けて'라는 표현을 두 번씩 사용하면서 "나는 목숨을 걸고 하겠습니다" 하고 딱 부러지게 말한 뒤 청와대를 떠났다고 한다.[43]

윤보선을 이를 계기로 하야를 결심했다. 버거 대사의 형식적인 만류가 있었지만 군사정권에서와 마찬가지로 미국에게도 그의 효용가치는 끝나 있었다. 1962년 3월 22일 윤보선은 하야성명을 발표하고 청와대를 떠났다.

5대 대선

1963년 정정법이 해제되고 대통령선거 일정이 제시되자 군정반대의 기치를 내건 민정당(윤보선)을 비롯한 여러 야당들이 우후죽순처럼 난립했다. 이에 야권통합운동이 일어났지만 분란만 야기하고 말았다.

단일화에 실패하면서 난립한 야당 후보는 모두 6명이었는데 선거 종반으로 가면서 열세인 허정·송요찬 후보가 사퇴함으로써 판도는 윤보선 대 박정희로 좁혀지게 되었다.

윤보선은 선거유세에서 '사상논쟁' 전략을 택했다. 박정희의 좌익 전과를 폭로하는 주장들이 쏟아져 나오기 시작했고 이를 뒷받침하는 과

---

43 김준하,《대통령과 장군》, 나남출판, 2002.

거의 신문기사와 책자가 증거자료로 제시되기도 했다.

투표일이 가까워오자 사상논쟁은 박정희의 형 박상희의 절친한 친구 황태성이 밀사로 남파된 사건을 끌어들이면서 더욱 격화되어갔다. 야당에서는 "황태성이 공화당 창당자금을 댔다"는 식의 전단지를 뿌리며 파상공격을 펴나갔고, 당시 야당지로 명성을 날리던 〈동아일보〉는 호외를 200만 장이나 찍어 서울과 호남에 집중 살포했는데, 거기에는 박정희가 좌익 혐의로 무기징역을 언도받았다는 내용이 잔뜩 실려 있었다.

처음 색깔공세에 수세적이었던 박정희는 "내가 공산주의자라면 군 정치하 2년 때의 서릿발 같은 권세를 갖고 왜 김일성이와 야합하지 않았겠는가? 싸우다 힘이 부족하면 빨갱이라는 모략을 하는 것이 바로 야당이다. 과거에 한민당이 이따위 수법을 썼는데 오늘 야당은 이와 똑같은 수법을 쓰고 있다"고 반격에 나섰다. 그러나 전체적인 분위기는 윤보선이 유리한 듯 보였고, 주한 미대사관이 국무부에 올린 보고서도 "윤보선은 기대 이상의 선전을 보였다"고 평가했다.

그러나 선거 결과는 의외였다. 색깔공세를 폈던 윤보선은 대도시와 중부지방에서는 이겼으나, 좌익용공으로 몰려 피해를 많이 본 전라도·경상도·제주도에서는 진 것으로 나타났다. 이를 두고 당시 언론은 '남여북야南與北野'라는 표현을 사용했다.

색깔공세는 본래 여당 쪽에서 세무사찰→수사→구속 등의 무서움과 전쟁 등의 공포심을 야기하여 그 반대급부로 표를 얻는 전략인데, 아무 권력도 없는 야당의 매카시즘 전략은 좌익용공의 상처를 안고 있던 유권자들에게 오히려 여당 후보가 억울하게 좌익으로 몰린 것 아니냐는 동정심을 유발하는 역효과만 불러왔다.

거기다 박정희는 경제개발 5개년계획을 추진해서 국민들을 잘살게 해주겠다는 포지티브 전략을 구사했던 데 반해 윤보선은 상대방의 좌익전력만을 문제 삼는 네거티브 전략으로 일관했는데, 이것이 득표에는 별 도움이 되지 않았던 것이다. 개표 결과 윤보선은 15만 6000여 표차로 졌다.

이를 두고 조직력과 자금력에서 열세였던 윤보선은 부정선거 의혹을 제기했으나, 당시 주한 미대사관이 국무부에 보낸 보고서는 "군사정부는 의식적으로 질서 있고 효율적인 투개표가 보장될 수 있도록 최선을 다했다"고 평가했다.

"투표에서 이기고 개표에서 졌다"면서 '정신적 대통령'을 자처한 윤보선은 뒤이은 11월 25일의 총선에서도 색깔공세를 폈으나 여당인 공화당 88석에 민정당 27석으로 역시 좋은 결과는 얻지 못했다

사쿠라 논쟁

'사쿠라(벚꽃)' 구경은 공짜다. 그처럼 공짜로 극장에 들어가서 구경하다가 연극의 볼 만한 장면에서 활짝 핀 사쿠라처럼 흥이 확 돋게 소리쳐주는 사람을 에도江戸 시대에는 '사쿠라'라고 했는데, 메이지明治 시대로 들어오면서는 노천상이나 가게의 손님을 확 꼬이게 만드는 바람잡이를 '사쿠라'라고 부르게 되었다.

그리고 뒤에 이 말은 좋은 결과를 내기 위해 상대방에게 미리 심어놓은 '첩자'라는 뜻으로도 전용되는데, 윤보선이 유진산을 지칭한 '사쿠라'의 어원은 바로 여기서 유래한 것이다. 그럼 윤보선은 당시 왜 유진산을 '사쿠라'라고 불렀던 것일까?

그 시작은 5대 대통령선거를 앞두고부터였다. 당시 야권통합운동의 결과로 결성된 '국민의 당' 대통령 후보로는 윤보선과 허정이 강세였다.

그러나 두 사람에 대한 사전조정이 잘되지 않았다. 제비뽑기까지 갔지만 역시 합의를 보지 못해 창당대회에서 투표로 결정하기로 되었다.

그런데 당일 사회를 본 유진산이 이필선 의원에게 의사진행 발언권을 준 것이 화근이었다. "투표로 결정하면 당이 깨진다. 후보단일화가 사전조정으로 잘 안 되었으면 사후조정으로 해야 한다"는 요지의 이필선 발언이 나오자 고함과 욕설이 난무하면서 대회장은 삽시간에 수라장이 되고 말았다. 이를 수습하기 위한 노력이 이어졌다. 유진산은 윤보선을 만나 허정에게 양보할 것을 권했다.

> 이 과정에서 나에게 묘한 말이 들려왔다. 허정 씨가 대통령이 되고 유진산 씨가 국무총리를 하기로 되어 있다는 것이었다. 나에게 대통령 후보를 양보하라는 말까지 했으니 그가 변절했다는 생각을 강하게 갖지 않을 수 없었다.[44]

이런 전작이 있었기 때문에 윤보선은 유진산을 좋지 않게 보았던 것이다.

그런데 총선 후 3공을 출범시킨 대통령 박정희가 민주당 정권 때 거의 타결 직전까지 진행되었던 한일 국교정상화를 다시 추진하자, 학생들은 이를 굴욕외교라며 격렬한 반정부 시위를 벌여나갔다. 서울문리대 교정에서 '민족적 민주주의 장례식'이 거행된 것도 이 무렵이다. 윤보선도 굴욕외교를 중지하라고 외치며 학생들에 동조했다.

1964년 6월 3일 계엄령이 선포되었고, 이것이 해제된 직후인 7월 30일 공화당은 언론윤리법안과 학원보호법안을 기습적으로 국회에 상정했다. 제1야당 당수인 윤보선은 법안 저지를 위해 "단상점령도 불사

---

44 윤보선,《외로운 선택의 나날》, 동아일보사, 1991.

하는 강경투쟁"을 주문했으나 중과부적이었다. 그런데 언론윤리법안이 통과되는 과정을 석연치 않게 본 윤보선은 "유진산 씨가 공화당 측의 협상파들과 묵계하여 정계개편을 위한 개헌약속을 하면서 모종의 뒷거래를 했다"는 심상치 않은 말들이 들려왔다고 회고록에 적었다.

유진산은 사실을 추궁하는 윤보선에게 자신은 잘못한 것이 없다고 맞섰다. 그러자 옆에 있던 조직국장 정해영이 원내총무 책상 위로 뛰어오르며 "사쿠라는 유진산이다" 하고 소리쳤다. 이에 20여 명의 원외 당원들이 "사쿠라 유진산을 잡아라" 하고 외치며 소란을 피웠다.

진산파동

1964년 8월 5일, 윤보선은 소요사태를 수습하기 위해 중앙상무위원회를 열고 "당에 해를 끼치고 여당에 동조한 사람은 그대로 둘 수 없으니 제명시켜야 하오. 우리 당 안에 소위 사쿠라가 있다는 풍설을 그대로 둔 채 나는 더 이상 당의 대표 자리에 머물 수가 없소"라고 언명했다.

언론윤리법에 반대한 신문들은 "진산이 사쿠라"라는 논지의 기사를 대서특필했다. 유진산의 여당 묵계설에 뚜렷한 증거가 있는 것은 아니었다. 그래서 "심증은 있되 물증은 없다"라는 말이 이때 유행하게 되었다.

진산계의 반발이 거세지자, 윤보선은 인사에 관한 것은 무기명 투표가 관례임에도 서면결의로 제명하겠다는 뜻을 밝혔다. 그는 유진산의 사과도 받아들이지 않았고, 진산계의 청년당원 30여 명이 그의 집 담장을 넘어 들어와 "서면결의를 철회해달라"고 요구한 이른바 '월장越牆사건'이 있었음에도 뜻을 굽히지 않았다.

1964년 10월 8일, 윤보선은 중앙위원회에서 "나와 유진산을 양자택

일하라"고 압박하며 제명표결을 강행했다. 365명의 참석자 중 제명 찬성이 189표, 반대가 171표로 제명이 결정됐다. 유진산은 "당의 결정에 정치적으로 승복한다"며 당을 떠났다.

왜 윤보선은 근거도 분명치 않은 묵계설에 집착해 유진산을 제명시켰던 것일까? 그에 대해 당시 민정당 당무위원이었던 고흥문은 이렇게 분석했다.

첫째, 윤보선은 초기에 유진산의 조직력에 의해 지도자로 부상했던 것이 사실이지만 5대 대통령선거를 치르면서 국민적 인기를 확보한 뒤로는 더 이상 유진산에 업혀 다닐 수만은 없다는 판단을 내렸다는 것이다. 원내 전략을 짜는 데 윤보선의 강경론은 늘 유진산의 논리에 밀려 좌절되곤 했다. 그래서 차제에 유진산의 날개를 꺾고 지도자로서의 입지를 확립하겠다는 복안이었다는 것이다.

둘째, 윤보선은 시국관이 다르다는 것을 절감했다. 그 자신은 3공의 합헌성을 부정하며 하루빨리 3공을 쓰러뜨리자는 강경론을 폈던 데 반해, 유진산은 "극한투쟁만이 능사는 아니다. 우리가 헌법 테두리 안에 들어와 있는 이상 합리적인 대여對與 전략이 필요하다"는 입장을 견지했다. 이러한 강경론과 온건론이 갈등의 골을 깊게 했다는 것이다.

셋째, '국민의 당' 파동 당시 허정에게 후보 양보를 종용했던 유진산을 내심 괘씸하게 생각하고 있던 윤보선은 당의 새로운 자금줄 역할을 하는 정해영을 중심으로 당권 장악의 구상을 갖게 되었고, 그 단초를 언론법 통과에서 구한 것이었다. 법이 통과된 다음 날 정해영이 유진산을 사쿠라로 몰면서 정도 이상의 소란을 피운 것도 다 계산된 행동이었다는 것이다.[45]

---

45 고흥문, 《못다 이룬 민주의 꿈》, 무애, 1990.

그러나 이 제명파동은 윤보선과 유진산 양쪽에 정치적 상처를 입혔고 야당의 당내 민주주의 전통에도 좋지 않은 영향을 끼쳤다. 무엇보다도 유진산을 둘러싼 사쿠라 논쟁과 제명파동은 현실을 처리해야 하는 야당 정치의 탄력성을 잃게 한 시발점이 되었다.

정치는 타협인데, 타협을 한 사람이 '타도(제명)의 대상'이 되거나 '사쿠라'로 몰리면 정치는 탄력성을 잃고 입지도 그만큼 좁아진다. 여기서 야당은 '선명성'과 '강경일변도'로 치닫게 되었고, 여당은 이를 돌파하기 위해 '날치기'로 맞서는 비극적 관행을 만들어냈다.[46] 오늘날에도 그 흔적이 짙게 남아 있는 3공식의 대치정국은 이렇듯 '진산파동'을 전후하여 생성된 것이다.

유진산의 복수

"술수가 많다"는 평을 듣기도 했던 유진산은 아주 사라진 것이 아니었다. 민정당이 1967년 대선을 앞두고 재야세력을 결집해 민중당을 창당할 때 윤보선은 유진산을 받아들이지 않았다. 이에 고흥문이 "과거 자유당 하던 사람까지 다 받아들이면서 굳이 진산만 거부하는 이유가 뭡니까?" 하고 물었더니 윤보선은 "진산은 당에서 공식제명한 사람이오. 그러니까 그의 입당 문제는 통합 후 당의 공식기구에서 논의해야 할 것이오"라고 대답했다.

이 말을 전해 들은 유진산은 자기 계파를 중심으로 반反윤보선세력을 구축해나갔다. 민중당 구성원들 가운데는 박순천을 중심으로 한 옛

---

46 주돈식,《우리도 좋은 대통령을 갖고 싶다》, 사람과책, 2004.

민주당 신파가 있었다. 이들은 지난날 5·16을 추인해준 윤보선에 대해 깊은 앙심을 품고 있었다. 제명조치로 윤보선에 대해 반감을 지닌 유진산은 이들 신파와 연대하면서 박순천을 밀기로 약속했다. 그리고 허정과 김도연을 만나 당수경쟁을 포기하도록 설득했다.

1965년 6월 14일, 서울시민회관에서 열린 민중당 창당대회에서 대표최고위원 선거가 선포되자 유진산이 막후 접촉했던 허정과 김도연이 돌연 당수경쟁을 포기한다는 선언을 했다. 대회장은 일순 긴장으로 숨이 막히는 듯했다. 투표가 시작되었다. 결과는 윤보선 460표, 박순천 513표였다. 칼을 갈아온 유진산의 한판 복수가 보기 좋게 성공한 것이었다.

민중당 대표에 당선된 박순천은 그해 7월 20일 박정희와 여야영수회담을 갖고 "헌정질서 유지와 여야 간의 극한대립을 지양하도록 노력한다"는 데 합의했다. 동시에 두 영수는 "앞으로 국가적으로 어려운 일이 있을 때마다 자주 만나 협의하기로" 약속했다. 이날의 여야영수회담은 그동안 완전히 끊겨 있던 대화의 물꼬를 텄다는 점에서 의미가 있었다.

그러나 상대를 정치 파트너로 보지 않고 타도 대상으로 보아온 강경노선의 윤보선은 여야영수회담 자체가 싫었고, 박순천의 온건노선도 마음에 들지 않았다.

그는 결국 민중당을 탈당하여 한일회담 때 의원직을 사퇴했던 강경파들과 함께 신한당을 창당하기로 한다. "박 정권에 끝까지 대항하여 군정을 종식시키고 민정을 회복할 수 있는 야당이 있어야 이 나라의 운명을 바로잡을 수 있다"면서 그는 '선명야당'의 기치를 내걸자고 했다.

내가 생각한 선명야당이 무엇을 의미하는가에 대해 간단히 설명할 필요가 있을 것이다. 그것은 민주정치의 방법에 있어서나 대여 전략을 구상하고 실천하는 입장에서 야당으로서의 자세가 확고해야 한다는 뜻이다. 요컨대 야당으로 가질 태도를 분명히 해야 한다는 것이다.[47]

1966년 3월 30일에 열린 신한당 창당대회에서 대통령 후보에 추대된 윤보선은 제6대 대선을 향한 발걸음을 내디뎠다.

6대 대선

신한당의 때 이른 대통령 후보지명을 접한 민중당은 대통령 후보감으로 고려대 총장을 역임한 유진오를 영입했다. 전열을 가다듬은 민중당은 신한당에 통합을 제의했다. 윤보선은 민중당을 '사쿠라당'이라며 일축했으나 신한당 내의 김도연·장택상·정일형 등이 통합하지 않으면 탈당하겠다고 압박해오고, 백낙준·이범석·허정 등의 재야세력도 압력을 가해오자 통합원칙에 동의한다.

이후 단일화촉진위가 구성되었으나, 윤보선이 결말을 빨리 내자면서 야권 대통령 후보감인 자신과 유진오, 백낙준, 이범석 등의 4자회담을 제안했다.

네 사람 가운데 강세는 윤보선과 유진오였다. 이에 윤보선은 유진오에게 대통령 후보를 양보했다. 계산된 행보였다. 그러자 유진오 또한 윤보선에게 대통령 후보를 양보했다. 여기서 네 사람은 장시간 토의한 결과 당선 가능성, 지명도, 대여투쟁성 등을 고려하여 윤보선을 대통령 후보로, 유진오를 당수로 하는 데 합의를 보게 되었다.

47 윤보선,《외로운 선택의 나날》, 동아일보사, 1991.

1967년 2월 7일 신민당 창당식에서 당수가 된 유진오는 "재야 민주 역량을 총결집하여 정권교체를 이룩하는 데 최선을 다하겠다"고 다짐했고, 대통령 후보로 추대된 윤보선은 "조국에 최후봉사를 할 시기가 왔다"고 천명했다. 이날 박순천은 당 고문에 추대되었는데 이는 사실상 정계은퇴나 마찬가지였다.

　대통령 선거일이 공고되자 6대 대선은 박정희에 대한 윤보선의 설욕전으로 세간의 관심을 모았다. 한일조약의 졸속처리와 베트남파병 등으로 박정희 후보는 야권과 학생 등의 거센 저항에 직면해 있었다. 그렇지만 4년간의 집권으로 일반 유권자에게는 대통령으로서의 친숙한 이미지가 형성되어 있었다. 그는 경제개발의 성과와 비전을 앞세우며 이를 지속하기 위한 지지를 호소했다.

　이에 반해 윤보선은 쿠데타 이후에 추진된 100가지 공약의 허구성을 지적하면서 "지난 농사 망친 황소, 올봄에는 갈아보자"라든가 "박정해서 못살겠다, 윤택하게 살아보자"는 재치 있는 구호로 표심에 다가가고자 했다. 여기서 '황소'는 공화당을 의미하고, '박정해서'의 '박'은 박정희를, '윤택하게'의 '윤'은 윤보선을 가리킨 것이었다.

　그러나 뚜렷한 선거쟁점을 부각시키지 못했고, 5대 대선에 비해 야당 후보로서의 신선감이 많이 떨어진 상태라는 점 등은 윤보선에게 불리한 요소로 작용했다. 투표 결과는 역시 윤보선의 패배로 나타났다. 116만여의 큰 표차였다.

　신민당은 선거 후 부정선거 의혹을 제기했고, 당원들이 안국동 로터리에 집결하여 부정선거규탄대회를 열기로 결의했으나 경찰 제지로 대회 자체가 열리지 못했다.

선명야당과 극한투쟁

강산도 10년이면 변한다는 말이 있고, 권불십년權不十年이란 말도 있다. 1960년 내각책임제하의 대통령 자리에 올랐던 윤보선은 그 후 실권 있는 대통령 자리에 오르기 위해 거듭 도전했지만, 1967년 6대 대선을 끝으로 대통령 자리와의 인연은 끝난다.

이후 단일지도체제를 채택한 유진오 총재하의 신민당에 당 고문으로 남지만, 공화당이 들고 나온 '3선개헌안'이 변칙 통과되면서 1970년 1월 신민당 대표최고위원에 유진산이 선출되자 그는 당 잔류를 갈등하기 시작한다.

당수가 된 유진산은 전해 말 김영삼이 대통령 후보지명전에 나서겠다며 제창한 '40대 기수론'에 대해 "구상유취口尚乳臭"라며 불쾌감을 표시했다. '입에서 아직 젖 냄새가 난다'는 뜻이다. 그러나 김대중, 이철승이 합류하면서 40대 기수론이 하나의 대세로 굳어가자 윤보선은 신민당을 탈당한다. 명분은 빛바랜 선명야당에서 함께 일할 수 없다는 것이었지만, 자신이 제명시킨 유진산이 당수가 된 신민당에서 40대 대통령 후보까지 나온다면 자신의 입지가 없다고 판단했던 까닭이다.

1971년 1월 6일 그는 선명야당의 기치를 내걸고 국민당을 창당한다. 다시 한 번 대통령에 도전하고 싶었는지도 모르지만 세태는 기성 정치인보다 젊고 참신한 후보를 원하는 쪽으로 변해 있었다. 특히 40대의 김대중이 제1야당의 대통령 후보에 지명되어 전국적인 바람을 일으키는 것을 보고 윤보선은 자신의 시대가 끝났음을 예감했던 것 같다. 그래서 직접 나서지는 않고 의사 출신의 박기출을 대통령 후보로 내보냈는데 결과는 4만 4000표의 참담한 패배로 끝났다.

재기의 가망은 보이지 않았다. 유신이 선포된 후 윤보선의 국민당을 포함한 모든 정당이 강제 해산되었기 때문이다. 이후 윤보선은 민주화운동에 동참한다. 1973년 '민주구국헌장'을 발표한 것을 시발로 1974년에는 민청학련사건에 관계했으며, 1976년에는 재야지도자들과 함께 '3·1민주구국선언(명동사건)'에 참여했고, 1979년에는 YWCA위장결혼사건에도 관계했다.

이 시기 그의 줄기찬 민주화투쟁에 대해서는 충분히 평가해야 한다고 보는 이들이 많다. 대통령을 지낸 신분으로 동참한 것만 해도 당시의 민주세력에게 큰 힘이 되었다는 것이다.

그러나 5공에 들어오면서 입장이 바뀐다. 그는 국정자문회의 위원으로 대통령 전두환과도 친밀한 관계를 유지했고, 1987년 대선에서는 여당 후보 노태우를 지지하기도 했다. 이 같은 행위에 대해 그가 3공에 맞선 것은 체제가 아니라 어떤 특정인에 대한 증오심 때문이었다는 분석도 있고, 명사정치의 한계 때문이었다는 분석도 있다.

그러나 체통을 중시한 그의 입장에서 보자면 3공은 그를 대접해주지 않았고 5공은 대접해주었다는 측면에서 이 문제를 접근할 수도 있다. 흔히 "좌다 우다, 진보다 보수다" 하고 떠들어대지만 실제론 정권 쪽에 줄을 서면 보수, 아니면 진보로 분류되는 것이 더 실상에 가깝다는 식의 시각에서 말이다.

명문가에서 태어나 정상의 자리까지 올랐으며, 내려와서는 '선명야당'과 '극한투쟁'의 유산을 남긴 그는 노환으로 1990년 안국동 자택에서 숨을 거두었다. 누린 해는 만 93년이다. 사별한 첫 부인(여흥 민씨)과의 사이에 두 딸, 두 번째 부인(공덕귀)과의 사이에 두 아들을 남겼다. 가족장을 지낸 그의 유해는 현재 충남 아산의 선영에 안장되어 있다.

4

박정희

가난이라는 '병'을
수술하라

그는 국민이라는 이름의 환자를 치료하는 의사를 자임한다. 가난
이라는 병을 수술하기 위해 쿠데타를 일으켰다는 그는 가난을 고
치기 위해서는 민주주의를 제한할 수 있다면서 '민족적 민주주의'
를 제시한다. 그리고 '하면 된다'는 정신과 함께 개발독재의 강력
한 추진력으로 산업화를 밀어붙였다. 그의 혁혁한 공적인 '경제개
발'과 과거지향적인 '10월유신'의 정치적 과오도 바로 거기서 나온
것이었다고 볼 수 있다.

극단적인 찬반양론

어떤 술집에서 언쟁이 붙은 손님들 이야기를 등 뒤로 들어보니 한쪽은 박정희朴正熙 전 대통령의 옹호자, 다른 한쪽은 비판자였다. 우리 사회에서 그만큼 훼예포폄毁譽褒貶이 엇갈리는 대통령은 없다. 이 같은 현상은 일반인의 좌담에서만 그런 것이 아니고 전문학자들의 논문을 통해서도 드러난다.

햇살이 강하면 그늘이 짙다고 했다. 그래서 논제를 민주냐 반민주냐 하는 정치적인 관점에서 경제 문제로 옮긴다 해도 "한강의 기적을 일구었다"는 쪽과 "한국경제를 비뚤어지게 했다"는 쪽으로 갈리고 만다.

그런데 이런 상반된 시각과는 별도로 역대 대통령 가운데 누구를 평가하느냐는 여론조사에서는 박정희가 늘 상위권이다. 또 이승만 정권이나 장면 정권 하면 "가난, 혼란, 어두움"의 이미지가 떠오르지만 박정희 정권 하면 "발전, 안정, 밝음"의 긍정적 이미지가 떠오른다고 대답한 사람들이 많았다는 조사도 있다.[1] 정통성이나 정당성에 문제가 있었던 것

---

1 "광복 60주년 국민의식 조사 上-역대 정권 인상", 〈조선일보〉, 2004년 12월 31일.

이 사실이고, 민주주의를 위축시킨 마이너스 유산을 남긴 것이 사실임에도 불구하고 왜 사람들은 계속 박정희를 최고의 대통령으로 간주해온 것일까?

플라톤Platon은 공동의 삶의 기원에 '먹는 것'의 문제가 놓여 있다고 했는데, 사람들은 역시 경제를 발전시킨 박정희의 실적을 높이 평가해온 것이라 볼 수 있다. 물론 그 신드롬엔 일부 맹목적인 향수 같은 것도 있고, 군사정권 시대에는 절대선이라 믿었던 민주화가 실현되었음에도 경제적으로는 나아지지 않았다는 실망 같은 것이 역으로 작용했는지도 모른다. 왜냐하면 대중에게는 여전히 먹고사는 문제가 중요하기 때문이다.

집권 후 박정희는 "민주주의라는 빛 좋은 개살구는 기아와 절망에 시달리는 국민대중에게 너무 무의미한 것"[2]이라고 역설했는데, 이는 배고픔을 벗어나는 것이 당대 민주주의라고 본 대중의 정서와 맞아떨어진 측면이 있었다. 지금도 사람들은 보릿고개를 넘게 하는 데 그가 헌신적이었고 열심히 일했으며 개인적으로 착복하지 않았다고 평가하고 있는 셈이다.

누구나 가난을 벗기 위해 노력한다. 그 성과로 기업가가 된 사람도 있고 전문직 종사자가 된 사람도 있으며 개중에는 정계로 나가 대통령 자리에까지 오른 사람도 있지만, 개인적인 입신영달이나 치부를 넘어 집단이나 민족을 위해 노력한 인물은 극히 드물었다는 점에서 박정희는 역시 한 시대의 지도자였다는 생각이 드는 것이다. 그는 대체 어떤 인물이었을까?

2 박정희, 《우리 민족의 나아갈 길》, 동아출판사, 1962.

박정희의 글쓰기

무인 출신의 그가 글쓰기를 좋아했다는 것은 믿기지 않지만 사실이기도 하다. 한 자료에 따르면 그는 1954년경 송요찬 등 4명의 장성과 함께한 술자리에서 에도 시대의 유학자 라이산요頼山陽의 한시를 읊었다고 한다.[3]

채찍 소리 조용히 밤 강을 건넜으나	鞭声肅肅夜過河
대장기의 수천 군사 새벽녘 발각되니	曉見千兵擁大牙
원한은 십 년이라 갈아온 칼이건만	遺恨十年磨一劍
번뜩이는 검광 밑 큰 뱀을 놓치누나	流星光底逸長蛇

이 시는 1561년 일본 전국 시대 무장 우에스기 겐신上杉謙信이 10년간 복수의 칼을 갈아오다 야밤에 습격을 단행했으나 눈앞에서 번뜩이는 칼 빛 아래 큰 뱀, 곧 다케다 신겐武田信玄을 놓친 사실을 노래한 것이다.

동석했던 한 소장이 "거, 일본 거 되게 좋아하네"라고 빈정거리자 박정희는 자리에서 벌떡 일어서며 "구 형, 갑시다. 이런 속물들하고는 술 못 마시겠어요" 하고 〈영남일보〉 주필이던 시인 구상具常을 재촉했다는데, 이때 그는 왜 그 자리에서 일본 한시를 읊었던 것일까?

시의 내용에 그가 계획했었으나 군 수뇌의 동조를 얻지 못해 불발로 끝날 수밖에 없었던 1952년의 쿠데타 미수사건과 비슷한 점이 있었던 까닭이다. 쿠데타와 시. 어울리지 않는 조합 같지만 당일 술자리의 주빈이었던 구상은 평소 박정희가 "의협심과 인정이 강하고 시심詩心이 있

---

3 池東旭, 《韓国大統領列伝》, 東京: 中公新書, 2002.

는 사람이었다"고 평한 바 있는데, 실제 박정희는 대구사범학교 시절에 발표한 두어 편의 시와 사후 아내 육영수를 그린 시 등 20편 정도를 남겼다.

육영수는 남편이 군인이 되지 않았더라면 "소설을 썼을 것"이라고 말한 적이 있다. 그만큼 글쓰기를 좋아했다는 뜻인데, 실제 박정희는 오랫동안 일기를 썼고 여러 권의 저서를 출간하기도 했다. 특히 상당히 많은 사람들에게 편지를 쓰곤 했는데, 삶의 주요 고비마다 편지를 통해 자신의 생각을 밝혔던 대목이 흥미롭다.

첫 번째는 만주군관학교에 응시자격을 허가해달라고 당국에 보낸 혈서다. 두 번째는 1952년 이종찬 육군참모총장에게 이승만을 제거하는 쿠데타를 단행하지 못했음을 아쉬워하며 다음을 기대한다고 전하는 편지다. 세 번째는 1960년 송요찬 육군참모총장에게 용퇴할 것을 건의한 편지다. 네 번째는 1961년 장도영 육군참모총장에게 거사에 가담할 것을 종용한 편지다.

그의 글이 매우 문학적이었던 것은 아니다. 그러나 글쓰기는 사람의 생각을 정리시켜주는 기능이 있다. 그는 대체 어떤 생각들을 갖고 있었고, 어떻게 그 생각들을 나름대로 정리했던 것일까?

억눌린 삶

정치학자 해럴드 라스웰Harold Lasswell은 "억눌린 경력이 정치가를 만든다"고 지적한 일이 있는데, 수줍음을 잘 타고 말솜씨도 그리 뛰어나지 않았던 박정희를 혁명가 내지 정치가로 만든 것은 '억눌린 경력'이었다. 그의 삶을 가장 억눌렀던 짐은 '가난'이었을 것이다.

1917년 경북 선산의 빈농에서 아버지 박성빈과 어머니 백남의 사이에 5남 2녀의 막내로 태어난 박정희는 태어나기 전부터 가난 때문에 시련을 겪어야 했다. 그의 작은누나 박재희는 그 점을 이렇게 증언했다.

그때는 또 집안이 원체 가난하여 식구가 하나 더 느는 것이 큰일이었습니다. 그래서 어머니는 아기를 지우려고 백방으로 애를 쓰셨습니다. 시골사람들이 흔히 쓰는 방식대로 간장을 한 사발이나 마시고 앓아누우시고, 밀기울을 끓여서 마셨다가 까무러치기도 했답니다. 섬돌에서 뛰어내려보기도 하고, 장작더미 위에서 곤두박질쳐보기도 했더랍니다.[4]

이렇게 시달리다 태어난 탓인지 박정희는 기골이 장대한 아버지나 형들과 달리 체구가 왜소하고 까만 얼굴을 갖게 되었다는 것이다. 나이든 어머니의 젖이 말라 밥물에 곶감을 넣어 끓인 멀건 죽을 먹으며 자랐다. 그는 턱없이 가난했던 자신의 어린 시절을 다음과 같이 술회한 일이 있다.

한 달에 월사금이 그 당시 돈으로 60전이었다. 매월 이것을 납부하는 것이 농촌에서는 큰 부담이었다. 특히 우리 집 형편으로는 큰 부담이었다. 어머니께서는 한 푼이라도 생기면 나의 학비를 위해서 모아두신다. 때로는 쌀을 몇 되씩 팔아서 모아두신다. 계란 1개가 1전이었다고 기억이 난다. 계란도 팔면 모아두신다.[5]

4   정재경, 《위인 박정희》, 집문당, 1992.
5   정재경, 《위인 박정희》, 집문당, 1992.

학업에서 우등 자리를 놓치지 않던 그는 어떻게든 가난만은 벗어나고 싶었다. 소년의 이 같은 결심은 대개 판검사든 사업가든 가난을 벗어날 수 있는 부富에의 개인적인 출구를 찾는 것으로 귀결되기 쉽다. 그러나 박정희의 경우는 조금 달랐다. 그는 엉뚱하게도 군인이 되고 싶다는 생각을 했다.

"소년 시절에는 군인을 무척 동경했다. 그 시절 대구에 있던 일본군 보병 제80연대가 가끔 구미지방에 와서 야외훈련하는 것을 구경하고는 군인이 되었으면 하는 생각을 했다"고 박정희는 수기에 적었다. 그 직업이 자신의 취향이나 적성에 맞았기 때문일 것이다.

그러나 동기가 있었다. 그는 보통학교 때 《이순신》과 《나폴레옹 전기》를 읽고 감명을 받았는데 그중에서도 역할모델이 된 것은 나폴레옹이었다. 병정놀이를 즐겨 했던 그는 나폴레옹이나 이순신 같은 군인이 되고 싶었지만 우선은 주변의 권유에 따라 학비가 들지 않는 대구사범학교에 진학할 수밖에 없었다. 이때 어머니는 아들이 입시에서 떨어지기를 빌었다고 한다. 수업료 면제라곤 해도 기숙사비는 내야 했기 때문이다.

그래서 박정희는 해마다 고향에 돌아가서 돈이 마련될 때까지 몇 주고 한 달이고 눌러앉아 있을 수밖에 없었다. 그 때문이었을까. 입학 때 중간 정도였던 그의 성적은 점점 떨어져 4학년 때는 꼴찌, 5학년 때는 꼴찌에서 두 번째였다. 가난의 그늘은 짙었다. 그의 조행操行 평가서에는 "음울하고 빈곤한 듯함"이라는 코멘트가 기재되었다.

나약한 정신력은 대개 여기서 좌절하기가 쉽다. 그러나 태내에서부터 사선을 넘나들며 태어난 그였다. 이런 유의 사람에게는 역경이 오히려 축복의 통로가 된다. 강인함을 키우는 훈련장이 되기 때문이다. 박정희는 장군이 되고 싶다는 꿈을 안으로 더욱 다져나갔다. 그 방증이 처지는 다른 학과 성적과 달리 뛰어난 점수를 얻은 교련과목이다. 대구사범 동기들의 증언에 따르면 이 시기 그의 손을 떠나지 않았던 책이 바로 《나폴레옹 전기》였다고 한다.

닮고 싶었던 나폴레옹

나폴레옹에 심취했던 이유는 그가 자기처럼 키가 작았고, 자기처럼 식민지에서 태어났다는 공통점 때문이었는지도 모른다. 그럼에도 "나의 사전에 불가능이란 단어는 없다"면서 꿈을 펼쳐나간 나폴레옹을 그는 닮고 싶었던 것이다.

나폴레옹이라는 역할모델은 사범학교를 졸업하고 문경소학교 교사로 임용된 뒤에도 계속 그의 마음에 남았다. 당시 제자였던 정순옥은 이런 증언을 남겼다.

어느 일요일 동무들 몇 명과 함께 새로 오신 선생님의 하숙집을 찾아갔다. 호기심을 가지고 선생님 방을 살펴봤더니 책상 위에 커다란 사진 액자가 걸려 있는데 배가 불룩 나오고 앞가슴 양편에 단추가 죽 달려 있는 사람이었다. "저 사람이 누구냐?"고 물었더니 선생님은 "영웅 나폴레옹"이라고 하시며 나폴레옹에 대하여 자세히 이야기해주셨다.[6]

그런 그가 교사생활을 그만두고 갑자기 만주군관학교에 들어간 것은 1940년의 일이다. 이 돌연한 행위를 두고 "친일행위다", "아니다, 독

---

6 이낙선, "이낙선의 비망록"(미출간 원고), 1962.

립운동을 하기 위해 일부러 입대했다"는 등 상반된 해설이 있어왔는데 이 점과 관련해서는 문경소학교 시절의 제자 전도인의 증언에 귀담아들을 내용이 들어 있다.

하루는 박 선생님이 교무실에서 혼자 사무를 보고 있으면서 나를 불렀다. 그때 일본인 청부업자 한 명이 담배를 문 채 교무실 안으로 들어와 박 선생님에게 "어이! 교장 계신가?" 하고 물었다. 선생님은 일본인을 한 번 힐끗 쳐다보고 아무 대꾸가 없었다. 그 사람이 재차 똑같이 묻자 선생님은 이렇게 말씀하셨다. "너희 일본인들이 부르짖는 내선일체內鮮一體가 진실이라면 당신이 내게 그런 언동을 할 수 있는가? 일등 국민으로 자처하고 싶거든 우선 교양 있는 국민이 돼야지, 담배를 물고 교무실에 들어온 것만 해도 무례하기 그지없는데 언동까지 몰상식한 인간이라면 나는 너 같은 사람을 상대할 수가 없다. 어서 나가봐!" 하고 말한 적이 있다.[7]

이를 다시 읽어보면 "일본과 조선이 한 몸이라면서 조선인을 함부로 대하느냐?"는 뜻으로 민족감정이 내재된 발언이기는 했지만 그것이 일본을 부정하는 데까지 나아갔던 것은 아니다. 다만 민족을 차별하지 말고 정당히 대접해달라는 것이 당시 그의 민족주의의 콘텐츠였던 것 같다.

따라서 그가 만주군관학교에 간 것은 친일을 하기 위해서도, 독립운동을 하기 위해서도 아니었다. 사회적으로 무시당하지 않고 대접받는 존재가 되고 싶다는 욕망이 그를 군대로 향하게 했던 것으로 분석된다. 그런데 이 욕망은 그가 보통학교 시절 80연대의 야외훈련을 목격하면

7　정재경, 《위인 박정희》, 집문당, 1992.

서, 그리고 나폴레옹 전기를 읽은 이후 마음속에 키워온 장군에의 꿈이 기도 했다.

긴 칼 차고 싶어서

그가 갑자기 군관학교로 간 이유에 대해 보다 선명한 답을 내놓은 것은 역설적으로 박정희에 대해 부정적인 견해를 갖고 있던 한 연구소였다.

2009년 말 '친일인명사전'을 출간한 민족문제연구소는 박정희의 '혈서지원' 기사가 실린 1939년 3월 31일자의 〈만주신문〉 사본을 공개하면서 박정희는 "만주국 군적이 없는데다 나이가 많다는 이유로 3차례의 시도 끝에 신징新京군관학교 예과 과정에 입학, 일본군 장교의 길을 걷게 되었다"고 발표했다.[8]

3차례(경향신문) 또는 2차례(만주신문)의 시도 끝이라면 박정희는 갑자기 만주군관학교에 갔던 것이 아니라, 문경소학교에 부임한 1937~1938년부터 계속 사관학교의 문을 두드리다가 1939년 10월에 와서 비로소 응시자격을 얻게 되었다는 얘기다.

1940년 1월 4일자 만주국 공보에 박정희는 15등 합격자로 발표되었다. 문경소학교를 떠나던 날 그를 배웅하러 나온 제자들이 울며불며 가지 말라고 매달리자 박정희는 "너희들은 모른다. 내가 긴 칼 차고 대장이 되어 돌아오면 군수보다도 더 높다"고 했다는데[9] 이는 훗날 소년용 《박정희 전기》를 준비하던 당시 공보비서관 김종신이 왜 만주에 갔

---

8   "박정희, 혈서 쓰고 만주군 지원", 〈경향신문〉, 2009년 11월 5일.
9   박동성·심고령, 《여명의 기수》, 교육문화사, 1963.

느냐고 물어보자 "긴 칼 차고 싶어서 갔지"라고 단순명쾌하게 대답했다는 내용과 일치한다.[10]

긴 칼은 권權의 상징이다. 권이 있으면 부도 따른다. 가난의 억눌림에서 벗어나고 싶었던 그의 꿈이 긴 칼을 찬 군인의 모습으로 연결되었던 것이다. 마침내 1940년 4월 그는 만주국 육군군관학교 제2기생으로 입교한다.

예과 2년의 군관학교 생활에서는 선배가 후배를 구타하는 일이 잦았다. 하지만 선배가 군기를 잡는다며 주먹을 날려도, 어려서부터 '대추방망이'라는 별명을 듣고 자란 박정희는 딱 버티고 서서 차돌같이 단단한 자세를 유지했다. 1기생이었던 방원철은 "맞아서 몸이 밀리면 금방 제자리로 와서 다음 주먹을 기다리는 것을 보고 독종이라는 생각이 들었다"고 회고했다. 경상도 말로 "못됐다"는 말이 있다. 박정희에게는 그런 악바리 근성이 있었던 것이다.

그는 모든 학과목에서 뛰어난 성적을 보였는데, 이는 대구사범 시절의 꼴찌와는 판이한 결과였다. 하고 싶었던 공부였기 때문일 것이다. 뿐만 아니라 검도·유도·승마·교련 같은 육체적인 과목에서도 발군의 실력을 보였다. 그리하여 1942년 3월 그는 조선인이 포함된 만계滿系 240명 가운데 수석으로 졸업, 만주국 황제의 금시계를 부상으로 받는 동시에 일본육사 본과에 편입하는 특전을 누리게 된다.

이후 도쿄에 건너온 작은누나 박재희 부부의 뒷바라지를 받으며 공부에 전념한 박정희는 1944년 일본육사를 3등으로 졸업했다. 그리고 견습사관을 거쳐 소위로 임관한 그해 7월에는 러허 성에 주둔한 보병 제8단에 배속, 거기서 근무하다가 만주군 중위로 해방을 맞았다.

---

10 "낡은 사진으로 살아 돌아온 인간 박정희", 〈월간중앙〉, 2005년 3월호.

건국동맹 연계설

이 시기 박정희의 행적에 대해서는 상반된 주장이 있어왔다. "독립군을 토벌하러 다녔다"는 주장이 있는가 하면[11] 여운형의 건국동맹 만주분맹과 연계하여 "비밀리에 독립운동을 했다"는 주장도 있다.[12]

그러나 박정희가 배속되었던 동만주의 러허 성 지역에는 1944년 7월 시점에 이미 독립군이 존재하지 않았기 때문에 그가 "독립군을 사냥하러 다녔다"는 비난은 원천적으로 성립되지 않는다. 다만 팔로군과의 접전은 있었는데, 이에 대해 박정희의 동기생이었던 중국인 가오칭인高慶印은 "44년 7월 하순경부터 8월 초순경까지 보름간에 걸쳐 일본군과 합동으로 팔로군 대토벌작전이 있었는데, 8단에서는 2개 대대가 참가했습니다. 박정희는 부관이 되기 전 2~3개월간 제2중대 소속 소대장으로 있으면서 이 작전에 참가했지요. 그러나 작전에는 참가했어도 그의 부대가 팔로군과 교전한 적은 없는 것으로 압니다"라고 증언했다.[13]

한편 건국동맹과 연계하여 비밀리에 독립운동을 했다는 설은 만주분맹의 군사책임자였던 만주군 대위 박승환이 그해 국치일인 8월 29일을 기점으로 국내 진공을 하기 위해 만주에 있던 조선 출신의 군인들을 많이 포섭했던 사실에 바탕을 두고 있다.[14]

박정희의 친일논란을 일거에 잠재울 수 있는 '건국동맹과의 연계설'에 대해 한 연구자는 그가 해방 직후 펑톈(선양)을 거쳐 국내로 돌아올

---

11 문명자,《내가 본 박정희와 김대중》, 월간 말, 1999/전재호,《반동적 근대주의자 박정희》, 책세상, 2000.

12 정재경,《위인 박정희》, 집문당, 1992.

13 정운현,《군인 박정희》, 개마고원, 2004.

14 이만규,《여운형투쟁사》, 총문각, 1946/송남헌,《해방3년사》, 까치, 1985.

수 있었음에도 베이징 쪽의 우회로를 택한 것을 보면 "건국동맹 만주분 맹과 무관했다는 것을 보여주는 강력한 증거"라고 지적했다.[15] 여러 정황으로 보면 박승환 쪽에서 그를 접촉했을 개연성이 있지만 과연 박정희가 그들 비밀결사에 가담했었는지는 불분명하다.

일본 패망에 따라 박정희가 속한 만주군 제8단은 험한 산길을 걸어 8월 17일 싱룽에 도착, 국민당정부에 투항한 뒤 무장해제를 당했다. 소속 부대가 없어진 박정희는 9월 21일 동료들과 함께 베이징 쪽으로 갔다. 그리고 거기서 광복군 제3지대 김학규 부대에 들어가 제2중대장이 되었다.

그러나 남한에 진주한 미군정이 광복군의 존재 자체를 인정해주지 않는 바람에 광복군으로 지낸 중국에서의 10개월은 허사가 되고 말았다. 그는 간신히 미 해군 수송함을 얻어 타고 1946년 5월 8일 부산항에 도착했다.

빈털터리로 돌아온 그를 고향의 가족들도 반기는 눈치가 아니었다. 형 박상희는 "그냥 선생질이나 하면 좋았을 걸 괜히 고집대로 했다가 거지가 되어 돌아오지 않았느냐?"고 면박을 주었다.[16] 이로 보면 박정희가 만주에서 건국동맹에 관계했다는 것은 사실이 아니었음을 알 수 있다. 왜냐하면 당시 여운형계의 박상희는 해방 후 건국준비위원회 구미 지부장으로 활동하고 있었기 때문이다.

박정희는 고향에서 넉 달간 휴식을 취하다가 1946년 9월 24일 조선 경비사관학교(1948년 육군사관학교로 개칭) 2기생으로 입학한다. 동기생들은 그보다 8~9세나 어렸고, 심지어 그가 속한 생도대의 중대장조차 일

---

15 전인권, 《박정희 평전》, 이학사, 2006.
16 정재경, 《위인 박정희》, 집문당, 1992.

본육사 3년 후배였다. 그러나 그는 불평 한마디 하지 않고 꼿꼿한 몸가짐으로 대열의 맨 끝에 따라다녔다. 나이 어린 동기들과 구보를 하는데도 그는 '목숨을 거는' 심정으로 했다.

이윽고 조선경비사관학교를 졸업한 박정희는 1947년 2월 소위로 임관하여 조선경비대 제8연대에 배속되었고, 그해 9월 중위를 거치지 않고 바로 대위로 승진하여 조선경비사관학교 중대장이 되었다.

여기서 그는 훗날 거사의 동조세력이 될 5기생에게 전술학을 가르치다 1948년 11월 11일 전격 구속된다.

남로당 사건

박정희의 남로당 사건은 훗날 5대 대선에 출마한 윤보선 후보가 사상논쟁을 일으키면서 일반에 널리 알려졌다. 당초 이 사건은 1948년 10월 15일 제주도의 '공비토벌작전'에 투입하기 위해 대기중이던 여수 주둔 육군 제14연대에서 일부 세력이 반란을 일으켜 20여 명의 장교를 사살하고 여수를 점령한 데서 비롯되었다.

그러자 순천에 파견되었던 2개 중대도 동조반란을 일으켜 순천을 점령했다. 이어 반란세력과 회복세력 사이에 교전이 일어나 여수에서 1700명의 사상자와 9800명의 이재민이 발생했고, 순천에서도 400여 명의 인명 피해가 났다.

이에 크게 놀란 군 당국은 여수·순천 지구의 군인 3000여 명을 수사, 군 내부에 침투해 있던 남로당 계열의 적색분자 150여 명을 색출해 냈다. 여기서 군 수사당국은 육군사관학교로까지 범위를 넓혀 수사를 전개해나가는 과정에 박정희 소령이 남로당 군사부의 고위 간부임을 밝혀냈다. 그해 11월 11일은 육사 7기의 졸업식 날이었다. 여순사건 관련자 토벌 때문에 광주로 내려갔다가 졸업식에 참가하기 위해 귀경한 박정희는 바로 그날 수사당국에 연행되었다.

1000여 명에 달하는 숙군 피의자들과 함께 서대문형무소에 수감된 박정희는 몇 차례의 전기고문을 받기도 했으나, 어떤 시점부터는 순순히 자술서를 써내려가기 시작했다.

수사를 총괄했던 육군본부 정보국 특무과의 김안일 소령은 당시 박정희가 남로당에 가입하게 된 동기에 대해 형 박상희가 "대구폭동 때 경찰의 총에 맞아 죽었는데 집에 내려가보니 그 유족을 남로당 군사부 책임자인 이재복이 잘 보살펴주었기 때문"이었다고 자술서에 쓰여 있더라면서 "박정희는 자신이 알고 있는 남로당 조직의 명단을 죄다 털어 놓았다. 남로당 조직도상으로는 상당히 중요한 자리에 있었으나 활동한 흔적은 전혀 없었다. 다만 동료들과 함께 술을 자주 먹었을 뿐이다. 그는 순전히 인간관계에 얽혀 남로당이 되어 있었다. 자술서를 읽어보니 그는 분명 이념적 공산주의자는 아니라는 확신을 갖게 되었다"[17]고 증언했다.

김안일은 이 문제를 당시 육군본부 정보국장 백선엽 대령에게 가지고 가 "국장님에게 꼭 할 말이 있다고 간청하니 박정희 소령을 한번 면담해주십시오"라고 청했다. 백선엽은 박정희와 같은 만주군 장교 출신이었다. 이후 김안일은 박정희를 정보국장실로 데려왔는데 이때의 일을 백선엽은 이렇게 적었다.

박 소령은 묵묵히 앉아 있다가 입을 열었다. "나를 한 번 도와주실 수 없겠

---

17 정재경, 《위인 박정희》, 집문당, 1992.

습니까?" 작업복 차림의 그는 측은한 모습이었다. 그러나 면담 도중 전혀 비굴하지 않고 시종 의연한 자세를 잃지 않았다. 평소 그의 인품에 대해서는 약간 알고 있었으나 어려운 처지에서도 침착한 그의 태도가 일순 나를 감동시켰다. "도와드리지요." 참으로 무심결에 이러한 대답이 나의 입에서 흘러나왔다.[18]

이후 백선엽·정일권·원용덕·김일환·김백일 등 만주군 인맥의 구명운동에 힘입어 박정희는 그해 12월 10일 구속수사 한 달 만에 풀려나게 된다.

신징에서 본 관상

당시 숙군 수사에서 살아남은 것은 박정희 한 사람뿐이었다. 기적이라면 기적이었다. 여기서 나는 백선엽이 감동을 받았다고 묘사한 박정희의 의연함에 주목한다. 의연한 척했던 것이 아니다. 연기는 사람을 감동시키지 못한다. "내 운이 여기까지밖에 안 되면 여기서 죽는 거고, 아니면 산다"는 식의 의연한 태도는 타고난 그릇의 크기에서 온 것이었다고 볼 수도 있다. 이 의연함과 관련해서는 만주군관학교 예과 2년 때의 일화를 하나 소개하고 싶다.

1941년 가을의 어떤 휴일, 박정희는 동기생 이병주·이상진과 함께 신징(오늘날 창춘)의 구시가지를 거닐다 길거리에서 우연히 관상을 보게 되었는데, 박정희의 얼굴을 흘긋 본 60대의 중국인 관상쟁이는 "三軍叱咤之上將(삼군질타지상장) 治天下之大頭領(치천하지대두령)"이란 붓글씨

18 백선엽,《군과 나》, 대륙연구소, 1989.

를 써주어 함께 간 친구들을 놀라게 한 일이 있다고 한다. "3군을 호령하는 높은 장군에 천하를 다스릴 우두머리의 상"이란 뜻이다.[19] 박정희의 관상을 봉황상이라 보는 이도 있고, 그의 목소리에 권이 있다고 보는이도 있다.

물론 관상이니 사주니 하는 것은 허황된 것일 수도 있지만 적어도당사자의 심리에 어떤 영향을 미칠 수는 있다는 점에서 박정희의 의연함과 무관하지 않았을지도 모른다는 생각이 든다. 같은 맥락에서 관상이야기는 왜 그가 남로당의 조직명단을 순순히 털어놓았을까 하는 문제를 해석하는 데도 하나의 단서를 제공한다.

피상적으로 보면 만주군→독립군→국군→남로당→전향이라는기회주의적 행보를 해온 듯 보이지만, 다수를 행복하게 하기 위해서는불합리한 현실을 바꾸어야 하는데, 그 현실을 바꾸기 위해 힘을 가져야한다는 노선에서 그는 한 발자국도 벗어난 일이 없었던 것이다. 이 행보는 그가 나폴레옹을 숭배하고, 긴 칼을 차고 싶어 만주로 갔던 것과 같은 선상에 놓여 있다. 다시 말해 그는 처음부터 공산주의자가 아니었고공산주의자가 될 수도 없는 사람이었다. 이 점, "가난을 비롯한 사회의부조리를 해결하는 그의 아이디어는 언제나 엘리트주의적이며 하향식이었다"[20]는 지적을 참조해볼 필요가 있다.

그는 시류적인 이념을 따른 것이 아니라 힘을 가진 쪽의 정치노선을택한 것이었다. 그리고 그 심리의 기저에는 "3군을 호령하고 천하를 다스릴 우두머리가 될 팔자를 타고났다"는 자기확신 같은 것이 자리 잡고있었는지도 모른다.

---

19 정영진, 《청년 박정희》, 리브로, 1998.
20 전인권, 《박정희 평전》, 이학사, 2006.

그러나 남로당 조직명단을 발설하게 된 배경에 대해 조금 색다른 견해를 제시한 책도 있다. 여기에 보면 박정희와 함께 살았던 한 여인이 박정희 체포 직후의 정황을 다음과 같이 언급한 것으로 되어 있다.

> 나이는 어리고 의지할 데가 없는 저로서는…… 이북에서 그게 싫어 왔는데 빨갱이 마누라라니. 얼마 후 김창룡이가 찾아와서 경위를 설명해주었습니다. 미스터 박의 메모도 전해주었습니다. "미안해 어쩔 줄 모르겠다. 이것 하나만 믿어주라. 육사 7기생 졸업식에 간다고 면도를 하고 아침에 국방부로 출근하니 어떤 사람이 귀띔해주더라. 내가 얼마든지 차 타고 달아날 수 있었는데 현란이를 사랑하기 때문에 안 갔다. 이것이 나에게 얼마나 불리한 것인지 아는가."[21]

좁혀오는 수사망을 피하지 않은 박정희가 구속 후 남로당 조직을 불게 된 동기가 실은 이 미모의 동거녀를 잃고 싶지 않아서였다는 것이다.

이현란과 육영수

젊은 시절 과묵하고 잘 웃지 않는 박정희의 얼굴엔 어딘가 어두운 그림자가 드리워져 있었다. 전체적으로 보아 그의 결혼생활이 행복했다고 평하기는 어렵다.

그가 애착을 느꼈던 미모의 동거녀 이름은 이현란이었다. 어떤 자료에 보면 이성희라고도 기재되어 있는 이현란은 원래 원산 루시여고를

---

21 조갑제,《내 무덤에 침을 뱉어라》, 조선일보사, 1998.

졸업한 뒤 단신으로 월남, 이화여대 아동교육학과 1학년에 재학중 여고 동창 고금옥의 결혼식에 참석했다가 박정희 대위를 처음 만났다. 이후 박정희는 함남 출신의 사관학교 동기 이효 대위에게 8세 연하였던 이현란과의 만남을 부탁했고, 이후 그녀와 1948년 초 약혼식을 올린다. 그리고 여름부터 같이 살다가 그해 11월 11일 느닷없이 구속된 것이었다.

박정희는 늘씬하고 이국적 용모를 지닌 미인 동거녀를 잃게 될까봐 애절한 고백을 적은 쪽지를 수사실무 당당자 김창룡을 통해 이현란에게 전달했다. 그러나 박정희에게 꿈의 여인이었던 그녀는 "빨갱이가 싫어 월남했는데 빨갱이 마누라"가 되어버린 것, 그 무렵 박정희의 전처와 딸의 존재를 알게 된 것, 그리고 박정희가 수사에서 풀려나기는 했지만 그 후의 군법회의에서 군적이 박탈됨으로써 장래가 불투명해진 것 등으로 정나미가 떨어져 1950년 2월 6일 자기를 찾지 말라는 쪽지를 남긴 채 그의 곁을 떠났다.

당시 방첩대 본부장으로 박정희를 가까이 관찰할 수 있었던 한웅진 중령은 이렇게 증언했다.

> 박정희는 비참한 모습이었습니다. 술에 취해 내 방에 기어 들어와서는 울기도 하고 잠을 못 이루면서 고민도 많이 했습니다. 나한테 하소연을 하다가 흐느끼고, 그러다가 밤이 늦어 취한 몸으로 아무도 없는 관사를 향해 돌아가는 뒷모습을 잊을 수 없습니다. 생활은 어렵고, 아내는 가출하고, 어머니는 충격으로 죽고, 친구들은 외면하고, 장래의 희망은 사라지고…… 그분의 인생에서 가장 어두운 시절이었지요.[22]

---

22 조갑제, 《내 무덤에 침을 뱉어라》, 조선일보사, 1998.

아픔을 주고 떠난 이현란 이전에 그에게는 이미 결혼한 첫 부인이 있었다. 대구사범 5년 때 부친 박성빈이 당신 생전에 손자를 보겠다며 데려온 이웃 선산 읍내의 부잣집 딸 김호남이 바로 그녀였다. 훤칠하게 잘생긴 처녀였다는데 처음부터 마음 내켜하지 않았던 박정희는 1937년 첫딸(박재옥)을 낳은 뒤에도 냉랭한 태도를 바꾸지 않았다. 아버지가 강제로 시킨 결혼이었던데다가 아내가 2년제 간이학교 출신이라는 점이 문화적 격차를 느끼게 했다는 것이다.

이현란이 떠난 뒤 매일 밤 과음하며 혼자 괴로워하면서도 박정희는 만군 선배 백선엽의 배려 덕분에 군복을 벗은 상태임에도 육군 정보국에서 비공식 문관으로 근무할 수 있었다. 그는 여기서 훗날 거사의 핵심 세력이 될 김종필 등 육사 8기생 15명과 같이 일하게 된다. 일본육사(57기)를 3등으로 나온 박정희의 탁월한 군사적 판단력에 감탄한 8기생들이 모두 그를 믿고 따르는 가운데 6·25가 터졌다. 이 시기의 정보국장이었던 장도영은 당시를 이렇게 회고했다.

> 6월 30일 오전중 수원국민학교에 임시로 설치된 정보국에 나갔더니 박정희 문관과 장병들이 무사히 와 있었다. 28일 새벽에 적군이 서울에 진입한 상황으로 보아 그는 다르게 행동할 수도 있지 않았겠는가.[23]

이후 장도영은 박정희의 복직을 상부에 건의했다. 그 결과 박정희는 상부의 재가를 거쳐 1950년 7월 14일 현역소령으로 복귀할 수 있었다. 6·25와 장도영이 그를 살린 셈이었다.

나쁜 일은 겹쳐서 온다지만 좋은 일도 겹쳐서 온다. 같은 정보과에

---

23 "나는 박정희를 신임했다", 〈신동아〉, 1984년 7월호.

서 근무하던 대구사범 후배 송재천 소위가 외가 쪽 동생뻘이 되는 육영수란 처녀를 소개했던 것이다. 부산 영도로 피난 내려와 일본식 2층집에 세 들어 살던 육영수는 당시 스물여섯 살이었다. 맥아더의 인천상륙작전이 진행되던 9월 15일 박정희는 중령으로 승진했다. 그리고 그해 12월 12일 대구 계산동의 천주교성당에서 결혼식을 올렸는데, 이때 신랑신부와 일면식도 없는 상태에서 주례를 섰던 허억 대구시장이 "신랑 육영수 군과 신부 박정희 양은……" 하고 서두를 떼는 바람에 장내를 웃음바다로 만들었다는 이야기는 꽤 유명하다. 이때부터 박정희의 얼굴에 웃음이 돌기 시작했다.

이승만 제거계획

1951년 말 박정희는 육군본부 작전국 차장에 임명된다. 작전국장은 일본육사(50기) 출신의 이용문 준장이었는데 호방한 그는 치밀한 박정희와 대조적인 성격이었지만 시국을 보고 역사를 인식하는 면에서 서로 의기가 투합했다.

그런데 이 무렵 국회로부터 불신임을 당하고 있던 이승만은 국회간선제로는 대통령에 재선될 가망이 없다고 보고 관제 데모 등 공포 분위기를 조성하면서 대통령 직선제 개헌안을 추진했고, 이에 맞선 야당은 야당 나름대로 내각제 개헌안을 추진했다. 이처럼 정부와 국회가 정면으로 맞서자 이승만은 전방에 있던 군부대의 일부를 빼돌려 부산을 중심으로 한 영남지역에 계엄령을 선포한다.

이른바 부산정치파동의 시작이었다. 유엔군의 일원으로 한국전쟁에 참전하고 있던 각국은 미국에 항의를 퍼부었다. 자유민주주의를 수호한다는 명분으로 파병하여 귀중한 피를 흘려온 것인데, 한국 정부가 자유민주주의 체제를 수호하지 않는 것으로 드러났기 때문이다.

난처한 입장에 빠진 미국은 '이승만 제거계획'을 세웠고 이 같은 방침은 한국군 수뇌부에도 암묵적으로 전달되었다. 아무리 미국이라 하더라도 대통령 제거계획은 한국군을 매개로 할 수밖에 없었기 때문이다. 이에 미국의 의도를 적극적으로 해석한 작전국장 이용문은 작전차장 박정희와 거사를 의논했다. 당시의 작전과장 유원식에 따르면 박정희는 언양에 주둔하고 있던 15연대를 동원, 이승만 정권을 뒤엎고 과도정부를 세워 민정에 이양할 계획을 세웠다고 한다.[24]

한편 이용문은 평양고보 2년 후배인 장면 총리의 비서실장 선우종원을 만나 "우리 함께 혁명을 해서 장면을 대통령으로 만들자"며 쿠데타를 제안했으나 보기 좋게 거절당하고 말았다.[25]

6월 2일경 육본 참모회의에서 이승만에 대한 쿠데타 논의가 비밀리에 진행되었다. 당시 영남계엄사령관 원용덕 휘하의 계엄군은 200~300명에 지나지 않았기 때문에 2개 대대 병력만 투입하면 임시수도 부산을 손쉽게 장악할 수 있다는 판단이었다. 이에 대한 의견을 묻자 박정희는 "그 문제는 상부에서 결심하시기에 달려 있습니다. 한다고 결정되면 지장이 없게시리 수배되어 있습니다"라고 답변했다.

그러나 미국은 이승만 제거를 바라면서도 쿠데타에 대한 명시적인 지침을 내리지 않았다. 미국은 쿠데타보다 국회의 합법선거를 통해 장면이 당선되기를 더 바라는 입장이었다. 여기서 회의는 미국의 보다 명시적인 입장표명이 없는 한 중립을 지킨다는 쪽으로 결말을 냈다. 이로

---

24 유원식, 《5·16비록, 혁명은 어디로 갔나?》, 인물연구소, 1987.
25 선우종원, 《격랑 80년》, 인물연구소, 1998.

써 거사에 대한 박정희와 이용문의 꿈은 무산되고 말았다.

그러나 군의 움직임을 포착한 이승만은 7월 11일 이용문을 수도사단장에 전출시키고, 7월 22일 이종찬을 참모총장직에서 해임시킴으로써 이 문제를 매듭지었다.

박정희는 도미 유학을 떠나는 이종찬에게 "차라리 지난번 구국을 위해 행동을 단행한 것만 못했다. 1년 후 귀국하면 다시 지도편달을 받겠다"[26]는 요지의 편지를 보냄으로써 무산된 거사의 아쉬움을 달랬다. 그러나 이 사건은 군의 정치개입을 학습할 수 있었다는 점에서 그에게 의미가 있었다.

도요토미 히데요시의 사주

박정희는 1917년 9월 30일 인寅시생이다. 이를 간지로 옮기면 정사丁巳년, 신해辛亥월, 경신庚申일, 무인戊寅시가 된다. 이 사주의 특징은 지지의 네 글자가 사주족보에 올라 있는 '인신사해寅申巳亥'를 다 갖추었다는 점이다. 이런 사주를 그쪽 전문용어로는 사맹격四孟格, 쉬운 말로는 제왕격이라 한다. 일본의 평민영웅 도요토미 히데요시豊臣秀吉의 사주가 바로 사맹격이었던 것으로 알려져 있다.

6·25가 끝나고, 1953년 11월 25일 육군 준장에 진급한 박정희는 그해 말 미국 포병학교에 유학을 갔다. 그리고 귀국해서는 2군단 포병사령관, 포병학교 교장, 제5사단장을 역임했고, 1956년에는 육군대학에 입교한다.

---

26 강성재,《참군인 이종찬 장군》, 동아일보사, 1986.

1958년 육군 소장에 진급한 박정희는 1군단 참모장, 6관구사령관을 거쳐 1960년 1월 21일에는 군수기지 사령관으로 부산에 부임했다. 여기서 그는 경남 함양 출신의 박재현이란 젊은이를 만난다. 계급은 일등병이었다. 어려서 신동 소리를 들었다는 그는 거창농고를 졸업한 뒤 지리산에 들어가 그곳의 기인·달사들과 교유하면서 도룡^{屠龍}, 곧 용 잡는 기술을 익힌 기이한 인물이었다.

그런 그도 나이가 되자 입대하여 부산군수기지에 배속되었다. 아직 20대였지만 사람의 운명을 감정하는 데는 이미 경지에 올라 있었다. 박정희는 그런 소문을 듣고 속칭 '박 도사'를 부른 것이었다. 한 저서는 그 만남을 이렇게 묘사했다.

제산(박재현)은 이때 박 장군에게 특별한 운명을 예언했던 것으로 추정된다. 당신은 장군에서 끝나지 않고 앞으로 제왕이 될 수 있는 운명의 소유자라고 말이다. 박 장군도 자신의 운명에 대한 예언을 점쟁이 일등병의 헛소리로 흘려듣지 않고, 상당히 현실성 있는 예언으로 받아들였다.[27]

"제왕의 운세!"

지난날 만주에서 들었던 것과 비슷한 이 말은 거사에 대한 심리적 자신감을 심어주었을 것으로 보인다.

《5·16군사혁명사》의 편찬 간사였던 이낙선 중령이 정리한 내용에 따르면, 박정희가 거사를 처음 구상한 것은 아직 부산군수기지 사령관으로 발령 나기 전인 6관구사령관 시절이었다.

그 계기는 〈사상계〉 1960년 1월호에 실린 '콜론보고서'였는데, 미

---

27 조용헌, 《사주명리학 이야기》, 생각의나무, 2002.

상원 외교분과위원회가 요청하여 미국 콜론연구소가 작성했다는 이 보고서가 왜 그 시점에 한국의 〈사상계〉에 실리게 되었는가 하는 것은 의문이다. 왜냐하면 거사에 참가했던 한 장성이 회고한 것처럼 그 보고서는 한국의 "젊은 장교들을 분개시켜 결국은 5·16군사혁명을 태동케 한 원인이 되었기" 때문이다.[28]

당시 군 안팎에 일대파문을 일으킨 이 보고서는 결론적으로 한국 군부의 궐기를 종용하는 듯한 내용이었다. "민주주의가 부적절할지도 모르는" "한국에는 현재 커다란 정치적 신망이나 조직력을 가진 군인은 없기 때문에" "가까운 장래에 군부지배가 발생될 것 같지는 않다"는 요지의 이 보고서를 읽은 박정희도 분개했던 것 같다.

"없긴 왜 없나? 여기 한 사람 있는데!" 필시 그런 기분에서 그는 김동하 해병대 소장을 신당동 자택으로 불러 거사를 의논했던 것 같다. 그 직후 부산군수기지로 전보되어 일등병 박 도사를 만났고, 그로부터 제왕의 운세라는 소리를 듣게 된 것이었다.

2월에 들어서면서부터 그는 부산 동래 온천장 등지에서 이주일·윤태일·최주종·김윤근 등 뜻있는 장성들과 5월 8일 거사를 단행하기로 모의했다. 그러는 가운데 4·19를 맞았다.

쿠데타의 미스터리

당시 한국사회에서 가장 근대화된 두 집단은 대학과 군부였다. 현실에 분노하여 먼저 일어선 것이 대학생 집단이었지만 군부도 가만있지는 않

---

28 김윤근, 《해병대와 5·16》, 범조사, 1987.

왔다. 5월 2일 육군참모총장 송요찬에게 3·15부정선거에 대한 책임을 지고 물러나라는 편지를 써 보낸 것은 바로 박정희였다. 이를 신호탄으로 김종필 등 육사 8기가 연판장을 돌리며 정군운동을 펴나갔고, 송요찬은 물러났다. 이들은 뒤이어 출범한 장면 내각에 정군을 건의하려 했으나 뜻을 이루지 못하자 "투쟁방법을 정군에서 혁명으로 바꿀 것"을 결의했다. 정군 과정을 겪으면서 박정희는 '콜론보고서'가 한국에는 없다고 한 정치적 신망이나 조직력을 가진 군인 지도자로 급부상하고 있었다.

장면 정권은 4·19혁명 후 분출하는 민중의 욕망과 사회혼란을 제대로 수습하지 못했다. 이를 구실로 박정희는 조선경비사관학교 시절에 가르쳤던 5기생, 육본 정보국 시절에 같이 일했던 8기생, 포병학교 시절에 맺은 포병 인맥, 해방 전 만군 인맥 등을 규합했고, 대규모 반정부 시위가 예상되는 4·19혁명 1주년 기념일을 디데이로 잡았다.

그러나 1961년 4월 19일이 조용히 지나가는 바람에 거사일이 연기되었다. 그 직후 박정희는 자형 한정봉에게 자신의 마음을 다잡는 편지를 보냈는데 거기에 이런 시가 실려 있었다.

영남에 솟은 영봉 금오산아 잘 있거라
3차 걸쳐 성공 못 한 홍국일념 박정희는
일편단심 굳은 결의 소원성취 못 하오면
쾌도할복 맹세하고 일거귀향 못 하리라.

이 시에 보이는 '3차'란 무위로 끝났던 1952년 6월, 1960년 5월 8일, 그리고 1961년 4월 19일을 가리킨다.

마침내 박정희와 그 동조세력은 5월 16일 새벽 쿠데타를 단행했다.

동원할 수 있었던 병력은 공정단과 해병여단의 병력 3500명뿐이었다. 믿었던 육군 제30사단은 동원계획이 사전 누설되는 바람에 출동하지 못했다.

그러나 진압책임이 있는 육군참모총장 장도영은 그를 지도자에 추대한다는 박정희의 친서를 받고 쿠데타를 사실상 묵인했다. 군인 출신으로 이집트 왕정을 폐지한 나세르Gamal Abdel Nasser의 사례를 연구했던 쿠데타세력은 한강을 건너 육군본부와 방송국을 점거한 뒤 "은인자중하던 군부는 드디어 금조 미명을 기해 일제히 행동을 개시하여 국가의 행정, 입법, 사법의 3권을 완전히 장악하고……" 하는 대국민 방송부터 행해 쿠데타의 성공을 기정사실화했다.

그런데 자세히 보면 이 쿠데타의 성공은 미스터리 중의 미스터리다. 쿠데타란 본래 은밀히 행해지는 것인데 이 거사는 거의 반공개적으로 진행되었기 때문이다. 물론 거사일 정도는 마지막 순간까지 보안에 부쳐졌지만 거사계획 자체는 미국 CIA도 알고 있었고, 한국 경찰과 검찰도 알고 있었으며, 장면 국무총리도 알고 있었고, 윤보선 대통령도 알고 있었다. 심지어 항간에도 쿠데타 소문이 나돌았고, 비슷한 기사가 신문에 실리기도 했다.

그런데도 이 거사를 적극적으로 막으려 한 사람이나 세력이 아무도 없었다. 희한한 일이다. 물론 경찰과 검찰 정보를 접한 장면 정권이 박정희를 제2군사령부 부사령관으로 좌천시키는 정도의 제동은 걸었지만 단지 그뿐이었다.

쿠데타와 관련하여 ① 진압책임이 있는 육군참모총장 장도영은 양다리를 걸쳤고 ② 진압명령을 내려야 할 국무총리 장면은 수녀원에 숨었으며 ③ 헌법상의 군 통수권자인 대통령 윤보선은 자기에게 기회가 오는 줄 알고 오히려 진압을 막는 특사를 보냈고 ④ 이에 따라 진압을 준비하고 있던 1군사령관 이한림은 출병을 포기했다. 군부 내에는 거사에 참여하지 않았더라도 동조하는 이가 많았다.

남은 것은 미국뿐이었다. 쿠데타 발발 직후 매그루더 유엔사령관과 마셜 그린 주한 미대리대사가 장면 정권 지지의사를 밝혔기 때문에 워싱턴에서 후속조치가 나올 것으로 기대한 사람도 많았으나, 여러 자료들은 케네디 정권이 군사세력을 즉시 승인endorse했음을 보여주고 있다.

이는 군부궐기를 촉구하는 듯한 1959년 말의 '콜론보고서'나 군부 등장을 예고하는 듯한 1961년 2월의 '팔리보고서'와 맥을 같이한다. 백악관 국가안보보좌관실의 월트 로스토는 '팔리보고서'를 이용하여 장면의 손을 놓고 냉전 시대의 안보 문제를 확실히 할 군사세력과 손잡도록 케네디를 종용했던 것이다.

쿠데타를 하고 싶었던 이유

이상한 현상이었다. 쿠데타가 일어나자 일반 민중들도 분개는커녕 대통령 윤보선이 그랬다는 것처럼 "올 것이 왔구나!" 하는 분위기였다. 누가 이런 모든 우연의 일치를 인위적으로 만들 수 있겠는가? 이를 논리적으로 설명하자면 한없이 장황해지겠지만 예의 박 도사 식으로 설명하는 것은 아주 간단하다. "그게 다 운인 기라."

"쿠데타는 헌정사의 훼손"이라는 교과서적 논리에 집착하면 있는 그대로의 박정희는 보이지 않는다. 쿠데타를 바라보는 그의 시각은 결코 부정적인 것이 아니었다. 대구사범을 다닐 때 그가 최초로 인식한 쿠데타는 일본의 2·26사건이었다. 만주군관학교 시절에는 2·26사건의 연루자였던 간노 히로시菅野弘 교관으로부터 우국충정에서 비롯된 거사의 실체를 들을 기회가 있었다. 1952년 부산정치파동 때는 실제 거사계획을 수립했는데, 그는 이때도 쿠데타를 야밤의 음침한 음모행위로 간주한 것이 아니라 밝은 대낮의 구국행위로 인식했다.

그래서 5·16을 앞두고 필요한 사람을 만날 때 그는 "나 쿠데타할 거요"라고 터놓고 말했고, 반대자를 만날 때는 "혁명을 도와달라"고 부탁하기도 했다. 자신이 일으킬 정변이 모두를 위해 단행하는 정당행위라는 인식이 있었기 때문이다. 그는 거사 이유를 1979년 5월 16일자 일기에 "무능과 부정부패로 누란의 위기에 처한 조국을 구하기 위해 궐기했었다"고 적었다. 그러나 당시 주한 미대사관 문정관이었던 그레고리 헨더슨Gregory Henderson은 그 이유를 전혀 다른 각도에서 설명한다.

쿠데타의 불가피성은 그 지도자들이 종종 말하듯 쿠데타 이전에 존재했던 민간정부의 잘못에 있는 게 아니라, 전쟁을 통한 군부 자체의 성장과 미국의 지원하에 잘 정비된 군사제도들 때문이다. 이런 것들은 한국 군부를 제도를 창출하고 유지하는 데 필요한 기능, 관리능력, 전문지식, 그리고 새롭게 습득한 방식 등을 소유한 타의 추종을 불허하는 집단으로 만들었다.[29]

한마디로 군부의 힘이 넘쳐 쿠데타를 일으키게 되었다는 것이다. 헨더슨의 지적처럼 당시 군대는 한국사회에서 가장 선진화된 집단이었다. 대학이 자유민주주의 이념에 의해 교육받은 집단이었다면 군대는 실용주의와 효율성의 이념에 의해 교육받은 집단이었다. 전쟁 후 70만 대군으로 증강된 한국군은 질적인 면에서도 성장해, 창군 이래 4·19까지 미

---

29 Gregory Henderson, 《Korea: The Politics of Vortex》, Cambridge: Harvard University Press, 1968.

국에 유학한 장병들의 누계가 7049명으로 민간유학생의 수를 능가했다. 이 선진화된 집단이 마음먹으면 사실상 막을 세력이 없었다. 5·16은 그 점을 입증한 셈이었다.

그럼 왜 박정희는 그토록 오랫동안 거사를 하고 싶어 했던 것일까? 거사 후에 그가 집필한 《국가와 혁명과 나》라는 책에 보면 '혁명은 왜 필요하였는가?'라는 첫 장을 경제 문제로부터 풀어나간다. 결국 그는 경제 문제 곧 가난의 문제를 해결하기 위해 쿠데타를 했다는 것이 되는데, 뒤에 그가 집필한 저서에는 그 점이 좀 더 분명하게 기술되어 있다.

> 이 국가와 이 민족을 살리는 길은 무엇인가! 먼저 가난에서부터 벗어나야 한다. 가난에서 벗어나기 위해서는 경제건설부터 해야 한다. 이것이 나의 소박한 정치철학인 것이다.[30]

빈농에서 태어난 그는 자신의 삶을 억누른 가난으로부터 벗어나고 싶었던 것이다. 그런데 여기서 내가 그를 높이 평가하고 싶은 대목은 자기만 가난에서 벗어나는 개별적인 길을 택하지 않고 자신이 속한 집단 곧 민족이 함께 가난을 벗어날 수 있는 길을 모색했다는 점이다. 그런 의미에서 그는 시대의 지도자였다. 그리고 그것이 그가 군인이 되고 싶었고, 긴 칼을 차고 싶었으며, 쿠데타를 하고 싶었던 진짜 이유였던 것이다.

---

30 박정희, 《민족의 저력》, 광명출판사, 1971.

경제개발

쿠데타에 성공하자 박정희와 5 · 16 주체세력들은 의욕적으로 움직였다. 그들은 수많은 결정을 신속하게 내리고 처리했는데, 그 일들은 마치 "의적 홍길동이나 암행어사 박문수 설화에서 가난한 백성들의 박수를 받는 의로운 행위와 유사한" 것이었다. "그래서 양곡을 매점매석했다는 혐의로 압수한 쌀 600가마를 영세민들에게 무상으로 나누어주고, 대낮에 춤을 춘 남녀를 무허가 옥내집회라는 혐의를 걸어 체포하고 징역형을 선고했으며, 시내 다방의 커피 판매를 금지하고, 이름난 폭력배 이정재를 포함하여 200여 명의 깡패를 잡아들여 '나는 깡패입니다'라는 글귀를 가슴에 써 붙이고 거리를 행진하게 하여" 시민들의 박수갈채를 받기도 했다.[31]

그러나 이런 단편적인 해프닝의 조합만으로 나라를 이끌어갈 수는 없었다. 쿠데타 주체세력은 검토 끝에 장면 정권이 표방했던 경제제일주의를 이어받기로 했다. 이승만의 반공주의에 필적할 만한 테마였다. 먹고사는 문제였으니까. 그리고 이는 박정희 자신이 어릴 때부터 벗어나고 싶었던 가난과 직결된 문제이기도 했다.

그러나 빈곤 탈출의 목표는 아득한 환상처럼 느껴졌다. 당시 남한은 1인당 GNP는 82달러, 수출은 4100만 달러로 아시아 최빈국이었다. 이에 비해 북한의 1인당 GNP는 195달러, 수출은 2억 달러로 남한을 2배 이상 앞서 있었다. 이런 상태에서 무엇을 어디서부터 시작해야 좋을지 막막했던 그는 제1차 경제개발 5개년계획으로 경제정책을 구체화시켰다. 이는 본래 자유당 정권 부흥부 산하의 산업개발위원회가 1960년 초

---

31 전인권, 《박정희 평전》, 이학사, 2006.

에 입안한 '경제개발 3개년계획'을 장면 정권에서 '경제개발 5개년계획'으로 수정·완성한 것을 다시 원용한 것이었다.

쉽지는 않았다. 정치적 목적에서 단행한 화폐개혁은 실패했고, 연이은 흉작으로 곡물 부족현상이 야기되었으며, 통화량의 급증에 따라 물가는 폭등했다. 의욕적으로 시작은 했지만 경제개발 5개년계획의 성적표는 불량이었다.

여기에 민정이양에 대한 문제가 있었다. 그동안 정치활동정화법으로 정치인 4369명의 발을 묶어둔 상태에서 군사정부를 이끌어왔던 박정희는 군정 연장을 반대하는 미국의 요구를 받아들여 1963년 10월 15일 대통령선거를 실시하기로 공표한다. 군정세력은 민정이양에 대비하기 위해 신당을 만들어야 했다. 그 창당자금을 조달하느라 이권에 개입하면서 4대 의혹사건(증권파동, 3분폭리사건, 파친코사건, 새나라자동차사건)이 터졌다. 군사정권에 대한 여론은 악화되었다. 야당 대통령 후보로 나선 윤보선은 군사정권의 실정과 도탄에 빠진 민생 문제를 깊이 파고들었더라면 더 효과를 보았을지 모르는데, 박정희의 남로당 가입 사실을 폭로하는 '사상논쟁'에 불을 붙였다.

투표일이 가까워오자 사상논쟁은 박정희의 형 박상희의 절친한 친구였던 황태성이 밀사로 남파된 사건을 끌어들이면서 더욱 격화되어갔다. 윤보선 쪽에서는 "황태성이 공화당 창당자금을 댔다"는 식의 전단지를 뿌리며 파상공격을 펴나갔는데, 이러한 야당의 매카시즘 전략은 좌익용공의 상처를 안고 있던 유권자들에게 오히려 박정희에 대한 동정심을 유발하는 역효과를 가져왔다.

선거 결과는 박정희가 15만 6000표의 표차로 승리한 것으로 나타났다. 그리고 한 달 뒤의 총선에서 공화당은 다수당이 되었다. 이로써 정치적 정통성을 확보하게 된 박정희는 제3공화국의 경제정책을 본격적으로 펴나갈 수 있는 동력과 시간을 벌게 된다.

뛰어난 추진력

문제는 자본이었다. 경제개발에 투자할 돈이 없었다. 그래서 대일청구권 자금을 확보할 요량으로 1962년 말 김종필 중앙정보부장을 시켜 오히라 마사요시大平正芳 일본 외상과 청구권 액수와 명분을 둘러싼 최종합의를 보게 한 바 있었다. 이것이 이른바 '김종필-오히라 메모'다. 그러나 1963년 2월 김종필이 공화당 사전조직과 4대 의혹사건 등으로 자의반 타의반 외유를 떠나면서 회담은 다시 교착상태에 빠졌다. 야당과 학생의 한일회담 반대투쟁이 점차 격렬해지고 정부가 계엄령을 선도해 무력으로 진압한 6·3사태로까지 발전했다.

이에 박정희는 새로운 재원을 확보하기 위해 1964년 말 서독을 방문했다. 루트비히 에르하르트Ludwig Erhard 서독 총리와의 회담에서 담보가 필요 없는 재정차관 2억 5000만 마르크를 얻어냈다. 이 과정에서 에르하르트는 독일도 프랑스와 그랬다면서 일본과 손을 잡으라고 충고했다.

한일 국교정상화는 미국의 요구사항이기도 했다. 국민적 반대에도 불구하고 한일 양국 대표는 1965년 6월 22일 한일기본조약에 서명했다. 이로써 한국은 대일청구권 자금으로 무상 3억, 유상 2억, 민간차관 3억 달러를 확보하게 되었고, 이 자금을 경제개발에 투입할 수 있게 되었다.

한일 국교정상화와 함께 3공을 안정과 성장의 반석 위로 올려놓은 또 다른 사건은 1964년 9월부터 모두 6차례에 걸쳐 진행된 베트남파병이었다. 용병이다 뭐다 하는 비난도 있었지만 베트남파병으로 얻은 경제적 실리는 막대했다. 한국 기업들이 국제적 시각을 획득하고 해외로 뻗어나가는 계기가 된 것도, 1960년대 고도성장의 계기가 된 것도 바로 베트남파병이었다.

박정희가 정력적으로 추진한 경제개발은 점차 성과를 내기 시작하여 제1차 경제개발 5개년계획 마지막 연도인 1966년에는 경제성장률이 두 자릿수(11.9%)까지 뛰어올랐다. 저절로 뛰어오른 것이 아니다. 전략이 있었기 때문이다. 선택과 집중의 전략이었다. 경제개발 초기에 박정희는 수출대체산업에 투자해야 한다는 장면 정부의 경제계획을 2년 동안 그대로 밀고 나가다가 외환 부족으로 낭패를 보았다.

그래서 1964년에는 경공업 중심의 수출산업 쪽으로 계획을 수정했다. 이른바 수출제일주의 정책이었다. 박정희는 그해 1억 달러의 수출목표를 제시했다. 수출은 마치 군사작전처럼 진행되었는데, 이 전쟁의 총사령관은 박정희, 참모장은 상공장관이었다. 전쟁이란 전세가 불리하면 모든 수단을 다 동원해서라도 반드시 승리해야 하는 것이다. 박정희는 구체적인 목표를 제시했고, 그 목표를 정복할 때까지 "밀어붙이라!"고 독려했다.

이 같은 강력한 추진력에 대해 뒤에 최장수 비서실장을 역임한 김정렴은 "박 대통령은 과묵한 분이며 남의 의견을 충분히 듣고 난상토론을 거친 후 결단을 내리면 소기의 성과가 날 때까지 초지일관 꾸준히 추진하는 분이었다"고 회고했다.[32]

또한 그의 철저한 현장주의도 간과할 수 없다. 3군단 포병단장 시절 그의 작전참모였던 오정석 예비역 장군은 "명령은 5%, 확인과 감독은 95%"라는 말로 박정희의 현장주의를 요약했다.

---

32 김정렴, 《아, 박정희》, 중앙M&B, 1997.

가장 중요한 점은 일하는 분위기의 조성이었다. 당시 상공차관 박충훈은 "우린 그때 다들 미쳤었어요. 밤낮으로 일했던 기억밖에 없어요. 위에서부터 아래까지 일사불란하게 움직였죠. 최고지도자께서 적극 지원하니까 모두들 신이 나서 일했습니다"라며 그 신바람의 근원이 박정희의 분위기 조성 때문이었음을 밝혔다.[33]

이런 가운데 1967년 5월 3일에 치러진 제6대 대선에서 박정희는 다시 맞붙은 윤보선을 100만 표 이상 누르고 당선되었다. 뒤이은 총선에서 공화당이 총의석 3분의 2 이상을 확보함으로써 박정희는 이제 하고 싶은 일을 마음 놓고 할 수 있는 입장이 되었다.

하면 된다

'하면 된다'는 정신Can-do-sprit을 심어준 것은 박정희의 최대공로다. 캠페인 이전의 한국인들은 패배주의적이고 체념적이며 의존적이어서 스스로 '엽전'이니 뭐니 하며 비하하는 경우가 많았다. 이런 한심한 국민적 에토스를 박정희가 일거에 바꿔놓은 것이다.

이 점에 대해서는 그의 정치적 유산을 좋게 평가하지 않았던 김대중조차도 "박 대통령이 국민들에게 '하면 된다'는 정신을 갖게 하고 사기를 북돋워준 공이 크다. 빈곤에서 벗어나야겠다는 신념을 갖고 산업화와 근대화를 이룩해 경제를 발전시킨 것은 분명한 공이다"라고 언급한 일이 있다.

박정희는 한 달에 한 번씩 수출확대회의를 가졌다. 당시 목표는 수

---

33 이근미, 《국운을 좌우한 위대한 선택》, 미래한국연구회, 2003.

출액을 매년 40%씩 늘리는 것이었다. 총사령관인 박정희는 만사를 제쳐놓고 이 회의에 참석했다. 여기서 수출에 장애가 되는 애로사항의 해결책들이 마련되었다.

처음 청와대에서 시작된 이 회의는 해를 거듭하며 참석인원이 늘어나서 나중에는 장소를 중앙청 대회의실로 옮기게 되었다. 박정희는 제1회 회의 때부터 18년 동안 이 회의에 도합 백수십 회를 참가했다. 그러니 수출에 관한 한 어느 장관, 어느 전문가도 그를 따라올 수 없는 경지가 되었다.

한편 국민들 사이에 수출장려 분위기를 조성하기 위해 정부에서는 수출행진곡 가사모집, 수출진흥 웅변대회, 수출진흥 글짓기대회, 수출진흥 노래모집, 수출진흥 영화제작 등 갖가지 행사를 벌여나갔다.

이러니 수출 종사자는 국가적 우대를 받는 분위기였다. 그래서 통금시간이 지난 시각에 트럭을 몰다 붙잡혀도 "수출품입니다" 하고 말하면 경찰도 "아, 수고하십니다" 하고 거수경례를 붙여 깍듯이 예를 표할 정도였다. 행상이 버스에 올라와 "이 제품은 수출품으로 나가던 건데……"라고 멘트하면 그거 하나 달라는 음성이 여기저기서 들리기도 했다.

수출액은 점점 늘어나 1967년 수출 3억 달러의 벽을 깬 지 3년 만인 1970년 처음으로 10억 달러를 돌파하게 되었다. 이때의 감격을 당시 상공부의 고위관리였던 오원철은 이렇게 회고했다.

수출 10억 달러 달성! 꿈만같이 멀게 느껴지던 산업혁명 제2단계의 목표를 1970년에 달성한 것이다. "하면 된다" 그리고 "우리 민족은 위대한 민족이다"가 메아리쳤다. 모두들 초등학교 학생같이 기뻐했으며 그중에서도 이낙선 장관이 제일 기뻐했다. 이 장관은 즉시 박 대통령에게 전화로 보고를 하였다.

"각하! 지금 10억 불을 돌파했습니다." 그러고는 잠시 말이 없었다. 박 대통령의 치하가 있었나보다. 이 장관의 검은 테 안경 속의 눈이 젖어 보였다. 내가 차관보 시절일 때였다. 나도 열심히 뛰었으니 기쁘기 한량없었다.[34]

감격스러운 장면이다.

박정희식의 '하면 된다'를 보여준 가장 상징적인 공사는 1970년 준공된 경부고속도로였다. 그러나 그러한 보람과 기쁨도 다음 해인 1971년 그의 임기와 함께 끝나게 되어 있었다. 여기서 박정희는 3선개헌안을 추진하며, 이를 국민투표에 부쳐 통과시켰다.

7대 대선 유세에 나선 김대중 후보는 "이번에 정권교체가 안 되면 이 나라는 영원히 파멸의 길을 걷게 되며, 박정희 씨 한 사람의 총통제 시대가 온다"고 경고했다. 이에 대해 박정희는 "여러분이 나를 다시 뽑아주면 이 기회가 마지막 정치연설이 될 것"이라고 호소했다.

당시 유권자들은 그가 3선을 끝으로 자리에서 내려올 것이라 믿고 1971년 4월 27일에 치러진 7대 대선에서 95만 표차로 그에게 승리를 안겨주었다. 그러나 그것이 마지막이 아니었다는 것을 깨닫는 데는 그리 긴 시간이 걸리지 않았다.

10월유신

〈지도자도 指導者道〉라는 소책자가 있다. 박정희가 1961년 6월 16일 비매품으로 출간하여 배포했던 소논문인데 여기에 보면 다음과 같은 구절

---

34 오원철, 《한국형 경제건설》, 기아경제연구소, 2002.

이 나온다.

> 건강하고 동등권을 가진 두 사람 중 갑은 을의 의식주를 무제한 제한할 수 없다. 그러나 을이 병이 들어 갑(의사)의 치료를 받아야 할 때에는 의사와 환자란 조건하에 갑은 을의 식사 제한 및 조절을 할 수 있을 뿐만 아니라 때로는 자기 집을 떠나 병원에 입원하도록 명령할 수도 있다…… 금반 군사혁명은 일종의 수술이다.[35]

3선개헌이나 10월유신을 장기집권의 욕망 차원에서만 보지 않고, 박정희 자신의 논리구조에 입각해서 보면 나름대로 일관성이 있었음을 발견한다. 즉 박정희 자신은 국민이라는 이름의 환자를 치료하는 의사이며, 따라서 병을 고치기 위해 필요하다면 환자의 자유를 제한할 수 있다는 것이다.

여기서의 '병'은 가난이다. 그는 가난을 수술하기 위해 5·16쿠데타를 일으켰다고 소책자에 썼다. 따라서 수술을 필요로 하는 환자에게 식사를 제한하듯 비상사태에 처했을 때는 민주주의를 유보할 수 있다는 논리다. 이런 맥락에서 그는 3공 초 학생·재야의 큰 반발을 불러일으켰던 '민족적 민주주의'를 제시했던 것이다.

실제로 박정희가 이해하는 민주주의란 절차적 민주주의가 아니라 개인과 민족의 행복증진에 기여하지 못하면 유보할 수도 있는 하나의 도구적 또는 행정적 민주주의였다. 다시 말해 '배부르고 등 따시게' 해주는 것이 박정희식의 민주주의였다.

그러나 10년 이상 고도성장을 해오다보니 민중은 이제 '배부르고 등

---

35 박정희, 《지도자도-혁명 과정에 처하여》, 국가재건최고회의, 1961.

따신' 박정희식의 민주주의만으로는 만족할 수가 없게 되었다. 경제발전을 구실로 한 개발독재가 내포하고 있는 자기모순이다. 번영을 달성해도 달성하지 못해도 존재이유가 사라진다. 병이라는 위기가 사라지면 의사도 필요 없게 되기 때문이다.

여기서 박정희는 새로운 위기를 창출해낸다. 그가 사관학교에서 전술학을 가르치기도 한 뛰어난 전략가였다는 점을 상기해야 한다. 어떤 문제가 생기면 더 큰 문제를 창출하여 원래의 문제를 왜소하게 만들어버린다는 전략을 그는 집권 후 여러 차례 구사해왔다. 이런 맥락에서 그의 연설집을 읽어보면 시기에 따라 이런저런 위기를 끊임없이 새로 창출해내었음을 발견하게 된다.

7대 대통령에 당선된 그는 다음 해 당시 국제적인 데탕트(긴장완화)의 분위기 속에서 중앙정보부장 이후락을 평양에 보내 7·4남북공동성명을 발표하게 한다.

그런데 곧 통일이 될 듯한 열기 속에서 그는 갑자기 유신을 선포하고 "이번 비상조치는 결코 한낱 정권의 입장에서가 아니라, 국권을 수호하고 사상과 이념을 초월한 성실한 대화를 통해 전쟁재발의 위험을 막기 위해" 필요한 조치였다고 말했다.[36]

전쟁재발의 위기를 창출한 것이다. 가난이라는 위기 대신에 새로 창출된 이 안보 위기를 명분으로 나라를 준전시동원 체제로 꾸려나갔다. 한 일본 자료는 이것이 만주군관학교 시절에 그가 목격했던 만주국의 '나라 만들기国づくり' 복사판이었다고 지적한다. 비정치적으로 출발한 새마을운동도 궁극적으로는 체제확립과 관계있었다. 자주국방을 강조하고 그에 연관된 방위산업과 중화학산업을 육성해나가던 그에게 1975

---

36 박정희, 《박정희대통령연설문집 4》, 대통령비서실, 1973.

넌 베트남 패망은 전시동원 체제의 성격을 한층 강화할 수 있는 좋은 기회가 되었다.

어떤 학자는 그 시대를 이렇게 묘사했다.

유신독재하의 사회는 남발되는 긴급조치와 빈틈없는 통제로 꽉 짜여진 숨막히는 사회였다. 그런 만큼 그 틈새마다 민주화의 저항이 치받아 올라올 수밖에 없는 그러한 사회이기도 했다. 독재와 민주화의 대립은 그 충돌을 거듭할 때마다 더욱 거칠고 적나라해졌다. 백만인 개헌청원운동, 긴급조치 1·2호, 민청학련사건 및 인혁당재건위원회사건, 서울대 김상진의 할복자살, 긴급조치 9호, 민주구국선언, YH사건, 김영삼 총재 직무정지 가처분과 제명조치, 부마항쟁 등등......[37]

열거된 내용들을 보니 정말 많은 일이 있었구나 하는 생각이 새삼 든다.

다시 보는 지도자상

한 신문에 따르면, 하버드대학의 사회학 교수 에즈라 보겔Ezra Vogel은 박정희에 대해 이렇게 평가했다.

특히 중화학공업 정책 이후 그가 폭력을 사용하고 나라를 경찰국가로 만들었을 때 우리는 매우 화가 났고 흥분했었다. 당시 한국은 철저히 통제된 사회

---

37 반민족문제연구소, 《청산하지 못한 역사》, 청년사, 1994.

였다. 하지만 동시에 박정희가 없었더라면 오늘날의 한국도 없었을 것으로 생각한다.[38]

산업화의 초기단계에서는 영국도 그랬던 것처럼 민주주의와 경제발전이 양립한 사례가 없다는 설도 있지만, 권위주의적 산업화와 민주적 산업화는 선택의 문제일 뿐 역사적 필연이 아니라는 주장도 있다. 어느 설이 옳은지 모르겠다.

미국 국무장관을 역임한 헨리 키신저Henry Kissinger는 이렇게 말했다.

민주주의와 경제발전이 동시에 이루어지기란 사실상 어려웠다. 러시아가 이 두 가지를 동시에 추구하다가 어떤 결과를 초래했는지 다 알고 있지 않은가. 당시 박 대통령의 판단이 옳았다는 것을 알 수 있다.[39]

그러나 가난에서 빨리 탈피하기 위해 박정희가 추구했던 성장제일주의가 문제점을 내포하고 있었던 것은 사실이다. 실적과 효율을 위해 정치는 극도로 위축되고 행정 만능의 사회가 되었다. 정부는 사실상 경제를 통제했다. 이 같은 관치경제를 통해 지배층과 기업 간에 정경유착이 생겨났다. 그래서 특혜를 받는 특정기업은 점점 더 부를 축적하여 재벌로 커나갔고, 반대로 아무 특혜도 받지 못하는 영세기업이나 서민은 통화량 증가에 따른 인플레의 피해 속에 소득감소를 감수해야 했다. 이 같은 빈부격차 현상은 지역적으로도 발생했다. 그리고 이것이 지역감정으로 이어져 그 폐해는 상당한 정치적 대가를 지불하게 했다.

---

38 "한국 통일돼도 일본과 1대1 경쟁 어려워", 〈조선일보〉, 2006년 11월 11일.
39 "박 대통령이 옳았다", 〈국민일보〉, 1999년 10월 23일.

정치가 실종되고 인권이 제한된 이 유신기간 동안에는 각계각층의 반체제운동이 광범하고 줄기차게 일어났다. 그 가운데서 주목해야 할 대목은 정권이 '민청학련사건'을 '인혁당재건위원회사건(제2차 인혁당사건)'과 엮은 일이었다. 이를 기화로 정권은 반독재투쟁에 족쇄를 채우기 위해 1974년 긴급조치 제4호를 발동했다.

> 여기서 민주화운동은 공산주의자의 불순한 책동으로 조작되었고, 수많은 '관제 공산주의자'들이 시국사건과 관련해 본격적으로 만들어지게 되었다. 이제 긴급조치는 그 자체뿐만 아니라 국가보안법, 반공법 등과 결합해 냉전과 반공의식을 이용한 인권유린에 본격적으로 나섰다. 이렇게 해 '반공'은 민주주의의 전면적인 적으로 그 자태를 명확하게 드러내었다. 실제 민청학련 관련자들 또한 긴급조치 4호, 국가보안법, 반공법 위반, 내란예비음모, 내란선동 등 제반 악법과 결부되어 중죄에 처해졌다.[40]

공업화와 더불어 비약적으로 성장한 노동운동 또한 특기할 만한 것이었으나 이들의 정당한 주장이나 노동자·농민의 생존권 투쟁과 기본권 요구는 '반공'이라는 거대한 벽에 부딪혀야 했다. 5공에 들어가서 꽃 피는 의식화운동이나 변혁운동의 모태는 이 같은 반작용에 의한 것이었다고 볼 수도 있다.

달도 차면 기운다고 했다. 박정희의 위세도 마찬가지였다. 대외적으로는 1973년 김대중 납치사건과 1976년 코리아게이트사건이 터지면서 일본이나 미국과의 관계가 악화되었다. 그사이에 1974년 문세광의 흉탄에 의해 부인 육영수도 세상을 떠났다. 안팎으로 마음의 상처를 입은

---

40 윤경로, 〈박정희 정권의 인권탄압과 그 부정적 유산〉(논문), 2005.

탓인지 그 무렵의 사진을 보면 60도 안 된 얼굴이 많이 늙어 보인다는 것을 알 수 있다.

특히 부인과의 사별후 금계金鷄도 키우고 '방울이'라는 이름의 강아지도 키웠지만, 외로움과 실의에 시달린 그에게 위로가 되는 것은 역시 술이었던 모양이다. 초기의 막걸리에서 말년에는 시바스리걸 같은 양주로 바뀌었는데, 술에 취해 기분이 좋을 때는 자신의 18번인 〈황성옛터〉나 〈짝사랑〉을 부르곤 했다.

1979년 10월 26일 그가 궁정동 안가에서 마지막으로 들었던 술도 막걸리가 아닌 시바스리걸이었다고 한다. 그날 김재규의 총에 맞은 박정희는 등에선 선혈이 쏟아지고 있는데도 차지철은 화장실로 도망갔고, 박정희 옆에 있던 두 여인이 번갈아가며 "각하 괜찮으세요?" 하고 묻자 "난 괜찮아" 하고 의연한 모습을 보였다.

이윽고 국군병원에 옮겨진 시신을 보니 손목엔 평범한 세이코 시계가 채워져 있었고, 넥타이핀의 도금은 벗겨져 있었으며, 혁대는 해져 있었다고 한다. 추종자들은 박정희의 이 검소한 모습에서 감명을 받고 싶어 한다. 물론 "도백道伯 3년에 평생 먹을 게 생긴다"는 한국적 정치풍토에서 18년간 나라를 다스렸는데 어찌 어두운 부분이 없었겠는가? 이를테면 그가 남긴 육영재단, 정수장학회, 영남대학교 등의 유산에 대해서는 지금도 논란이 분분하다. 독재와 인권 탄압은 그의 과過다.

하지만 그 점과는 별도로 네포티즘nepotism이 없는 능력본위의 인사, 그렇게 발탁한 인사들이 신명나게 일하는 분위기를 만들어준 점, 그리고 국민들에게 '하면 된다'는 자신감을 불어넣으며 개인의 치부가 아닌 공동의 꿈을 추구했다는 점에서 나는 한 시대의 지도자상을 본다. 슬하에 1남 3녀를 두었던 그가 누린 해는 62년이다.

5

최규하

**돌다리도 두드려보고
남이 건너기를 기다려라**

그는 우유부단하거나 무능한 사람이 아니다. 개인으로서는 원칙에 충실하고 성실한 인간이고, 외교관으로서는 유능하고 뚝심 있는 관리이며, 공직자로서는 엄정하고 청렴한 행정가다. 하지만 거기까지다. 대통령으로서의 그는 유혈의 비극을 막는 뚝심이나 지도력은 보여주지 못한다. 그런 그를 세간에서는 '최 주사'라고 부른다. 글라이스틴 주한 미대사는 "현명하게도 최규하는 전두환에 대항해 국민적 지지를 동원하려 들지 않았다"고 말한다.

상반된 이미지

제10대 대통령 최규하崔圭夏가 영면했을 때 비밀을 무덤까지 안고 간 비운의 대통령이었다는 식으로 그를 보도한 언론이 많았다. 이런 보도는 사실이었을까?

'비운'이란 수식어를 붙이니 어딘가 굉장히 억울하고 한 맺힌 삶을 살았던 대통령처럼 느껴진다. 구한말의 고종高宗 비스름하게. 그 느낌엔 신군부의 압력에 못 이겨 대통령 자리에서 물러났다는 이미지가 강하게 작용한다.

그는 1987년 국회청문회 때와 1996년 항소심 때 자신이 신군부로부터 받은 핍박에 대한 증언을 완강히 거부함으로써 "한 번 세운 원칙은 무슨 일이 있어도 끝까지 밀고 나가는 선비의 기개와 고집"이라는 식의 칭찬을 받았는가 하면, "신군부가 등장할 때 지금처럼 고집을 부렸다면 나라의 운명이 달라졌을 건데, 정작 고집을 부려야 할 땐 가만있다가 엉뚱한 때와 장소에 와서 고집을 부린다"는 식의 비난을 받기도 했다. 여기서 한 걸음 더 나아가 "핍박은커녕 신군부에 협조했던 그에게 무덤까지 안고 갈 비밀은 처음부터 존재하지 않았다"는 주장도 있었다.

그러나 그와 반대로 전두환 대통령 취임식 때 TV카메라에 잡힌 최규하 부인 홍기 여사의 행동, 곧 그녀에게 건네진 안내책자 봉투를 뿌리치던 장면을 거론하면서 최규하의 억울함이 간접으로 반영된 모습이 아니었 겠느냐는 의견도 있었다.

그에 대한 평가도 상반된다. 최규하의 "근면성, 애국심 그리고 청렴 결백한 자세, 선공후사先公後私의 마음가짐은 두고두고 평가받아야 된 다"는 호평이 있는가 하면, "쿠데타가 발생했을 때 나타난 그의 우유부 단성, 5·6공, 12·12사태와 광주민주화운동 관련 청문회에서 속 시원하 게 털어놓지 않고 회피하는 그의 모습은 대통령이기를 포기한 책임회피 의 전형적 모델"이라는 혹평도 있다.[1]

이처럼 그에 대한 평가가 엇갈리는 것은 ① 인간 최규하 ② 관리 최 규하 ③ 대통령 최규하 중 어느 한 부분만을 집중조명한 탓이었을 것이 다. 실제 최규하는 어떤 인물이었을까?

뱀과 개구리

역대 대통령에 어울리는 노래를 고르던 어떤 음반수집가는 가수 김종환 이 부른 〈존재의 이유〉를 최규하에게 매치시켰다. 그만큼 존재감이 없 었다는 뜻일 것이다.

하지만 그건 재임기간이 짧았던 대통령으로서의 존재감이었을 뿐, 관리로서의 그는 아주 빛나는 존재였다. 세간에서는 관운이 좋은 사 람으로 흔히 최장수 총리를 역임한 정일권, 3공 및 국민의정부에서 총

---

1 최평길,《대통령학》, 박영사, 2002.

리를 역임한 김종필, 또는 서울시장·총리 등을 역임한 고건을 꼽지만 사실은 그 누구도 과장→국장→차관→장관→국무총리의 단계를 밟아 대통령 자리에까지 오른 최규하의 관운을 능가한 사람이 없다. 일에 대한 열정과 성실성, 그리고 청렴결백함에서도 그는 공직자의 귀감이었다.

청소년 시절의 인간 최규하 역시 빛나는 존재였다. 1919년 강원도 원주에서 아버지 최양오와 어머니 전주 이씨 사이에 장남으로 태어난 최규하는 서너 살 때《천자문》을 습득하고 보통학교에 들어가기 전《소학小學》과《통감》을 통달했을 만큼 머리가 좋았다.

원주보통학교에 들어간 뒤로는 줄곧 수석 자리를 놓치지 않았는데, 특히 글짓기에 남다른 재능을 보였다고 한다. 가령 그가 써낸 〈뱀과 개구리〉라는 글은 당시 동창들 사이에 늘 화제가 될 정도의 작문이었다고 하는데, 그 내용은 풀숲을 기어가던 뱀이 약한 개구리를 얼리다가 끝내 잡아먹는다는 것이었다. 당시 일본인 담임선생 쓰치야 카즈오土谷一夫가 약육강식의 모습을 잘 그렸다고 극찬해 모두들 부러워했던 것이 기억에 뚜렷하다고 그의 동창 원형상은 회고했다.[2]

'공부벌레'라는 별명을 듣던 그는 경기고의 전신인 경성제1고보에 진학했다. 초등학교 때 글짓기를 잘했다는 친구들의 증언처럼 그는 고보에 진학해서도 문학과 어학에 남다른 기량을 보였다. 그중에서도 영어 성적은 특A급에 속해 일본인 영어교사 다카오카高岡의 귀여움을 독차지했는데, 바로 그런 연유로 전교 2등이던 그는 4년제의 도쿄고등사범학교 영문과에 진학하게 되었다.

프랑스의 고등사범학교École normale supérieure를 모델로 하여 설립된 도쿄고사는 당시 도쿄제대에 맞먹는 수재들이 모였던 곳으로 전교생

<hr />

2 "사심 없는 행정가 최규하 대통령 후보", 〈조선일보〉, 1979년 12월 4일.

1200명 가운데 한국인이라곤 영문과의 최규하, 물리·화학과의 윤일병 단 두 사람뿐이었다. 그는 이곳에서 특기인 영어를 거의 완벽하게 연마했다고 한다.

1941년 3월 도쿄고사를 졸업한 최규하는 대구의 한 중등학교에서 잠시 교편을 잡고 있다가 1942년 10월 만주 대동大同학원에 입학했다. 일제가 세운 만주국의 이 국립 관리양성소에서 제국대학 출신의 엘리트들과 일체감을 느끼며 정치·행정학을 공부한 것에 늘 자부심을 느끼던 그는 훗날 "나는 동경고사에서 영어를 배웠고 대동학원에서 정치를 보는 안목을 키웠다"며 6개월 단기코스의 이 대동학원을 자신의 이력서에 최종학력으로 기입하곤 했다.

그의 이력서나 비서관이 작성한 약전略傳에 보면 대동학원을 졸업한 1943년 7월부터 해방까지 그는 아무것도 하지 않은 것으로 되어 있으나, 미군정 G-2문서에는 우메하라梅原라는 창씨성을 가졌던 그가 1943년 7월 6일부터 1945년 8월 15일까지 약 2년간 만주국 관리를 지낸 것으로 기록되어 있다.[3]

해방 후 귀국한 그는 경성사범 및 경성여자사범을 합쳐 새로 발족한 경성사범대학(서울사대의 전신)의 영문과 조교수가 되었으나, 역시 행정 쪽이 체질에 맞았던지 1946년 4월부터는 미군정청 중앙식량행정처 기획과장으로 자리를 옮겨 일했다. 이때 미군과의 식량교섭은 물론, 중앙식량행정처가 정부수립 후 농림부로 바뀌고 나서도 쌀 도입에 관한 국제회의나 교섭, 토의, 계약서의 영문작성에 이르기까지 그의 뛰어난 영어실력은 '빛과 소금' 역할을 했던 것으로 전해진다.

이 같은 발군의 영어실력 때문에 그는 1948년 11월 싱가포르에서

---

3 반민족연구소, 《청산하지 못한 역사》, 청년사, 1994.

열린 국제식량기구(FAO) 아시아식량위원회 회의에 한국대표로 참가하
게 된다. 이때도 도쿄고사에서 익힌 그의 정통영어가 진가를 발휘했다.
한국인으로서 그런 고급영어를 구사하는 관리가 별로 없던 시절이라 관
계에 두루 소문이 났다.

그 뒤 영어 구사력이 뛰어난 인재를 찾던 외무장관 변영태가 소문을
듣고 농림부 귀속농지관리국장 서리였던 최규하를 외무부로 끌어들여
통상국장 자리에 앉혔다. 1951년 9월의 일이다. 그로부터 최규하의 화
려한 외교관 시대가 열리게 된다.

King's English

고급영어를 구사하던 일본의 한 외교관이 있었다. 영국 고관이 어디서
영어를 배웠는가 물어보자 그는 "My English is made in Japan(내 영어는
일본제요)"이라고 대답하여 화제가 되었다는 이야기를 언젠가 일본 기자
에게서 들은 일이 있다. 그 외교관의 이름은 잊어버렸는데, 최규하의 경
우도 그랬다.

그는 호주 의회에서 영어연설을 한 일이 있다. 이때 그의 고급영어
에 감탄한 호주 의원이 한국 수행기자들에게 "최 총리는 어디서 영어를
배웠느냐? 영어를 쓰는 우리보다 더 고급영어를 구사하니 놀랍다"며 칭
찬을 했다는데, 그의 영어야말로 made in Japan 또는 made in Korea였
던 것이다.

케임브리지대학을 나온 리콴유李光耀 싱가포르 수상도 감탄했었다
는 최규하의 King's English(정통교양영어)에 대해서는 얽힌 일화가 많다.

외무장관이던 1970년 최규하는 인도네시아 자카르타에서 열린 국

제회의에 참석했다가 갑자기 연설을 해달라는 부탁을 받고 연단에 올라갔다 박수갈채를 받으며 내려왔다. 이때 그의 손에는 백지 한 장이 들려 있었다. 이에 대해 "미리 준비해 온 연설문을 읽었다는 인상을 줄 필요가 있어 백지를 들여다보며 연설했다"고 그가 털어놓은 일화는 너무나 유명하다.

최규하를 가까이 보좌한 한 외교관은 영어권 나라에 유학하지 않고 그가 영어실력을 쌓을 수 있었던 것은 끊임없는 노력 덕분이었다면서 다음과 같은 일화를 자신의 회고록에 적어놓았다.

1980년 4월 어느 날, 점심시간 때였다. 청와대 등나무 밑에 앉아 있던 최 대통령이 발가락을 만지작거리면서 나에게 말을 걸었다. "권 군, 내가 지금 뭐 하고 있는지 아나?" 나는 '왜 하필 발가락이야?'라고 생각하며 "잘 모르겠습니다" 하고 대답했다. "내가 발가락을 만질 때는 영어단어를 생각하고 있는 거야!" 사실 그날 오후 미국에서 온 상원의원들과 주한 미국대사의 청와대 예방이 예정되어 있다는 것이 기억났다. 최 대통령은 이렇게 점심시간에도 만나야 할 사람들과 어떤 대화를 나눠야 할지를 생각하고 있었던 것이다. 이처럼 최 대통령의 영어실력은 단 한순간도 헛되이 보내지 않고 열심히 노력한 덕분에 형성된 것이었다.

(…)

대한민국 헌정사에서 직업공무원으로 평생 정당에 가입하지 않고, 과장·국장·차관·장관·국무총리를 거쳐 국가원수에 오른 인물은 최규하 대통령이 유일하다. 최 대통령이 이런 기록을 세울 수 있었던 것은 그의 뛰어난 영어실력이 큰 몫을 하였던 것 같다. 내가 오랫동안 가까이에서 지켜본 최 대통령은 영어의 달인이셨다.[4]

단순히 영어를 잘했기 때문만은 아니었다. 관리양성소인 대동학원에서 배운 행정 이론과 만주국 관리로 일하면서 익힌 행정 노하우가 신생 대한민국의 관료조직에서 빛을 발한 때문이었을 것이다. 이 점을 짐작하게 해주는 것이 그의 진급 속도다. 외무부 통상국장을 시발로 주일 대표부 총영사→참사관→공사를 거친 그는 나이 41세 때인 1959년 이미 외무부 차관 자리에까지 올라갔던 것이다.

영어에 능통했던 관계로 수많은 각종 국제회의에 참가했던 그는 건국 후 외교통인 이승만 대통령 휘하에서 직업외교관으로 성장한 외교 2세대의 중심인물이었다.

돌다리를 건너는 방법

영어가 능통하여 외무부에 영입된 인물로는 최규하 외에 한 사람이 더 있었다. 일본 주오中央대학을 나와 고등문관시험 사법과에 합격한 김용식이었는데, 최규하가 정통영어를 구사한 데 반해 그는 변호사 출신답게 정확한 외교영어를 구사했다고 한다.

비슷한 시기에 외무부에 들어와 직업외교관의 길을 걷게 된 또 하나의 인물이 있었는데, 그는 큐슈九州제대를 나와 고문에 합격한 뒤 일본 내무성 관료를 역임한 김동조였다. 이 세 사람이 바로 한국 외교의 기반을 구축했다는 세칭 '외무부의 3대산맥'이다.

이 가운데 김동조는 김용식이나 최규하만큼 영어를 잘하지는 못했으나 대신 두 사람에게 없는 두둑한 배짱이 있었다. 그는 외교관에게 영

---

4 권영민, 《자네, 출세했네》, 현문미디어, 2008.

어가 중요하지만 그건 단지 외교라는 전쟁을 치르는 데 필요한 무기의 하나에 지나지 않는다며 외무부에 고시 출신의 'DJ사단'을 구축했다.[5] 김용식의 인맥은 'YS맨'이라 불렸다. 그러나 최규하는 자기 인맥을 따로 구축하지 않았던 것 같다. 서로 라이벌이었던 세 사람의 성격을 '돌다리를 건너는 방법'에 비유한 글이 있다.

셋이서 따로 떨어져 돌다리를 건너게 됐다. 김동조는 뒤도 안 본 채 무턱대고 다리를 건넜다. 김용식은 돌다리를 두들겨본 후 조심조심 건넜다. 최규하의 차례가 됐다. 그는 돌다리를 두들겨보고도 한참을 기다렸다. 그리고 남이 먼저 건너기를 기다렸다 그 뒤를 따라 건너는 것이었다.[6]

셋 중 최규하가 가장 신중하고 소심했다는 이야기다. 그러나 성격이 그렇다는 것일 뿐 일에 임해서는 그도 대단한 뚝심을 보였는데, 그 같은 모습은 가령 1968년 김신조의 청와대 기습사건과 푸에블로호 납북사건이 차례로 발발했을 때 한국에 급파된 사이러스 밴스Cyrus Vance 미국 특사와의 만남을 그 실례로 들 수 있다.

당시 한국 정부는 미국 정부와 민간이 온통 푸에블로호 사건에만 신경을 쓰자 이에 반발하여 북한에 독자적인 보복공격을 추진하고 있었다. 전면전으로 비화될 것을 우려한 미국 정부가 한국을 달래기 위해 밴스 특사를 급파한 것이었다.

서울 타워호텔에서 최규하 외무부 장관과 밴스 특사 간에 철야회담이 열

5　김동조, 《냉전 시대 우리 외교》, 문화일보사, 2000.
6　김승웅, 《파리의 새벽, 그 화려한 떨림》, 선, 2008.

렸다. 수많은 기자들이 회담장 밖 복도바닥에서 밤을 지새우며 회담 결과를 기다렸다. 이때 한국측 대표인 최 장관은 20여 잔의 커피를 마시고, 여섯 차례나 재떨이를 교체하면서 뚝심과 끈기로 회담을 이끌었다. 그리하여 마침내 당시로서는 파격적인 1억 달러 규모의 군사원조를 이끌어냈다. 그 뒤 밴스 특사 일행이 귀국하면서 "최 장관의 애국심과 쇠고집, 인내력 그리고 그가 계속 뿜어대는 담배연기에 손을 들었다"는 말로 최 장관을 칭찬했다고 한다. 이때 받은 군사원조로 한국군은 장비를 현대화했고, 예비군도 무장할 수 있게 되었다.[7]

또 다른 예로는 같은 해 핵확산금지조약(NPT)의 가입 문제를 놓고 미국 대표 윌리엄 포터William Porter와 회동했던 때를 들 수 있다.

당시 최규하는 핵공격에 대한 안보공약을 재확인해주는 각서를 미국 측에 요구했다. '백사'라는 별명이 있을 정도로 노련한 외교관 포터는 기존의 '한미상호방위조약'으로 충분하니 "시간을 질질 끌다 불쾌한 그룹unpleasant group에 끼지 않기를 바란다"며 한국을 무시하는 태도로 나왔다.

그러자 최규하 장관은 전혀 기죽지 않고 맞받아쳤다. "미국 정부의 대표로 나선 귀하가 가장 맹방인 한국도 설득시키지 못하면서 무슨 대한외교를 잘하고 있다고 말할 수 있겠습니까?" 이 말 한마디에 포터 대사는 얼굴이 시뻘개져서 더 이상 반박하지 못했다. 결과적으로 최규하 장관의 승리였다. 다음 날 포터 대사가 새로운 공약을 가지고 최 장관을 직접 찾아왔기 때문이다. 당시 최규하 장관을 기자로서 수행했던 이재원 전 정무차관은 회담장의 모습을 이렇게 설명했다. "두 사람이 협상 테이블에 앉으면 현기증이 날 정도였다. 그것은 마

---

7 권영민, 《자네, 출세했네》, 현문미디어, 2008.

치 두 마리의 뱀이 상대방의 꼬리를 물기 위해 계속 두뇌회전을 해서 생긴 어지럼증과 같았다." 어쨌든 회담 결과 한국은 한미연례안보협의회(SCM)의 기초가 된 한미국방각료연례회의를 성사시켰다.[8]

외교관으로서의 최규하는 당당하고 끈질겼다. 당시 그의 별명은 '최뚝심'이었다. 그런 방식으로 그는 유엔총회에서 한국 문제의 자동상정이 아닌 재량상정을 이끌어내기도 했다.

치세의 능신인가

역대 외무장관은 국회답변을 할 때도 각각 나름의 특색이 있었다. '3대 산맥' 가운데 달변인 김용식은 의원들의 질문에 자세히 답하나 알맹이는 빼고 답변했다. 김동조는 국회 출석 자체를 싫어했다. 그래서 정기국회가 열리는 9월에 유엔총회를 참석한다며 뉴욕에 나가 몇 달씩 머물곤 했는데, 그때마다 대리 출석한 차관이 곤욕을 치러야 했다.

그러나 최규하의 경우엔 어리숭한 답변으로 대처했다. 기록에는 다음과 같이 묘사되어 있다.

질문에 빠짐없이 답변은 하는데 다 듣고 나도 무슨 말을 들었는지 시원치 않고 어딘가 모자란 느낌이 들었다. 박준규 외무위원장은 최 장관의 답변은 세워놓은 나무판자에 물 붓듯이 술술 잘 나오지만 듣고 나면 싱겁게 느껴진다고 평하였다.[9]

---

8 권영민,《자네, 출세했네》, 현문미디어, 2008.

술술 빠짐없이 대답하면서 핵심을 빼놓는 것도 일종의 기술이다. 그러나 진짜 협상을 할 때는 그도 상대방의 마음을 움직이는 전략을 구사했다.

외무장관 자리에서 물러난 1973년부터 대통령 외교담당 특보로 있던 그는 제1차 오일쇼크를 해결하기 위해 중동을 방문했다. 최규하는 사우디 국왕이 한국 근로자들의 '횃불도로공사'에 감명 받고 있다는 점과 그가 공산주의를 싫어한다는 점에 착안하여 이렇게 말했다.

"우리 한국 노동자들은 사우디의 발전을 위해 횃불을 밝혀가며 철야공사를 하고 있습니다. 하지만 공산세력과 대치하고 있는 우리 한국은 지금 오일쇼크로 큰 곤란을 겪고 있습니다. 기름이 없으면 공산세력과 싸워 이길 수가 없으니 국왕께서 선처해주시기 바랍니다."

공산당과 이스라엘을 미워하던 사우디 국왕의 기분에 꼭 들어맞는 발언이 주효했다. 회담은 성공적이었다. 국왕으로부터 종전 수준의 석유를 계속 공급받는다는 언약을 받아냈던 것이다.

개선장군처럼 귀국한 최 특사는 김포공항에서 청와대로 직행했다. 늦은 밤이었지만 박 대통령은 저녁을 들지 않고 기다렸다. 최 특사가 들어서자 작은 체구의 박 대통령은 거구인 최 특사의 등을 두드리면서 일등공신이라는 말을 몇 번이나 되풀이했다고 한다. 그날 밤 늦게까지 박 대통령의 강한 권유에 못 이겨 상당한 양의 막걸리를 마신 최 특사는 청와대를 나와 승용차에 오르면서 토하기까지 했다.[10]

9   최호중,《둔마가 산정에 오르기까지》, 태일출판사, 1997.
10   최호중,《둔마가 산정에 오르기까지》, 태일출판사, 1997.

석유파동 때의 이 빛나는 공훈도 분명 카운트되었을 것이다. 그는 1975년 국무총리서리에 임명되었다. '일인지하一人之下 만인지상萬人之上'의 재상 자리는 백관의 정점이다. 이 출세에 대해 어떤 사람은 그가 넓은 의미에서 박정희의 만주 인맥에 속했기 때문이라고 주장했다.

야심이 있거나 도전하는 2인자를 용납하지 않았던 박정희에게 최규하의 온순한 성품과 태도는 마음에 들 만한 요소였는데, 당시 일선기자였던 한 언론인은 그 점을 이렇게 묘사했다.

> 총리 시절 그는 행사 참석이 줄어든 박정희 대통령을 대신하여 공식치사와 격려사 등을 읽는 경우가 많아 '대독총리'라는 별명을 얻기도 했다. 대통령 치사를 대독한 뒤에는 박수를 치고 환영하는 군중들에게 손이라도 한 번 흔들어 줄 만한데도, 일체 그 같은 제스처 없이 군중을 쳐다보지도 않은 채 고개를 푹 수그리고 빠른 걸음으로 퇴장하는 것이 그의 스타일이었다. 이런 자세 때문에 여당의 역학관계를 잘 아는 사람들로부터 '장수형 국무총리'라는 평가를 받았다.[11]

'일인지하'의 구조에서 그는 무난한 또는 유능한 재상이 될 수 있었다. 그러나 자신을 총애하던 그 '일인'의 보호막이 사라지자 그의 지도력은 급격히 흔들리기 시작했다. 최규하는 치세治世의 능신能臣이었는지 몰라도 난세의 영웅은 아니었던 것이다.

---

11 주돈식,《우리도 좋은 대통령을 갖고 싶다》, 사람과책, 2004.

유고와 시국수습

"각하, 이따위 버러지 같은 자식을 데리고 정치를 하니 올바로 되겠습니까?"

이렇게 내뱉은 뒤 중앙정보부장 김재규는 경호실장 차지철과 대통령 박정희에게 차례로 총격을 가했다. '유신의 심장부'를 향한 두 발의 총탄이 궁정동 밤하늘에 울려 퍼진 것은 1979년 10월 26일이었다.

삼청동 총리공관에 있던 최규하가 대통령비서실장 김계원으로부터 그 총소리의 내막을 들은 것은 사건발생 2시간 뒤였다. 김계원은 생사불명의 대통령을 병원에 옮겨놓은 뒤 최규하에게 빨리 청와대로 오라는 전화를 걸었던 것이다.

최규하는 즉시 청와대로 갔고, 거기서 김계원으로부터 대통령의 '유고'를 들었다. 잠시 후 김재규로부터 육군본부에 오라는 전화가 걸려와 최규하는 김계원과 함께 육군본부로 갔다. 군 수뇌부가 그곳에 모두 모여 있었다.

김재규는 비상계엄선포를 재촉했다. 그러나 최규하는 "병원부터 가봅시다" 하고 수도육군병원으로 차를 몰게 했다. 말은 짧았지만 그는 대통령의 생사를 눈으로 직접 확인하지 않고서는 어떤 일도 하지 않겠다는 신중한 태도를 보였다.

육군병원에 도착하니 6척거구인 그의 눈앞에 놓여 있는 것은 대통령이 아닌 165센티미터의 작은 주검이었다. 병원장은 흰 천에 덮인 주검을 눈빛으로 가리키며 "각하께서는 여기 오시기 전, 즉 19시 55분 이전에 숨을 거두셨습니다"라고 최규하에게 말했다.

그 말을 듣는 순간 최규하는 자기가 추대되거나 선출된 일도 없이 헌법에 따라 자동적으로 대통령이 되었다는 사실을 깨닫고 깜짝 놀랐던 심정을 사후 측근에게 이렇게 털어놓았다.

> 진실로 무력함을 깨닫겠다. 내가 한다고 해도 힘이 없으며, 안 한다고 버텨
> 보아야 안 할 수 없을 정도로 무력하다. 다만 내가 할 수 있는 최선을 다해 기도
> 하는 심정으로 시국수습에 임할 뿐이다.[12]

다른 말로 하자면 "이게 무슨 운명의 장난이냐" 하고 탄식했던 셈인
데, 그는 과연 시국수습에 최선을 다했던 것일까?

그는 지나치게 신중했다. 그래서 뜸을 들였다. 그 결과 대통령 자리
를 승계한 지 2주가 지날 때까지 아무런 행동도 취하지 않았다. 그러다
가 11월 10일이 되어서야 시국수습을 위한 특별담화를 발표하고 국민
들이 가장 궁금해하던 정치일정을 밝혔다.

그러나 구체적인 날짜는 제시하지 않은 채 현행(유신)헌법에 따라 체
육관 선거로 10대 대통령을 뽑고, 거기서 뽑은 10대 대통령이 새 헌법
을 마련한 뒤에 다시 선거를 실시하겠다는 것이었다.

이 같은 다단계의 정치일정은 지난날 민주화를 위해 즉각 개헌작업
에 들어갔던 허정 과도정부를 기억하고 있는 사람들에게 반발심을 불
러일으켰다. 야당 및 재야의 분위기를 반영하여 신민당 당수 김영삼은
11월 22일 삼청동 공관으로 최규하를 찾아가 항의했다.

> 이날 나는 최규하에게 "시간을 끌면 자꾸 혼란을 일으키는 사태가 온다. 당
> 신의 임무는 3개월 내에 선거를 하는 것"이라고 강력히 주장했다. 나는 11월
> 10일 최규하의 담화에 대해 유신헌법에 의해 다시 대통령선거를 치르겠다는

---

12 "사심 없는 행정가 최규하 대통령 후보", 〈조선일보〉, 1979년 12월 4일.

것은 잘못이라는 입장을 이미 밝힌 바 있었다. 최규하는 내 말에 대해 "잘 알겠습니다. 제게 무슨 욕심이 있겠습니까? 저는 그저 권투 경기장에서 심판노릇이나 하겠습니다" 하고 말했다. 나는 그가 진심이기를 기대했다.[13]

이때만 해도 최규하는 자기에게 부과된 시대적 임무가 민주화임을 인식하고 있었던 것으로 보인다. 그래서 11월 19일에는 대학 휴교조치를 폐지했고, 체육관 선거를 통해 10대 대통령에 선출된 다음 날인 12월 7일에는 긴급조치 9호를 해제하고 1차적으로 긴급조치 위반으로 구속된 학생과 일반인 68명을 석방했으며, 뒤이어 1700여 명에 대한 특별사면과 감형을 단행했다.

10·26으로 기대되었던 민주화에의 행진이 작동하기 시작한 것처럼 보였다. 그 무렵 많은 사람들이 최규하를 가리켜 과도기에 중도적인 입장에서 사태를 처리해나가기에는 오히려 적격자라고 평했다.[14]

그러나 최규하의 긍정적인 행보는 거기까지였다.

12·12사태

10·26 이후 권력의 공백을 형식적으로 메운 것은 대통령권한대행이 된 최규하였다. 그러나 당시 그를 권력의 실체로 본 사람은 아무도 없었다.

---

13 김영삼, 《김영삼 회고록》, 백산서당, 2000.
14 "최규하의 빼앗긴 295일", 〈신동아〉, 1988년 5월호.

대통령권한대행의 자리는 국무총리였던 그가 헌법상 승계한 것이지만, 12월 6일의 장충체육관 선거에서 10대 대통령에 당선될 수 있었던 것은 최규하를 에워싸고 있던 집단지도체제, 그중에서도 군부 고위층의 승인이 있었기 때문이다. 이 점에 대해 당시 공화당 의장서리였던 박준규는 이렇게 털어놓았다.

> 그때 나는 생활화된 민주주의자, 절대권력에 대해 관심이 없는 사람, 국제적 배경이 있는 사람, 비경상도 출신이 대통령이 되어야겠다고 생각했습니다. 나와 몇몇이서 합의를 보고 각각 당과 군, 내각을 맡아 최규하 대통령을 추대했습니다. 그때 김영삼 씨에게도 내가 사전설명을 구했고, 그가 좋다고 했습니다.[15]

결국 과도기의 인물로 이렇다 할 자기 세력이 없어 필요할 때는 언제든지 물러나게 할 수 있는 최규하를 얼굴마담으로 택했다는 이야기다. 국민도 최규하가 아닌 군부에 실권이 있다는 것을 알고 있었다. 실제 최규하를 대통령 후보로 민 것도, 그에 대항하여 대통령에 입후보하려던 공화당의 김종필을 주저앉힌 것도 군부 고위층, 보다 구체적으로는 계엄사령관 정승화였다.[16]

정승화 자신은 정치불개입을 원칙으로 했다고 회고록에서 주장했지만, 당시 주한 미대사 윌리엄 글라이스틴William Gleysteen은 "박 정권의 뒤를 누가 이을 것으로 보는가?"라는 미국 기자들의 질문에 즉답을 피하면서도 "현재 미국의 대화상대는 최규하 대통령이나 노재현 국방장관이

---

15 "TK 정치대부 박준규 전국회의장 인터뷰", 〈월간조선〉, 1997년 10월호.
16 정승화,《12·12사건 정승화는 말한다》, 까치, 1987.

아니라 정승화 계엄사령관"이라고 언급했을 정도다. 사정이 이랬으므로 야당과 재야도 군부를 자극하지 않으려고 행동을 자제하고 있었다.

이론적으로 군 통수권자인 대통령은 군을 장악해야 하지만, 최규하 의 경우 장악은커녕 오히려 군부의 눈치를 살피는 형편이었다. 이처럼 실권이 군부로 넘어가자 군 내부에서는 주도권을 둘러싸고 치열한 싸움 이 전개되었다.

12월 12일 저녁 약 6000명의 수도권 지역 군인들이 동원된 가운데 계엄사령관 정승화를 체포하는 사건이 일어났다. 사태를 지켜본 당시 글라이스틴 대사는 다음 날 아침 밴스 미 국무장관에게 타전한 전보에 서 이를 사실상의 쿠데타라고 지적했다.

우리는 사실상의 쿠데타를 겪고 있습니다. 민간 합헌정부는 명목상 유지 되고 있지만 모든 징후는 군의 중추기관들이 일단의 '야심적인 젊은' 장교들의 치밀한 계획에 의해 장악됐음을 보여주고 있습니다. 보안기구 책임자라는 이 점을 살린 전두환 소장은 박 대통령의 측근으로 대부분 안보분야에 종사하는 거사그룹 중 가장 중요한 인물인 것으로 보입니다.[17]

하극상이었다. 이는 유신정권의 안보를 위해 청와대 주변에 정치장 교들을 양산해내었던 데 그 근본원인이 있다. 그러다가 컨트롤타워가 갑자기 사라지자 이 정치장교들 사이에 주도권 다툼이 일어났던 것이 12·12사태의 본질이다. 한국통이었던 〈워싱턴포스트Washington Post〉의 한 기자는 12·12의 배경을 이렇게 설명했다.

---

17 윌리엄 글라이스틴(황정일 역), 《알려지지 않은 역사》, 중앙M&B, 2000.

박 대통령 시해사건의 수사책임자였던 전두환은 정승화 계엄사령관이 그 사건에 연루돼 있다는 의혹 때문에 그를 연행했다고 자신들의 군사반란 행위를 정당화했다. 그러나 미군 당국자들에게 더 설득력 있는 또 다른 동기는 기존의 한국군 지도부가 자주 말썽을 일으키고 야심이 많은 전두환을 제거하기 위해 오지(奧地) 사령부로 발령을 내려 했다는 것이다. 그 낌새를 사전에 감지한 전두환과 그 추종세력은 최 대통령의 재가도 받지 않는 등 법적절차를 무시한 채 기습적으로 반란을 감행했다.[18]

승자는 신군부의 리더였던 전두환이었다. 그는 군 수사병력이 정승화를 체포하러 간 틈에 따로 20여 명의 경호병을 데리고 삼청동 공관으로 최규하를 찾아가 정승화의 체포를 승인해달라고 요청했다.

그러나 최규하는 "국방부 장관의 허가부터 받아오라"며 버텼다. 그로부터 9시간 30분을 버티다가 12월 13일 새벽 4시쯤 국방장관 노재현이 나타나 서명하는 것을 보고 그도 체포동의서에 서명했다. 하지만 이는 형식적인 절차였을 뿐 정승화의 체포는 이미 이루어진 뒤였다.

글라이스틴과의 만남

12·12 당일 9시간 30분간 버티다 서명하게 된 까닭을 최규하 자신이 직접 밝힌 일은 없으나, 그의 인척이었던 비서관 최홍순은 최규하로부터 들은 것이 있다며 그 배경을 이렇게 설명했다.

---

18 돈 오버도퍼(뉴스위크 한국판뉴스팀 역), 《두 개의 코리아》, 중앙일보사, 1998.

12·12 그날 밤 최 대통령은 전두환 씨가 정승화 계엄사령관의 연행조사를 위해 총리실 공관으로 재가를 받으러 왔을 때, 이를 군부 내의 파워게임으로 짐작하고 있었다. 그래서 최 대통령은 보다 신중한 상황판단을 위해 군부의 속사정을 알고 있는 노재현 국방장관을 찾았다. 그러나 당시 노 국방장관은 이미 피신한 뒤라 연락이 되지 않았다. 또한 총리실 주변은 이미 신군부측의 병력에 의해 장악되어 외부에서의 접근이 통제된 상태였다. 최 대통령의 당시 결정은 군부 내의 세력다툼이 외부로 확산되어 내란이라는 더 큰 불상사로 치닫는 것을 우선 막는 데 있었다. 물론 최 대통령이 사태를 장악할 힘이 없었다는 것은 사실이다.[19]

최규하는 당시 내란으로 비화될 것을 우려하여 군의 내부사정을 아는 국방장관 노재현의 출현을 기다렸다는 것이다.

한편 이 사태를 예의주시하고 있던 주한 미대사 글라이스틴은 자신이 12·12에 가담한 것으로 추정되는 사람들에게 전달한 메시지(북한을 자극할 가능성이 있는 한국군 간의 충돌이 있어서는 안 된다는 점과 민간정부를 전복시켜 정치발전이 무산되는 일이 있어서는 안 된다는 점)가 존중되지 않자 "12월 12일 밤 미국의 존재가 무시되었다"고 분개하면서 12월 13일 아침 서둘러 대통령 최규하를 만났다.

이 시기의 최규하 생각을 알 수 있게 하는 자료는 별로 없기 때문에 좀 길더라도 글라이스틴의 회고록에 간접으로 나타난 양상을 살펴보면 다음과 같다.

나는 지난밤의 사태에도 불구하고 순조로운 정치발전의 지속이 필요하다

---

19 "최규하 전 대통령, 13년 만의 최초 인터뷰", 〈월간조선〉, 1993년 10월호.

는 것과 그런 점에서 그가 대통령직에 유임할 필요가 있다고 역설했다…… 최 대통령의 반응은 유연했다. 자신의 역할에 관해 외부에 알려지지 않은 이야기를 오랫동안 한 후 그는 '내부적 반감'을 지닌 군인들의 행동은 심각하고 우려할 만하다는 점을 인정하고 내가 지적한 사항들을 신임 참모총장에게 즉시 전달하겠다고 약속했다.

(…)

최 대통령과의 만남은 지난 몇 주간의 솔직한 접촉과는 판이하게 다른 첫 대좌였다. 대사관의 클라크 정무담당 참사관과 내가 미국의 항의를 전하기 위해 그를 만날 때마다 우리는 그의 대통령으로서의 권위가 점차 침식돼가고 있음을 알 수 있었다. 우리가 최 대통령에게 항의 의사를 전달할 때면 똑같은 내용이 신군부의 실세그룹에게도 전달됐다. 최 대통령은 그들에게 전달되는 미국의 항의가 한층 무게를 지닌다는 점을 알고 있었다. 그는 우리 말을 경청했지만 우리가 그에게 크게 기대하지 않는다는 점을 자신도 알고 있다는 것을 내비쳤다. 그는 내가 미국의 입장 강조를 위해 직설적인 표현을 동원해도 품위를 잃지 않았다.

(…)

나는 그가 내 말에 동의해도 그렇게 말할 수 없었다고 생각한다. 그리고 그는 전두환과 다른 사람을 만나면 내 말을 자주 인용했다는 것을 안다. 그러나 그는 실제로 권력을 장악한 사람들이 합당한 절차와 형식을 따르는 한 그들에 의해 조종되는 것에 강한 인내력을 보이는 것 같았다.[20]

이 만남을 통해 글라이스틴은 최규하가 군부의 눈치를 보고 있으며, 따라서 뱃심 있게 독자적인 행동을 취할 수 있는 인물이 아니라고 느꼈

---

20 윌리엄 글라이스틴(황정일 역),《알려지지 않은 역사》, 중앙M&B, 2000.

던 것 같다.

글라이스틴과 전두환

12월 14일 아침 글라이스틴은 사실상 군부와 정권을 장악한 전두환에게 만나고 싶다는 메시지를 보냈다. 이에 전두환은 그날 오후 야전복 차림에 몇 명의 보좌관과 40명가량의 무장군인을 대동하고 대사관저로 왔다. 그는 자신의 무장 경호원들이 관저 곳곳에 포진한 가운데 승리한 야전군 사령관처럼 대사관 건물로 들어왔다.

> 그의 태도는 무뚝뚝하고 자신감에 차 있었으며 관심의 중심인물이 된 자신의 새로운 역할을 과시하는 듯했다. 나는 문에서 사무적인 태도로 그를 맞아 큰 접견실을 통해 작은 방으로 안내해 약 2시간 동안 그와 얘기를 나눴다. 예측할 수 없는 위험한 상황을 그렇게 우려하지만 않았어도 나는 마침내 드라마의 주인공을 만났다는 설렘을 즐겼을 것이다. 그와의 회담 내내 나는 긴장을 풀지 못했다. 그의 '설명'을 들으며 냉소적 태도를 보이다가도 무대에 새로 등장한 인물이 소원해지지 않을 정도의 냉담함을 보였다. 전두환도 외견상으로는 자신이 우려하는 바도 우리와 마찬가지라는 태도를 보였다.
>
> (…)
>
> 회담 분위기는 부드러운 가운데 긴장이 감돌았다. 나는 12·12사태에 대해 우리가 심각한 우려를 갖게 된 이유를 설명하면서 특히 파생될 위험에 대해서는 최 대통령에게 했던 것보다 더욱 직설적인 표현을 사용했다. 나는 정치적 안정을 위해 한국은 민간정부를 유지해야 하며 미국의 군사·경제 분야의 지원이 필요불가결하다는 점을 지적했다.

전두환도 사태가 미칠 파장에 대해 걱정한다면서 내가 지적한 사항에 이견을 제시하지는 않았다. 그러나 자신의 행동이 쿠데타나 혁명으로 평가되는 것은 거부했다. 단지 박 대통령 암살의 수사 때문이지 개인적 야망은 없다고 말했다. 그는 최 대통령의 민주화 계획을 지지하며 정승화 장군 지지자들이 몇 주일 정도 말썽을 일으킬 수는 있으나 한국군 내의 질서는 1개월 내로 회복될 것이라고 말했다.[21]

이 자리에서 전두환은 "부패를 일소한 후 병영에 복귀하겠다"고 했는데, 이는 지난날 박정희가 쿠데타를 일으킨 뒤에 했던 대사를 그대로 읊은 것이나 마찬가지였다. 이로 보면 거사 전에 박정희의 성공사례를 많이 연구했다는 것을 알 수 있다. 그렇다면 미국의 반응이 어떻게 나오리라는 것도 예측할 수 있었을 것이다.

주지하는 바와 같이 미국은 이긴 자와 손잡는다. 입으로는 민주세력을 평가하고 지지하지만 구두선에 그치는 경우가 많다. 프래그머티즘의 미국 정부가 택하는 것은 실리인데 냉전 시대의 실리 기준은 안보라는 전략적 판단에 기초했다. 이렇게 되면 민간정부보다 군사정권이 훨씬 유리해진다.

글라이스틴은 미국 정부가 쿠데타 주체세력을 뒤엎을 대체세력을 찾았던 것처럼 말했지만 신군부는 별로 겁먹지도 않았다. 5·16의 학습효과가 있었기 때문이다.

---

21 윌리엄 글라이스틴(황정일 역), 《알려지지 않은 역사》, 중앙M&B, 2000.

대동학원의 정치안목

최규하는 "나는 동경고사에서 영어를 배웠고 대동학원에서 정치를 보는 안목을 키웠다"고 했는데, 이때 그가 대동학원에서 키웠다는 정치적 안목이란 대체 어떤 것이었을까?

만일 대동학원에서 배운 정치가 올바른 것이었다면 대통령으로서 그는 국민이 원하는 바를 먼저 살펴야 했을 것이다. 당시 국민들의 열망은 민주화였다. 따라서 대통령인 그가 민주화에 대한 결의를 보이면 국민들은 그를 지지할 준비가 되어 있었다. 사실 내외의 조건은 그에게 불리하지만은 않았다. 한국의 정치상황을 예의주시하고 있던 미국 정부는 10·26 이후 민주체제로의 전환을 기대했고, 일본 외무성도 민주화를 환영하는 공식논평을 내놓았기 때문이다.

그래서 만일 그가 정말 민주화를 성공시킬 생각이 있었다면 초기부터 여야 정치인들을 만나 협의한 뒤 빠른 민주화 일정을 국민에게 공표하고 국회가 헌법개정을 주도하도록 했어야 한다. 그리고 계엄령 해제를 통해 자신에 대한 국민적 지지와 미국의 후원을 지렛대로 삼았더라면 그는 정국을 주도할 수 있었을 것이고, 그에 따라 신군부도 민주화의 흐름에 역행하기는 어려웠을 것이다.

그러나 그는 그렇게 하지 않았다. 그 원인에 대해 군부의 압력을 든 사람도 있고 그의 무능이나 결단력 부족, 권력의지의 부재 같은 것을 든 사람도 있지만 나는 그렇게만 보지는 않는다. 이것은 일차적으로 그의 선택의 문제였다.

최규하는 결코 우유부단하거나 무능한 사람이 아니었다. 앞에서 살펴보았지만 외교관으로서의 최규하는 유능한 관리였고, 공직자로서의 최규하는 엄정하고 청렴한 행정가였으며, 개인으로서의 최규하는 원칙에 충실하고 성실한 인간이었다. 문제는 정치적 지도자로서의 최규하였는데 이에 대해 글라이스틴은 다음과 같은 글을 남겼다.

갑자기 권력의 중심에 내몰리자 그의 행동을 지배한 것은 본능적인 조심스러움과 보수적 경향이었다. 그는 알려진 것 이상으로 용기를 발휘한 경우도 많았지만 본능적으로 대담한 도전은 피했다. 어쩌면 현명하게도 그는 전두환에 대항해 국민적 지지를 동원하려 들지 않았다.[22]

단순히 용기 없는 겁쟁이라 신군부의 압력에 굴복했던 것이 아니다. 원했다면 그도 맞설 용기가 있는 인물이었다. 하지만 그렇게 하지 않았다. '현명하게도'라는 단어 속에 당시 글라이스틴이 넘겨다본 최규하의 정치적 선택이 엿보인다.

다시 말하면 최규하는 국민이나 정의 또는 민주화를 선택하지 않고 보다 힘이 있는 군사권력을 선택했던 것이고, 그 정치적 선택이 글라이스틴의 '현명하게도'라는 단어 속에 함축되어 있었던 것이다. 최규하의 경력을 보면 그 점을 확인할 수 있다. 그가 선택한 역대 정권은 만주국 →1공→3공→5공이었다. 어느 것이나 힘이 있고 오래갈 것 같은 정권이었다. 그는 민주정권이었던 2공엔 참여하지 않았다. 이유는 간단했다. 오래갈 것 같지 않았기 때문이다.

나의 먼 인척 가운데는 최규하의 고보 후배로 외무부 고관을 지낸 분이 있었는데, 나의 인척도 그랬고 최규하도 2공의 민주당 정권을 몹시 비난하다가 5·16이 나자 "이제 때가 왔다!"며 서둘러 군사정권에 가담했다는 이야기를 집안어른들로부터 전해 들은 일이 있다. 최규하는

---

22 윌리엄 글라이스틴(황정일 역), 《알려지지 않은 역사》, 중앙M&B, 2000.

그때도 분명 힘이 있어 보이는 정권을 선택했던 것이다.

　나는 이것이 바로 그가 대동학원에서 키웠다는 정치적 안목의 실체가 아니었을까 싶다. 누군가의 보다 적나라한 표현을 빌리자면 "어디 줄을 서야 오래갈 것인지"를 저울질하는 법을 배웠다는 뜻이다. 이것이 일반 관리의 수준에서는, 그리고 '1인'의 보호막 아래 있는 '대독총리' 때까지는 OK였을지도 모른다. 문제는 이 무렵 그의 신분이 대통령 곧 국민의 행복을 책임져야 하는 정치적 지도자였다는 점에 있었다.

'대통령'과 '최 주사'

정사 정政자는 원래 목표(一)를 향한 발걸음(止)이 똑바로 향해지도록 채찍질(攵)을 가한다는 뜻이다. 이렇게 방향을 인도하는 자가 정치적 지도자다.

　당시 국민들이 원하던 목표는 민주화였다. 그러면 정치적 지도자로서의 최규하는 국민들이 그 목표로 향하도록 리드했어야 한다. 그러나 최규하가 생각한 목표는 '안정'이었다.[23] 예의 글라이스틴은 최규하를 위시한 당시의 집권세력은 "최상의 상황에서도 기껏 유교식 또는 관 주도의 민주주의밖에는 생각할 수 없는 집단이었다"고 지적했다.[24] 다시 말해 그들은 민주절차에 대한 신념이 없었고 서구식 민주주의 자체를

---

23 현석최규하대통령 팔순기념문헌집 발간위원회편,《현석편모》, 현석최규하대통령 팔순기념문헌집 발간위원회, 1998.

24 William H. Gleysteen, "Korea: A special target of American concern", David D. Newsom(ed.),《The Diplomacy of Human Rights》, Lanham, Maryland: University Press of America, 1987.

그리 탐탁하게 생각하지 않았다는 뜻이다.

최규하가 추구한 '안정' 노선은 국민이 원하던 목표와 차이가 났다. 야당이나 재야나 학생들은 성에 차지 않았다. 그래서 국민들은 신군부의 눈치를 보면서 힘의 울타리 안에 안주한 듯한 최규하를 높이 평가하지 않았다.

그럼에도 불구하고 그의 비서관이 쓴 회고록을 보면 이 시기 대통령 최규하는 불우한 사람들을 음성적으로 많이 도와주었던 것을 알 수 있다.

> 최규하 대통령과 홍기 여사는 사회에서 소외된 불우한 사람들이나 사회의 모범이 되는 사람들을 소리 소문 없이 적극 지원했다. 이처럼 좋은 일을 많이 하면서도 두 분은 나를 비롯한 비서관들에게 선행이 신문에 보도되지 않도록 철저히 입조심을 시켰다.[25]

금일봉도 주고, 학자금도 주고, 영세민들에게 쌀가마니 등도 소리 소문 없이 나눠주었다. 고아원이나 양로원 방문은 거의 그의 부인이 도맡아했다.

> 영부인은 최 대통령 재임 9개월 동안 전국에 있는 고아원과 양로원을 거의 방문하였다. 경기도 사회복지시설을 시작으로 제주도를 포함한 전국 각 시·도에 있는 대표적인 고아원과 양로원을 방문했던 것이다. 지병인 허리 디스크로 고생을 하면서도 사회복지시설을 방문하여 각종 지원을 아끼지 않았고, 정에 굶주린 그들의 쓸쓸한 마음을 따스하게 어루만져주셨다.[26]

---

25 권영민,《자네, 출세했네》, 현문미디어, 2008.
26 권영민,《자네, 출세했네》, 현문미디어, 2008.

최규하는 나름대로 지도자로서의 덕행을 다한 것이었다. 언론에 알리지 말라는 엄명을 내렸다는 것을 보면 보이기 위한 선행도 아니었다.

그러나 자료를 뒤적거리던 나는 여기서도 핀트가 조금 어긋난 그 무엇을 느꼈다. 덕행은 물론 아름다운 일이지만 그 행보가 어쩐지 옛날 임금의 민정시찰 같은 느낌이 들었기 때문이다. 현대 대통령이라면 좀 더 큰 틀에서 어려운 사람들을 제도적으로 구제할 수 있는 방안 같은 것을 강구하고 설치했어야 한다. 그 점에서 대통령인 그의 멘털리티는 지도자의 수준이 아니라 여전히 일반 공직자의 수준에 머물러 있었던 것이 아닐까?

외교관 출신답게 형식과 격식을 중히 여기면서 매사에 꼼꼼하고 치밀하며 신중하고 소심한 그의 성격을 묘하게 당시 국민들도 모두 알고 있었다. 그래서 항간에서는 그를 '최 주사'라고 불렀다. 그 점을 알고 그랬는지 모르고 그랬는지 하루는 최규하가 "국민들이 나를 보고 뭐라고 하나?"라고 측근에게 물었다.

나는 최 대통령의 느닷없는 질문에 바짝 긴장했다. 잠깐 사이에 나의 뇌리에서는 오만 가지 생각이 떠올랐다. 있는 그대로 말씀을 드려야 하나? 아니면 좋은 쪽으로 순화해서 말씀드려야 하나? 당시 국민들은 최 대통령을 지나치게 신중하고 우유부단하다는 의미로 '최 주사'라고 불렀다. 이 별명에는 대통령직을 맡겨놓고 보니 6급 공무원인 주사 정도밖에 안 되는 인물이 아니냐는 뜻도 담겨 있었다. "나쁜 이야기입니다. 모두들 각하를 최 주사라고 부릅니다." "뭐야? 최 주사?" 나의 대답에 최 대통령은 버럭 화를 냈다. 10년 넘게 모셨지만 이렇게 화를 낸 것은 처음이었다.[27]

---

27 권영민, 《자네, 출세했네》, 현문미디어, 2008.

그는 왜 사람들이 '최 주사'라는 별명으로 불렸는지 제대로 이해하고 있었던 것일까?

안개정국

1980년 봄을 안개정국으로 몰고 간 원인의 하나는 정계일각에서 제기되어 최규하 정부도 진지하게 검토한다는 보도가 나온 이른바 '2원집정부제' 안의 대두였다.

대통령의 권한을 국무총리와 둘로 나눈 2원집정부제 안은 대통령에 출마하려던 '3김(김대중·김영삼·김종필)'을 크게 자극했다. 김영삼은 최규하가 "헛된 꿈을 꾸고 있다"고 비판했다. 항간에서도 최규하가 무슨 야심이 있는 것 아니냐는 의혹을 제기했다.

이에 그치지 않고 최규하 정부는 분파적인 정치인들에게 일을 맡기면 아무 타결점도 찾지 못하고 장기간 싸움만 계속할 것이라면서 법제처에 헌법연구반을 설치하여 정부가 개헌작업을 주도해나가도록 하겠다고 했다.

지난날 허정 과도정부는 4개월 만에 개헌작업과 정권이양을 모두 끝냈는데 이처럼 시간을 질질 끄니 야당과 재야의 불만이 고조되었다. 그들은 최규하 정부의 국무총리 신현확에 주목했다. 리더십이 강하고 국정전반에 상당한 식견을 갖고 있던 그는 정부내 각종회의를 총괄하고 종합결론을 내리는 역할을 해내고 있었기 때문이다.[28]

최규하나 신현확에 대해 의혹을 느낀 것은 비단 야당과 재야만이 아

---

28 "신현확의 현대사 심장부 증언", 〈월간조선〉, 1999년 2월호.

니었다. 미 국무부도 의심했다.

2월 초 나는 국무부로부터 신랄한 전문을 받았다. 최 대통령이 전두환과 몇몇 재벌들이 지지하는 현재의 정치제도하에서 자신이나 신 총리의 대통령 당선 가능성 여부를 점치고 있을지도 모른다는 것이었다. "이런 식으로 조종된 정치적 결과가 한미관계에 미칠 명확하고 부정적인 영향은 강조할 필요도 없이 지대하다." 나는 중간보고를 통해 그가 우리를 속이지는 않을 것으로 본다고 최 대통령을 옹호했다. 그러나 신현확은 어느 시점에서 정치판에 뛰어들 생각을 하고 있는지도 모르겠다고 지적했다.[29]

그러나 봄이 다가오면서 전반적인 사회 분위기는 낙관론으로 기울었다. 정치인도 국민들도 적극적인 행동은 자제했다. 이런 안온한 분위기 속에서 〈동아일보〉 회장 김상만은 1980년 2월 25일 대권경쟁에 뛰어들 3김을 자택에 초대하여 성대한 만찬을 베풀었다. 만찬장에는 미국·일본·캐나다 대사의 얼굴도 보였다.

그러나 언론의 대대적인 각광을 받은 이날 행사에 참석했던 글라이스틴은 그것이 로맨틱한 휴지기간의 절정이었다면서 워싱턴에 이렇게 빈정대는 투로 보고했다.

김상만으로서는 영광의 시간이었겠지만 정부와 군의 국민적 도덕체계 수호자들은 그날 밤 행사를 조금은 냉철하게 봤을지도 모릅니다. 그들은 한국을 위한 최선의 길은 3김 모두의 집권을 차단하는 장치를 마련해야 한다는 생각을 더욱 굳혔을 것입니다.[30]

---

29 윌리엄 글라이스틴(황정일 역), 《알려지지 않은 역사》, 중앙M&B, 2000.

글라이스틴은 12·12 성공 후 물밑에서 움직이던 신군부의 존재를 우려하고 있었던 것이다. 사실은 모두가 속으로는 우려하고 있었는지도 모른다. 그래서 3월 1일 개교에 즈음하여 문교장관 김옥길도 시위를 자제해달라고 학생들에게 당부했고, 학생들도 그 당부를 듣는 것처럼 보였다.

그러나 안정 분위기는 오래가지 않았다. 야당과 재야, 학생은 계엄령 해제를 요구하기 시작했다. 이에 최규하는 "계엄해제의 여건은 안 만들면서 계엄해제만 요구하고 있다"고 불만을 토로하며 군사정부의 등장 가능성을 암시했지만, 그의 경고에 귀를 기울이는 사람은 없었다고 최규하의 측근은 회고했다.[31]

K-공작

최규하의 경고나 글라이스틴의 우려처럼 신군부는 정권찬탈을 위한 작업을 암암리에 진행시키고 있었다. 그 하나가 1989년 '전두환 청문회'를 앞두고 국회의원 이철이 공개하여 세상에 알려진 'K(King)-공작'이었다.

이는 전두환이 사령관으로 있던 보안사령부에서 1980년 3월경에 수립한 언론공작 계획인데, 그 줄거리는 3김을 구태의연한 '대통령병 환자' 등으로 몰고 신군부는 안정구축세력으로 차별화하여 전두환을 King(왕)으로 만든다는 집권공작이었다. 이 공작을 담당할 언론조종반

30 윌리엄 글라이스틴(황정일 역), 《알려지지 않은 역사》, 중앙M&B, 2000.
31 권영민, 《자네, 출세했네》, 현문미디어, 2008.

장은 대공업무의 베테랑이었던 이상재 준위로, '강기덕 전무'라는 가짜 이름과 신분으로 활동했다.

그가 이끄는 언론조종반은 중앙 일간지 및 방송사 간부 94명을 차례로 접촉하여 회유공작에 들어갔다. 94명의 언론인 외에 학자·평론가·외국 유명인사 등 지식인도 포섭대상이었는데, K-공작의 실무요원이었던 김기철은 당시를 이렇게 증언했다.

> 12·12사태 후 권력 장악에 자신감을 얻은 신군부는 집권에 가장 중요한 요소인 대중조작을 위해 3월 초부터 언론대책반을 가동시켰어요. 사실 보안사의 언론대책반은 12·12 이전부터 보안처 산하에 설치돼 있었습니다. 그것이 2월 초 신설된 정보처 산하로 옮겨지면서 확대개편된 것이지요. 이상재 씨의 활동도 그때부터 시작됐어요. 3김씨를 타도하고 권력을 장악하겠다는 길로 확실하게 나선 것입니다. 언론검열의 방향은 다분히 '혼란방치'의 성격을 띠고 있었지요. 혼란이 극심해져야 안정세력의 명분이 생기는 것 아니겠습니까?[32]

혼란방치의 일환으로 신군부는 학생들의 시위를 그냥 내버려두었는데, 이에 대해 글라이스틴은 "당시 서울의 사회혼란에 외부세력의 개입은 없었던 것으로 생각된다. 나는 전두환과 그의 휘하 군인들이 반정부 시위를 배후에서 조종했다는 음모설도 믿지 않는다. 물론 그들이 그런 사태를 예견하고 그것을 기회로 활용했음은 확실하다"고 회고했다.

드디어 시기가 무르익었다고 판단한 전두환은 압력을 넣어 4월 14일 최규하에 의한 중앙정보부장 서리 임명을 받았다. 이는 "(중앙정보)부장은 일체 타직을 겸할 수 없다"는 당시 중앙정보부법 제7조에 위배되는

---

32 강준만,《한국현대사 산책-1980년대편 1》, 인물과사상사, 2003에서 재인용.

명백한 불법이었으나, 청와대는 "신임 전두환 정보부장 서리는 '부장'이 아니고 '서리'이기 때문에 겸직이 가능하다"는 해괴한 논리로 이 문제를 덮었다.

12·12반란의 주역인 전두환이 느닷없이 무대에 등장했다. 그의 중앙정보부장 서리 취임은 언론에서도 전혀 눈치를 채지 못하고 있다가 4월 14일 오후가 되어서야 일제히 보도했다. 그의 등장은 시위를 주도한 학생은 물론 정국을 예의주시하던 야당 정치인들과 심지어 정치에 무관심한 일반 국민들에게까지 놀라움과 무서움을 안겨주었다.

그러나 더 놀란 것은 글라이스틴이었다. 허약한 '천황' 역할을 맡은 최규하 뒤에서 '쇼군' 역할로 만족할 줄 알았던 전두환이 표면에 떠오르자 그는 서둘러 최규하부터 만났다.

이 무렵 최규하가 무슨 생각을 하고 있었는지에 대한 자료가 거의 없기 때문에 글라이스틴 회고록을 인용한다.

4월 18일 최 대통령을 만난 나는 장시간에 걸쳐 전두환이 민간분야에까지 세력을 뻗치는 것에 우리가 그토록 신경 쓰는 이유를 설명했다. 우리 결정을 공개하거나 한국에 대한 지원을 삭감하는 일은 없겠지만 우리의 상징적인 조치들(한미연례안보협의회의 연기/CIA 국장의 한국 방문 취소)이 대통령이나 전두환 및 신군부세력에 의해 심각하게 받아들여지기를 바란다는 점을 강조했다.

(…)

최 대통령은 우리가 너무 조급하게 일을 처리하고 있다면서 자신의 약체 정부에 물리적 힘이 필요하다는 점을 강조했다. 학생시위와 노동자들의 소요가 과격해지는 것을 막지 않으면 극우세력의 반발을 가져와 정치개혁의 희망이 무산된다고 지적했다. 전두환이 경찰에 힘을 보탬으로써 혼란을 막을 수 있을 거라는 주장도 폈다.[33]

최규하는 전두환을 정보부장에 임명한 자신의 행위를 정당화하기 위해서였는지 그를 두둔했다. 하지만 "전 장군이 앞으로 대통령의 중요 정책 결정 과정에 현직군인으로 참여할 수 있는 길이 열렸으며 군부에 의한 중앙정보부의 관리가 노골화될 것"이라는 일본 교도통신의 논평처럼, 전두환의 등장으로 그렇지 않아도 흐릿한 최규하의 발광체는 더욱 흐릿해질 운명에 놓이게 되었다.

계엄령 선포

전두환의 위상강화가 무엇을 뜻하는지 학생들도 정확히 파악하고 있었다. 민주화의 꿈에 들떠 있던 '서울의 봄'이 이제 끝날지도 모른다는 불안감이 그들을 결집시켰다.

대학가에서 최규하를 규탄하는 시위가 이어졌다. 특히 국무총리 신현확은 집중포화의 대상이었다. 한때 미 국무부로부터 의심을 받았던 그는 학생들로부터도 대통령 자리를 넘보고 있다는 의심을 받았다. 이 무렵 학생들의 단골 구호는 "신현확·전두환은 물러나라"였다.

4월 24일 신현확은 자기와 최규하는 대통령선거에 출마하지 않을 것이라고 밝혔지만 학생들의 소요는 잦아들지 않았다. 이들은 캠퍼스를 벗어나 거리로 진출하려고 들었다. 학생들의 시위에 정치인들도 개입하기 시작했다.

4월 30일 전두환의 회견기사가 도하 신문에 1면 톱기사로 다루어지더니, 다음 날인 5월 1일에는 계엄사에서 열린 전군지휘관회의 기사

33　윌리엄 글라이스틴(황정일 역), 《알려지지 않은 역사》, 중앙M&B, 2000.

가 다시 1면 톱기사로 등장했다. 이날 계엄사령부는 "법치주의의 원칙과 민주적 기본질서를 부정하는 행위에 대해서는 이유 여하를 막론하고 엄단하겠다"고 경고했다. 사태 악화를 우려한 글라이스틴은 최규하 대통령을 만나 "계엄령의 조속한 해제와 새로운 선거를 빠른 시일 내에 실시하겠다는 성명을 발표해야 온건한 시위 참가자들을 설득할 수 있을 것"이라고 권고했다.

그러나 체질적인 신중함과 정치인에 대한 불신을 지닌 최규하는 그렇게 하면 학생들이 더 많은 것을 요구할 것이라며 받아들이지 않았다. 오히려 군부의 조종을 받는 정부 당국은 학생들의 시위를 불순세력에 의한 난동으로 몰고 가기 위해 뒤에 북한이 개입하고 있다는 주장을 폈다.

학생들의 시위는 점점 더 격렬해져갔다. 5월 2일 서울대 관악캠퍼스에서 열린 민주화대총회에는 서울시내 각 대학에서 모인 1만여 명의 학생들이 계엄령 해제를 요구했다. 5월 3일 이후에도 격렬한 시위가 계속 이어졌다.

신군부의 움직임이 심상치 않음을 안 글라이스틴은 5월 12일에는 김대중, 5월 13일에는 김영삼을 만나 학생시위가 자제되도록 노력해줄 것을 요청했다. 그러나 큰 효과는 없었다.

5월 15일 10만여 명의 대학생이 서울역 광장에 운집하여 계엄해제를 요구했다. 10·26 이후 최대규모의 시위인파였다. 그러나 5월 16일의 거리는 오히려 조용했다. 이날은 1961년에 일어났던 군사쿠데타 19주년 기념일이었는데, 전국대학 총학생회장단은 군부의 조작과 불순분자들의 선동에 휘말릴 것을 우려하여 모든 시위를 철회했기 때문이다.

그러나 군부는 5월 17일 아침 전군지휘관회의를 열어 강경방침을 굳혔고, 말레이시아 여행길에 전화를 받은 최규하는 이 결의를 받아들일 수밖에 없었다. 그는 신현확 총리에게 비상계엄령 전국확대건의 처리를 전화로 지시했다. 최규하가 김포공항을 거쳐 청와대에 도착한 것은 그날 밤 11시경이었다. 시국대책회의는 그 직후 청와대에서 열렸다.

그러나 계엄군은 시국대책회의가 계엄확대 결의를 하기 훨씬 전인 그날 저녁 이미 김대중을 동교동 자택에서 체포했고, 김영삼을 가택연금시켰으며, 김종필을 권력형 부정축재 혐의로 구속했다. 같은 시각 계엄군은 문익환·예춘호·김동길·고은·이영희·인명진·함세웅 등 재야 인사와 교수 그리고 대책을 논의하기 위해 이화여대 회의장에 모였던 학생 등 600여 명을 전격 구속했다.

그리고 그날 자정을 기해 계엄령 전국확대가 선포되면서 탱크로 무장한 군병력이 주요 도시에 투입되었고 전국 대학에 휴교령이 내려졌다. 국회도 봉쇄되었다. 서울의 봄은 이렇게 군홧발에 의해 짓밟혔다.

5·17과 5·18

5월 18일 최규하는 비상계엄을 전국으로 확대한다는 특별성명을 발표했다. 그는 이 성명을 통해 학원소요가 극도의 사회혼란을 가져오고 일부 정치인이 이들을 선동·자극함에 따라 "정부는 국가를 보위하고 3700만 국민의 생존권을 수호하기 위해" 일대 단안을 내린 것이라고 말했다.

그러면서 "기회 있을 때마다 수차 천명한 바 있는 정치발전에는 아무런 변함이 없으며 이를 계속해서 추진해나갈 것"이라고 덧붙였다. 신군부에서 써준 것을 그냥 읽은 것인지는 모르지만, 600여 명이 영장도 없이 전격 구속되는 5·17정변 직후 "정치발전에는 아무 변함도 없다"는 그의 다짐은 도무지 이해되지 않는 구절이었다.

더 이상한 대목은 정국이 가파르게 치닫고 있던 5월 10일 그가 중동 여행길에 올랐었다는 점이다. 5·17정변 1주일 전이었다. 물론 순방 자체는 예정되었던 일이고 석유의 원활한 공급도 중요한 일이었다.

그렇다고 해도 국내 문제가 긴박한 시점에 국가원수가 해외여행을 떠난다는 것은 납득되지 않는 일이었다. 정가에는 군부 등장설이 파다하게 퍼진 가운데 노사분규가 꼬리를 잇고 학원소요가 절정으로 치닫고 있던 시점이었다.

이 점 주한 미대사 글라이스틴도 같은 느낌이었던 듯 "최 대통령은 위기가 최고조에 달할 것으로 우려되던 기간에 예정돼 있던 4~5일간의 중동 방문에 나서겠다고 결정해 나를 놀라게 했다"고 말했다. 상식적으로는 여행을 취소하거나 연기했어야 했다. 그렇게 건의한 보좌관도 있었다. 그러나 외무부와 중앙정보부 쪽에서 가야 한다는 강력한 주문이 있었다고 한다.

그는 결국 떠났다. 그리고 서울에서 대규모 학생시위가 진행된 기간 내내 그는 자리를 비웠다. 이에 대해 글라이스틴은 "최 대통령의 출국은 무슨 꿍꿍이가 있었던 것이 아닐까?" 하는 의혹을 품기도 했었다고 회고했다. 5·17 계획을 알고 그 책임을 미리 회피하는 방편의 하나로써. 중동 방문을 끝내고 그 긴박한 시기에 며칠 쉬어가려고 말레이시아의 휴양지인 바레인까지 들렀다니 더욱 그런 느낌을 준다.

그러나 그곳에서 비서실장 최광수에게서 걸려온 핫라인 전화를 받고 급거 귀국해 5월 17일 밤 청와대에서 시국대책회의를 갖고, 5월 18일 오후 계엄령 전국확대의 특별성명을 발표한 것을 보면 책임회피용 출국은 아니었던 모양이다.

그는 역시 신군부에 동조했던 것일까? 이에 대해 한 언론인은 이 시기 최규하의 행보를 다음과 같이 비판했다.

5·17 그날 최규하 대통령도 군부의 압력에 굴복할 수밖에 없었던 피해자인가, 아니면 묵인 또는 편승함으로써 결과적으로 민중의 요구에 찬물을 끼얹은 가해자인가…… 국가원수로서 국헌을 준수하겠다고 선서한 대통령이 헌법이 송두리째 짓밟히는 상황을 극복하지 못했다면 대통령의 성스러운 직무를 포기했다는 비난을 받는 것도 무리가 아니다.[34]

광주민주화운동

5·17정변은 서울에서 일어났는데 불꽃은 묘하게도 광주에서 튀었다. 서울과 달리 시위가 계속되던 광주에서는 5월 18일 아침 전남대 앞에서 학생들과 공수부대원이 서로 맞붙게 됨으로써 저 처절한 광주민주화운동의 서막이 열리게 되었다.

수많은 사람들이 거리로 몰려나왔고 시위대들은 곳곳에서 도시 중심부로 향하고 있었다. 그들 중 몇 명은 태극기가 꽂힌 군용차와 군인들로부터 탈취한 전차를 타고 있었다. 트럭과 유리창이 깨진 버스를 타고 있는 이들도 있었다. 군중들은 "전두환을 죽여라" "계엄령을 해제하라" "김대중을 석방하라"고 외치고 있었다.[35]

광주민주화운동의 촉발 원인 중 하나가 호남 출신의 대권 유력후보였던 김대중의 체포소식이었던 것만큼은 틀림없다. 이는 광주 진압 후

---

34 김진배,《사람을 알고 사람을 말하라》, 중앙기획, 1992.
35 "광주사망자 300명은 넘는다",〈신동아〉, 1989년 5월호.

계엄사령부가 발표한 이른바 '광주사태'의 핵심골자이기도 했다. 김대중이 사주하고 조종한 탓에 '광주사태'가 일어났다는 주장은 1988년 서울대 교수 노재봉에 의해 "광주사태는 김대중 씨의 외곽을 때리는 노련한 기술이었다"는 식으로 다시 리바이벌되어 세간에 큰 파문을 일으키기도 했다.

그러나 광주민주화운동이 일어난 것은 5월 18일 이후의 일이고, 김대중이 계엄군에 구금된 것은 5월 17일의 일이다. 시간적으로 아귀가 맞지 않는다.

남한의 한 도청소재지 광주에서 10만여 시위대는 서울의 계엄정권과 새로운 권력자에게 분노를 터뜨리며 거리를 가득 메웠다. 시위는 곧 전면적인 봉기로 확대되었다. 시민들은 도주한 경찰을 대신해서 광주를 실질적으로 장악했다.[36]

이처럼 광주가 시민군에 장악되는 사태로 발전하자 최규하는 5월 25일 밤 대통령 전용기를 타고 광주로 내려갔다. 각료들과 군 수뇌부가 그를 수행했는데, 이 같은 "최규하 대통령의 광주시찰은 광주 시민보다 국민들에게 마치 대통령이 계엄부대를 위로 격려하는 듯한 인상을 주려는 계엄당국의 면밀한 계산에 따른 것이었다"고 한다.[37]

그러나 정작 최규하는 광주 도심에 발을 들여놓지도 못한 채 광주 교외의 전투병과기지사령부에 임시로 마련된 TV 스튜디오에 들어갔다. 거기서 "일시적인 흥분과 격분에 의해 총기를 들고 다니는 청소년

---

36 "SOUTH KOREA: Season of Spleen", 〈Time〉, June 2, 1980.
37 김진배, 《사람을 알고 사람을 말하라》, 중앙기획, 1992.

여러분들은 지금이라도 늦지 않으니 총기를 반환하고 집으로 돌아가서……" 하고 미리 마련된 담화문을 읽는 모습을 광주 시민들에게 TV로 보여주는 것이 대통령 최규하가 할 수 있는 일의 전부였다.

공수여단에 의한 진압작전이 시작되기 30시간 전의 일이었다. 결과는 참혹했다. 9일간에 걸친 광주민주화운동은 사망자 163명, 행불자 166명, 부상자 3139명의 처절한 흔적을 남겼다.

진압 4일 뒤인 5월 31일 국정전반을 관할하는 국가보위비상대책위(국보위)가 설치되었다. 이 기구의 출범과 함께 대통령 최규하는 완전 '허수아비'로 전락해버렸다. 그때까지는 그래도 행정실무 권한은 갖고 있었는데 국보위가 출범함으로써 그 권한마저 빼앗기게 된 것이었다.

글라이스틴은 1980년 5월 말에서 6월 사이에 변화된 상황에 대해서 "최규하 대통령을 명실상부한 국가원수로 대하는 것도 이제는 무리라는 것을 깨달았다. 1980년 6월부터 한미 양국 정부 간의 기본적인 의견교환은 최규하 대통령이 아닌 전두환 장군을 통해 이루어졌다"고 밝혔다.[38]

하야 자체는 8월 16일에 이루어졌지만 사실상 이때부터 최규하 시대는 끝난 것이었다.

리더십의 결여

보수주의conservatism의 아름다움은 사람이 보존하는 전통적 관습과 가치

---

[38] William H. Gleysteen Jr., 《Massive Entanglement, Marginal Influence: Carter and Korea in Crisis》, Washington: Brookings Institution Press, 2000.

중에서도 가장 소중한 인간의 생명을 존중하고 보호한다는 점에 있다. 그래서 추상적이고 당위적인 정의를 부르짖는 진보주의 관점에서 옳지 않았다 할지라도 구체적이고 현실적인 보수주의 관점에서 궁지에 빠진 한 개인의 생명을 구했다는 이야기는 늘 우리를 감동시킨다. 남의 '아픔'을 같이 느낄 줄 알고 나와 다른 의견과 생각이 있음을 이해하고 포용하는 것이 진정한 보수주의다.

그러나 사이비 보수주의자가 늘어나면서 우리 사회에 그런 아름다움은 많이 줄어들게 되었다. 여론재판을 통해 '반동' '수구'로 낙인찍고 정죄하는 것은 공산당 수법인데, 엉터리 보수주의자는 개별요인은 고려하지 않고 전체적 관점을 중시하는 공산당식 수법을 차용하여 자기와 의견이 다른 이는 무조건 낙인찍고 정죄한다.

신군부의 주체세력이 민주화를 외치던 시민들을 모두 '좌빨'이나 '붉은 폭도'로 낙인찍어 죽음으로 몬 것은 나중에 밝혀진 것처럼 자기들의 욕심 곧 권좌에 올라 엄청난 돈을 챙기기 위한 일종의 정지작업 같은 것이었다. 생명을 경시하면서 권력이나 재산 등의 자기 이익만 얻고 지키는 천박한 보수주의는 부패로 이어지기 마련이다. 신군부의 두 수장은 바로 그 문제로 감옥에 갔던 대표적 사례다.

최규하는 결코 부패한 인물이 아니었다. 1995년 검찰이 12·12사건에 대한 재수사 때 그의 은행계좌를 뒤져보았으나 뒤가 깨끗했다는 후문이다.[39]

권좌에 있었음에도 1973년 구입하여 별다른 수리도 없이 40년간 살았던 서교동 2층집은 그의 검소하고 청빈했던 삶을 보여주는 물증으로

---

39 현석최규하대통령 팔순기념문헌집 발간위원회편, 《현석편모》, 현석최규하대통령 팔순기념문헌집 발간위원회, 1998.

유명하다. 이 같은 공직자로서의 청렴결백함은 적어도 각료 때까지는 그것만으로도 칭송받을 만한 미덕이다. 문제는 그가 대통령이 되었다는 점에 있다.

그는 재산을 얻거나 지키기 위해 무슨 짓도 마다 않는 사이비 보수주의자가 아니었다. 특별히 권력을 탐하지도 않았다. 그 밑에서 외무장관을 역임한 박동진은 각료들이 그를 10대 대통령 후보로 천거할 때 스스로 고사했다면서 "이분은 원래 겸손한 성품에 정치권력에 대한 욕심이 없었기 때문에 많이 주저했다"고 회고했다.[40]

그러나 생명을 아끼고 남의 아픔을 느끼고 나와 다름이 있음을 이해하는 면을 적극적으로 보이지는 못했다는 점에서 그를 건강하고 아름다운 보수주의자였다고 말하기는 어렵다. 군부의 억압 때문에 어쩔 수 없었다는 견해도 있다. 하지만 관리 시절에 보이던 '뚝심'은 다 어디로 갔는가? 그는 대통령이었다. 어떻게든 유혈의 비극은 막아야 할 지도자였다. 힘이 부쳐 막지 못했다 하더라도 최소한 그런 시도는 보여줬어야 했다. 그러나 그런 적극적인 노력이나 지도력을 발휘했던 흔적은 발견되지 않는다.

자신을 권좌에서 밀어낸 5공 내내 국정자문회의 의장으로 남아 있었던 대목이 암시하듯이, 최규하는 그저 현실을 수용하고 소극적으로 자기 것만 챙기는 일종의 본능적 보수주의자였던 것일까? 그는 고급 관리 또는 행정가 수준의 그릇이었던 듯싶다. 그런 그가 운명의 장난으로 보다 큰 리더십을 요구하는 최고지도자의 자리에까지 올라갔던 데에 역사적 비극이 있었다.

그런 맥락에서 1995년 법정 증언 때 그가 내놓은 "전직 대통령이 재

---

40 박동진, 《길을 멀어도 뜻은 하나》, 동아출판사, 1992.

임중 수행한 국정행위에 대해 일일이 증명하거나 증언을 해야 한다면 국가경영상 문제를 야기할 수도 있다"는 '공자님 말씀'은 공허하게 들린다. 왜냐하면 그에게 무덤까지 안고 갈 만한 비밀이나 '억울한 사연'은 처음부터 존재하지 않았을 것 같기 때문이다.

세월은 흐른다. 그 무게를 이기지 못한 그는 2006년 10월 22일 노환으로 서교동 자택에서 숨을 거두었다. 누린 해는 87년이다.

6

전두환

5공은 3공의
모조품?

5·18 광주민주화운동 후 TV '땡전뉴스'에 등장하던 전두환의 표정은 근엄하고 무서웠지만 국민들 눈에는 박정희를 교본으로 삼아 움직이던 그가 한편으로는 우스꽝스러운 존재로 보인다. 국가재건최고회의는 국가보위비상대책위로, 국토건설단은 삼청교육대로 이름만 바꿔 흉내 낸 5공은 마치 3공의 모조품 같지만 만성적인 인플레를 잡고 무역적자를 흑자로 돌려놓은 것은 그의 경제업적이기도 하다.

5공은 3공의 모조품?

"역사적 사건과 인물은 두 번 반복한다"는 헤겔Georg Wilhelm Friedrich Hegel
의 생각에 "처음엔 비극으로 두 번째는 소극笑劇으로"라는 생각을 덧붙
인 것은 카를 마르크스Karl Marx였다.《루이 보나파르트의 브뤼메르 18일
Der achtzehnte Brumaire des Louis Bonaparte》에서 그가 다룬 당통→코시디에르,
로베스피에르→루이 블랑을 박정희→전두환全斗煥으로 슬쩍 둔갑시켜
본 것은 나뿐이었을까?

박정희에게는 우국지사적인 풍취가 있었다. 쿠데타를 결심한 배경
으로 내세운 사회혼란이라는 상황적 명분과 가난을 퇴치하겠다는 근대
화의 신념이 일정 부분 국민적 공감대를 확보했던 것이 사실이다. 무엇
보다도 5·16은 무혈이었다.

그러나 전두환은 집권 과정에서 국민적 공감대를 얻을 만한 비전을
제시하지 못한 채 힘으로만 밀어붙였다. 유혈의 폭력정치에 대한 명분
으로 그가 내세운 것은 안정과 질서였는데, 이는 유신 시대를 막 벗어난
국민정서에 맞지 않는 논리였다.

TV '땡전뉴스'에 등장하던 그의 표정은 근엄하고 무서웠지만 국민

들 눈에는 박정희를 교본으로 삼아 움직이던 그가 한편으로는 우스꽝스러운farcical 존재로 보였다. 이를테면 국가재건최고회의는 국가보위비상대책위로, 정치활동정화법은 정치활동규제법으로, 언론규제는 언론통폐합으로, 국토건설단은 삼청교육대로 이름만 바꿔 흉내 냈던 것이다. 그래서 5공은 마치 3공의 질 나쁜 모조품처럼 보였다.

그런데 역설적인 것은 박정희의 경제제일주의를 답습한 그가 박정희도 누르지 못한 고질적 인플레를 보기 좋게 잡고 그 기조 위에 두 자릿수의 높은 경제성장률을 기록하면서 만성적인 무역적자를 흑자로 돌려놓았다는 점이다.

이처럼 안정과 성장과 흑자의 세 마리 토끼를 동시에 잡은 전두환에 대해, 그의 성공이 뒷받침되지 않았다면 박정희 시대도 빛날 수 없을 거라면서 "만약 전두환이 등장하지 않았더라면 한국인들은 보다 일찍 더 많은 자유를 향유하게 되었을는지 모르지만 경제는 전혀 다른 방향으로 빠져들었을 가능성이 크다"고 지적한 학자도 있다.[1] '빈탕'이라 박정희를 흉내 낼 수밖에 없었으면서도 '단군 이래 최대호황'을 가져왔었다는 전두환은 대체 어떤 인물이었을까?

'돌머리'와 용인술

만년적자였던 무역수지를 흑자로 돌리고 한때 위험수위에 육박했던 외채를 극적으로 줄일 수 있었던 배경엔 1985년부터 3년간 계속된 순풍의 도움이 컸던 것으로 알려져 있다. 달러가치 하락, 원유가격 하락, 국

1　김충남,《대통령과 국가경영》, 서울대학교출판부, 2006.

제금리 하락의 '3저현상'이 바로 그 순풍이었다. 이 바람을 타고 수출경쟁력의 날개를 얻은 메이드인코리아의 상품들이 해외시장으로 벌떼처럼 몰려나갔던 것이다.

이 시기 전두환은 "요새 무식한 사람들이 기름값 내리고 국제금리 내리고 '3저현상' 때문에 자동적으로 경제가 잘되는 거지, 정책을 잘 써서 잘되느냐고 얘기해요. 그럼 일본경제가 잘되나? 미국이 잘되나? 동남아, 구라파가 잘되나?"[2] 하고 반문하면서 3저현상의 혜택을 누릴 수 있었던 것도 자기가 미리 기반을 다져놓았기 때문이 아니냐는 요지의 발언을 했다.

여기서 눈길을 끄는 것은 그가 자신을 알아주지 않는 사람들을 향해 '무식한 사람들'이라고 지칭한 대목이다. 당시 세간에선 그를 '무식한 돌머리'라고 했다. 미국에 간 그가 IQ측정기에 머리를 집어넣었더니 "돌 넣고 장난하지 마시오"라는 경고음이 나왔다는 식의 우스갯소리가 널리 유행했다.

이처럼 시중에 '돌머리' 유머가 돌면서 전두환의 '머리 나쁨'은 사실인 것처럼 유포되었지만, 당시 일선에서 뛰었던 한 언론인은 그 풍문을 부인하면서 실제 "전두환은 머리가 좋은 사람이었다. 특히 직관력이 뛰어나고 기억력이 좋았다"고 증언했다.[3]

기억력에 대해서는 전두환 자신도 "내가 기억력은 괜찮은 것 같아. 내가 중대장 할 때 1주일 만에 180명의 이름을 다 외웠더니 모두 놀랐어"라고 자랑한 일이 있다.[4] 이 점은 가령 그의 초등학교 담임선생이 학

2 김성익, 《전두환육성증언》, 조선일보사, 1992.
3 이장규, 《경제는 당신이 대통령이야》, 올림, 2008.
4 김성익, 《전두환육성증언》, 조선일보사, 1992.

적부에 적은 "주의력, 기억력, 이해력이 풍부하며 책임감이 왕성함"[5]이
라는 메모에 의해서도 입증된다.

5공 시대에 그를 만났던 한 유력일간지의 사주 역시 "전두환 대통령
은 머리가 상당히 좋은 사람"이라고 회고했다.[6] 또 〈워싱턴포스트〉지의
한국특파원이었던 돈 오버도퍼Don Oberdofer는 리처드 워커Richard Walker
주한 미대사의 말을 인용하여 전두환은 "내가 아는 한 가장 약삭빠르고
타산적이며 정략적인 사람의 하나"였다고 평했다.[7]

그는 결코 '돌머리'는 아니었던 것이다. 5공 시절 청와대 대변인을
지낸 이종률은 "군인들을 깔봐선 안 돼요. 장군이 되려면 수천 명 되는
군인들을 다스리는 리더십 훈련을 받아야 됩니다"[8]라고 말한 일이 있는
데, 실제 공부기간으로 따져봐도 군인 정치가는 일반인이 생각하는 것
과는 다른 점이 있었다.

박사과정을 밟았던 이승만은 예외적인 케이스이지만 그밖에는 대개
대학졸업까지의 16년간이 민간 정치인이 받은 학교교육의 전부다. 그러
나 전두환의 경우는 육사 졸업(16년) 후에도 육군고급부관학교(5개월)→
미국특수전학교(5개월)→미국육군보병학교(6개월)→육군보병학교(4개
월)→육군대학(8개월) 등을 거치면서 민간 정치인보다 3년 정도를 더 공
부했다.

게다가 군인 정치가는 임관 직후부터 부하를 다루는 용인술을 체득
하게 되고, 소대장→중대장→대대장→연대장→여단장→사단장을
거치면서 점차 규모가 큰 조직을 관리하는 경험을 쌓게 된다. 이러한 군

---

5   천금성, 《황강에서 북악까지》, 동서문화사, 1981.
6   방우영, 《나는 아침이 두려웠다》, 김영사, 2010.
7   돈 오버도퍼(뉴스위크 한국판뉴스팀 역), 《두 개의 코리아》, 중앙일보사, 1998.
8   이종률, 〈전두환론〉, 함성득(편), 《한국의 대통령과 권력》, 나남출판사, 2000.

에서의 경험이 통치기술로 이어졌던 것인데, 이 통치기술은 우리가 뒤에 겪는 민간 대통령들, 그중에서도 특히 야당 출신이 가장 취약점을 보인 부분이기도 했다.

세칭 '정치 9단'이라던 그들에게 대권을 맡겨보니 군 출신보다 용인술도 떨어지고, 조직관리도 신통치 못했다. 왜냐하면 그들이 몸담아온 야당 조직은 체계적인 조직이라기보다 일종의 바람 조직이었기 때문이다.

이에 비해 전두환의 경우는 정치적 경험은 없어도 군 조직을 통해 용인술과 리더십을 착실히 몸에 익힐 수 있었던 것이다.

이 점과 관련하여 "나는 지금도 전두환 대통령의 용인술을 생각하면 감탄을 금치 못한다"고 회고한 측근의 기록도 있다.[9]

'멸사돌진'

1931년 경남 합천에서 아버지 전상우와 어머니 김점문의 6남 4녀 중 넷째 아들로 태어난 전두환은 어릴 때부터 우두머리 노릇을 했다. 아버지로부터 물려받은 강한 성격과 어머니로부터 물려받은 억센 기질과 함께 나이 들어 학교를 다닌 점도 그의 '골목대장' 역할에 한몫했던 것 같다.

8세에 그는 일본인 순사부장을 벼랑으로 밀어버리고 만주로 달아난 아버지를 뒤쫓아 삼촌과 함께 만주로 건너갔고, 거기서 9세가 되어 호란呼蘭소학교에 처음 입학했으나 1년 뒤에는 아버지를 따라 다시 고국에 돌아와야 했다. 대구 외곽의 허름한 집에 셋방살이를 하면서 10세의 그는 일본인 식품공장에서 낫토 배달, 약전골목에서 약 배달 같은 일을

9 박철언, 《바른 역사를 위한 증언 1》, 랜덤하우스중앙, 2005.

하느라고 학교엔 다니지도 못했다.

> 돈이 없어 나는 처음에 학교에도 못 갔다. 보통아이들보다 2~3년 늦게 그
> 것도 정식학교는 자리가 차서 금강학원이라는 곳에 들어갔다. 내가 1학년을 만
> 주에서 다녔으므로 2학년에 들어갔다가 공부를 잘해서 곧 4학년으로 월반했다.
> 4학년 2학기 때 희도소학교 5학년에 시험을 쳐서 진학했다. 소학교는 정식으
> 로 2년밖에 못 다닌 셈이다.[10]

그렇게 하여 만 16세 때 소학교를 졸업했다니까 동급생보다 서너 살
은 나이가 더 많았고, 그 덕택에 그는 동급생이면서도 그들의 리더 노릇
을 자연스레 할 수 있었다.

소학교를 나온 뒤 6년제 대구공립공업중학교(오늘날 대구공고) 기계
과에 진학한 그는 신문 배달 등 아르바이트를 하면서 고학을 했던 때문
인지 학업성적은 보통이었지만 스포츠에 자신이 있었고, 특히 축구부를
이끌면서 동급생들 사이에 두목 기질의 편린을 보였다.

육사에 들어간 뒤에도 축구부 주장으로 교우의 폭을 넓히며 동료들
을 리드해나갔다. 골키퍼였던 그의 활약에 힘입어 육사는 전국대학 축
구대회의 준결승에 진출하는 기염을 토하기도 했는데, 훗날 대통령이
된 그는 "골키퍼는 할 게 못 됩니다. 다른 사람은 백 번 실수하다가도 한
번 골을 넣으면 스타가 되는데 키퍼는 백 번 잘하다가도 한 번 실수하면
욕을 먹어요"[11]라고 우스갯소리를 했다.

하지만 그는 광은 나지 않으면서 책임은 무거운 골키퍼 역할이 구성

---

10 김성익, 〈전두환 대통령 약전〉, 조선일보편집부, 《비록 한국의 대통령》, 조선일보사, 1993.
11 김성익, 《전두환 육성증언》, 조선일보사, 1992.

원 전체에 대해 무한책임을 져야 하는 리더의 몫이란 것을 일찍부터 체득했던 것 같다. 이 점에 대해 훗날 그는 "나는 부하들에게 100% 충성한다. 그러나 나는 부하들이 50%만 충성하기를 기대한다"는 말로 요약한 일이 있다.[12]

그가 속한 육사 11기(정규 1기) 가운데 성망이 높았던 생도가 둘 있었는데, 그 하나는 입교 이래 죽 1등을 해온 김성진이었고, 다른 하나는 강한 책임감, 타고난 친화력, 그리고 체력에 바탕한 근면성 등으로 주목을 받은 전두환이었다. 학업성적은 중간 이하였는데도 동료들 사이에 성망이 높았다는 것은 그만큼 인간적인 폭이 넓었음을 뜻한다.

골키퍼로서 팀워크를 중시하던 그가 육사 졸업앨범에 남긴 '멸사돌진滅私突進'은 사전에도 없는 그가 만든 단어였던 것 같은데, '멸사'는 전체를 위해 자기를 희생한다는 뜻이고, '돌진'은 세찬 기세로 나아간다는 뜻이니, 이 말을 종합해보면 선두에서 이끄는 사람, 즉 리더를 뜻했던 것 같다. 이는 그가 동료들에게 말했다는 "내가 비록 우수한 성적으로 졸업하지는 못했지만 군대생활에서는 기필코 으뜸가는 장교가 되겠다"는 포부와도 상통한다.

5·16 지지 시가행진

소위로 임관한 후 최전방의 21사단과 25사단에서 소대장과 중대장을 마친 전두환은 1958년 말 한국에서 처음 창설된 김포 제1공수특전대로 발령받아 교육장교로 근무하고 있을 때 결혼을 하게 되었다.

---

12 최진,《대통령 리더십 총론》, 법문사, 2007.

식을 서둔 것은 이화여대 의예과에 다니던 신부 쪽이었다. 육사 시절 그는 육사 참모장이었던 이규동의 집을 드나들다가 여중 2년생이던 그 집의 딸 이순자를 만났는데, 이 여중생이 자라면서 두 사람이 사랑으로 이어진 것이었다. 8년의 나이 차가 있었는데도 신부 쪽에서 서둘러 결혼택일을 받아온 것은 신부의 할머니가 어떤 스님에게 물어봤더니 신랑의 사주팔자가 "만인을 구할 훌륭한 인물"이라는 이야기를 들었기 때문이라고 한다.[13]

결혼 후 전두환은 예정되어 있던 미국 유학을 떠났다. 거기서 뱀을 잡아먹으며 생존하는 레인저ranger 훈련을 받은 뒤 귀국, ROTC 교관으로 서울대 문리대에 파견 나가 있다가 5·16을 맞았다.

5월 17일 아침 그는 육군본부로 찾아가 거사의 주역인 박정희 소장과의 면담을 청하고, 5·16의 주체가 숙군 대상자인 장도영이 아니라 젊은 장교들 사이에 신망이 높은 박정희임을 안 뒤 육사 생도들에게 5·16 지지 시가행진을 제안했다.

5월 18일 아침 전두환의 설득에 따라 육사 생도 800여 명이 동대문에서 시청 앞 광장까지 벌인 시가행진은 그때까지 회의적인 태도를 보이던 일부 국민들과 외국인들의 시각을 바꾸는 데 결정적인 역할을 했다. 이 공로 때문이었는지 박정희에게서 뜻밖의 제안이 있었다고 전두환은 회고했다.

장도영 사건이 끝나고 얼마 안 됐을 때였는데 사무실에 오라고 해서 갔었어요. 나보고 전 대위, 국회의원 출마 안 하겠냐고 그래. 내가 깜짝 놀라 제가 어떻게 국회의원을 합니까 하니, 하면 하는 거지 왜 못해라고 해. 아닙니다……

13 천금성,《황강에서 북악까지》, 동서문화사, 1981.

돈도 없고 군대에도 충성스러운 사람이 있어야 하지 않겠습니까라고 했는데 그때부터 박 대통령이 나를 특별한 사람으로 보는 거야.[14]

박정희의 신임을 얻은 전두환은 국가재건최고회의 의장실 민원비서관이 된 것을 필두로 중앙정보부 인사과장, 육군본부 인사참모부 인사과장 등의 요직을 거친다. 그리고 제1공수특전단 부단장으로 일선에 나갔다가 1967년 수도경비사령부 제30대대장(경복궁 주둔)으로 청와대에 다시 돌아왔는데, 이 무렵의 전두환을 당시 청와대의 한 비서관은 이렇게 회고했다.

호걸형의 지휘관이었던 전두환 중령은 박정희 대통령의 신임이 유난히 두터웠고, 박종규 경호실장이 가장 의존하는 지휘관이라고들 했다. 김신조 등 북한 기습조 31명이 세검정까지 진출해 청와대가 위협받을 때 전두환 대대장은 박격포를 세검정 사거리에 발사했고, 조명탄 덕에 북한 기습조가 놀라 전부 흩어졌다. 이후 공비들을 사살하고 김신조를 체포하기에 이르렀다.[15]

이 일로 전두환에 대한 박정희의 신임은 더 두터워졌다.

1969년 4월 14일, 전두환 중령은 육사 11기 이후의 동창회인 북극성회 회장에 선출되었다. 같은 해 11월, 그는 동기생 156명 가운데 첫 번째 대령으로 진급하면서 육사를 졸업할 때 선두주자가 되겠다고 한 자신의 다짐을 성취할 수 있었다.

그는 1970년 4월 22일 모교인 육사를 방문해 다음과 같은 연설을

14 김성익, 《전두환 육성증언》, 조선일보사, 1992.
15 "김운용이 만난 거인들-전두환 전 대통령", 〈일요신문〉, 2010년 6월 18일.

했다.

> 본관은 재학중 성적이 중간에도 못 미쳤었습니다. 그렇다고 공부를 게을리
> 했던 것은 아닙니다. 본관은 1등을 하고 싶었습니다. 그리고 그 1등의 파이널은
> 비단 육사를 졸업할 때의 그 순간에만 머무는 것은 아니라고 생각했습니다. 본
> 관은 1등을 위해 육사에 입교한 그 순간부터 지금까지 20년 동안 끊임없이 공
> 부해왔습니다. 이러한 노력의 결실로 이제 본관은 우리 동기생들을 앞질러 1등
> 을 한 것입니다.[16]

이 연설로 그는 후배 생도들로부터 우레 같은 박수를 받았다.

박정희의 총애를 받으며 출세가도를 달려온 그는 이 무렵 육사 11기
이후의 장교들과 생도들 사이에 명실상부한 리더로 부상해 있었다.

청와대 파견 근무

1973년 '윤필용 사건'이 터졌을 때 수도경비사령관 윤필용을 따르던 장
교들이 모반 혐의로 수십 명 연행되었다. 백마부대 연대장으로 베트남
전에 다녀온 뒤 이 무렵 제1공수특전단 단장이 되어 있던 전두환 또한
화를 피할 수 없었다. 그는 윤필용이 후원해주던 '하나회—心會'의 핵심
멤버였기 때문이다. 그러나 경호실장 박종규가 대통령에게 강력히 건
의하여 풀려날 수 있었다.

사람의 운이란 묘한 것이다. 윤필용 사건이 일어남으로 해서 그는

---

16 천금성, 《황강에서 북악까지》, 동서문화사, 1981.

오히려 손영길 대령 등 경쟁자를 물리치고 하나회의 1인자로 부상할 수 있었다. 만일 그때 실각했더라면 3년 뒤 청와대로 다시 돌아오는 일도 없었을 것이다.

1976년, 그는 청와대 경호실 차장보로 발령받았다. 이로써 그는 1961년 민원비서관, 1967년 수경사 제30대대장에 이어 세 번째 청와대 근무를 하게 된 것이었다.

이 무렵의 경호실장은 차지철이었는데, 그는 무소불위의 권력을 휘두르던 이른바 '피스톨 박' 박종규보다 한 술 더 떠, 방 한쪽에 '각하가 곧 국가다'라는 표어를 써 붙이고 대통령을 경호한다는 명분 아래 경호실장을 장관급으로, 신설한 차장 자리를 차관급으로 격상시킨 인물이다.

차지철은 '대통령경호위원회'라는 희한한 기구를 만들어 중앙정보부장·국방장관·내무장관·검찰총장·치안본부장·육해공군 참모총장을 위원으로 두고 그 자신이 위원장 자리에 앉음으로써 사실상의 권력 2인자로 군림하는 야릇한 수완을 발휘했다.

이 모습을 옆에서 지켜본 전두환은 자기도 모르는 사이에 권력의 속성과 메커니즘을 터득하게 되었는지도 모른다. 군인이 권부 주변을 맴돌면 정치군인이 되기 쉽다. 그는 차지철 밑의 차장을 보좌하는 차장보 자리에 있었다. 그러나 상관인 차지철을 존경하지는 않았다. 오히려 자기보다 나이가 세 살이나 적은데다, 육사가 아닌 광주포병학교 출신의 그를 깔보는 투로 이렇게 말했다.

차지철이 원래 내 밑에 있었어. 그 사람이 육사 12기 시험에 떨어지고 그 다음에 포병학교를 가서 포관이 된 사람이지. 자존심이 강해. 나와 함께 미국에 갔는데 그 사람이 미국 사람과 싸움을 해서 퇴교를 당하게 돼 있었어…… 차 대위가 외국인의 불만을 대표해서 때린 것이라고 내가 변호를 해서 결국 용서를 받았어. 그 사람이 육사 12기 시험에 떨어진 것을 스스로 비밀에 부쳤는데 육사 출신을 매우 싫어했어.[17]

전두환은 차지철과 사이가 나빴다. 그 때문이었는지 경호실에 오래 머물지 않고 다시 일선으로 나갔다. 제1사단장을 맡은 그는 국민의 관심사였던 북한의 남침 땅굴 탐색작업에 나섰다. 그는 땅굴로 의심되는 지역에 임시숙소를 마련하고, 그곳에서 침식하며 부하들을 독려하는 열의를 보인 끝에 1978년 10월 17일 마침내 땅굴을 발견했다. 이 공로로 그는 5·16민족상을 수상하기도 했다.

그러나 운명은 그를 다시 청와대 주변으로 끌어들인다. 마침 보안사령관이 공석이었다. 대통령 비서실장 김계원은 차지철을 견제할 보안사령관 적임자를 찾고 있었다. 국방장관 노재현이 전두환을 추천하자 김계원은 "그거 참 좋은 생각이야. 전두환이를 보안사령관에 앉히면 각하의 신임이 두터우니 차지철이와 김재규가 지금처럼 알력 다툼을 할 수는 없을 거야. 전두환이가 바로 묘책이고 적임자로군!" 하고 대통령에게 천거했다.[18]

이렇게 하여 전두환은 1979년 3월 보안사령관에 임명되었다. 그는 자리에 앉자 차지철을 견제하기 위해 보안사가 계엄하에서 주도적으로 할 수 있는 방안에 어떤 것이 있는지 연구해보라고 지시했다. 그 결과 그해 여름까지 강구된 것이 합동수사본부의 설치에 관한 내용이었다. 보안사가 중심이 되어 합동수사본부를 설치하면 다른 정보·수사기관까지 지휘할 수 있다는 보고를 들은 전두환은 "취할 수 있는 긴급조치

---

17 김성익, 《전두환 육성증언》, 조선일보사, 1992.
18 송우, "노재현이 전두환을 잡지 않은 이유". (송우 블로그)

가 꽤 많군" 하면서 매우 흡족한 표정을 지었다고 한다.[19]

10·26 뒤에 등장하는 합동수사본부가 그해 여름부터 검토되고 있었다는 점이 묘하다.

합동수사본부

이 대목에서 나는 지난날 서양사 시간에 들었던 로마제국의 멸망사가 문득 생각났다. 로마제국은 말기에 게르만 용병들을 썼다. 그들은 처음에 정치가 무엇인지, 통치가 무엇인지 몰랐다. 그저 굉장한 것인 줄로만 알았다. 그런데 궁궐을 지키면서 가만히 보니 로마황제가 행사하는 힘의 원천이 다름 아닌 자기들 게르만 용병에게 있는 것이었다. 그 점을 알게 되자 게르만 용병 출신의 오도아케르Odoacer는 로마황제를 밀어내고 이탈리아 왕이 되었다.

이와 비슷한 현상이 전두환에게 일어났던 것이 아닌가 싶다. 물론 그는 누구처럼 거사를 치밀하게 준비한 적은 없다. 그 자신도 훗날 민복기·박일경과 저녁식사를 같이 하면서 "나는 꿈에도 대통령이 되겠다고 생각해본 일이 없었어요."라고 실토한 일이 있다.[20]

적어도 10·26 전까지는 그랬는지 모른다. 그러나 1979년 10월 26일 밤 대통령 박정희의 죽음이 확인되고 계엄령이 선포되자 그는 곧장 합동수사본부부터 차렸다. 차지철을 견제하기 위해 보안사가 그해 여름 강구해두었던 방안 그대로였다.

---

19 "전두환 소장의 10·26", 〈월간조선〉, 1988년 5월호.
20 김성익, 《전두환 육성증언》, 조선일보사, 1992.

그리고 10월 27일 아침, 중앙정보부차장, 검찰총장, 치안본부장 등 정보수사기관의 장들을 전부 보안사로 불러들였다. 이들은 보안사에 들어올 때 지위고하에 관계없이 위병들로부터 삼엄한 몸수색을 받았다. 여기서부터 그들은 자기도 모르는 사이에 합동수사본부장 밑의 서열이 되어버린 셈이었다.

이윽고 회의가 시작되자 전두환은 합동수사본부의 업무한계는 중앙정보부·검찰·군검찰·경찰·헌병·보안 등 모든 정보수사기관의 업무를 조정·감독하는 것이라고 규정함으로써 각 권력기관을 합동수사본부 밑에 간단히 배속시켜버렸다. 그 뒤 각 기관장들은 전두환이 보안사의 법무참모를 시켜 하달하는 업무지침을 전달받음으로써 얼결에 전두환의 수하가 되고 말았다. 이 기민하고 능숙한 솜씨에 보안사의 직원들은 모두 감탄을 금치 못했다고 한다.

권부에서 세 번이나 일한 전두환은 보고 들은 것이 많았다. 특히 '대통령경호위원회'라는 희한한 기구를 설치함으로써 2인자의 자리를 가볍게 차지하던 차지철의 솜씨도 목격한 터였다. 이 점에서 그는 정치군인이었던 것이다.

대통령을 시해한 김재규에 대한 수사는 그 자신의 더 큰 목표를 위한 하나의 좋은 구실일 뿐이었다. 그는 새 국면을 내다보고 있었다. 대통령권한대행 최규하는 상징적 존재에 지나지 않았다. 실권을 쥐고 있는 것은 계엄사령관 정승화였다. 따라서 그와의 싸움에서 이기면 권력의 중심은 자기에게 기울게 되어 있었다. 그가 허화평 비서실장에게 5·16을 연구해 보고하라는 지시를 내린 것은 그런 판단에서였을 것이다. 이 시점부터 그는 권력에의 의지를 구체화하기 시작했던 것으로 보인다.

그에겐 군부의 힘을 결집시킬 수 있는 사조직이 있었다. 1962년 친목을 목적으로 육사 11기 졸업생 가운데 영남 출신의 우수한 장교들로 결성한 '하나회'가 바로 그것이었다. 이 모임은 뒤에 박정희의 친위그룹으로 발전하면서 '일심—心'이란 휘호와 군도, 그리고 특별진급이라는 대통령의 특별배려를 받으며 성장해온 조직이었다.

이에 따라 한때 하나회 회장이었던 윤필용 수경사 사령관이나 그 고문이었던 박종규 경호실장은 하나회의 리더격인 전두환에게 풍부한 활동자금을 지원해주었는데, 전두환은 이 자금을 혼자 착복하지 않고 다시 회원들에게 통 크게 배분했다.[21] 이런 태도가 그의 타고난 친화력과 함께 사람들을 그의 주변에 모여들게 했다. 게다가 하나회의 주요 멤버들은 서로 기맥氣脈을 통해 대통령 경호실과 군부 내의 요직을 서로 돌아가며 맡고 있었다.

전두환은 이 하나회 회원과 공수특전단장 시절의 특전사 인맥을 집결시켰다. 계엄사령관 정승화와 한판 붙기 위함이었다.

12·12사태

승산은 있었다. 전두환은 대통령 시해사건에 연루된 자를 밝힌다는 명분을 쥐고 있었던 것이다. 이미 청와대 비서실장 김계원을 체포한 전두환은 계엄사령관 정승화에게도 사람을 보내 조사를 시키는 등 수사망을 좁혀들어갔다.

권력을 한 몸에 지니고 있던 정승화로서는 전두환의 이런 건방진 태도가 불쾌했다. 그래서 노재현 국방장관과 골프를 치면서 전두환을 동

21 池東旭, 《韓國大統領列傳》, 東京: 中公新書, 2002.

해방위사령관에 전속시킬 생각임을 알렸다. 이것이 실수였다. 인사는 언제나 전격적으로 단행해야 뒤탈이 없다. 전두환을 보안사령관에 추천했던 노재현은 다음 날 국방차관 김용휴와 내무장관 김종환을 만난 자리에서 정승화가 골프장에서 한 말을 들려주었는데, 이 말이 곧장 전두환에게 흘러들어갔던 것이다. 제보자는 국방차관 김용휴였다고 한다.[22]

이에 전두환은 즉시 보안사와 하나회, 그리고 특전사 인맥을 동원하여 정승화의 시해사건 연루설을 군 내부에 퍼뜨렸다. 명분을 장악하기 위해서였다. 당시 육군의 근간을 이루고 있는 것은 위로는 소장에서 밑으로는 소위에 이르기까지 정규 육사교육을 받은 장교들이었는데, 이들은 바로 그 정규 육사가 시작된 11기의 대표적 존재였던 전두환을 지지했다. 당시 주한 미대사 윌리엄 글라이스틴에 따르면 미국도 전두환세력에 대한 군의 확고한 지지에 놀랐다고 한다.

마침내 12월 12일 저녁 6시 30분경, 전두환을 필두로 한 하나회 출신 장교들은 비상계엄하였음에도 자신들의 부대를 벗어나 '생일집 잔치'라는 암호명에 따라 경복궁내 수경사 30경비단장실에 집결했다. 이들은 육군본부의 정식 지휘계통을 무시하고 불법적으로 수도권지역의 무장병력 6000여 명을 동원하여 육군본부·국방부·수경사·특전사 등을 점거했다.

이와 동시에 전두환이 보낸 약 80명의 수사본부 병력이 한남동 육군참모총장 공관을 덮쳤다. 이 시각 공관에서 저녁을 먹은 뒤 TV뉴스를 보고 있던 정승화는 갑자기 들이닥친 보안사의 두 대령(허삼수·우경윤)에 의해 양팔을 붙들렸다.

---

22 송우, "노재현이 전두환을 잡지 않은 이유". (송우 블로그)

공관에서 경호실 요원 복장을 한 자가 내 가슴에 총구를 갖다 대고 가자고 할 때 '이게 뭔가 심상치 않구나. 단단히 나를 의심하고 조사하려고 하는구나' 하는 단순한 생각으로 끌려간 것이 가장 큰 실수였다. 내가 그들이 그런 소리를 할 때 '쿠데타'라는 생각을 조금이라도 했다면 얼마든지 적절한 조치를 취할 수 있었다. 나는 부하들을 너무 믿었고, 군 조직을 너무 믿었다.[23]

그날 정승화가 보안사 서빙고 지하실로 연행되던 시각에 전두환은 20여 명의 경호병을 데리고 삼청동 공관으로 대통령 최규하를 찾아가 정승화의 체포를 승인해달라고 요구했다. 최규하는 "국방장관의 허가부터 받아 오라"며 버텼으나 이미 정승화는 체포된 뒤였다.

이 같은 일련의 사태를 지켜본 글라이스틴은 다음 날 아침 밴스 미 국무장관에게 타전한 전보에서 이것은 사실상의 쿠데타라고 지적했다. 그러나 전두환은 12월 14일 글라이스틴과 만났을 때 자신의 행동이 쿠데타나 혁명으로 평가되는 것을 거부하면서, 정승화를 체포한 것은 단지 박 대통령 암살의 수사 때문이지 개인적 야망이 있기 때문은 아니라고 했다. 이는 "내 생각이나 우리가 입수한 정보와는 완전히 상충되었다"고 글라이스틴은 회고했다.[24]

그건 쿠데타였다. 그날 국가의 모든 권력이 전두환의 손에 들어갔기 때문이다.

---

23 정승화, 《12·12사건 정승화는 말한다》, 까치, 1987.

24 William H. Gleysteen, 《Massive Entanglement, Marginal Influence: Carter and Korea in Crisis》, Washington: Brookings Institution Press, 2000.

전두환과 미국

글라이스틴이 1980년을 돌아보며 쓴 회고록의 제목은《얽힌 것은 많고 영향력은 적고Massive Entanglement, Marginal Influence》다. 이 제목은 당시 그와 미국 정부가 취했던 대한정책의 입장을 정확히 반영한 것이었다고 볼 수 있다.

당시 미국 언론은 민주화의 길을 걸을 것으로 기대했던 한국정치가 뒷걸음칠지도 모른다는 우려 때문에 12·12사태를 비판적으로 보도했다. 특히 12월 15일자 AP통신은 서울발 기사에서 "12일 밤 일어난 군부 내의 숙청에서 한국의 매파 장군들은 서울시내에 한국군 중 가장 정예부대인 제9사단과 다수의 탱크를 동원했는데, 이 같은 한국 군부의 행동은 주한 미군 수뇌부에 사전통고나 승인 없이 취해진 것으로써 주한 미군 수뇌를 격노케 했다"고 전한 다음, 미 군사소식통을 인용하여 "한국군의 출동은 적어도 군대의 윤리와 군인으로서의 예절을 깬 것이며, 지휘명령 절차의 일반적 기준과 크게 보면 한미상호방위조약을 위반한 것"이라고 보도했다.

이 기사는 당시 주한 미군과 주한 미대사관의 입장을 반영한 것이었다. 그러나 전두환은 조금도 당황하지 않았다. 그에게는 그가 지시하여 허화평이 올린 〈5·16 교본〉이 있었기 때문이다.

5·16 때도 군부거사를 못마땅하게 생각한 주한 미군과 주한 미대사관은 AFKN 라디오로 반대성명을 방송하기까지 했었다. 그러나 결국 미국은 5·16세력을 승인한 터였다.

전두환은 글라이스틴을 만난 자리에서 "부패를 일소한 후 병영에 복귀하겠다"고 했는데, 이 멘트 또한 허화평 등이 연구해서 올린 〈5·16 교본〉에 들어 있던 대사였다. 전두환이 돌아간 뒤 글라이스틴은 서류철을 뒤져 1961년 쿠데타 당시 박정희가 보낸 김종필의 대사 기록을 찾아 냈는데 전두환의 말과 김종필의 말이 놀랍게 일치했다고 미국의 한 한 국학 교수는 지적했다.

당시 주한 유엔군사령관이던 카터 B.매그루더 장군을 찾아온 김종필은 "부 패를 일소한 뒤 병영에 복귀하겠다"고 말했다. 이 기록은 매그루더가 하와이에 있는 태평양지역 총사령관에게 보낸 보고서에 적혀 있었다.[25]

이는 우연의 일치가 아니라 신군부가 5·16의 선례를 깊이 연구했다 는 증거다. 그런 만큼 전두환은 이 거사의 결론이 어떻게 귀결될 것인가 에 대해서도 잘 알고 있었다.

미국은 처음엔 민간정부의 지지와 민주화의 원칙을 말한다. 그러나 실제론 아무 편도 들지 않으면서 내부싸움의 추이를 지켜보다 이긴 자 의 손을 들어준다. 그것이 안전하고 비용이 덜 들기 때문이다.

글라이스틴은 미국이 일시 역쿠데타를 수행할 대체세력을 찾았던 것처럼 말했지만, 만일 그랬다면 그건 새로운 세력을 길들이기 위한 포 즈였을 뿐이다. 왜냐하면 냉전 시대에 미국의 대한정책의 최우선 순위 는 안보였고, 그 점에서 군사정권은 미국이 가장 안도할 수 있는 세력의 하나였기 때문이다.

이런 맥락에서 글라이스틴이 선택한《얽힌 것은 많고 영향력은 적 고》라는 회고록 제목은 실상을 언급한 것이기도 하지만, 그보다는 광주 민주화운동 후 야기된 한국인의 반미감정에 대해 '영향력이 적어 미국 으로서도 어쩔 수 없었다'는 일종의 해명성 제목이었다고 할 수 있다.

---

25 "광주는 전두환 집권의 단계적 쿠데타였다", 〈신동아〉, 1989년 5월호.

전두환의 신군부가 당혹스러워한 대상은 미국이 아니라 한국 민중 쪽이었다. 〈5·16 교본〉에 민중에 대한 지침은 없었기 때문이다. 5·16 당시 민중은 군사세력에 항거한 것이 아니라 오히려 환영하는 분위기였다. 그러나 1980년의 상황은 전혀 달랐다.

서울의 봄

당시 국민적 열망은 민주화였다. 유신 시대를 막 벗어난 민중, 유신정권 하에서 힘겨운 투쟁을 벌여온 야당과 재야 민주세력은 유신체제의 붕괴로 그들의 염원인 민주화를 기대했으나, 12·12쿠데타를 일으킨 신군부가 역사의 톱니바퀴를 거꾸로 돌린 것이 아닌가 하여 크게 분노했다.

그러나 톱니바퀴가 역회전한 것은 아니었다. 다만 톱니바퀴가 잠시 멈칫하는 순간이 있었다. 이 시기를 '서울의 봄'이라고 했는데, 군부독재 시대가 끝나고 민주정치 시대가 도래했다는 뜻으로 실제 '서울의 봄 ソウルの春'이라는 표현을 처음 사용한 것은 일본 매스컴이었다고 한다.[26] 당시 보안사의 엄격한 통제를 받고 있던 한국 언론으로서는 그런 표현을 사용하기도 어려웠을 것이다.

서울의 봄을 주도한 것은 야당과 재야세력과 학생이었다. 〈5·16교본〉에 없는 이들의 강력한 저항에 직면한 전두환의 신군부는 다음 대책을 강구하느라고 아직 수면 위로 부상하지는 못하고 있었다.

그러다가 신군부의 리더인 전두환의 모습이 표면에 떠오른 것은 1980년 4월 14일 보안사령관이자 중앙정보부장 겸직에 임명되면서부

---

26   鳥羽欽一郎,《これからの韓国》, 東京: サイマル出版会, 1984.

터였다. 12·12쿠데타의 주역인 전두환이 베일을 벗자 내외의 관심이 집중되었다. 4월 15일자 〈뉴욕타임스〉는 장문의 서울발 기사에서 "한국의 정보부장직은 보통 민간인이 맡는 것이 관례였기 때문에 전 장군의 임명소식은 한국 국민에게 놀라움을 주었다"고 보도했다.

그는 '서울의 봄'을 끝내기 위한 방안의 하나로 안보카드를 꺼냈다. 독재정권이 전가의 보도처럼 사용해온 전통적 수법이다. 전두환이 부장으로 취임한 중앙정보부는 민중의 민주화 열기를 '북괴남침설'과 연계된 소요로 몰기 위해 이 사실을 언론에 일제히 발표했으나, 미 국무부가 성명을 통해 "한국에 대한 어떤 유의 공격도 임박해 있다고 믿을 만한 움직임이 없다"고 중앙정보부의 '북괴남침설'을 전면 부인해버렸다.

국방부 과거사진상규명위원회의 조사 결과도 당시의 육군본부 또한 북한의 남침 준비완료라는 중앙정보부의 첩보는 신빙성이 없다고 판단하고 있었다고 한다. 또한 전두환을 면담한 주한 미군사령관 존 위컴 John Wickham도 "전두환 씨가 국내정세를 비관적으로 평가하고 북의 도발 가능성을 강조한 것은 청와대 주인이 되기 위한 구실에 불과한 것 같다"고 워싱턴에 보고했다.[27]

이처럼 국가위기 조장의 구실로 삼으려던 북괴남침설이 미국 정부에 의해 전면 부정되자 신군부는 민주화 열기를 잠재우는 다른 방안을 찾았다. 그 핵심은 김대중이었다. 신군부는 대권경쟁에 뛰어들 것으로 예상되던 3김(김종필·김영삼·김대중) 가운데서도 김대중을 가장 싫어하고 두려워했는데, 이 시기 한국 특파원이었던 한 일본 기자는 당시의 정황을 이렇게 회고했다.

---

27 "광주가 우리에게 묻는 것-남은 자의 과제", 〈경향신문〉, 2010년 5월 12일.

자유의 몸이 된 김대중 씨의 경우 그 활동은 특히 활발했다. '크리스천 민주주의자'로 내외에 널리 알려진 명성을 배경으로 그는 활동의 영역을 넓혀갔다. 신민당 총재의 자리를 김영삼 씨로부터 거부당하자 신민당의 조직을 깨가면서 그의 천재적인 대중 선동력과 조직력으로 널리 대중 사이에 파고들어갔다. 반체제적인 발언으로 격정적인 행동파 학생들의 인기를 끌었을 뿐 아니라 크리스천으로서의 그의 평판도 한국의 많은 기독교 신자들의 지지를 얻는 데 유리했다. 이렇게 하여 김대중 씨는 큰 세력으로 급속히 성장해가고 있었다.[28]

5월 1일 신군부 주도의 계엄사는 전군지휘관회의를 개최하고, "법치주의의 원칙과 민주적 기본질서를 부정하는 행위에 대해서는 이유 여하를 막론하고 엄단하겠다"고 경고했다. 이에 학생들은 계엄령을 해제하지 않을 경우 5월 10일을 기해 가두시위를 단행하겠다고 맞불을 놓았다.

신군부는 사태진압을 위해 병력이동이 필요하다는 것을 미8군사령관에게 알렸다. 글라이스틴 대사는 5월 7일 국무장관에게 "한국군이 우발사태에 대처하기 위해 다음의 병력이동을 미군 사령관에게 알려왔습니다…… 요청이 있을 시 유엔군사령관은 병력이동을 동의하게 될 것입니다"라고 타전했다.[29]

결국 미국은 5·17정변과 5·18광주민주화운동이 일어나기 열흘 전쯤에 신군부의 병력이동을 사실상 승인한 셈이었다.

---

28 鳥羽欽一郎, 《これからの韓國》, 東京: サイマル出版会, 1984.

29 이흥환, 《미국 비밀문서로 본 한국현대사 35장면》, 삼인, 2002에서 재인용.

'전두환을 죽여라'

학생들의 시위가 점차 과격해지고 대형화되자 5월 17일 저녁 신군부의 지시를 받은 계엄군이 움직였다.

그들은 눈엣가시이던 김영삼·김종필·김대중의 3김을 가택연금 또는 구속하는 동시에 재야인사 및 학생 600여 명을 전격 연행했다. 그리고 그날 자정을 기해 계엄령 전국 확대를 선포하면서 탱크로 무장한 군 병력을 주요 도시에 투입했다. 전국 대학에 휴교령이 내려졌고 국회도 봉쇄되었다.

서울에서 일어난 5·17정변의 불꽃은 묘하게도 다음 날 광주에서 폭발을 일으켰다. 호남 출신의 대권 유력후보였던 김대중의 체포소식을 들은 민심이 요동쳤던 것이다.

> 수많은 사람들이 거리로 몰려나왔고…… 군중들은 "전두환을 죽여라" "계엄령을 해제하라" "김대중을 석방하라"고 외치고 있었다.[30]

분노한 광주 시민들의 "시위는 곧 전면적인 봉기로 확대되었다. 시민들은 도주한 경찰을 대신해서 광주를 실질적으로 장악했다."[31]

이처럼 광주가 시민군에 장악되는 사태로 발전하자 신군부는 진압군 투입을 결정한다. 이때 미국의 입장은 어떤 것이었을까? 일반적으로는 미국 정부가 신군부를 승인한 것은 위컴 주한 미군사령관이 "미국은 전두환이 대통령이 되는 것을 지지할 것인가?"라는 기자들의 질문

---

30 "광주는 전두환 집권의 단계적 쿠데타였다", 〈신동아〉, 1989년 5월호.
31 "SOUTH KOREA: Season of Spleen", 〈Time〉, June 2, 1980.

에 "그가 합법적으로 집권하고 장기적으로 폭넓은 국민지지를 확보하며 한반도의 안보상황을 위태롭게 하지 않는다면 미국은 그를 지지할 것"[32]이라고 답한 그해 8월경이었던 것으로 알려져 있다.

그러나 당시 신군부는 '광주사태'의 진압이 미국의 용인과 지원 아래 실시되었다는 거짓 정보를 흘렸다.[33]

진압의 결과는 참혹했다. 9일간에 걸친 광주민주화운동은 사망자 163명, 행불자 166명, 부상자 3139명의 처절한 흔적을 남겼다. "한국에 영원한 상처를 남긴 사건"이라고 글라이스틴이 정의한 광주 진압의 책임은 대체 누구에게 있었던 것일까?

1996년 8월 26일, 서울지법은 12·12와 5·18사건에 대한 1심 선고 공판에서 전두환에게 사형, 노태우에게는 징역 22년 6월을 선고했다. 하지만 발포 명령자와 지휘권 이원화의 문제는 명확히 규명되지 않았는데, 2007년 7월 24일 국방부 과거사진상규명위원회가 "전두환 각하: 난동시에 군인 복무규율에 의거 자위권 발동 강조"라고 명기된 문서를 발견, 전두환이 군 수뇌회의에서 자위권 발동을 주장했음을 밝혀냈다.

물론 발포 명령자를 명기한 문서를 찾아내지는 못했고, 전두환 등 관련자가 진술을 기피하는 바람에 실체규명은 하지 못했다. 하지만 신군부의 수장인 전두환의 리더십이 공격적이지 않았다면 사태가 거기까지 이르지는 않았을 것이란 점에서 유혈사태는 계속 그의 짐으로 남을 수밖에 없게 되었다.

32 "U. S. Support Claimed S. Korea's Chon", 〈Los Angeles Times〉, August 8, 1980.
33 池東旭, "韓國大統領列傳", 東京: 中公新書, 2002.

〈5·16교본〉과 국보위

12·12로 실권을 잡았고 5·17의 2단계조치로 그 실권을 제도화시킨 것이 광주 진압 직후 설치된 국보위였다. 명목상의 국보위 위원장은 대통령 최규하였지만, 실권은 상임위원장인 전두환에게 있었다. 국회는 형식상 그대로 두었으나 문을 닫아버렸고, 국무회의는 국보위의 결정을 추인하는 기관으로 전락하고 말았다.

따라서 국보위 상임위원장인 전두환은 육군참모총장은 물론 국방장관, 국무총리, 대통령보다도 훨씬 강력한 존재였다. 그의 말 한마디면 죽을 것이 살고 살 것이 죽었다. 광주 진압의 여진이 가라앉지도 않은 살벌한 분위기 속에서 발족한 이 국보위는 허화평이 보고한 〈5·16교본〉에 따라 1961년의 국가재건최고회의를 흉내 낸 기구였다.

이것뿐 아니라 신군부가 취한 행동은 1961년의 쿠데타 시나리오를 전부 덧쓴 것이었다. 국보위에서 설치하기로 결의한 삼청교육대가 그 대표적 사례였다. 이 또한 5·16의 국토건설단을 본떠 만든 것이었다.

그가 활용한 〈5·16교본〉의 결정판은 대통령 최규하에게 대장 계급장을 달아달라고 요구한 일이다. 이는 지난날 박정희가 미국 방문을 앞두고 대통령 윤보선에게 대장 계급장을 달아달라고 요청했던 사례를 그대로 답습한 것이었다.

그 직후 전두환은 압력을 넣어 최규하를 자진사퇴시키고 체육관 선거를 통해 99.9%의 득표율로 제11대 대통령에 당선되었다. 광주의 유혈사태와 삼청교육대 등의 무자비한 폭압정치를 본 시민들은 이 시기 전두환 정부가 무슨 일을 하더라도 그저 무서움에 치를 떨면서 숨을 죽이고 있을 뿐이었다.

대통령이 된 전두환은 5공의 신헌법 확정과 함께 국보위를 해체하고 그 대신 국보위입법회의라는 것을 설치했다. 여기서 1980년 11월 3일 정치풍토쇄신법이라는 것을 제정했는데, 이는 18년 전 탄생한 정치활동 정화법의 쌍둥이 동생이었다.

이 법이 제정된 직후 835명의 정치활동 규제대상자가 발표되고, 2주 후 '구시대 정치인'으로 낙인찍힌 567명의 정치활동 금지대상자가 발표되었는데, 여기에는 이미 그해 8월 13일 전두환의 강요에 의해 정계은퇴를 선언한 김영삼, 그해 9월 11일 사형선고를 받은 김대중의 이름도 포함되어 있었다.

이 법으로 '구시대 정치인'을 강제 은퇴시킨 이유는 새로 창당되는 민주정의당(민정당)의 입지를 넓혀주기 위한 것이었다. 전두환은 1981년 1월 민정당에 입당하여 초대 총재에 추대되었고 이어 2월에는 민정당 후보로 12대 대통령에 출마했다.

재미있는 점은 모양을 그럴듯하게 하기 위해 급조된 정당들의 들러리 후보들이 세워졌다는 점이다. 곧 국민당의 김종철, 민권당의 김의택, 민한당의 유치송 등이다. 이 체육관 선거에서 전두환은 90.2%의 압도적인 득표율로 당선되었는데, 당시 TV를 보던 집안어른이 혀를 끌끌 차던 모습이 지금도 눈에 선하다.

레이건의 푸대접

사극을 보고 있자면 조선 임금이 중국 황제에게 사신을 보내 세자 책봉을 받아 오는 장면이 자주 등장한다. 그 일을 중시했던 이유는 제후국 신하의 도리니 뭐니 하는 그런 의전에 있었던 것이 아니라, 책봉을 받아 둬야 경쟁자들이 자리를 넘보지 못한다는 데 있었다.

이와 비슷하게 정통성의 문제를 안고 출발한 전두환은 미국의 공식 승인이 절실한 입장이었다. 승인을 내외에 확인시키자면 미국 대통령을 만나야 한다. 여기서 한미정상회담의 문제가 대두되었는데, 이 일을 뒤에서 성사시킨 주역은 외무장관 노신영이었다.

그 결과 제40대 미국 대통령에 취임한 로널드 레이건Ronald Reagan은 1981년 1월 21일 전두환에게 2월 1~3일에 워싱턴을 방문해달라는 초청서한을 보내왔다.

날짜가 불과 11일 뒤라 너무 긴박했다. 보통은 이런 식의 일정으로 타국의 대통령을 초청하지는 않는다. 그러나 12·12사태 이후 지속되어 온 한미 간의 불편한 관계를 씻어내는 계기가 된다고 생각할 때 전두환으로서는 다른 불평을 할 수 없는 처지였다. 레이건이 취임한 후 백악관을 방문하는 첫 외국 원수가 된다는 것만으로도 대국민용으로는 낯이 서는 일이었다.

전두환은 이틀 만에 초청에 대한 감사의 답장을 보내고 초청날짜에 맞춰 워싱턴으로 날아갔다. 그러나 쿠데타와 유혈로 정권을 잡은 한국 대통령에 대한 미국 정부의 대접은 싸늘했다. 국빈방문State visit은 고사하고 공식방문Official visit도 아닌 실무방문Working visit이었다. 워싱턴 덜레스국제공항에서는 아무런 환영행사도 없었다.

정상회담 자리에는 공식 통역관도 없이 한국의 외무장관이 통역으로 배석하고, 그나마 두 정상이 마주앉을 시간은 단 10분간이었다. 양측의 통역시간과 회동 앞뒤의 의례적인 인사말을 빼고 나면 길어야 5분. 서로 마주앉았다가 금방 일어나는 것이나 마찬가지였다. 두 대통령이 직접 선물을 주고받는 시간마저 배정되어 있지 않았다.[34]

서러울 정도의 푸대접이었다. 그러나 대접은 중요하지 않았다. 그에게 필요한 것은 미국의 공개적인 '승인'이었다.

그러나 이를 얻어내는 데는 상응하는 대가가 뒤따랐다. 당시 알렉산더 헤이그Alexander Haig 국무장관과 노신영 외무장관 사이에 오간 그 대가의 내용은 ① 박정희 시대부터 추진해오던 핵개발의 포기 ② 박정희 시대부터 개발해오던 핵미사일의 폐기 ③ 미국 무기(F-16 및 호크미사일 등)의 구매 ④ 미국산 쌀의 추가구입 등이었다.

이로써 미국은 국익을 얻었고, 정통성 없는 한국 대통령은 미국의 '승인'을 얻었다. 그러나 당시 국내 언론은 전두환의 방미 결과에 대해 이런 분석적인 기사는 한 줄도 없이 그저 "한미 새 동반자 시대" "철군 불안에 깨끗한 종지부"라는 식의 찬미기사만 내보냈다.

어떤 신문은 전두환이 내셔널프레스클럽에서 가진 기자회견의 본내용보다 그 뒤의 유머를 두고 "위트로 이끈 오찬장 화기의 폭소"라는 박스기사를 싣기도 했다. 그 내용은 미국 기자의 질문에 남북한의 군사력을 자세히 설명한 전두환이 말미에 "지금까지 한 얘기는 한국에서 1급 비밀에 속하는 내용으로 만일 위반하면 처벌을 받게 되니 보안을 지켜주기 바랍니다"라고 덧붙임으로써 참석 기자들의 폭소를 터뜨리게 했다는 것이었다.[35]

그런 유머는 푸대접을 받고 값비싼 대가를 치렀다 하더라도 미국의 승인을 받고 돌아가는 그의 마음에 여유가 생긴 때문이었을까? 유혈진압이나 삼청교육대 등의 폭력정치와 달리 자연인 전두환의 성격은 본래 밝고 명랑한 데가 있었다고 여러 자료들은 전한다.

34 "전두환, 정권승인 대가로 美에 핵포기, 전투기 구매 약속", 〈신동아〉, 2004년 8월호.
35 鳥羽欽一郎, 《これからの韓國》, 東京: サイマル出版会, 1984.

경제는 당신이 대통령

미국과의 관계회복에 성공한 전두환은 국내 문제로 눈을 돌렸다. 눈앞에 산적한 국내 문제는 간단한 것이 아니었다. 무엇보다도 심각한 것은 경제가 파산위기에 직면해 있다는 점이었다.

> 물가는 하루가 다르게 폭등하고 부동산 값은 치솟고 기업은 부도로 쓰러지고 화폐개혁설과 사채동결설로 민심이 흉흉했다. 1970년대 들어 무리한 중화학공업 투자, 수출지원 금융, 농촌 주택개량 사업 등으로 경제는 중병을 앓고 있었으며 1978년 말의 제2차 석유파동은 한국경제를 질식 직전으로 몰고 갔다.[36]

특히 1980년도의 물가는 44%까지 치솟았다. 이렇게 인플레가 심한 가운데 생산된 한국 상품은 국제경쟁력을 크게 상실했다. 수출이 잘되지 않으면 수출을 겨냥하고 지은 대규모 공장들이 제대로 가동되지 못하고, 공장들이 제대로 가동되지 못하면 일자리가 줄어든다. 1980년의 경제성장률은 -5.6%였다.

더욱 심각한 것은 국제수지의 악화였다. 제2차 오일쇼크로 2배 이상 치솟은 원유수입가를 외채로 해결해온 바람에 외채규모는 국민총생산의 50% 가까이 늘어났고, 원리금 상환만 50억 달러가 필요한 실정이었다. 거기다 12·12사태 이래 5·18 등 요동치는 정국을 겪으면서 정치·사회안정이 무너진 상태에서는 외채조달도 쉽지 않았다.

당시 막막했던 실정에 대해 전두환은 "대통령이 되고 보니 나라가

---

36 김충남, 《성공한 대통령 실패한 대통령》, 둥지, 1998.

얼마나 어렵게 돼 있던지 경제가 이쪽으로 봐도 저쪽으로 봐도 캄캄했습니다. 경제를 하나도 모르는 사람이 대통령 맡은 게 후회막급이었습니다"라고 회고했다.[37]

여기서 전두환이 취한 행동은 경제를 아는 사람들의 말을 듣는 것이었다. 군인 출신의 그가 복잡한 경제에 관심을 두게 된 것은 경제제일주의를 추구했던 박정희의 영향 때문이었는지도 모른다.

그렇게 볼 수 있는 것은 그가 아직 정권을 잡기도 전인 1979년 여름 박봉환을 보안사령관실로 불러 "60만 군대를 지휘하다보니 경제를 모르고선 안 된다는 생각이 듭디다. 재무부의 이재국장도 지냈고 박 대통령의 신임도 두터운 경제관료라고 들었는데, 나한테도 경제에 관한 공부를 시켜주었으면 합니다"[38] 하고 경제 과외공부를 부탁했다는 점으로 미루어 짐작해볼 수 있다.

그러다가 1980년 5월 말 국보위 상임위원장이 되자 그는 스탠퍼드대학 경제학박사 출신의 김재익을 연희동 자택으로 불러 매일 아침 2시간씩 경제공부를 시작했다. 김재익이 경제의 기본원리부터 당면 문제까지 명쾌하게 설명하는 데 감복한 전두환은 11대 대통령에 취임하자 그를 청와대 경제수석에 임명했다.

이때 김재익이 "제가 드리는 조언대로 정책을 추진하시면 엄청난 저항에 부딪힐 텐데 그래도 끝까지 제 말을 들어주실 수 있겠습니까?" 하고 수락조건을 말하자, 전두환이 "여러 말 할 것 없어. 경제는 당신이 대통령이야" 하고 내맡겼다는 이야기는 세인의 인구에 회자될 정도로 유명하다.[39]

37 김성익, 《전두환육성증언》, 조선일보사, 1992.
38 이장규, 《경제는 당신이 대통령이야》, 올림, 2008.

그 후에도 김기환·사공일·차수명 등으로부터 경제 과외수업을 계속해나갔던 전두환은 당시를 이렇게 회고했다.

80년에 대통령이 되고 나서 경제기획원 차관보, 국세청 과장까지 토요일, 일요일에 불러서 배웠다. 김재익 경제수석한테 장관 보고만 아니고 실무자의 전망과 정책방향도 보고토록 했다. 그 사람들한테서 하루 3~4시간씩 보고를 받았다. 80년 말까지 경제교수를 아침 7시에도 부르고 일과가 끝나자마자 뒷방으로도 부르고……[40]

그는 열심히 공부했다. 지난날 영어성적을 만회하기 위해 새벽 3시에 일어나 기상시간인 5시 30분까지 혼자 공부하던 때처럼. 그는 빨리 습득하고 적응하는 능력이 있었다. 그래서 몇 달간 경제공부에 집중하고 나니 "나 나름대로 우리 경제의 문제점과 끌고 나갈 방향과 시책이 정립이 되더라"고 그는 회고했다.

이렇게 해서 그가 최우선 정책으로 밀고 나가게 된 것이 '물가안정'이었다.

경제정책 세일즈맨

솔직한 성격이지만 또 아는 것을 '떠벌리기' 좋아하는 그는 경제에 대해 감을 잡게 되자 크게 '떠벌리기' 시작했다.

39 이장규, 《경제는 당신이 대통령이야》, 올림, 2008.
40 김성익, 《전두환육성증언》, 조선일보사, 1992.

중점은 물가안정이야. 물가안정이 돼야 소득의 균형분배가 됩니다. 그래야 임금인상분만큼 실질소득이 돌아갑니다. 그만큼 분배가 됩니다…… 성장이 5%, 물가가 10%라면 그것은 실패한 경제입니다. 소비자 물가는 3% 이하가 되도록, 이건 꼭 지켜야 돼.[41]

그는 나라를 좀먹는 인플레를 잡기 위해 세 가지 목표를 세웠다.

첫째 정부의 재정적자를 줄이고, 둘째 통화증발을 막으며, 셋째 임금인상을 억제하는 것이었다. 그는 물가를 잡는 일이라면 아무리 어려운 일이라도 눈 딱 감고 밀어붙였다.[42]

이에 따라 그는 한국경제에 커다란 부담이 되어온 중화학공업을 과감히 수술하고, 부실기업을 정리하며, 금리인하 조치와 공정거래 제도를 도입하는 등 일련의 경제개혁 조치를 단행했다. 물론 이런 방안을 제시한 인물은 경제 전문가 김재익이었던 것으로 알려져 있다. 그러나 전두환이 이를 수용하고 밀어붙이지 않았더라면 실천에 옮기기가 쉽지 않은 정책이었다. 왜냐하면 그가 새로 시작한 안정우선 정책은 1960~70년대의 성장우선 정책과는 근본적으로 달랐기 때문이다.

통치의 모든 것, 경제제일주의까지도 박정희를 모방했던 그가 박정희와 차별화되기 시작한 것은 바로 이 대목이었다. 그는 박정희를 존경했지만 그를 뛰어넘으려는 심리도 있었던 것 같다.

41　김성익, 《전두환육성증언》, 조선일보사, 1992.
42　김충남, 《대통령과 국가경영》, 서울대학교출판부, 2006.

전 대통령은 내심 박 대통령을 무척이나 존경하면서도 또 '나는 더 잘해야지' 하는 최고권력자로서의 라이벌의식도 있는 것 같았다.[43]

허리띠를 졸라매는 안정화 정책은 곳곳에서 저항에 부딪혔다. 그가 총재로 있던 민정당은 선거를 겨냥하여 예산증액과 공무원의 봉급인상을 요구했고, 경제부처는 수출증대를 위해 환율인상의 필요성을 역설했다.

그러나 전두환은 단호했다. 박정희 시대의 유산인 고물가, 고금리, 고임금의 병폐를 치유하기 위해 그는 경제논리에 배치되는 어떤 정치논리도 수용하지 않았다. 당시는 그의 말 한마디면 모든 것이 간단히 정리되었다. 역설적이지만 권위주의 체제의 장점도 있는 셈이다.

여기서 한 걸음 더 나아가 그는 경제 전도사가 되어 국민 설득에 앞장섰다.

국무회의, 수출진흥 확대회의, 중소기업진흥 확대회의는 말할 것도 없고 정당, 각계 대표, 서민층에 이르기까지 가는 곳마다 자신의 경제정책을 설명했다. 그야말로 대통령 자신이 경제정책의 세일즈맨이었다. 이에 따라 경제장관, 경제비서관들도 정책 세일즈맨이 되지 않을 수 없었고 공무원 교육의 핵심도 경제교육이 되었다.[44]

이런 열기 탓이었던지 누구도 불가능하다고 보았던 고질적 인플레가 1982년부터 잡히기 시작했다. 44%까지 치솟던 인플레가 한 자릿수,

43 박철언,《바른 역사를 위한 증언 1》, 랜덤하우스중앙, 2005.
44 김충남,《대통령과 국가경영》, 서울대학교출판부, 2006.

그것도 4.7%까지 뚝 떨어진 것이다. 모두 놀랐다.

일반적으로는 물가가 안정되면 국민 저축률이 높아져 자력성장의 기반이 확보된다. 하지만 여전히 외채는 많았고, 무역적자는 계속되었으며, 산업에 투자할 외자조달은 원활치 못했다.

타개책이 필요한 시점이었다. 이때 전두환을 찾아온 일본 기업인이 있었다. 이토추伊藤忠종합상사의 회장 세지마 류조瀬島龍三였다. 전쟁중 대본영 작전참모를 지낸 세지마는 전후 '일본주식회사'의 개념을 도입한 장본인으로 한국에서도 베스트셀러가 되었던 기업소설《불모지대不毛地帶》의 주인공이기도 했다.

표면적인 이유는 그 무렵 터진 '한일교과서 문제'를 해결하기 위해서였지만, 본질은 김대중 납치사건과 문세광 육영수 저격사건 이후 단절되다시피 한 한일관계의 수복을 위해 당시 수상에 막 취임한 나카소네 야스히로中曾根康弘가 보낸 밀사였다. 세지마는 나카소네 수상의 방한을 성사시키는 조건으로 경협자금 40억 달러 제공을 거론하면서 한국 측에서 안보부담금조로 요구하는 형식을 취해 명분을 잡으라고 제안했다.

1983년 1월 11일 서울에서 한일정상회담을 가진 나카소네는 협력의 새 시대를 열기 위해 한국에 40억 달러의 경협차관을 제공하기로 했다고 발표했다. 이 경협자금은 당시 부족한 산업자금으로 곤란을 겪고 있던 한국경제가 제2의 도약을 하는 데 좋은 밑거름이 되었다.

여담이 되지만, 그날 공식만찬을 끝낸 후 있었던 2차 술자리를 스케치한 미국 시사주간지는 "술잔이 거듭되자 두 지도자는 서로 돌아가며 힘껏 애창곡을 불렀다. 나카소네가 선택한 3곡 중의 하나는 1961년 한국에서 히트했던 낭만곡 〈노란 셔츠 입은 사나이〉였고, 전두환이 자신의 국빈에게 들려준 노래는 2차대전 전 일본에서 히트했던 사랑노래

〈가게오 시다이테影を慕いて(님을 사모하여)〉였다"라고 보도했다.[45]

재미있는 것은 나카소네가 〈노란 셔츠 입은 사나이〉를 부르도록 막후 연출한 사람이 세지마였다는 사실이다. 그리고 더 재미있는 것은 돌아가신 외숙이 좋아해서 나도 귓등으로 들어 아는 1932년의 이 절절한 사모곡을 전두환이 1983년 시점에 불렀다는 점이다. 소년 시절의 애창곡이었던 것일까?

진짜 경제 대통령

이승만의 반공주의에 필적할 만한 박정희의 테마는 경제제일주의였으나 전두환은 그만한 테마를 잡을 수가 없었다. 그래서 꿩 대신 닭으로 잡은 것이 올림픽 개최였다고 볼 수 있는데, 5공 내내 귀가 따갑도록 들은 '88올림픽'을 전두환에게 제안한 것은 앞에서 언급한 세지마 류조였다.

세지마 류조의 회고록에 따르면 삼성그룹 회장 이병철의 권고로 1980년 6월 한국을 방문하여 전두환을 1차 만났고, 다시 그해 8월 전두환의 요청으로 도큐東急그룹 회장 고토 노보루伍島昇와 함께 서울을 방문해 전두환을 다시 만났다.

이날 전두환이 저녁식사를 같이 하면서 광주 진압으로 잃은 민심회복의 방법을 물어 세지마는 올림픽을 개최해보라고 제안했다는 것인데, 세지마 자신은 동행한 고토가 제안했다고 회고록에 적었다.

고토 씨는 일본의 과거 경험에 비춰보면 올림픽 유치나 세계박람회 유치

---

45 "Japan: To Washington via Seoul", 〈Time〉, January 24, 1983.

가 좋을 것이라는 의견을 제시했다. 전 장군은 '알았다'는 표정이었다. 그때 1988년의 올림픽을 유치하기 위해 나고야가 움직이고 있었다. 일본상공회의소 회장이던 고토 씨도 유치위원이었다. 귀국 후 고토 씨는 나고야 측이 서울올림픽에 반대하지 말도록 조정하느라고 애를 먹었다.[46]

그러나 올림픽 유치라는 발상 자체는 박정희 시대에 나온 것이었다. 그 방침이 결정된 것은 1979년 9월이었고, 이어 그해 10월 초 서울특별시장이 올림픽을 유치하겠다는 의사를 공표했으나 10월 26일 대통령 시해사건이 생기면서 흐지부지되었다가 세지마에 의해 다시 리바이벌된 것이었다.

올림픽 유치건은 전두환이 11대 대통령에 취임한 직후 이규호 문교장관의 발의형식으로 제기되었으나 아직 시기상조라는 의견이 많았다. 그러나 결단력이야말로 전두환의 특성이다. 그는 1981년 초 정무장관 노태우로 하여금 올림픽 유치활동에 적극 나서도록 지시했다. 이후 관민합동의 적극적인 활동으로 결실을 거두게 된다.

1981년 9월 30일 바덴바덴에서 기적적으로 52 대 27, 예상을 뒤엎고 서울이 나고야를 꺾었다. 사마란치 IOC위원장이 "쎄울" 하고 발표하자 세계가 놀랐고 대한민국은 환호했다. 유치 대표단은 귀국 즉시 김포비행장에서 기자회견만 하고 청와대로 가서 전두환 전 대통령의 격려를 받았다.[47]

정권탈취의 어두운 이미지를 불식시키기 위해 유치한 88올림픽은

46 瀬島龍三,《幾山河》, 東京: 産経ニュ＿スサビス, 1996.
47 "김용운이 만난 거인들-전두환 전 대통령", 〈일요신문〉, 2010년 6월 18일.

초기에 국력낭비라는 견해가 많았으나, 이로 인한 한국의 이미지 개선은 오히려 한국 상품에 대한 긍정적인 광고효과를 가져와 수출증진에 크게 기여했다.

거기다 1985년 말을 기점으로 달러가치 하락, 원유가격 하락, 국제금리 하락이라는 이른바 '3저현상'의 순풍이 불면서 수출이 폭발적으로 늘어났다. 1986년부터 한국 자동차가 미국 시장에 진출하기 시작했고, 이해부터 선진국 신문과 TV에 한국 대기업의 광고가 실리기 시작했다.

또 이해부터 전자산업의 수출이 기계산업과 섬유산업을 앞지르기 시작했는데, 이는 전두환이 집권 초 지시하여 마련한 '전자산업육성방안'의 청사진에 따라 반도체·컴퓨터·전화교환기 부문을 3대 전략산업으로 꾸준히 육성한 결과였다. 김대중 시대에 와서 꽃피는 IT산업의 초석을 다진 것은 전두환이었다. 공고 출신의 그는 과학기술에 대한 이해가 깊었다. 그래서 여건이 어려운 데서도 과학기술 연구개발비를 국민소득 2% 수준까지 높였던 것이다. 당시 전화교환기를 세계에서 열 번째로 개발하여 '1가구 1전화'의 시대를 열게 된 것도 그 같은 성과의 하나였다.

수출이 잘되면서 무역수지가 흑자로 돌아서자 1986년부터는 한때 510억 달러에 달했던 외채를 크게 줄여나갈 수 있게 되었다. 이는 집권 초기부터 전두환이 일관성 있게 추구해온 물가안정 정책이 바탕에 깔려 있었기 때문에 가능한 일이었다. 이 점, 경제를 잘 모를 것 같은 한 원로시인도 "잘사는 이 나라를 만들기 위해서/모든 물가부터 바로잡으시어/1986년을 흑자원년으로 만드셨나니……"[48]라고 당시의 물가안정과 무역흑자의 공을 노래했던 것을 볼 수 있다.

---

48 서정주, 〈전두환 대통령 각하 56회 탄신일에 드리는 송시〉, 1987.

이로부터 20년 뒤인 17대 대선 때 '경제 대통령'이란 정치구호가 등장하지만, 당시 일선기자였던 친구 한 사람은 "돌이켜보니 경제적으로는 그때가 가장 행복했던 것 같아. 진짜 경제 대통령은 전두환이었어"라고 내게 말했다.

6·29선언

그 친구는 행복했었을 것이다. 당시 기자들에겐 특혜가 많았으니까. 나라에서 집도 주고 이자 없는 돈도 꿔주고 그랬다. 언론에 재갈을 물리기 위한 당근이었다. 그래서 도하 신문은 5공 내내 거의 완벽하게 정부에 협조했다.

심지어 전두환의 전술자를 쓸 때 '들 입ㅅ'변이 아닌 '사람 인ㅅ'변을 쓰라고 당국이 강요하면 신문은 그런 활자를 만들어 인쇄할 정도였다. 그렇게 하면 '온전 전술'자가 '사람들의 임금'이란 뜻이 된다. 관언官言유착이란 말이 그래서 생겼다.

언로가 열리지 않는 숨 막히는 구조 속에서 민중의 불만은 그 출구를 찾고 있었다. 1인당 국민소득 80달러 시대에 통용되던 개발독재의 논리는 시대착오적인 것이었다. 그런데도 강권통치가 계속되자 학생들 사이엔 의식화운동까지 진행되었다.

이제 민주화 요구는 계기만 생기면 폭발할 태세였다. 1987년 1월 서울대생 박종철이 경찰고문에 의해 사망하자 경찰은 "탁 하고 치니 억하고 죽었다"는 식의 얼토당토않은 해명을 내놓았는데, 이것이 국민들의 공분을 불러일으켰다. 그런 가운데 개헌논의를 중단한다는 4·13담화가 발표되자 정국은 벌집을 쑤신 듯 들끓기 시작했다. 당시 야당과 재야 및 학생은 대통령 직선제 개헌을 원했다.

민중의 시위참여는 6월 9일 연대생 이한열이 경찰이 쏜 최루탄에 맞아 숨진 사실이 보도되면서 마침내 폭발했다. 수십만의 시민들이 연일 거리로 쏟아져 나오기 시작했다. 6·10항쟁의 규모는 이미 경찰이 감당할 수 있는 수준이 아니었다.

그러자 전두환은 6월 14일 청와대에서 관계자 확대회의를 갖고 군 수뇌부에 위수령 또는 계엄령을 준비하라고 지시했다. 6월 16일 미 하원 외교위원회는 "마주 달려오는 열차 충돌은 피해야 한다"는 요지의 '한국사태에 대한 결의안'을 통과시켰고, 6월 17일 제임스 릴리James Lilley 주한 미대사는 "대화와 타협으로 문제를 풀라"는 요지의 레이건 친서를 전두환에게 전달하며 계엄령 반대의사를 밝혔다.

미국의 반대로 비상계엄을 발동할 수 없게 된 전두환은 작전개념에 익숙한 군 출신답게 이 문제를 정반대의 방법으로 풀고자 했다. 즉 대통령 직선제 수용을 통해 민심을 수습하고 선거에서 이길 수 있는 방안을 강구했다. 그 묘책은 다름 아닌 김대중을 사면복권시켜 야권을 분열시킨다는 것이었다. "김대중을 풀어주면 김영삼과 부딪치게 돼. 직선제를 받는 것은 야당과 언론의 급소를 찌르자는 거야."[49]

그가 급소를 찌른다고 한 것은 '6·29선언'을 뜻했다. 6·29선언의 담화문을 작성한 것은 노태우 측이지만 그 전략을 제시한 것은 전두환이었다.

이후 대선 날짜가 공시됐다. 후보로 나선 것은 김종필, 김영삼, 김대중, 노태우 4명이었다. 여기서 두 개의 '4자필승론'이 등장한다. 하나는 여당에서 내놓은 '4자필승론'이었다. 여당 후보가 하나고 야당 후보가

---

49 김성익, 《전두환육성증언》, 조선일보사, 1992.

셋이면 반드시 여당 후보가 이긴다는 논리였다. 당시 국민들은 김영삼과 김대중의 단일화를 바랐다. 그러나 단일화 협상은 깨졌고 김대중은 독자출마를 선언하면서 또 다른 '4자필승론'을 내놓았다. 그 논리는 충청표를 김종필이 가져가고 영남표를 노태우와 김영삼이 나눠 가지면 호남표와 수도권표를 독식한 김대중이 반드시 승리한다는 것이었다.

1987년 12월 16일 제13대 대통령선거가 실시되었다. 두 개의 '4자필승론' 중 승리한 것은 여당의 '4자필승론'이었다. 1등인 노태우의 득표율은 36.6%, 2등인 김영삼의 득표율은 28%, 3등인 김대중의 득표율은 27%였다. 양김 득표율의 합계는 55%로, 양김이 단일화했다면 "가발 쓰고 나온" "전태우" 또는 "노두환"을 이기고 군사정권을 종식시켰을 것 아니냐며 아쉬워한 사람들이 많았다. 이때의 후보단일화 실패는 양김의 짐으로 남았다.

후계자의 배신

이 일이 있기 전 전두환은 후계자 문제로 한동안 고민했다. 한때 노신영이나 장세동 이야기도 흘러나왔으나 결국 자신의 평생 친구인 노태우를 후계자로 택했다.

그 방침을 확정하던 날 그는 노태우 등과 술자리를 같이했다. 양주를 25잔이나 마신 전두환은 "노 대표, 자네는 일생 동안 나와 함께 지냈고, 나의 일등 참모장이다" 하고 구수하게 이야기를 꺼내더니 술상에 앉은 일동을 바라보며 다시 입을 열었다. "노태우 대통령 후보께서는 나보다 정말 훌륭한 분이다. 내가 신뢰하고 존경하는 노 후보, 이 나라를 구출하고 발전시킬 수 있는 분이 노 대표시다."[50]

전두환은 노태우를 후계자로 세워 퇴임 후에도 정치적 영향력을 행사하려고 했다. 자신은 국정자문회의 의장에 취임하여 뒤에서 국정을 원격 조정하겠다는 구상이었고, 이를 실현하기 위해 일해日海재단도 설립했다.

하지만 권력은 부자지간에도 나누지 않는다는 속성을 그는 간과하고 있었다. 전두환을 평생 고분고분 따랐던 노태우는 칼자루를 바꿔 잡자마자 반기를 들었다. 언론도 노태우에게 동조했다.

엄청난 배신감을 느낀 전두환은 퇴임 직후 연희동 자택으로 자신을 찾아온 노태우의 측근에게 "그런 식으로 하면 나한테 귀싸대기 맞는다"며 분노감을 표출했지만, 권력의 속성을 잘 알고 있던 그는 이렇다 할 반격 한 번 해보지 못한 채 1988년 11월 23일 쓸쓸히 백담사로 떠났다. 그의 몰락이 주는 교훈은 과오 있는 권력은 후일이 없다는 사실이다.

5공이 막을 내릴 무렵 미국의 〈월스트리트저널Wall Street Journal〉은 이런 기사를 실었다.

한국의 전두환 대통령은 참으로 불가사의한 인물이다. 그는 재임기간에 성장·물가·국제수지라는 경제정책의 3대 목표를 한꺼번에 달성한 대통령이었다. 많은 나라의 지도자들이 한 마리의 토끼도 제대로 못 잡아 절절매는 판에 그는 세 마리의 토끼를 동시에 잡은 것이다. 그런데도 희한한 것은 이같이 경이로운 업적을 쌓았음에도 그만큼 국민들에게 인기 없는 대통령은 일찍이 없었다는 점이다.[51]

50 김성익,《전두환육성증언》, 조선일보사, 1992.
51 이장규,《경제는 당신이 대통령이야》, 올림, 2008.

유혈로 정권을 잡았고, 집권기간 내내 강권통치로 임했던 데 대한 국민적 반발을 간과한 기사다. 그는 백담사 유배생활을 끝낸 후 서울로 돌아와 한때 추종세력들과 함께 정계 진출을 시도해보기도 했으나 김영삼 시대에 전격 구속되었다. 재판을 통해 집권기간 중 무려 7000억 원 규모의 비자금을 조성했던 사실이 밝혀지면서 그의 존재는 완전히 빛을 잃었다. 돈을 탐하는 것은 어떤 경우에도 지도자의 실격사유다.

그러나 역사적 평가와 대중적 평가는 다른 면도 있다. 후임 노태우에 비해 통이 크고 부하를 잘 돌보며 보스 기질과 의리가 있었다는 점 등을 좋게 평가하는 사람도 있다.

슬하에 3남 1녀를 둔 그는 대통령 유경험자로서의 코멘트로 이따금 매스컴에 오르내리기도 하면서 아직 건재한 모습을 보이고 있다. 2017년 그는 만 86세다.

7

노태우

너무 일찍 터뜨린
샴페인

재임 5년 동안 그는 중국을 포함한 45개국과 수교하는 성과를 올린다. 적대 국가들과 국교를 맺고 북한과의 관계를 개선하면서도 전통적인 한미동맹을 약화시키지 않았다는 점에서 그는 북방정책의 바람직한 모델을 제시한다. 그러나 경제적으로는 인천공항, 서해안고속도로, KTX, 주택 200만호 건설 등 대형 공사에 너무 많은 돈을 쓴다. 흑자경제에 자만한 것에 대해 외국 언론들은 "한국이 샴페인을 너무 일찍 터뜨렸다"고 비웃는다.

2인자의 비결

친구 따라 강남 간다는 말이 있지만 친구 따라 대통령이 된 것은 아마 노태우盧泰愚가 유일한 사례 아닐까? 전두환은 40년 가까이 자신을 그림 자처럼 따라다닌 그에게 자신이 맡았던 공직을 다섯 차례나 넘겨주었다.

그러나 혜택을 입은 2인자의 입장에서도 그 지위를 계속 유지해나 가는 것이 쉬운 일은 아니다. 아주 오래전 〈뉴욕타임스〉 일요판에서 읽 었던 것 같은데, 한 특파원이 저우언라이周恩來에게 2인자의 장수비결이 무엇인가를 물어보았더니 그는 마오쩌둥毛澤東의 주석궁 쪽으로 눈길을 돌리며 "모든 영광을 윗분에게!"라고 대답했다는 기사가 기억난다.

이 점과 관련해 노태우도 1980년 가택연금된 김종필을 찾아가서 1인자와 틈이 벌어지지 않는 비법을 물어보았고, 그로부터 "같이 걸을 때조차 그림자를 밟지 않도록 한 걸음 물러나서 걷는 것"이라는 대답 을 얻었다는 일화가 전해진다. 그런 충고 때문이었는지 노태우는 내무 장관 시절 전두환이 부른다는 전갈을 받자 "내가 지금 감기가 몹시 들 었는데 대통령에게 옮기면 안 되니 다음으로 미루어달라"고 한 적이 있다. 이 말을 전해 들은 전두환은 "노 장관이 최고다. 저렇게까지 나를 위하는구나" 하고 흐뭇해했다는 것이다.

다음 수순은 기다림이다. 2인자가 실각하는 것은 대개 마음이 성급해서 자기 때를 기다리지 못하기 때문이다. 인내심 면에서 새가 울지 않으면 '울 때까지 기다린다'는 도쿠가와 이에야스德川家康에 곧잘 비교되던 노태우는 "만에 하나 내가 대통령이 되고 싶어 하는 언동을 하고 다녔다면 대통령이 되기는커녕 어떤 비운을 겪었을 게 틀림없었을 것"[1]이라고 회고하기도 했다. 발톱을 숨기는 것이 2인자의 성공 요령이다.

본래 두 사람은 막역한 친구 사이였는데 전두환이 대통령이 된 뒤로는 군신관계가 되었다. 거기다 전두환의 성격은 불같았다. 그래서 받은 수모와 설움이 많았던 모양이다. 그런 편린은 가령 후계자로 낙점받기 직전인 1987년 5월 20일의 시점에서도 "어이 노태우, 내가 뭐란다고 당신 한강에 나가 울었다며?" 하고 전두환으로부터 꾸지람을 들었다는 일화를 통해서 엿볼 수 있다. 그는 서운한 감정을 절대로 밖에 드러내지 않았으며, 전두환 앞에서는 항상 고분고분한 태도를 취했다.

그러나 대통령에 당선된 뒤 태도가 바뀐다. 그는 자신의 등 뒤에서 '상왕' 노릇을 하려던 전두환의 계획을 무산시켰을 뿐 아니라 대선 후 야당과 국민이 요구한 5공청문회로 전두환을 압박해 백담사로 유배 보냈다.

이후 그는 전두환과 정반대되는 탈권위주의, 정치자유화, 민주화 등의 문민적인 정책들을 펼쳐나갔고, 경제적으로도 5공 흑자의 기조가 되었던 긴축과 정반대 방향으로 경제정책을 추진해나갔다. 또한 전두환식의 남북대결 모드를 북방외교의 화해모드로 돌려놓았다. 이처럼 매사에 전두환과 반대되는 입장을 취함으로써 전두환의 그림자를 지워나간 그

---

1 조갑제, 《노태우 육성회고록》, 조갑제닷컴, 2007.

는 대체 어떤 인물이었을까?

대구공고 동창

변화의 조짐이 처음 보인 것은 13대 대선 직후였다. 대통령 당선을 축하하러 전두환 부부가 찾아왔을 때, 노태우를 대신하여 부인 김옥숙이 그 '속마음'을 표출했던 것이다.

남편이 2인자로 살아온 탓에 나이가 네 살이나 아래인 전두환의 아내 이순자를 '성님'으로 모시고 살아왔던 김옥숙은 그날 선거 과정의 어려움을 얘기하는 가운데 "민정당이 인기가 없어 정말 고생이 많았어요" 하는 식으로 슬쩍 '속마음'을 털어놓았다.

도움을 받은 만큼 수모 또한 컸던 것일까? 그들의 속마음은 12월 20일 노태우의 당선을 축하하기 위해 부부 동반으로 모인 육사 11기의 모임 자리에서 "우리는 국민이 직접투표로 뽑아준 대통령이어서 체육관 대통령하고는 달라요"라는 김옥숙의 말을 통해 다시 한 번 표출되었다.

5공측 관계자 Q씨는 "노 후보 내외가 그런 생각을 가지고 있었다 하더라도 이전까지는 전 대통령 내외 귀에 들릴까봐 입 밖에 함부로 꺼내지 못했지요. 그런데 당선되자마자 태도가 바뀐 것입니다. 이 여사는 청와대로 돌아오는 차 안에서 전 대통령에게 이 얘기를 했다더군요. 나중에 이 여사는 그 얘기를 들은 당시의 심경에 대해 '온몸에 소름이 돋았다'고 회고하더군요. 친구라기보다 부하라고 생각될 정도의 인간관계를 유지해오던 두 사람의 관계를 생각하면 하루아침에 세상이 바뀐 것을 실감할 만한 충격이었을 것입니다"라고 기억했다.[2]

노태우의 태도는 냉담했지만 전두환은 그래도 40년 친구를 믿었다고 한다. 자신이 도와준 것이 있었기 때문이다. 그래서 백담사로 갈 때까지만 해도 "여론이 잠잠해질 때까지 기다리라"는 노태우의 말을 믿었으나 속절없이 시간만 흘러갔다. 답답한 나머지 "언제쯤 돌아갈 수 있느냐"는 전언을 보낼 때마다 되돌아온 답은 "조금 더 기다리라"는 것뿐이었다. 그리고 "이것이 마지막 고비"라고 해서 국회증언까지 나섰는데 그 뒤로는 감감 무소식이었다는 것이다.

이런 원망은 훗날 12·12사건의 수사 과정에서 흘러나온 이야기들인데, 당시 전두환은 수사를 담당했던 검사에게 "김 부장검사, 동기생 조심해. 주요 자리 맡기면 안 된다고" 하고 회한 섞인 충고까지 했다고 한다. 그러면서 노태우가 변한 이유에 대해 "내가 땜장이(대구공고) 출신이고 노태우는 명문고(경북고) 출신인데도 항상 나보다 뒤처진 현실에 불만이 있었던 것 같다. 군 시절 나에게 계속 뒤처져 따라온 노 씨가 대통령이 된 뒤 나에 대한 패배감을 보상받으려고 나를 냉대한 것 같다"고 분석했다.[3]

전두환의 해석을 읽고 노태우의 생애를 다시 살펴보니 그가 처음부터 전두환을 따라다닌 것은 아니었다는 점을 발견할 수 있었다. 적어도 육군 소령 때까지는 노태우 쪽이 전두환보다 앞서 있었다.

이를 입증해주는 것이 '북극성회'의 회장 자리다. 육사 11기 동창모임인 북극성회의 회장에 노태우가 뽑힌 것은 1962년이고, 전두환이 뽑힌 것은 1969년이다. 주지하는 바와 같이 군이나 육사 계통은 서열이 중시되는 조직이고 회장은 곧 그 모임의 리더다. 그러니까 북극성회의

---

2   오병상, 《청와대 비서실 4》, 중앙일보사, 1995.
3   "전두환·노태우 수사비화", 〈신동아〉, 1997년 1월호.

회장이었던 노태우는 적어도 1962년까지는 전두환을 따라다닐 입장이
아니었다는 뜻이다. 그럼 노태우는 왜 그리고 언제부터 전두환의 2인자
가 되었던 것일까?

육사 11기

일반적으로 노태우는 소극적인 인물로 알려져 있다. "사실 노태우는 군
인 가다型(타입)가 아닙니다"라고 증언한 육사 동기 이동희도 있다.[4] 결
단력이 부족하다는 뜻에서 6공 시대 그의 별명은 '물태우'였다.

그의 리더십을 다룬 학자들은 "대세순응적"[5]이니 "상황중심적"[6]이
니 하는 용어로 그를 정의한다. 분명 그런 면도 있었다.

하지만 12·12 숙군쿠데타와 같이 결정적인 때는 과감히 뛰어들기
도 했다. 그런 흔적이 그의 생애 여러 대목에서 발견되는데, 그런 순간
의 하나는 1963년에도 있었다. 그해 5·16 주역들이 엎치락뒤치락 주도
권 싸움을 벌이자 노태우는 동창회장으로서 총대를 메고 '김종필의 퇴
진과 관련자 문책'을 요구하는 건의서를 국가재건최고회의 의장 박정희
에게 올렸다.

이 건의서 때문에 '반혁명 모의'로 혁명검찰부의 조사를 받게 된 육
군 소령 노태우는 군복을 벗어야 할 입장이었다. 이때 그를 살려준 것이
박정희의 각별한 신임을 얻고 있던 육군 소령 전두환이었다. 전두환은

---

4   "노태우·전두환 비교연구", 〈월간중앙〉, 1988년 8월호에서 재인용.
5   김호진, 《대통령과 리더십》, 청림출판, 2006.
6   정윤재, 《정치리더십과 한국민주주의》, 나남출판, 2003.

5·16 다음 날 육사 생도의 5·16 지지 시가행진을 주도했던 공으로 박정희에게 발탁되어 이 무렵 의장실 민정비서관으로 일하고 있었다.

노태우가 전두환을 '형님'으로 모시기 시작한 것은 이 무렵부터였던 듯하다. 비단 그보다 나이가 한두 살 위였기 때문만은 아니다. 육사 11기인 노태우·전두환·김복동 3인의 성격에 대해 상관실에 들어가면 "전두환은 (부하를 챙기기 위해) 청탁을 하고 나오고, 노태우는 좋은 말만 하고 나오고, 김복동은 싸우고 나온다"는 얘기가 훗날 나돌게 되는데, 노태우는 이 무렵부터 부하를 챙기는 전두환의 성격을 알아보고 그의 2인자 노릇을 하기로 자청했던 것이다. 이 점, 어려운 환경에서 남의 도움을 받으며 자란 사람은 자기에게 득이 되는 사람에게 몸을 낮추는 훈련이 되어 있는 경우가 많다.

노태우가 전두환을 처음 만난 곳은 대구공업학교(대구공고)였다. 팔공산 북촌의 공산초등학교를 우등으로 졸업한 그는 본래 문학에 취미가 있었으나, 그걸로 벌어먹기 힘들다는 어른들의 판단에 따라 5년제 대구공업학교 항공기과에 진학했던 것이다. 바로 이 대구공업학교에서 1년 뒤 기계과에 입학한 하급생 전두환을 처음 만나게 되었다.

그러나 해방 후 경북중학교(경북고)로 편입하는 바람에 전두환과 헤어졌다. 이후 6·25가 터지면서 학도병으로 입대, 헌병 이등중사로 근무하던 그는 공보판에 나붙은 포스터를 보고 정규 육사 1기(육사 11기)에 지원하게 된다.

그런데 들어가서 보니 대구공업학교 시절의 전두환이 입학해 있었다. 운명의 재회였다. 전두환은 축구부, 그는 럭비부였다. 그러나 특별히 가까웠던 흔적은 없다. 그도 그럴 것이 '땜장이' 학교를 나온 투박한 전두환과 달리, 명문고를 나온 노태우는 톨스토이와 헤르만 헤세를 읽고 명동의 '돌체' 음악감상실을 드나들며 클래식 음악을 즐기던 문화적인 청년이었기 때문이다. 퉁소도 잘 불었다. 이 때문에 육사 시절 그와 가까웠던 친구는 보다 문화적인 김복동이었다.

여름방학 때 김복동의 집에 놀러 갔던 노태우는 거기서 경북여고 1학년이던 그의 여동생을 처음 보았다. 유난히 흰 살결이 돋보이던 소녀였는데, 그녀가 바로 나중에 그의 아내가 된 김옥숙이었다.

군대생활

육사를 졸업한 노태우가 그녀를 다시 보게 된 것은 육군 중위 때였다. 이 무렵 김옥숙은 경북대 가정과의 여대생이 되어 있었다. 미모가 빼어나 대구의 마야 미장원에서는 미스코리아에 나가볼 것을 권하기도 했다고 한다. 릴케의 시집 같은 것을 주고받고, 차이콥스키의 〈안단테 칸타빌레〉를 같이 듣곤 하던 두 사람은 1959년 마침내 결혼식을 올렸다.

집안으로 보아서는 노태우 쪽이 한참 기울었다. 1932년 팔공산 근처에서 아버지 노병수와 어머니 김태향의 장남으로 태어난 노태우는 일곱 살 나던 해 면서기를 하던 아버지를 교통사고로 잃은 뒤 조부와 홀어머니 밑에서 어렵게 자랐다. 그에 비해 일제 때 아버지가 경찰 공무원이었던 김옥숙의 집은 대구에서도 꽤 잘사는 축에 속했다. 그녀의 5남매 또한 오빠 김복동을 위시해 모두 댕댕했는데, 이를테면 노태우에게 막내 동서인 금진호만 하더라도 서울대 법대를 나온 처지였다.

노태우는 한 해 먼저 결혼한 전두환이 그랬던 것처럼 과분한 아내를 얻은 셈이었다. 그의 단짝이던 김복동이 결혼을 밀어붙였다고도 한다. 젊은 시절의 전두환처럼 그 또한 핸섬했다는 점은 두 사람의 결합에 플러스로 작용했을 것이다.

처가와의 관계에서도 노태우와 전두환은 서로 비슷한 점이 많았다. 둘 다 한다하는 처가에 대해서 심리적 부담감을 느꼈다. 신세를 지기도 했다. 그래서 두 사람 다 처가에 대해서는 권좌에 오른 뒤에도 각별한 태도를 취할 수밖에 없었다는 설이 있다.

결혼한 지 사흘 만에 미국 유학을 떠나야 했던 그는 귀국 후 대위 계급장을 달고 ROTC교관으로 서울대 사대에 파견 나갔는데, 그 무렵 육군 대위 전두환 또한 서울대 문리대에 ROTC교관으로 파견 나와 있었다. 숙명적인 인연이었다. 5·16 직후 전두환이 주도한 육사 생도들의 5·16 지지 시가행진 설득 작업에 노태우도 가담했다.

그리고 1963년 '건의서 사건'에서 전두환의 도움을 받게 되면서 전두환과 그의 상하관계가 시작되었던 것이다. 노태우 자신은 "전 대통령 성격은 일이 벌어지면 누구보다 먼저 뛰어나가는 스타일입니다. 그런데 열심히 뛰어가다보면 기회도 많지만 자칫 잘못하면 남과 충돌할 수도 있고, 고립될 수도 있고, 운이 좋지 않으면 쓰러지는 경우도 있지 않겠어요? 그걸 쓰러지지 않도록 중심을 잡는 역할을 하는 것이 내 역할이었다고 봅니다"라고 두 사람의 관계가 상호보완적이었다고 말했다.

그러면서 "이런 인연이 계속되다보니 전 대통령과 내가 군에서 육군참모총장 수석부관, 청와대 경호실 작전차장보, 보안사령관 등 주요 보직을 세 차례나 인수인계했습니다"라고 자신이 전두환으로부터 요직을 물려받는 도움을 받았던 사실을 시인했다.[7]

12·12 숙군쿠데타 때 그는 제9사단장으로 거사에 참여했다. 그리고 대장으로 예편한 뒤의 그는 정무장관→체육장관→내무장관→서울올림픽조직위원장→민정당 대표 등을 역임하면서 후계자로서의 단계

---

7 "노태우 육성회고록", 〈월간조선〉, 1999년 9월호.

를 밟아나갔다.

　모두 전두환의 배려에 의한 것이었다. 그러나 걸어가는 길이 그리 순탄하지만은 않았다.

참고 참은 7년

노태우를 후계자로 생각하던 전두환의 마음은 때로 흔들렸다. 한번은 기자들과 저녁을 하는 자리에서 "권력을 포기하는 것은 타고 있던 호랑이 등에서 내리는 것만큼이나 위험하다"는 뜻을 피력한 일이 있다.[8] 그럴 때마다 노태우는 마음을 졸여야 했다.

　또 여당 대표인 자신에게는 월 400~500만 원의 판공비밖에 전달되지 않는데, 야당 총재에게는 월 1000~2000만 원씩 활동비가 제공되고 있다는 것을 알았을 때 그는 전두환이 자기에게 인색한 이유가 무엇인지 몰라 전전긍긍했다.[9]

　5공 실세들의 괄시도 견디기 어려운 것이었다. 그가 처음 국회에 진출할 때 민정당 대표였던 권익현은 그의 고향 출마계획을 좌절시켰고, 5공 실세의 한 사람이었던 권정달은 지역구 사무실로 찾아간 그를 1시간 이상 기다리게 하여 모멸감을 주었다. 또 5공 후기의 실세였던 장세동으로부터는 안기부 사찰을 받는 수모도 당했다. 그러나 노태우는 이 같은 서러움을 절대로 내색하지 않았다. 그렇게 참고 참은 7년이었다.

　마침내 1987년 6월 2일 민정당 간부를 전부 청와대 상춘재로 불러

8　돈 오버도퍼(뉴스위크 한국판뉴스팀 역), 《두 개의 코리아》, 중앙일보사, 1998.
9　"노심 읽는 5가지 힌트", 〈월간중앙〉, 1992년 6월호.

만찬을 함께 하는 자리에서 전두환은 노태우를 후계자로 추천한다는 뜻을 공식적으로 밝혔다. 참석자 전원이 박수로 동의의 뜻을 표하자 노태우는 자리에서 일어나 "두려움으로 몸둘 바를 모르겠습니다. 각하, 끝까지 지도해주십시오" 하고 말했다.[10]

그러나 시국은 험난했다. 1987년 1월, 경찰 고문에 의한 서울대생 박종철의 사망사건이 언론에 폭로되면서 사태를 방관하던 중산층이 동요하기 시작했다. 여기다 내각제와 대통령 직선제에 대한 여야협상이 결렬된 것을 알리는 '4·13호헌조치'가 발표되자 군사정권에 대한 시민들의 염증이 극에 달하고 분노가 끓어올랐다.

이런 가운데 민정당은 6월 10일 올림픽공원 내에 있는 실내체육관에서 대통령 후보지명을 위한 전당대회를 강행했다. 이 자리에서 전두환은 "우리 헌정사상 처음으로 평화적 정권이양의 새로운 이정표를 세우게 되었다"며 노태우를 대통령 후보에 지명했다. "나는 그 말을 듣는 순간 대통령과 정부가 국민과 역사 앞에 한 약속을 지키고 있다는 자부심과 함께 감격스러운 마음을 가눌 길이 없었다"고 노태우는 회고했다.

전두환이 평화적 정권교체의 약속을 지킨 것은 사실이었다. 그러나 국민들은 그것만으로는 만족할 수가 없었다. 그들은 '가발을 쓴 전태우' 또는 '노두환'을 통해 군사정권이 계속될 것으로 보았기 때문이다.

노태우가 민정당 대통령 후보에 지명되던 날, '민주헌법쟁취국민운동본부'는 박종철 고문치사 조작·은폐 규탄 및 호헌철폐 국민대회를 개최했다. 흰 와이셔츠의 넥타이 부대로 상징되는 일반 시민들이 시위에 동참하면서 반정부 투쟁은 폭발 징후를 보이기 시작했다.

그날 저녁 노태우는 대통령 후보지명 축하 리셉션에 참석하기 위해

---

10 김성익,《전두환육성증언》, 조선일보사, 1992.

남산 힐튼호텔에 오가면서 시내가 온통 최루탄 가스에 덮여 있는 모습을 보고 그날 밤 "변화가 있어야겠다, 역사에 하나의 획을 그어야겠다고 결심했다"고 한다.[11] 결국 그 결심이 '6·29선언'으로 나타나게 되었다는 얘기다.

6·29선언

하지만 최루탄 가스가 어제오늘의 일이 아닌데 하필 후보로 지명된 그날 처음 최루탄 가스를 접한 것처럼 말하면서 이를 결심의 계기로 삼았다는 점이 잘 납득되지 않는다면서 "백번 양보해서 노태우가 그렇게 느꼈다고 하자. 그렇다면 이틀 뒤인 6월 12일 기자회견에서 '올림픽을 치른 다음에 개헌논의를 재개할까 한다'는 말은 왜 했나?" 하고 날카롭게 반문한 이도 있다.[12]

시위의 규모가 감당할 수 없을 정도로 커졌을 때 권위주의적 위정자가 생각하기 쉬운 것은 물리력이다. 과연 전두환은 6월 19일 오전 10시 청와대에서 국방장관, 3군 참모총장, 안기부장을 포함한 관계자 확대회의를 갖고 6월 20일 새벽 4시를 기해 캠퍼스와 여러 도시에 전투태세를 갖춘 군을 배치할 것을 명령했다.

이 같은 움직임에 제동을 건 것은 주한 미대사 제임스 릴리였다. 그는 19일 오후 2시 미 대통령의 친서를 전두환에게 전달하면서 "위수령이나 계엄령을 선포하면 한미동맹에 심대한 영향이 있다"는 점을 상기

---

11 조갑제,《노태우육성회고록》, 조갑제닷컴, 2007.
12 방경일,《전두환 리더십, 노태우 처세술》, 너와나미디어, 2002.

시켰다. 90분간의 면담을 마치고 나온 그에게 외무장관 최광수는 "좋은 결과가 있기를 기대한다"고 덕담을 했는데, 그 결말에 대해 릴리는 이렇게 기록했다.

> 그날 오후 늦게 최 장관의 전화를 받았다. 나와 면담 후 전 대통령이 계엄령을 선포하지 않기로 결심했다는 것이다. 대사관에서 비서로 일하던 한국계 미국인 여직원은 그 소식을 듣고 복도에서 나를 끌어안았다. "고맙습니다. 그 일을 막아주어서 고마워요."[13]

적어도 릴리의 회고록에 따르면 전두환이 다른 방안을 강구하기 시작한 것은 6월 19일 저녁 이후의 일이다. 노태우는 "내가 6·29 결정을 내리기 전에 대통령과 상의한 일이 없다. 나는 대통령께서 나의 제안을 수락하리라고 확신했으나 그 결실의 과정은 매우 외로운 것이었다"고 미국 〈타임Time〉지에 밝힘으로써 6·29선언이 자신의 독자적 작품이었던 것처럼 주장했다.[14]

그러나 전두환은 "김대중 씨 사면복권, 직선제 실시 등 6·29의 기본과 그 시기는 내가 직접 구상해서 노 후보를 설득·지시했고, 노 후보가 이를 보다 구체화시킨 것"이라고 주장했다.[15]

주장이 서로 엇갈린다. 그러나 당시의 권력구조나 두 사람의 성격 등을 고려할 때 노태우가 전두환에 반기를 들고 6·29선언을 단독으로 감행했다고 보기는 어렵다.

13 제임스 릴리(김준길 역), 《아시아 비망록》, 월간조선사, 2005.
14 "6·29선언, 누가 주체인가", 〈동아일보〉, 1992년 3월 19일.
15 김성익, 《전두환육성증언》, 조선일보사, 1992.

이 점, 노태우가 6월 23일 "대통령(전두환)이 직선제 하자고 하더라"고 측근 박철언에게 말했다는 대목이 주목된다.[16] 또 전두환이 직선제를 제안하자 "노 대표는 일언지하에 반대했다"고 한 이순자의 증언도 주목된다.[17]

종합적으로 볼 때 6·29선언은 전두환·노태우의 합작품이었음을 알 수 있다. 그럼 그 아이디어를 처음 내놓은 것은 누구였을까?

이에 대해 노태우는 "김용갑 청와대 민정수석이 내게 직선제를 건의했다느니, 김복동 씨가 나를 설득했다느니 하는데 그들 말고도 내게 그런 이야기를 한 사람은 많다"면서 직선제를 제일 먼저 건의한 사람은 1987년 1월 초 신년인사를 하러 왔던 "국방대학원 교수 김종휘였다"고 회고했다.[18]

그러나 아이디어 자체는 이미 그 전해인 1986년 여름부터 'Sunshine Policy(햇볕정책)'라는 이름으로 은밀히 나돌았다. 당시 나는 미국 해리티지재단의 선임연구원이었던 셀리그 해리슨Selig Harrison에게서 그 아이디어를 처음 들었다. 시뮬레이션을 해본 결과 여당은 직선제를 받아도 김대중만 사면복권시키면 이기는 것으로 나온다면서, 꽁꽁 얼리니 김대중의 존재가 더 단단해지고 무서운 존재가 되는 거지 햇볕에 녹이면 별것 아니라는 것이었다. 바로 이 논리가 전두환·노태우에 의해 채택되었다는 얘기다. 여담이지만 이렇게 김대중을 무력화시키기 위해 강구된 사면복권의 '햇볕정책'이 뒤에 김대중의 대북정책 이름이 된 것은 역사의 아이러니다.

16 박철언, 《바른 역사를 위한 증언 1》, 랜덤하우스중앙, 2005.
17 "이순자회고록", 〈신동아〉, 1991년 1월호.
18 조갑제, 《노태우육성회고록》, 조갑제닷컴, 2007.

대선구호 '보통사람'

1987년 6월 29일 민정당 대표 노태우는 직선제를 수용하고 김대중을 사면복권한다는 것을 골자로 한 민주화 특별선언을 발표했다. 그는 말미에 "이 선언이 수용 안 되면 대통령 후보와 당 대표위원직을 포함한 모든 공직에서 사퇴하겠다"는 말을 덧붙임으로써 전두환의 뜻까지 거스르며 직선제 요구를 수용한 소신 있는 정치 지도자의 이미지를 구축하는 데 성공했다.

시민들은 열광했다. 그 분위기를 반영하여 시청 앞 어느 찻집에는 "오늘같이 기쁜 날 찻값은 무료"라는 광고가 나붙기도 했다. 야권 수장의 한 사람인 김영삼은 "만시지탄의 감은 있으나 이 시점에서 가장 희망찬 발표로서 전적으로 환영한다"고 논평했고, 김대중은 "노 대표의 선언은 고무적인 것으로서 이를 환영한다. 인간에 대한 신뢰감이 느껴졌다" 논평했다.[19]

1분 남짓한 선언 하나로 노태우는 하루아침에 영웅이 된 것이었다. 현재의 시점에서 보면 너무도 당연한 내용이지만 서슬이 퍼렇던 당시는 6·29선언이 신선한 충격이었다. 그래서 국내 언론은 말할 것도 없고 해외 언론의 반응도 뜨거웠다.

차기를 내다보고 민정당 내에 형성되어 있던 노태우 인맥 가운데는 김윤환, 최병렬 등 언론인 출신과 김임제 등 광고회사 출신이 있었다. 언론 플레이와 이미지 메이킹에 능한 이들은 6·29선언의 여세를 몰아 그때까지는 야권 전유물이었던 '민주화' 열차에 노태우를 무임승차시키는 작업에 착수했다.

---

19 이경남,《용기 있는 보통사람 노태우》, 을유문화사, 1987.

그들은 탈권위주의 이미지를 만들어내기 위해 1980년 아카데미 최고작품상을 수상한 미국 영화 〈보통사람Ordinary People〉에서 동명의 캐치프레이즈를 따오는 기민성을 발휘했다. 군인 출신임에도 불구하고 부드러운 인상과 조용한 말투는 노태우의 '보통사람' 이미지에 도움이 되었다.

그는 이 이미지를 굳히기 위해 그해 누구보다 많이 시장을 방문했다. 그에게 드리워진 전두환의 강권 이미지를 없애기 위해 관훈토론회 같은 데서 헤르만 헤세의 시를 낭독하거나 매체의 노출사진에서는 평상복 차림으로 가족들과 함께 앨범을 들여다보는 서민가장의 이미지를 연출했다.

그는 원탁회의를 주재하거나 서류가방을 손수 들고 다니는 장면을 TV로 자주 보여주며 "권위주의 체제를 배제하고 보통사람들이 골고루 잘사는 사회"를 만들겠다고 강조했다. 당선이 되면 중간평가를 받겠다는 공약까지 내놓으며 "이 사람, 보통사람 노태우를 믿어주세요" 하고 웃으며 지지를 호소했다.[20]

보통사람론이 대중들에게 크게 먹혀들어가자 당황한 야당 후보 김영삼은 "쿠데타를 일으킨 노태우 씨가 지금 보통사람이라고 외치고 다니는데 애들 말처럼 참말로 웃긴다"고 비난했고, 김대중은 "노태우 씨가 보통사람이라는데 TV를 혼자 독점하는 게 보통사람인가?" 하고 공격했다. 노태우의 발판이 된 '6·29'를 '속이구'라고 비난하는 목소리도 이때 나왔다.

집권당 대표인 노태우 쪽이 통제하의 신문과 TV매체를 적극 활용했던 것은 사실이다. 특히 TV 카메라는 어쩌다 보여주는 김영삼이나

---

20 "노태우 대통령의 말과 약속", 〈신동아〉, 1990년 3월호.

김대중 후보는 부정적이고 어두운 모습을 클로즈업하고, 노태우 후보는 맑은 음성과 밝은 표정을 부각했다.

나아가 이 매체들은 노태우가 레이건 대통령을 만났을 때 다리를 꼬고 앉은 '대등한' 장면을 클로즈업함으로써 국제적 지도자의 이미지까지 창출해냈다.[21]

모든 것이 노태우에게 유리하게 돌아갔다.

4자필승론

결정적인 것은 6·29선언의 핵심 전략인 야권분열이었다. 그해 10월 말 김영삼과 결별하고 독자출마를 선언한 김대중은 "김영삼과 노태우는 그들의 출신지역인 동남(영남) 표를 서로 나눠 가질 것이고, 중부지방(충청)의 표는 네 번째 후보인 김종필에게 빼앗길 것이다. 국무총리를 역임한 김종필은 전국적으로 노태우의 표를 가져갈 것이다. 그러므로 이들 세 후보는 서로가 서로의 표를 잡아먹어 결과적으로는 나의 우세를 유리하게 만든다"[22]는 이른바 '4자필승론'을 들고 나왔다.

이는 여당에서 1명 출마하고 야당에서 3명 출마하면 반드시 여당이 이긴다는 전두환·노태우측의 '4자필승론'과 이름이 같았다. '1노3김'의 판세가 된 것에 쾌재를 부른 것은 노태우 진영이었다.

그러나 지역적 지지기반을 갖고 오랫동안 야당정치에 몸담아온 양

---

21 박종렬, 《노태우·전두환》, 시간과공간사, 1992.

22 Kim Dae Jung, "America Must Help Restrain the Korean Military", 〈The Los Angeles Times〉, November 6, 1987.

김의 저력도 만만치는 않았다. 양김 모두 100만 명 이상의 유권자를 예사로 유세장에 불러 모았다. 불안을 느낀 노태우 측은 대대적으로 공무원을 동원하고 막대한 선거자금을 뿌렸다. 이를 위해 전두환 쪽에서 당과 노태우에게 내놓은 돈은 모두 3550억 원에 달했다.[23]

여기다 노태우 진영이 재계로부터 직접 조달한 선거자금 또한 막대했다. 천문학적인 비용이 들어가는 당시의 대선구조에서는 권력의 지원을 받는 노태우 쪽이 절대적으로 유리했다.

그럼에도 불구하고 '진짜' 민주화를 추구하던 중산층은 김영삼을 더 밀었고, 재야·운동권·학생은 김대중을 더 밀었다. 여론조사를 계속 실시하면서 전체 판도를 읽고 있던 노태우 진영은 여덟 번째 여론조사가 김영삼에게 진 것으로 나타나자 크게 당황했다. 그래서 다시 한 번 여론조사를 실시해보았으나 아홉 번째 조사에서도 김영삼이 이기는 것으로 나타났다.

이때가 그해 11월이었다. 계엄사령관으로 있다가 신군부와의 싸움에 밀려 군법에 회부되었던 정승화가 민주당에 입당한 직후 12·12쿠데타 문제가 쟁점화되자 유권자들은 당시 노태우의 정체와 역할을 다시 상기해보게 되었던 것이다. 이에 따라 노태우의 지지세가 꺾이고 김영삼의 인기가 치솟았다. 더불어 김대중의 인기도 급상승하여 2위인 노태우에 육박했다. 이대로 가면 노태우가 이긴다는 보장이 없었다.

바로 그때 놀라운 사건이 터졌다. 11월 29일 KAL858기가 인도양 상공에서 폭발, 115명의 승객·승무원과 함께 칠흑같이 어두운 바다 속으로 사라진 것이었다. 안기부는 '북한 테러설'을 언론에 흘렸다. 이 때문에 야당에선 의혹을 제기하기도 했으나, 어쨌든 이 사건이 안정 희구

23 오병상,《청와대 비서실 4》, 중앙일보사, 1995.

세력을 결집시켜 노태우에게 승기를 안겨주는 데 결정적인 공헌을 했던 것만은 사실이다.

그래서 당시 민정당 관계자들 사이에서는 노태우 대통령 만들기의 진짜 공신은 야권 표를 분산시킨 김영삼·김대중·김종필의 3김씨와 KAL기를 폭파한 미모의 김현희, 그리고 그녀를 절묘한 시점에 파견한 김일성까지 5김씨였다는 우스갯말이 나돌았다고 한다.[24]

마침내 1987년 12월 16일, 국민이 직접 투표하는 대통령선거가 16년 만에 실시되었다. 뚜껑을 열어보니 노태우가 36.6%, 김영삼이 28%, 김대중이 27%, 김종필이 8.1%를 득표한 것으로 집계되었다. 노태우가 대한민국 13대 대통령에 당선되는 순간이었다.

노태우와 전설

"왕은 하늘이 낸다"면서 막판 판세를 뒤엎은 KAL기 폭파사건을 운명적인 것으로 해석한 사람들도 있었다. 한 나라의 왕이나 대통령은 아무나 되는 것이 아닌즉 반드시 보통사람과 다른 그 무엇, 신이神異한 그 무엇이 관여한다고 믿고 싶어 하는 사람들도 있다.

〈워싱턴포스트〉지의 한 특파원은 인터뷰 때 노태우가 "어떻게 하다 보니 이런 상황에 놓이게 됐다. 아마도 하늘의 뜻인 것 같다. 내 운명인지도 모르겠다"는 말을 했다는 기록을 남겼다.[25] 또 노태우 자신도 "나는 운명론자는 아니지만은 대통령은 하늘이 내는 것이며 천심과 민심이

---

24 오병상, 《청와대 비서실 4》, 중앙일보사, 1995.
25 돈 오버도퍼(뉴스위크 한국판뉴스팀 역), 《두 개의 코리아》, 중앙일보사, 1998.

합일되어야 하는 일이라고 믿었다"는 말을 했다.[26]

왕은 하늘이 낸다는 시각에서 전해지는 노태우의 태몽 이야기가 하나 있다. 노태우의 아버지와 어머니는 결혼 8년이 되도록 아들이 없어 아들 낳기가 소원이었다. 그러던 어느 날 어머니가 꿈을 꾸었다. 집에서 멀지 않은 콩밭에 김을 매러 갔는데 밭머리에 시퍼런 구렁이가 도사리고 있었다. 무서워서 집으로 돌아왔는데 그 구렁이가 집까지 따라왔다. 부엌에 숨으려고 하니 구렁이가 갑자기 어머니의 발꿈치를 물며 몸을 휘감았다. 놀라 깨어보니 꿈이었다는 것이다. 그 후 태기가 있어 낳게 된 아들이 노태우였다.

노태우의 할아버지 노영수는 시퍼런 구렁이는 청룡인즉 돌림자인 '클 태泰'자에 '용 용龍'자를 넣어 '태룡'으로 이름을 지으려다가 '천기누설'이라 생각되어 큰 지혜를 가진 사람은 어리석게도 보인다는 뜻에서 '어리석을 우愚'자를 넣어 '태우'라 작명했다고 한다.

다른 이야기도 전한다. 그것은 노태우 자신이 들려준 작명가의 이야기다.

내가 방첩대에 근무하던 소령 시절, 오랜만에 아들을 얻었어요. 그래 이름을 제대로 지어주고 싶어 수소문을 해보니 당시 효자동인가 적선동에 김봉수라는 분이 소문이 났더군요. 그 집을 찾아가보니 사람들이 몇백 미터 줄을 서 있더군. 내 차례가 되어 방문을 열고 들어섰는데 김봉수 씨가 나를 보더니 후다닥 일어나 큰절을 하는 거야. 참으로 이상하다는 생각을 했어요. 귀한 사람이라 그랬다는데 그때 나는 소령이었거든.[27]

---

26 조갑제, 《노태우육성회고록》, 조갑제닷컴, 2007.
27 조갑제, 《노태우육성회고록》, 조갑제닷컴, 2007.

이런 유의 전설은 그 진위를 따져볼 수도 없거니와 따질 필요도 없다. 눈에 보이므로 좀 더 검증이 가능할 것 같은 관상론에 따르면 그는 사자상이다. 사자는 백수의 왕이다. 먹잇감 사냥을 나설 때 사자는 암컷과 수컷이 함께 나서기 때문에 전두환과 노태우를 암수 사자로 본 관상가도 있다. 사냥을 하는 암사자가 전두환이고, 암사자가 사냥한 먹잇감을 먹는 수사자가 노태우라는 것이다. 그래서 전두환에 뒤이어 노태우가 대통령이 된 것은 단순히 친구 잘 만난 덕분만은 아니라고 한다.

노태우의 사주는 어떨까? 일단 '귀명貴命'이라는 감정鑑定을 내지만 역술가마다 보는 관점이 다르고 해설이 다른 것은 그 사주가《연해자평淵海子平》같은 역술서의 족보에 올라 있는 그런 사주는 아니기 때문이다. 오히려 '귀명'은 그가 대통령이 되었음을 미리 염두에 두고 역으로 내놓는 감정 결과와 해설일 가능성이 더 높다.

하지만 내가 보기에 신이한 것은 신군부의 주역으로 권위주의 정권의 핵심이었던 그가 민주적 절차를 통해 민주화투쟁에 빛나는 양김씨를 제치고 당당히 대통령에 취임할 수 있었다는 사실이다. 이것이야말로 진짜 '전설'이 아니고 무엇이겠는가?

그러나 새로 탄생한 노태우 정권은 스스로 '정통성'을 자랑은 했지만 그 혈통이 5공과 뿌리를 같이하고 있음을 부정할 수는 없었다. 그 뿌리를 끊어내는 과정에서 6공의 파란이 시작된 것이다.

따돌린 상왕

노태우와 전두환의 이미지 분리안을 처음 내놓은 사람은 노태우 대선캠프의 방계조직인 '한가람기획'의 실무책임자 전병민이었던 것으로 알려져 있다. 뒤에 김영삼 정권의 초대 정책수석에 임명되기도 한 그는 기발한 아이디어가 많아 당시 노태우 캠프의 브레인이었던 최병렬도 "쓸 만한 내용이 많았다"고 언급했을 정도다.

전병민이 처음 제시한 5공 단절 아이디어는 6공 출범과 함께 본격화되기 시작했다. 노태우 쪽에서 이를 더욱 서둘러야 했던 이유는 전두환이 뒤에서 '상왕' 노릇을 하고 싶어 했기 때문이다. 하기사 전두환 측에서 보자면 자신이 후계자로 세우고 대선에서도 금권과 관권으로 크게 지원해준 노태우 정권은 5공의 연장이어야 했다.

갈등은 1988년 대통령 취임식 문제를 두고 표면화되었다. 전두환은 '평화적 정권교체'의 의미를 강조하기 위해 이·취임식을 같이 하자고 했다. 그러나 당선자 노태우는 반대였다. 취임식 때 자리를 같이하면 국민들의 눈에 6공은 5공 계승자로 비치게 되기 때문이었다.

이 문제를 조정하기 위해 파견된 안기부장 안무혁은 "어차피 이·취임식을 같이 한다 해도 스포트라이트는 새 대통령에게 가기 마련이니 오히려 떠나는 입장에서 언짢을 수도 있다"는 논리로 전두환을 설득, 따로 이임식을 갖게 했다. 전두환은 이임식만이라도 성대하게 치르고 싶어 했으나 노태우 측의 반대로 결국 남산 힐튼호텔에서 조용히 치르게 되었다. 그리고 그것조차 다음 날 취임식이 있다는 핑계로 매스컴엔 거의 보도되지 않게끔 조정했다.

이보다 더 본격적인 5공 단절의 카드는 민주화합추진위원회(위원장 고병익) 발족이었다. 5공의 아킬레스건인 광주민주화운동 진압의 진상을 조사하기 위해서였다. 물론 깊이 들어가면 노태우 자신도 무관할 수 없기 때문에 광주 문제를 전두환만의 책임으로 떠넘기는 선에서 적당히 마무리하도록 했다. 그것만으로도 노태우는 국민들에게 가해자 전두환을 조사했다는 '수사관 이미지'를 줄 수 있기 때문이다. 최병렬의 아이디어로 알려진 이 카드는 성공적이었다.

다음 카드는 13대 총선 일정이었다. 전두환 측은 1988년 2월 9일에 실시하자고 했다. 대통령 취임식이 있는 2월 25일 이전이면 자기 손으로 총선을 치를 수 있지만, 2월 25일 이후면 노태우의 손으로 총선을 치르게 되기 때문이었다. 법적 시한은 4월 28일까지였다.

노태우는 그 특유의 모호한 태도로 시간을 질질 끌었다. 그러는 사이에 전두환이 퇴임하고 노태우는 취임했다. 총선 날짜는 그해 4월 26일로 잡혔다. 누구의 손으로 총선을 치르느냐 하는 것은 공천 문제와 관계가 있었다.

노태우는 지난날 자신을 물 먹였던 5공 실세 권익현과 권정달을 공천 대상에서 전격 배제시켰다. 괘씸죄였다. 그와 함께 5공 시대의 거물급들을 공천 대상에서 탈락시키고 그 빈자리에 인척인 박철언의 사조직 '월계수' 인맥을 집어넣었다.

마지막 수순은 전두환의 동생 전경환의 공천 탈락이었다. 정무수석 김용갑이 시중 여론이 좋지 않아 전경환 공천이 어려웠다는 뜻을 전하자, 전두환은 "너희들 나한테 이럴 수 있는 거야?" 하고 화를 냈다고 한다.[28]

그러나 그것이 다가 아니었다. 그 직후 6공 정부는 새마을비리사건을 터뜨리면서 전경환을 구속, 수감했다. 이어 전두환이 의장으로 있는 국가원로자문회의도 '위헌적 요소'가 있다는 언론 플레이를 통해 결국은 전두환의 공직을 삭탈하는 방향으로 몰고 나갔다. 40년 친구라지만 정치는 비정했다.

---

28 오병상,《청와대 비서실 4》, 중앙일보사, 1995.

5공청문회

1988년 4월 26일, 13대 총선이 실시되었다. 총선을 진두지휘한 선거대책본부는 누차 압승을 보고했으나 결과는 민정당의 참패로 나타났다. 299석 중 민정당은 125석으로 과반수 확보에 실패했다.

이에 반해 대선에서 패배했던 3김은 김대중의 평화민주당이 70석, 김영삼의 통일민주당이 59석, 김종필의 신민주공화당이 35석으로 개선장군처럼 당당히 13대 국회로 돌아왔다. 총선은 지역에 기반을 둔 3김의 존재를 재확인시켜준 셈이었다.

여당의 참패 원인을 야당의 요구에 따라 채택한 소선거구제 때문이라고 본 사람이 많지만, 대통령을 견제하기 위한 유권자의 균형감각이 작용한 점도 컸다. 그러나 원인이 무엇이었든 여당이 정국 주도권을 빼앗긴 것은 사실이었다. 사상 초유의 여소야대與小野大 국회가 되었던 것이다.

그해 5월 28일 청와대에서 4자회담이 열렸다. 이날 노태우는 올림픽 성공을 위해 3김의 협조를 구하고, 대신 3김이 요구한 양심수 석방과 '5공비리' 청문회 문제를 수용하기로 했다.

이 합의에 따라 6월 27일 '5공비리 특위'가 구성되었다. 청문회의 대상은 많으나 광주학살의 발포 책임자, 전두환이 세운 일해재단의 설립 배경, 그리고 전두환의 동생 전경환의 비리가 그 골자로 모두 전두환을 겨냥하고 있었다. 청문회 자체는 야당의 요구에 의한 것이었지만, 노태우가 합의해주지 않으면 실시가 불가능하다는 점에서 노태우의 의중과 무관했다고 보기 어렵다.

노태우는 직격탄을 날리는 전두환과 달리 '손 안 대고 코 풀기' 또는 '차도살인借刀殺人'[29]식의 우회 전략을 즐겼다. 그해 9월 17일 열리는 올림픽 개막식에 전두환의 참석을 막는 방식도 그랬다.

전두환과 나란히 앉은 모습이 TV에 비치면 국민들은 5공과 6공을 한통속으로 보게 될 것이니 막아야 했다. 여기서 그는 언론을 이용한다. 전 세계가 주목하는 행사인데 관중석에서 전두환에 대한 야유라도 터져 나오면 무슨 국제망신이냐는 식의 가십기사가 신문에 실렸다. 이런 식으로 공론화시켜 전두환 쪽에서 스스로 포기하게끔 유도했다.

어떤 의미에서 노태우는 여소야대의 정국을 역이용하고 있었던 셈이다. 올림픽이 끝났다. 마침내 그해 11월 2일, 사상 처음으로 청문회의 막이 올랐다. 전두환의 비리에 대한 공격이 TV로 중계되자 여론은 들끓었다. 초선의원 노무현이 명패를 집어던짐으로써 강한 인상을 남긴 것도 바로 이 청문회에서였다.

여론을 등에 업은 검찰은 11월 7일 전두환의 사촌동생(전순환)을 구속했고, 11월 12일엔 또 다른 사촌동생(전우환), 친형(전기환), 동서(홍순두) 등을 구속했으며, 처남(이창석)도 수사대상에 올렸다. 권력의 칼끝은 결국 전두환을 향하고 있었다. 이에 격분한 전두환은 "5공 단절을 주장하는데 5공의 최대 수혜자는 노태우 대통령 아닌가? 차라리 나를 재판하라"고 언성을 높였다.[30]

법정에 서겠다는 말에 노태우 측은 움찔했다. 6·29선언의 진상이나 대선자금 등을 폭로할까봐 켕겼기 때문이다. 여기서 노태우 측은 전두환이 재산(139억 원)을 헌납하고 산사에 '귀양살이'를 가는 것으로 5공청문회를 마무리하기로 조율한다. 이렇게 하여 전두환은 그해 11월 23일 대국민 사과문을 발표하고 부인과 함께 백담사로 떠났다.

29 신동준,《대통령의 승부수》, 올림, 2009.

30 박철언,《바른 역사를 위한 증언 1》, 랜덤하우스중앙, 2005.

정국 주도 방안

조선조 이후 처음 부활한 '귀양살이'를 떠나기 전, 전두환은 노태우의 측근인 박철언에게 "지금은 김대중의 나라다. 과외수업 문제도 김대중의 말 한마디로 무산되었다. 이제는 DJ와 싸워야 한다. 그러면 자동적으로 YS도 허물어질 수밖에 없다"고 군 출신다운 작전지시를 하면서 "적이 YS, DJ인데, 우군을 단절하고 나를 치고 난 다음에 노태우를 치려는 것인데 그걸 모른단 말인가?"라고 반문했다.[31]

여소야대 정국을 이용하여 전두환 문제를 정리할 수 있었던 노태우의 입장에서도 야권에 휘둘리는 상황에 대한 타개책을 강구하지 않으면 안 되었다. 5공 때 연 200여 건 정도였던 노동운동이 2000여 건으로 늘어난 것도 사회불안의 요인이었다.

노태우가 특히 그 필요성을 강하게 느끼게 된 것은 올림픽이 열리기 직전인 그해 7월 2일 국회에 상정한 정기승 대법원장 내정자의 임명동의안이 부결된 뒤부터였다. 제4당인 김종필의 공화당 협조를 받기로 이야기가 되어 있었기 때문에 무난히 통과될 것으로 보았다. 그러나 막상 뚜껑을 열고 보니 7표가 모자랐다. 초선의원들이 기표방법을 몰라 그리 되었다지만 결과는 충격적이었다. 이때의 실패를 거울삼아 공화당과 아예 합쳐 과반수 의석을 원천적으로 확보하자는 의견이 민정당 내에 대두되었다.

그러나 이 안은 '6공 황태자'로 불리던 박철언의 반대로 받아들여지지 않았다. 그의 논리는 공화당과 합치면 '수구' 이미지만 강화되고, 그로 인해 평민당과 민주당이 합치는 동기를 줄 수도 있는데, 만일 그리

---

31 박철언, 《바른 역사를 위한 증언 1》, 랜덤하우스중앙, 2005.

되면 과반수 의석을 확보한다 하더라도 양김의 바람몰이를 감당하기 어려워진다는 것이었다.

여기서 등장한 것이 '중간평가'의 정면돌파 안이었다. 중간평가란 노태우가 1987년 12월 12일 여의도 유세 때 "내가 대통령에 당선되면 올림픽을 치른 후 적절한 시기에 중간평가를 받겠다"고 내놓았던 공약이다. 소설가 백성남의 아이디어였던 것으로 알려진 이 공약에 의해 유세기간 중 그가 참신하고 믿음직한 이미지를 획득했던 것은 사실이다.

올림픽이 끝난 후 야당은 중간평가 공약을 모든 문제를 거는 지렛대로 이용하고 있었다. 그러니 차라리 중간평가를 받아 이를 돌파해버리면 정국운영의 주도권을 되찾아올 수 있다는 논리였다. 이를 주장한 것은 이종찬, 이춘구, 김윤환, 정호용 등 여당 국회의원들과 총무처 장관 김용갑 등이었던 것으로 알려져 있다.

"마, 이거 차고 나갑시다. 차고 나가서 3김을 완전히 퇴진시킵시다.' 이게 당의 강력한 결의였어요"라고 노태우는 당시를 회고했다.[32]

이에 따라 노태우는 정무수석 최창윤에게 중간평가를 준비하라는 지시를 내렸다. 이 무렵 민정당 사무총장에 전격 기용된 이종찬도 그 준비작업에 들어갔다.

그러나 박철언은 반대였다. 그의 논리는 국민투표에 이겨도 3김 체제는 그대로 남는다는 것이었다. 투표에 지면 오히려 야3당이 똘똘 뭉쳐 '6공비리 특위' 같은 것을 구성하고 선거 과정의 비리를 조사하자고 나올 가능성이 높다고 했다.

6·29선언처럼 모든 것을 걸어야 하는 모험을 다시 되풀이하고 싶지 않았던 노태우는 박철언의 손을 들어주면서 정국안정의 방안을 강구해

---

32 조갑제,《노태우육성회고록》, 조갑제닷컴, 2007.

보라고 지시했다.

중간평가 유보

노태우의 처가 쪽으로 고종사촌이 되는 박철언은 5공 때 청와대 법률비서관→안기부장 특보를 지내며 노태우를 대통령으로 만드는 데 기여한 1등공신의 한 사람이었다. 이 때문에 노태우의 신뢰가 두터웠고, 그로부터 후계자로 언질까지 받고 있는 처지였다.

그래서 꿈이 컸다. 여러 자료들을 종합해보면 그는 한국의 대통령을 넘어 남북의 '통일 대통령' 같은 것을 꿈꾸었던 흔적이 있다. 통일에 대비하기 위해서는 남한 내의 세력을 대동단결시켜 일본의 자민당 비슷한 당을 만들어야 할 필요가 있다고 그는 생각했다.

이 때문에 박철언은 JP나 YS만 안고 가자는 민정당 주류와 생각을 달리했다. 광주 문제를 해결하기 위해서는 DJ를 안고 가야 한다는 것이 그의 생각이었다. 현실적으로도 중간평가의 열쇠를 쥐고 있는 것은 JP나 YS가 아니라 제1야당 총재인 DJ라고 보았는데, 이 점은 주적개념이 분명한 군인 출신의 전두환이 "이제는 DJ와 싸워야 한다"고 박철언에게 충고했던 것과 궤를 같이한다.

김종필은 처음부터 당을 합치자는 말이 오갈 정도였으므로 따로 공을 들일 필요가 없었다. 문제는 김영삼인데, 그는 의외로 5공 청산이나 중간평가를 강하게 주장했다. 그의 태도가 강경했던 것은 김대중을 의식하고 있었기 때문이다. 평생 라이벌인 김대중이 제1야당 총재가 되고 자신이 제2야당 총재가 되어 있는 현실, 더구나 전체 득표수에서는 김대중을 이기고도 소선거구제 때문에 의석수에서 제2야당으로 전락한 현실에 그는 자존심이 상해 있었다. 따라서 그는 오랜 야당생활을 통해 체득한 "세가 적으면 선명노선을 주장하라"는 전략을 고수하고 있었다.

한편 노태우는 작전개념에 익숙한 군인 출신이었다. 그 때문에 중간평가의 열쇠를 쥔 사람이 김대중임을 뚜렷이 인식하고 있었다. 그래서 김대중을 만나러 가는 박철언에게 "민정당이 좀 약하기는 해도 대통령은 초조하게 생각하지 않는다. 중간평가는 하려고 마음먹으면 언제든지 적당한 조건과 방법으로 가능하다는 자신감을 보이고 대통령은 경우에 따라 판을 깰 용의도 있다는 점을 암시해주라고 지시했다."[33]

박철언은 1989년 1월 18일 동교동 자택으로 김대중을 찾아갔다. 김대중쯤 되면 물어보지 않아도 박철언이 찾아온 이유를 안다. 그래서 중간평가에 대한 '유보' 입장부터 밝혔다.

전두환이 "지금은 김대중의 나라"라고 박철언에게 지적했던 것처럼 제1야당 총재로 사실상 정국 헤게모니를 쥐고 있던 김대중으로서는 '황금분할'의 4당체제를 깨고 싶은 마음이 없었던 것이다. 이에 고무된 박철언은 김대중과의 대담 결과를 노태우에게 보고했다. 내부의 의견조율을 위한 약간의 혼선과 우여곡절이 있었지만 큰 줄기는 중간평가 유보 쪽으로 나아갔다.

이에 따라 노태우는 3월 7일 김종필을 만났다. 제4당으로서 양김을 쫓아다니느니 차라리 여당에 들어가고 싶었던 김종필은 합당을 전제로 한 중간평가 연기안에 합의했다.

사흘 뒤 노태우는 김대중을 만났다.

나는 중간평가를 해서 3김을 완전히 물러나게 하겠다, 이런 생각을 했는데

---

33 박철언, 《바른 역사를 위한 증언 1》, 랜덤하우스중앙, 2005.

DJ가 가볍게 짚더군요. "대통령이 헌법 위반해서 되겠습니까. 위법사항일 텐데요." 그 말에 나는 속으로 한 방 먹었구나, 이렇게 생각한 겁니다. 중간평가를 하면 자기 설 땅을 완전히 잃게 되는데 이걸 누구보다 정확하게 감지한 사람이 DJ로구나.[34]

이렇게 해서 그해 3월 20일 노태우는 중간평가 유보를 공식발표하게 된다.

공안정국

이 과정에서 '낙동강 오리알'이 된 김영삼은 단단히 화가 나 있었다. 노태우나 김종필에 대해서가 아니라 평생의 라이벌인 김대중에 대해서였다. 제2야당의 존재감을 높이기 위해 김대중보다 더 선명노선을 걸어온 그는 지난 3월 4일의 3김회동에서도 중간평가는 야3당이 공동보조를 취한다는 입장을 재확인한 터였다.

그런데 불과 보름 만에 배반당한 것이다. 김종필은 원래 여권 성향이니까 하고 치부할 수도 있었지만 라이벌인 김대중은 용서가 안 되었다. 그래서 '거짓말쟁이'라고 몰아붙였다. 그렇게 기회 있을 때마다 김대중을 질타하는 것이 존재감을 획득하는 그 나름의 전략이기도 했다.

그러나 이대로 김대중과 노태우의 밀월관계가 계속된다면 자신이 설 땅이 없어진다는 위기감을 떨칠 수는 없었다. 그래서 "국민과의 약속을 저버린 노 정권 퇴진운동을 전개하겠다"며 극한투쟁을 선언했다. 하지

---

34 조갑제,《노태우육성회고록》, 조갑제닷컴, 2007.

만 '1노3김'이 '1김3노'로 바뀐 상황에서 그의 목소리는 잘 들리지도 않았다.

그러던 차에 사건이 터졌다. 3월 25일 북한의 중앙방송이 "문익환 목사의 평양 방문을 환영한다"고 발표했던 것이다. 문익환이 베이징을 경유하여 평양에 도착한 27일 김일성과 회담한 사실이 알려지면서 보수언론들은 크게 떠들기 시작했다. 문익환과 가까운 김대중은 소극적인 태도를 취할 수밖에 없었다.

이때를 포착해서 치고 나온 것이 김영삼이다. 기자회견을 자청한 그는 "문 목사가 정부와 사전협의 없이 북한에 간 것은 국민 된 도리가 아니다. 귀국 후 응분의 책임을 져야 할 것"이라 지적하고, 1988년에 자신이 공표해두었던 "김일성 면담을 위한 방북용의"를 철회한다고 발표했다. 이 적시타로 그의 존재감은 솟구쳤다.

흔히 김대중은 나무를 보고 김영삼은 숲을 본다고 한다. 문익환에 대한 그의 기자회견은 5공에 맞선 민주화투쟁을 해오면서 진보진영 쪽으로 기울어 있던 그의 정치노선을 보수진영 쪽으로 옮기는 계기가 되었다. 이 노선변경엔 외대 총장을 하다 민주당 국회의원이 된 황병태의 입김이 많이 작용했던 것으로 알려져 있다. 황병태는 김영삼에게 "호랑이를 잡으려면 호랑이굴에 들어가야 한다"는 논리를 주입시켰다고 한다.

한편 곤경에 빠진 김대중은 노태우와의 핫라인이었던 박철언의 도움을 기대하면서 과격해진 노사분규에 대해 자제를 요청하는 등 유화 제스처를 보였으나 시국은 공안정국으로 흘러갔다. 결국 안기부의 소환조사까지 받은 그는 6월 3일 광주 집회에서 "광주학살의 책임자를 처벌하지 않으면 노 정권 종식투쟁을 전개하겠다"고 강경노선으로 돌아섰다.

그런데 7월 평민당 국회의원 서경원의 밀입북사건이 또 터졌다. 김대중은 안기부의 조사를 다시 받았고 이어 검찰조사까지 받았다. 여기에 전국대학생대표자협의회(전대협) 대표 임수경, 신부 문규현 등의 밀입북사건이 잇달아 터짐으로써 공안정국의 기류는 한층 경색되어갔다.

색깔론의 덫에 걸린 김대중은 곤경을 벗어나기 위해 미국 의원에게 그해 10월로 예정된 "노 대통령의 미국 방문기간 중에 한국정치를 비판하는 압력을 넣어달라"고 부탁하는 편지를 보냈는데, 이 사실이 알려지자 노태우는 "잘 가라고 환송해주고 뒤로는 악담하는 편지를 보낸 것은 등 뒤에서 총 쏘는 격"이라며 김대중에 대해 크게 역정을 냈다고 한다.

공안정국의 경색 분위기 속에서도 박철언을 매개로 물밑 접촉을 이어오던 노태우는 이 편지사건을 계기로 김대중을 마음에서 버렸다. 이렇게 되니 남는 것은 김영삼뿐이었다.

3당합당

김영삼에 대해서는 특별한 기억이 있었다. 대선 직후 노태우는 자기가 국민의 심판을 받아 이겼으니 이제 3김 시대는 끝났다고 생각했다고 한다.

그래서 대선 전에 내놓았던 6·29선언에 담긴 8개항을 어떻게 하면 더 효율적으로 실천에 옮길 수 있을까 하여 자문팀을 만들었는데, 여기에 분야별로 참여한 교수들을 대하면서 좀 이상한 점을 느꼈다고 한다. 어딘지 모르게 서먹서먹한.

왜 그런지 알아보았더니 그들 대부분이 대통령선거 때 나보다 김영삼 씨를 찍었다는 것이다. 왜 김영삼 씨를 선호했는지 이유를 물어보니 '김영삼 씨는 민주주의를 할 사람'이라는 쪽으로 요약됐다. 나는 그 사실을 알고 깜짝 놀라 '아하, 내가 잘못 생각하고 있었구나. 3김 시대가 끝날 것이라는 생각을 다시 한 번 짚어봐야겠구나' 하고 생각했다.

(…)

다음으로 1988년 4월 26일에 실시된 총선 결과 역시 나의 3김청산 생각을 바꿔놓았다. 그래서 '3김 시대를 청산하겠다는 내 생각이 잘못된 것이구나. 하늘의 뜻은 그게 아니다'라고 여기게 되었다. 3당합당은 이런 생각들이 시발점이 되어 추진된 것이다.[35]

그런데 노태우는 무엇을 주도하는 타입이 아니다. 듣고 참고해 조정하는 타입이다. 그의 뜻을 받아 3당협상을 주도한 것은 박철언이었다. 그러나 정책연합의 다음 단계인 정계개편 작업에 나서는 과정에서 박철언이 안고 가려던 김대중은 결국 공안정국의 거센 물살에 떠내려가고 말았다. 김종필은 이미 합당하기로 되어 있었고, 남아 있는 김영삼과는 약간의 줄다리기가 있었지만 내적으로는 그도 합당하기로 되어 있는 상태였다.

1990년 1월 11일, 노태우는 김대중과 영수회담을 가졌다. 중간평가를 유보하기로 결정하는 과정에서 도움을 준 일이 있기 때문에 그는 김대중에게 "어디 합쳐볼 생각은 없으십니까?" 하고 슬쩍 합당 의사를 떠보았다.

(김대중은) 대통령의 심중은 충분히 이해하지만 여당과 합친다는 말이 나오면 내 입장이 아주 어려워질 것입니다. 비록 여소야대의 4당체제이지만 협조할 것은 협조해드릴 테니 이대로 끌고 나가는 것이 좋겠습니다 하고 대답했다. 그의 입장에서는 그렇게 말할 수밖에 없을 것이라고 생각한 나는 더 이상 언급하

---

35 조갑제, 《노태우육성회고록》, 조갑제닷컴, 2007.

지 않았다.[36]

다음 날인 1월 12일과 13일 노태우는 김영삼, 김종필을 잇달아 만나 지자체 실시, 선거공영제, 경제·사회 현안 등을 논의했다. 정계개편에 대한 이야기도 나왔지만 3당합당 문제는 이미 협상이 완료된 상태였다.

이념적으로 보수대연합이라지만 실제 그들을 합치게 만든 공통분모 는 정치적 이해관계였다. 즉 노태우는 의회장악을 노렸고, 김영삼은 차 기를 기대했으며, 김종필은 내각제를 꿈꾸었다는 것이다.[37]

마침내 1월 22일 노태우는 청와대에 김종필과 김영삼 두 사람과 함 께 나란히 서서 3당합당을 선언했다. 신당의 이름은 민주자유당(민자 당)이었다. 이로써 4당체제가 양당체제로 바뀌게 된 것이지만 실제로는 216석의 비호남 여당이 70석의 호남 야당을 포위하는 형국이었다.

북방정책

안정된 통치기반을 마련한 노태우는 이제 자신이 하고 싶은 정책에 힘을 쏟을 수 있게 되었다. 이미 1989년 계획을 발표한 바 있는 주택 200만 호 건설을 본격 추진하는 한편, 이와 연계하여 분당·일산·평 촌·산본·중동의 5개 신도시를 10년 안에 건설한다는 야심찬 프로젝 트에 착수했다.

더불어 장기적인 생산기반 구축을 위한 사회간접시설 확충의 일환

---

36 조갑제,《노태우 육성회고록》, 조갑제닷컴, 2007.
37 김호진,《대통령의 리더십》, 청림출판, 2006.

으로 경부고속철(KTX)·서해안고속도로·영종도국제공항(인천공항) 등의 대역사를 착공했다. 성과가 당장에 드러나지 않는 이 같은 장기 프로젝트들은 다음 정권 또는 그다음 정권에 가서 결실을 보게 된다. 너무 많은 인부가 필요해져 전반적인 인건비가 2배로 오르는 부작용도 있었다. 그만큼 큰 공사들이었던 것이다. 이런 점을 간과하고 "6공은 뭘 했느냐?"고 비판하는 것은 억울하다고 노태우는 훗날 토로했다.

그가 가장 하고 싶었던 것은 북방외교였던 것 같다. 때마침 냉전 시대가 끝나고 데탕트의 무드가 편만해 있었다. 그 단초는 서울올림픽 때부터 보였다. 동서 간의 이념대립으로 반쪽짜리로 치러지던 대회가 서울올림픽을 계기로 정상화되었다. 공산권의 수장인 소련이 참가했던 것이다. 소련이 참가하니 기타 동구권 국가들도 다 참가했다. 이 결정은 '신사고'를 주창한 소련의 서기장 미하일 고르바초프Mikhail Gorbachev의 결단에 의한 것이었지만, 노태우의 적극적인 의지와 노력도 한몫했다.

선수들과 함께 소련 기자들이 서울에 왔다. 서울올림픽 취재단장을 지냈고 나중에 고르바초프의 공보비서가 된 비탈리 이그나텐코Vitaly Ignatenko는 한국의 발전한 모습이 충격이었다면서 "마치 21세기에 온 것 같았다"고 말했다. 소련 공산당 기관지 〈프라우다Pravda〉지는 "서울의 스포츠 시설은 세계 최고수준"이라고 보도했다.[38]

인쇄매체보다 영향력이 더 큰 것은 TV였다. 2억 명에 이르는 소련 시청자들이 서울올림픽 개막식과 서울의 발전상을 시청했다. 이 점이 영향을 주었던지 올림픽이 끝난 뒤 소련 당국은 한국인 입국제한 조치를 철회했다. 이후 경제인들의 왕래가 잦아지면서 서울과 모스크바에 비공식 무역사무소가 개설되었다.

---

38 돈 오버도퍼(뉴스위크 한국판뉴스팀 역), 《두 개의 코리아》, 중앙일보사, 1998.

페레스트로이카(개혁) 정책을 추진하던 고르바초프는 부족한 자본 문제를 해결하기 위해 자신의 외교보좌관 아나톨리 도브리닌Anatoly Dobrynin에게 한국으로부터 차관을 얻을 수 있겠는지 타진해보라는 지시를 내렸다. 이에 도브리닌은 1990년 5월 22일 서울에 도착한 뒤 비밀리에 청와대를 방문하고 고르바초프가 2주 후 미국 샌프란시스코에서 만나고 싶어 한다는 말을 노태우에게 전했다.

이날 도브리닌이 언급한 차관 문제에 대해 노태우는 "공식적인 외교관계가 수립되면 소련에 아낌없는 지원을 하겠다"고 약속했다.[39]

2주 후 샌프란시스코에서 한소정상회담이 열렸다. 공식수교에 대한 명시적 합의는 없었으나 노태우는 회담 말미에 '수십억 달러'의 경제지원을 할 용의가 있다고 말했다. 아마도 이것이 고르바초프의 마음을 열었을 것이다. 정상회담이 끝난 뒤 노태우는 함께 사진을 찍자고 제안했고, 고르바초프는 "소련에서는 공개되지 않을 것"이라는 도브리닌의 말을 듣고 촬영에 응했다. 한소정상회담의 증거가 된 이 사진은 결국 북한을 크게 자극하게 되었다.

그로부터 3개월 뒤 소련 외무장관 예두아르트 셰바르드나제Eduard Shevardnadze는 평양을 방문했다가 형편없는 푸대접을 받았다. "내 평생 가장 힘들고 불유쾌한 경험이었다"고 푸념했을 정도다. 한소정상회담에 대한 불쾌감의 표시였으나 이는 북한의 실수였다.

유엔총회에 참석하러 뉴욕에 간 셰바르드나제가 한국 외무장관 최호중을 만나 수교 예정일을 1991년 1월 1일에서 1990년 9월 30일로 앞당겨버렸기 때문이다.

이 소식을 들은 북한은 "소련이 돈 때문에 동맹국의 신의를 팔아넘

---

39 돈 오버도퍼(뉴스위크 한국판뉴스팀 역), 《두 개의 코리아》, 중앙일보사, 1998.

졌다"며 격렬히 반발했다. 그러나 소련과 한국의 국교수립을 계기로 지난날 북한의 우방이던 사회주의 국가들이 다투어 한국과 국교를 맺게 되자, 위기감을 느낀 북한도 대화에 응해 '남북기본합의서'를 채택하고 유엔에 동시 가입하게 되었다.

재임 5년 동안 노태우는 중국을 포함한 45개국과 수교하는 성과를 올렸는데, 이렇듯 과거의 적대국가들과 국교를 맺고 북한과 관계를 개선하면서도 전통적인 한미동맹을 약화시키지 않았다는 점에서 그는 북방정책의 바람직한 모델을 제시했다고 볼 수 있다.

후계구도

아직 소련과의 수교를 위한 물밑 접촉이 한창 진행중이던 1990년 3월 김영삼이 갑자기 소련 방문을 희망했다. 노태우는 속으로 "북방정책에 대해 잘 알지도 못하는 그가 소련을 방문하는 것은 위험부담이 없지 않다고 생각하면서도 합당 후 처음으로 내세우는 부탁인지라 받아들이기로 했다."[40]

소련으로 떠나기 전 김영삼 측은 "이번 소련 방문에 박철언 정무장관이 수행한다"고 발표했다. 그러자 박철언은 "정부 각료(박철언)가 정당 대표(김영삼)의 외국 방문을 수행한다는 표현은 적절치 않다"고 기자들에게 말했다.

이에 기분이 상한 김영삼이 소련 방문시 알리지 않고 고르바초프를 만나는 바람에 박철언은 대통령 친서를 직접 전달할 기회를 잃었다. 그

---

40 조갑제, 《노태우육성회고록》, 조갑제닷컴, 2007.

러자 박철언도 김영삼에게 알리지 않고 친서에 대한 소련측 답장을 따로 받아 귀국한 뒤 "각하, 김영삼 대표가 가서 하라는 일은 안 하고 자기 이미지 관리만 했습니다" 하는 식으로 보고했다.

이튿날 노태우 대통령은 소련 방문 결과를 보고하러 온 김영삼 대표를 시큰둥하게 맞았다…… 청와대에서 돌아온 '직관의 명수' 김영삼 대표, 혼잣말로 "이놈을 가만두나 봐라"라고 했다고 한다. 누군가 노태우 대통령에게 가서 사전에 초친 것을 알아차린 것이다. 다들 '이놈'이 누굴까 궁금해했다. 그런데 이때 박철언 장관이 "한 개인의 정치적 홍보를 목적으로 하는 외교여서는 안 된다"면서 "내가 그 초친 사람이오!" 하고 선언했다.[41]

이에 김영삼은 당무를 거부하고 상도동 집에 칩거하면서 "당내 민주화의 기풍을 살리기 위해서는 걸림돌이 되는 인사를 퇴진시켜야 한다"고 측근들을 통해 밀어붙였다.

김영삼이 강하게 밀어붙인 데는 그럴 만한 이유가 있었다. 3당합당을 하고 여권 안에 들어가보니 민정계는 박철언을 다음 주자로 알고 그렇게 행동하고 있었던 것이다. 이는 우주가 자기를 중심으로 돌아간다고 생각하는 김영삼에게 참을 수 없는 모욕이었다. 박철언을 꺾어버리든지 아니면 민자당을 탈당하든지 둘 중의 하나였다.

박철언도 가만있지 않았다. 그는 양재동 자택으로 찾아온 기자들에게 "내가 입을 열면 YS는 끝난다"고 폭탄발언을 했다. 그러자 부산에 내려가 기자회견을 자청한 김영삼은 "내게 공작정치가 행해지고 있다. 공작정치 하다가 망하지 않은 정권을 봤느냐. 노태우 대통령이 주변사람

---

41 김용민, "권력투쟁의 패자 박철언 전 의원". http://newstice.tistory.com

을 잘못 쓰고 있는 데 실망했다" 하고 노태우까지 싸잡아 반격했다.

'공작정치'라는 YS의 말 한마디에 박철언은 날개가 떨어지고 만다. 방금 합당을 했는데 김영삼이 탈당이라도 하면 무슨 망신인가. 노태우는 김영삼의 요구대로 박철언을 정무장관직에서 물러나게 했다. 그해 5월 전당대회에서 김영삼은 대통령 후보로 선택되었다. 노태우도 기정사실로 받아들일 수밖에 없었다.

그러나 박철언은 후계자의 꿈을 버리지 않았던 모양이다. 1991년 3월 월계수의 핵심인 나창주 의원이 한 초청 세미나에서 박철언을 '떠오르는 태양'이라고 치켜세웠는데, 이 발언이 파문을 일으켰다. 문제는 이 무렵 박철언을 편들어주는 사람이 많지 않았다는 점이다. 심지어 노태우의 측근들과 가족들까지도 "왜 박철언은 자꾸 말썽을 피우느냐?"는 식이었다. 이에 노태우는 문제를 일으키는 월계수 자체를 해체하라고 지시했다. 이로써 김영삼은 민자당을 완전히 장악하게 되었다. 황병태의 말처럼 호랑이굴에 들어가 호랑이를 잡은 것이었다.

너무 일찍 터뜨린 샴페인

6공 시대의 파업과 시위는 그 규모와 강도 면에서 전쟁터를 방불케 했다. 잦은 인상요구로 임금수준은 어느새 아시아에서 일본 다음으로 높은 국가가 되었으나 노동생산성은 그에 따라가지 못했다.

6공의 진짜 문제는 경제를 어디로 끌고 가겠다는 분명한 비전이나 구체적인 정책 프로그램이 없었다는 점이다. 경제팀의 잦은 교체로 경제정책 또한 일관성이 없었다. 그래도 집권 초기에는 재벌의 경제적 집중을 해소하기 위한 개혁정책이 시도되었으나, 대선 과정에서 재벌 신세를 진 6공으로서는 재벌에 대한 개혁을 제대로 해나갈 수가 없었다. 그래서 초기에 토지공개념이니 금융실명제니 금융소득 종합과세니 하며 언론에 자주 등장하던 개혁과제들이 소리 없이 사라지고 말았다.

개혁이 무산되자 기업과 시장은 과거의 타성에 젖어 관행을 답습했고, 국가도 각종 프로젝트에 돈을 퍼부어 국민을 아랑곳하지 않고 써댔다. 통화량이 급증하면서 물가가 치솟았고, 버블 경기로 부동산 가격은 폭등했다. 재벌들은 국제경쟁력 강화에 힘쓰지 않고 부동산투기에 열을 올렸다. 당시 이 같은 한국경제를 썩은 모란꽃에 비유한 경제학자도 있었다. 모란꽃은 속이 썩어도 지기 전까지는 화려한 모습을 그대로 유지한다고 한다. 결국 노태우 정부는 전두환 정부가 애써 이룩한 흑자경제를 홀랑 까먹고 만 셈이었다. 이를 두고 외국 언론들은 "한국이 샴페인을 너무 일찍 터뜨렸다"고 비웃었다.

한 학자는 "노동자는 용감했고 기업가는 대책이 없었으며 정부는 무책임했다"라는 표현으로 6공경제를 요약했다.[42] 노태우와 정치노선을 같이했던 당시 국회의장 박준규 또한 "노 정권 5년간 국민적 절제의 상실, 부정부패의 심화, 비관적 경제현실 등으로 볼 때 귀중한 것을 잃었다"고 부정적으로 평가했다.

권위주의를 없앤 것은 공이지만 권위를 잃은 것은 과였다. 또한 정경유착의 고리를 끊지 못해 퇴임 후 구속된 것은 그의 불행이자 국민의 불행이었다. 대국민 사과문을 발표하면서 노태우가 직접 밝힌 비자금의 규모는 물경 5000억 원이었다. 이처럼 천문학적인 돈을 챙긴 그가 복지단체인 음성꽃마을에 기부한 성금은 월 1000원씩이었다고 한다. 통이 작았다. 그보다도 너무 인색했다.

---

42 김호진, 《대통령의 리더십》, 청림출판, 2006.

이렇게 적다보면 그는 개인적으로는 불행한 정치가요, 공적으로는 실패한 대통령이었다. 그만 그런 것이 아니었다. 역대 대통령들에 대해 글을 쓰면서 보니 누구나 그 점에서 예외가 없었다. 왜 그렇게 되는 것일까?

내 안에, 우리 안에 규범이 자리 잡고 있기 때문이다. 대통령은 이래야 한다는 규범 말이다. 이런 잣대로는 누구도 성공한 대통령이 될 수 없다. 아무리 뛰어난 미인도 도마 위에 올리면 5분 안에 작살난다는 말이 있다. 그래서 나는 노태우의 긍정적인 면을 적어보기로 했다.

45개국과의 수교로 요약되는 북방정책은 분명 그의 업적이다. 그는 우유부단하다는 소리를 들을 정도로 참을성이 많았다. 그 점이 정치활성화에 기여했는데, 따지고 보면 이것도 그의 공이다. 통이 작았다는 인상도 지금 우리가 누리고 있는 신도시, 인천공항, KTX 등의 굵직굵직한 사회간접시설을 떠올려보면 생각이 달라진다.

그리고 이런 의문도 떠오른다. 만일 노태우 대신에 YS나 DJ가 당선되었다면 그 6공은 온전히 살아남을 수 있었을까? 노태우였기에 북방외교를 펴도 군부가 동요하지 않았던 측면이 분명 있었다. 그리고 3당합당에 의해 일정 부분 군사세력과 합쳐진 부분이 있었기에 군부가 민간 대통령을 받아들이는 데 거부감을 보이지 않게 된 측면도 분명 있었다. 이런 것도 그의 공이라면 공이었다. 그런 의미에서 좋든 나쁘든 각인에게 주어진 시대적 역할이 있는 게 아닌가 하는 생각이 드는 것이다.

올해로 84세다. 슬하에 1남 1녀를 둔 노태우는 연희동 자택에서 부인과 함께 살고 있다.

8

김영삼

문민정부의
개혁과 실책

대통령에 취임한 김영삼은 "나는 돈을 받지 않겠다"며 자신의 재산을 먼저 공개한 다음 공직자의 재산등록을 실시토록 한다. 그 결과 재산이 과도하게 많은 3000여 명의 공직자들이 구속, 파면 또는 징계된다. 이를 본 국민들은 "살맛 난다"고 열광했고, 그는 95%의 지지율에 힙입어 군부의 하나회를 제거하고 금융실명제를 전격 실시한다. 그의 인기정책은 세계화 및 OECD 가입을 위한 금융시장 자유화로 이어지나 뒤이어 닥치는 IMF환란은 막지 못한다.

머리는 빌리면 된다

"천하를 말 위에서 얻었는데 내 어찌 《시경 詩經》이나 《상서 尙書》에 구애되겠는가" 하고 유방 劉邦이 투덜거리자 고전을 자주 인용하던 육고 陸賈가 "말 위에서 천하를 얻었다고 어찌 말 위에서 다스리실 수 있겠습니까 居馬上得之, 守可以馬上治之乎?" 하고 반문했다는 일화가 《사기 史記》에 나온다.

거산 巨山 김영삼 金泳三을 생각하면 떠오르는 고사다. 물론 경남고→서울대의 명문교를 나온 그는 자기 이름 석 자도 쓸 줄 몰랐던 건달 출신의 유방과는 학식의 배경이 다르다. 그런데도 묘한 것은 미국의 〈뉴스위크 Newsweek〉지가 보도했던 것처럼 "(김대중은 너무 과격하고, 김종필은 너무 때 묻어 있으며) 김영삼은 능력이 좀 모자란다"[1]는 식의 세평이 줄곧 그를 따라다녔다는 점이다.

이처럼 지적능력이 부족하다는 이미지는 그가 경제→'겡제', 결식 缺食아동→'걸식 乞食아동'으로 발음한다든지, 정읍에 갔다 와서 "정몽준

---

1 "뉴스위크지의 한국정치 사태 분석", 〈조선일보〉, 1980년 4월 11일.

(전봉준) 고택에 다녀오는 길입니다"라고 한다든지, 초등학교를 방문해서 "세종대왕은 우리나라의 가장 위대한 대통령이었습니다"라고 했던 실언 때문에 강조된 측면도 있고, "머리는 빌리면 되지만 건강은 빌릴 수 없다"는 그 자신의 발언에 의해 더욱 강화된 측면도 있다.

그래서 대선을 앞두고는 늘 국정운영 자질과 능력을 의심하는 질문이 쏟아지곤 했는데 이에 대해 그는 "어느 대학을 나왔느냐는 기자 질문에 아직 경험대학에 재학중이라고 답한 덩샤오핑의 말처럼 경험이야말로 값진 지식입니다. 자질이 모자랐다면 우찌 최연소 의원, 최연소 원내총무, 최연소 야당 총재를 감당하고 오늘까지 올 수 있었겠어요?" 하고 대답하곤 했다.

14대 대통령 취임 직후 그는 놀라운 정책들을 추진해나갔다. "나는 돈을 받지 않겠다"며 자신의 재산을 먼저 공개한 다음 공직자의 재산등록을 실시토록 했다. 그 결과 재산이 과도하게 많은 3000여 명의 공직자들이 구속, 파면 또는 징계되었다. 이를 보고 "살맛 난다"고 열광한 국민들이 많았다. 이렇게 95%까지 치솟은 국민적 지지를 바탕으로 그는 '하나회'를 전격 제거하고 '금융실명제'를 전격 실시했다. 이는 분명한 그의 공이었다.

그러나 임기중 '신新경제'를 표방했지만 실제로는 '구舊경제'를 지향했다든지, 외교나 대북관계에서 일관성을 잃었다든지 하는 사례들로 그가 경험대학에서 배우지 못한 과목이 있었다는 점이 입증되었다. 더구나 임기 말에 초래한 IMF사태로 그는 9%까지 추락한 초라한 성적표로 청와대를 떠나야 했는데, 이처럼 극에서 극의 냉온탕을 오갔던 그는 대체 어떤 인물이었을까?

미래의 대통령

1992년 대통령에 당선된 그는 고향에 내려가서 "아버님, 이걸 따는 데 40년이 걸렸습니다" 하고 당선통지서를 아버지에게 보여드렸다고 한다. 그러니까 산술적으로는 1952년부터였다는 얘기가 되는데 실제 그가 대통령 꿈을 꾸기 시작한 것은 그보다 훨씬 오래전이었다.

1928년(호적상으론 1927년) 경남 거제도에서 아버지 김홍조와 어머니 박부련 사이의 1남 5녀 중 장남으로 태어난 그는 장목소학교를 거쳐 통영중학에 들어갔는데, 이때의 꿈은 소설가가 되는 것이었다.

> 통영중학 시절 내가 생각한 장래는 문학을 하겠다는 것이었다. 그때 나는 할아버지를 졸라 일본어판 세계문학전집을 몽땅 샀다.[2]

그러던 그의 꿈이 대통령으로 바뀌게 된 것은 해방 후 일본 아이들의 귀국으로 자리가 많이 생긴 경남중학교로 전학을 한 뒤부터였다. 정확히는 중학교 5학년 때다. 이 무렵 그는 하숙방 책상머리에 '미래의 대통령 김영삼'이란 쪽지를 써 붙였는데 "친구들도 내 꿈이 너무 황당하다고 보았는지…… 내가 자리를 비운 사이 그 종이를 떼어버린 일이 있었다"고 회고했다.

이때를 연도로 환산해보면 1947년 초다. 아직 대한민국 정부가 수립되기 전이라 대통령의 실체도 없을 때였다. 그런데도 '대통령' 표어를 써 붙였다는 것이 좀 이상하지 않은가? 그래서 1974년의 일화를 미리 끌어당겨야 할 것 같다. 그해 신민당 전당대회 의장에 선출된 변호사 출

---

2 김영삼,《김영삼 회고록》, 백산서당, 2000.

신의 이충환은 "지난 69년경 28년생으로 용띠인 거산의 생년월일을 알아가지고 사주를 뽑아보았더니 명태조 주원장朱元璋과 같은 사주를 타고났더라"면서 그러니 "이번 전당대회에서 당수가 될 것"이라고 기자들에게 귀띔했다고 한다.[3]

김영삼의 사주는 진술축미辰戌丑未를 갖춘 사고격四庫格으로 쉬운 말로는 제왕격이다. 1970년대 중반 그를 한 번 만난 일이 있는 탄허 스님도 "거산은 장차 대권을 잡을 운세를 타고났더라"라는 말을 주변에 한 적이 있다고 한다.[4] 크리스천이기 때문에 스스로 그런 이야기를 한 일은 없지만, 중학 5년의 김영삼이 당시 자신의 운세를 어디선가 듣고서 '대통령'이란 현대적 호칭을 써 붙였던 것이 아닐까?

아니, 그냥 소년의 꿈이었는지도 모른다. 꿈은 누구나 꿀 수 있는 거니까. 그러나 지속하기는 어렵다. 따라서 꿈을 계속 키워나간다는 것 자체가 운명적이다. 1954년 26세의 나이에 최연소 국회의원이 된 그의 대통령 꿈이 간접으로나마 드러난 것은 1965년이었다.

이해 그는 한 월간지에 '지도자 개발론'이란 글을 기고했는데, 거기에 보면 "우리는 이제 지도자를 만들어야겠다. 지도자는 하늘에서 떨어지는 것도, 땅에서 솟아나는 것도 아니다"라는 서두로 인도의 자와할랄 네루Pandit Jawaharlal Nehru와 같은 존경받는 수상 또는 대통령이 되고 싶다는 꿈을 간접으로 피력하고 있다.[5]

그리고 1969년 3선개헌 반대연설을 하면서 그는 자신의 꿈을 좀 더 분명히 표출한다. "미국 로스토란 교수가 지난 67년 한국에 와서 강연

3   강성재, 《김영삼과 운명의 대권》, 더불어, 1992.
4   강성재, 《김영삼과 운명의 대권》, 더불어, 1992.
5   "지도자 개발론", 〈사상계〉, 1965년 12월호.

하는 가운데 한국경제는 '테이크 오프 스테이지' 즉 도약단계에 있다는 얘기를 했습니다. 67년에 그 말을 했는데, 71년에는 아주 잘살게 될 것입니다. 그때에는 박정희 씨가 아니라 여기에 서 있는 김영삼이 대통령이 되더라도 경제발전을 이룩할 수 있을 것입니다."

그리고 그해 말 그는 '40대 기수론'을 제창한다. 7대 대통령선거에 출마하겠다는 뜻이었다. 42세의 김영삼이 던진 이 폭탄선언에 대해 당 지도부는 입에서 아직 젖비린내가 난다는 뜻의 '구상유취론'으로 일소에 부쳤으나, 다른 40대 두 사람이 이 대열에 뛰어듦으로써 분위기는 일변했다.

대통령 꿈을 꾸는 또 다른 40대가 있었던 것이다. 그중의 하나가 바로 김영삼의 평생 라이벌이 되는 김대중이었다.

평생의 라이벌

두 사람의 대결은 한 해 전으로 거슬러 올라간다. 1968년 5월 20일 신민당 총재에 선출된 유진오는 의원총회의 인준이 요청되는 원내총무에 김대중을 지명했다. 당시 김대중은 2선의원에 지나지 않았지만 용호상박龍虎相搏의 동물적 감각으로 그를 알아본 김영삼은 "김대중 의원이 지명되면 결코 인준이 안 될 것"이란 말을 남기고 행방을 감춘다.

이미 1965년 민중당 시절 최연소 원내총무를 역임한 바 있는 4선의원 김영삼은 자신을 제치고 통합야당 신민당의 원내총무에 지명된 김대중을 견제해야 할 필요성을 느꼈던 것이다.

김영삼의 반발을 전해 들은 유진오는 부총재 유진산과 사무총장 고흥문을 보내 4시간 동안이나 김영삼을 설득했으나 무위로 끝났다. 다음 날 의원총회의 표결에 부친 결과 김대중의 인준은 부결되었다. 김영삼의 견제로 원내총무가 되지 못한 김대중은 "총재님과 지지의원들에게 죄송하다"는 말을 남기고 집에 돌아가 한동안 두문불출했다. 결국 원내총무 자리는 임시대행 정성태를 거쳐 5개월 뒤 김영삼에게로 돌아갔다. 그의 한판승이었다.

두 번째 대결은 1970년 9월 대통령 후보지명전이었다. 투표 결과는 김영삼 421표, 김대중 382표, 무효 82표로 나타나 일단은 김영삼이 이겼다. 그러나 과반수 확보에 실패해 2차투표에 들어가게 되었다.

그때 소석(이철승)하고 DJ한테서 나온 말이 뭔지 알아요? "우리가 남이여, 시방?" 이 말이었다고. 그러면서 소석 지지자들이 전부 DJ한테 몰아줘서 내가 졌는데 나중에 부산에서 유세할 때 "우리가 남이가?" 그랬다고 해서 나한테 지역감정을 조장한다고 언론에 나와서 얼마나 시끄럽게 떠들고…… 따져보면 그걸 자기(DJ)가 먼저 써놓고 말이야, 내 참.[6]

이철승이 자파의 표를 몰아줌으로써 김대중은 2년 전 김영삼에 대한 패배를 설욕하고 신민당 대통령 후보에 선출되었다.

압승을 예상하고 지명수락 연설문까지 작성해놓았던 김영삼은 속으로 실망했지만 "김대중 씨의 승리는 곧 나의 승리"라며 협조를 다짐했다. 그는 김대중으로부터 선거대책본부장을 맡아달라는 제의가 오면 이를 흔쾌히 수락할 결심이었다고 한다. 두 사람의 40대 후보, 그것도 경상도와 전라도를 대표하는 두 사람이 공동전선을 형성한다면 그 파괴력이 막강하리라 생각했다는 것이다.

---

6 "김영삼 전 대통령 인터뷰", 〈월간중앙〉, 2009년 10월호.

그러나 제의는 오지 않았다…… 1971년 대통령선거에서 가장 중요했던 순간은 4월 18일 오후 서울 장충단에서 열린 야당의 유세였다. 이날 모든 언론의 관심은 그 당시로서는 기록적인 숫자의 군중이 모여든 서울의 장충단에 집중되었다. 바로 그 시각, 나는 당의 지시대로 충남 아산의 면소재지에서 비를 맞으면서 쓸쓸한 유세를 했다. 나의 유세에는 한 사람의 기자도 찾아볼 수 없었다. 연설을 끝내고 시골 여관에 들어 잠을 청했지만 밤늦도록 쉽게 잠들지 못했다.[7]

이때의 서운함을 그는 잊지 못했다. 그러나 감정적인 대립만 있었던 것은 아니다. 유신 후 김대중 납치사건이 발생하자 이를 정치테러라며 진상규명을 촉구하는 대정부 질의에 과감히 나선 것은 라이벌 김영삼이었기 때문이다. 누구도 나서기를 꺼리던 경색시국이었다. 이후 선명야당의 기치를 내걸어 최연소 야당 총재에 선출된 김영삼이 2년 뒤 당권을 빼앗기고 1979년 이철승과 다시 맞붙게 되었을 때 그를 뒤에서 도운 사람은 감옥에서 석방된 지 얼마 안 되는 라이벌 김대중이었다.

유신정권의 종말

1979년 5월 신민당 전당대회를 앞둔 당시 상황은 당권을 쥐고 있던 이철승이 유리했다. 열세인 김영삼은 김대중을 열 번이나 찾아가 도움을 청했는데, 당시의 정황에 대해 김대중은 이렇게 회고했다.

---

7 김영삼, 《김영삼 회고록》, 백산서당, 2000.

그때 내가 조윤형·김재광·박영록 세 당수 후보를 따로따로 우리 집에 오라고 해가지고 얘길했어요. 지금 유신을 종말시켜야 하는데 이 사람들과 싸우는 데는 김영삼 씨가 제일 낫다. 정말로 유신을 반대해서 싸우려고 하는 사람은 이분뿐이다. 그러니까 적극 밀어주자, 이랬더니 세 분이 참 감사하게도 말을 들어줬지요.[8]

세 후보는 사퇴 후 김영삼을 지지했고, 김대중 자신은 연금이 풀린 틈을 이용하여 대의원들을 찾아가 중도통합론의 이철승 대신 김영삼을 밀어달라고 호소했다. 김대중으로서는 1970년 대통령 후보지명전 때 자신을 밀어준 이철승에게 마음의 빚이 있었으나 민주화를 위해 김영삼을 도왔다고 한다. 이때의 김대중 바람을 당시 신문은 '질풍노도'라고 표현했다. 그런 바람이 불었음에도 1차 투표에서는 김영삼의 득표율이 과반을 넘지 못했다. 그러나 2차 투표에서 이기택계와 연대함으로써 김영삼은 과반에서 3표 많은 378표로 역전승을 거두었다.

당권을 탈환한 김영삼은 "닭의 모가지를 비틀어도 새벽은 온다"는 유명한 말을 남기며 유신정권을 향해 맹공을 퍼부었다. 당국은 그런 김영삼이 눈엣가시였다. 그 무렵은 YH무역 여공들이 회사의 부당폐업에 항의해 신민당사에서 농성을 벌였는데 그중 1명이 당사로 난입한 기동경찰을 피하다가 창문에서 떨어져 죽는 등 어수선한 분위기 속에서 당 총재 선출대회가 치러진 참이었다. 이런 상황에서 원외지구당 위원장 3명이 일부 대의원의 자격에 문제가 있다면서 총재단의 직무집행정지 가처분신청을 법원에 제출한 사건이 발생했다.

법원은 이를 받아들여 김영삼 대신 정운갑을 총재직무대행으로 선

---

8 "김대중 대 김영삼", 〈월간조선〉, 1985년 4월호.

임한다는 결정을 내렸다. 김영삼은 "가처분 결정은 정치권력에 의한 조작극"이라며 "이 땅에 다시는 4·19와 같은 비극적 사태가 없어야 한다"는 성명을 발표했다. 당시를 4·19 직전에 비유한 김영삼의 발언은 청와대의 비위를 건드렸다.

김영삼은 거기서 한 걸음 더 나아가 "미국은 국민들로부터 점점 소외되어가고 있는 (한국) 정부와 민주주의를 열망하는 다수(한국 국민들) 중 명백한 선택을 해야 할 시기가 왔다"고 촉구했다.[9] 격분한 청와대는 곧 김영삼에 대한 징계동의안을 공화당과 유신정우회(유정회) 명의로 국회에 제출케 했다. 그리고 10월 4일 여당 의원들만 참석한 가운데 김영삼의 국회의원직이 제명처리되었다.

그러자 신민당 소속 국회의원 전원이 국회의장 앞으로 사퇴서를 제출했고, 여기에 통일당 의원들도 가세했다. 김영삼의 제명 소식은 그의 근거지인 부산의 민심을 흔들었다. 대규모 시위가 일어나자 놀란 당국은 부산 일원에 비상계엄령을 선포했으나 사태는 진정되지 않고 오히려 마산으로 번져나갔다. 김영삼의 경고처럼 사태가 4·19 비슷하게 돌아가자 당국은 서둘러 마산과 창원 일대에 위수령을 발동했다. 부마항쟁은 결국 유신의 최후를 재촉하는 가장 직접적인 도화선이 되었다.

그러나 유신을 직접 종식시킨 것은 뜻밖의 사건이었다.

1979년 10월 27일 새벽 4시 반경, 나는 요란한 전화벨 소리에 잠을 깨 수화기를 들었다. 미국에 사는 한 교포가 걸어온 전화였다. "총재님, 지금 텔레비전을 보고 있는데 박 대통령이 암살되었답니다." 다급하게 전하는 그의 말을 듣고 나는 깜짝 놀랐다.[10]

---

9   "'김영삼 NYT 회견' 파문", 〈동아일보〉, 1979년 9월 19일.

이렇게 하여 갑자기 유신정권이 끝난 것이었다. 열흘 뒤 김영삼은 "유신헌법은 이제 의미가 없어졌다"고 기자들에게 선언하고 앞으로 3개월 안에 개헌해서 대선을 치르도록 하자고 제의했다.

짧았던 서울의 봄

그러나 헌법에 따라 대통령권한대행이 된 최규하는 시간을 끌었다. 11월 10일이 되어서야 시국수습을 위한 특별담화를 발표했는데, 그 내용은 현행(유신)헌법에 따라 체육관 선거로 10대 대통령을 뽑고, 거기서 뽑은 10대 대통령이 새 헌법을 마련한 뒤에 다시 선거를 실시하겠다는 것이었다. 김영삼은 11월 22일 삼청동 공관으로 최규하를 찾아가 시간을 끌다가는 사회적 혼란이 일어날 수 있다고 항의하기도 했으나, 최규하가 꾸물거리는 사이에 계엄사령관 정승화와 보안사령관 전두환이 이끄는 신군부 사이에 싸움이 붙었다. 12 · 12쿠데타였다.

이 소식을 듣고 신군부의 집권기도를 우려한 개신교의 원로목사 강원용이 그날 밤 전화를 걸어왔다. 전화를 받은 김영삼이 다음 날 약속장소인 남산 식당으로 나갔더니 강원용은 우선 3김이 힘을 합쳐 계엄을 풀도록 하고, 그다음엔 "당신과 김대중 둘이 손을 잡아라. 둘이 손을 잡는데 대통령은 당신이 먼저 해라. 그 대신 당 총재는 김대중에게 줘라. 그리고 4년 후에 가서 경선을 해라" 하고 권유했다.

그랬더니 김영삼 씨는 "우리는 민주주의 신봉자니까 대통령 후보든 당 총

---

10 김영삼, 《김영삼 회고록》, 백산서당, 2000.

재든 전당대회에서 민주적으로 결정해야지, 우리끼리 약속을 하고 말고 하는
게 아니다"고 했어요. 말이야 그럴듯하지만 속셈은 뻔했죠. 그때 당에서는 절
대 다수가 김영삼세력이었으니까. 결국 제 말대로 못 하겠다는 얘기 아닙니
까.[11]

강원용은 다음 날 김대중을 찾아가서 설득했으나 역시 실패했다면
서 "그 무렵 김대중 씨 쪽 사람들은 정말 대통령이 다 된 걸로 알고 있더
군요" 하고 회고했다.

집권을 향한 신군부의 존재가 물밑에서 움직이고 학생과 재야의 데
모가 격렬히 진행되었지만, 김영삼과 김대중은 대통령 자리가 다가올
듯한 착각 속에 '서울의 봄'을 보내고 있었다. 이 무렵 '대통령병 환자'
라는 말이 나돌기 시작했는데, 이는 무엇을 하든 '애교'로 받아들여지는
김영삼보다 무엇을 하기만 하면 '호되게 욕먹는' 김대중을 가리키는 경
우가 많았다.

당시 김영삼은 "민주화 과정이 지연되는 데 대한 분명한 판단은 미
뤄둔 채" 대통령이 되려고 노력했다. 그래서 김대중의 신민당 입당을 촉
구했다. 그러나 김대중은 "닭의 모가지를 비틀어도 새벽은 온다"는 김
영삼의 말을 빗대어 "새 한 마리가 날아왔다고 해서 봄이 온 것은 아니
다"라는 말로 심상치 않은 정국을 우려하면서도 신민당 입당은 마다
하고 재야 및 학생과 연대하여 독자적인 대권에의 꿈을 펴나가고 있었
다.[12]

양김이 신군부의 위험을 알아차리고 공동보조를 취하기로 합의한 것

---

11 "12·12 직후 만난 DJ, 군인들은 내게 충성할 것", 〈신동아〉, 2004년 3월호.
12 "김대중 대 김영삼", 〈월간조선〉, 1985년 4월호.

은 1980년 5월 16일이었다. 그러나 너무 때가 늦었다. 다음 날 5·17정변이 일어났던 것이다. 그날 저녁 김대중은 전격 구속되었다. 김영삼은 18일 아침 당사로 나가 긴급 정무회의를 열고 서울시내와 신민당사에 진주한 군의 철수와 구속된 김대중의 석방을 결의했다.

계엄당국의 경고가 있었지만 김영삼은 5월 20일 아침 상도동 자택에서 기자회견을 자청했다. 헌병 2개 중대가 집 안팎을 포위했다. 김영삼은 먼저 들어와 있던 기자들을 상대로 회견을 끝내고, 미처 못 들어온 기자를 위해 회견문을 담장 너머로 뿌렸다. 이날의 기자회견 내용은 국내 언론에 한 줄도 실리지 않았으나, 그의 비서가 담장 너머로 던진 회견문 내용은 다음 날 "계엄령확대는 폭거, 김대중 씨의 석방요구"라는 제목하에 〈아사히신문朝日新聞〉 1면 톱기사로 보도되었다. 이 다급하고 삼엄한 시점에 김대중의 석방 문제를 언급하고 촉구한 정치인은 김영삼 밖에 없었다.

기자회견 후 김영삼은 무기한 가택연금에 들어갔고, 5월 17일 전격 구속된 김대중은 5월 18일부터 시작된 광주민주화운동을 사주했다는 혐의로 군법회의에 회부되었다. 정치의 절멸이었다.

민추협 시절

양김의 행적을 쫓다보면 《삼국지三國志》가 연상되기도 한다. 가령 의병을 모집한다는 점에서는 같은 거병이었는데도 가난하게 자란 유비劉備는 동네 청년 300명을 모아 천신만고의 변두리 길을 걷게 되고, 부유하게 자란 조조曹操는 아버지 친구를 통해 일거에 대군을 거병하고 중원의 중심에 서게 된다. 김대중과 김영삼의 경우가 그 비슷하지 않았느냐는 생각이 드는 것이다.

정말 이상했다. 고난을 당해도 김영삼이 '연금'이면 김대중은 '사형'이다. 강도가 달라도 엄청 달랐다. 그래서 반대운동을 하더라도 김영삼 옆에 붙으면 험한 꼴은 당하지 않는다는 인식이 그의 뛰어난 친화력과 더불어 사람들을 그의 주변에 모여들게 했던 것인지도 모른다.

김영삼은 1년 만에 연금에서 풀려나자 옛 동지들을 불러 모으기 시작했다. 아직 살벌한 분위기라 점심식사 초대에 나온 숫자는 많지 않았지만 그해 망년회에는 전직 의원 30여 명을 비롯한 500여 명의 당원이 모여들었다. 그리고 이와 별도로 연금해제 후 몇몇 사람과 등산을 시작했는데 점점 그 인원이 늘어나서 그해 6월 9일에는 민주산악회를 정식으로 발족할 정도가 되었다.

그러나 이 정도의 세勢만으로는 민주회복의 동력을 얻을 수 없다고 판단한 김영삼은 광주민주화운동 3주년이 되는 1983년 5월 18일을 기해 단식투쟁에 들어갔다. 이 사실은 곧 AP, UPI, 로이터, AFP, 교도통신 등을 통해 외국 언론에 보도되었으나, 국내 언론에는 이틀이 지난 뒤에야 '최근의 정세흐름'이라는 말장난 비슷한 표현으로 겨우 가십기사란에 실린 정도였다.

단식 8일째 심신이 쇠약해진 김영삼이 서울대학병원으로 이송되자 외신들은 상황을 다시 보도했다. 이에 민정당 사무총장 권익현이 병실로 찾아와 단식을 중단하고 해외로 나가면 가족과 함께 살 수 있는 주택과 생활비를 넉넉히 대주겠다는 청와대 측의 생각을 전달했다. 그러자 김영삼은 "김대중을 내보내고 이제 나만 내보내면 너희들이 영원히 정권을 잡을 수 있다고 생각하고 있지? 절대 안 나간다!"고 일축했다.[13]

---

13 김영삼, 《김영삼 회고록》, 백산서당, 2000.

단식 15일째, 전직 국회의원을 다수 포함한 58명의 인사가 코리아나호텔에 모여 김영삼의 민주화투쟁을 지지하는 시국선언문을 발표하고 민주투쟁범국민연합전선을 추진하기 위한 13인 소위원회를 구성했는데, 김영삼의 상도동계와 김대중의 동교동계가 손을 잡기 시작한 것은 바로 이때부터였다

그리고 단식 18일째인 6월 4일에는 미국에 망명중인 김대중 부부가 70여 명의 재미동포들과 함께 한국대사관, 국무성, 백악관 앞에서 김영삼을 위한 시위를 벌였다는 소식이 들어왔다. 물리적으로 떨어져 있어도 김영삼과 김대중은 다시 하나로 뭉치게 된 것이었다. 이를 계기로 두 사람은 1년 뒤 민주화추진협의회(민추협)를 발족시키게 된다. 그리고 이 조직을 바탕으로 창당한 신한민주당(신민당)은 1985년도의 2·12총선에서 돌풍을 일으켜 어용야당이던 신한당을 제치고 제1야당의 위치를 확보하게 된다. 표면적인 당수는 이민우였지만 실제 오너가 김영삼·김대중이라는 것을 유권자들은 다들 알고 있었다. 당시 언론이 김영삼을 '결단과 용기의 정치인'이라 부르게 된 데는 사실상 그의 작품이었다고 할 수 있는 민추협과 신민당의 존재도 한몫했다.

사면·복권 문제는 남아 있었지만 귀국 후 김대중과 김영삼이 사실상 정치무대로 복귀하자 '낚시론'으로 태클을 건 사람이 있었다. 당신들의 시대는 끝났으니 정치는 40대에게 맡기고 낚시나 하며 여생을 보내라는 김동길의 칼럼이었다.[14]

이것이 세간에 파문을 일으키자 소설가 출신의 최일남이 "간난의 세월을 겪고 이제 막 일을 시작하려는 사람들에게 '우리는 간다'는 성명서 하나 남기고 누구 좋으라고 서울을 떠나라는 것은 막역한 친구 사이

---

14 "나의 때는 이미 끝났다", 〈한국일보〉, 1985년 4월 4일.

라도 하지 못할 소리"라고 반박하여 또 다른 화제가 되기도 했다.[15]

　이 무렵 양김은 굳게 단결해 있었다. 한 언론인이 김대중과의 관계를 묻자 김영삼은 "우리는 한국의 민주화를 위한 동반자입니다. 민주화가 될 때까지만의 동반자가 아니라 그 이후에도 우리는 동반자가 돼야 한다, 나는 그렇게 생각합니다. 또 그렇게 될 것으로 믿습니다"라고 자신 있게 대답했다.[16] 이때만 해도 아직 양김이 맞서 싸워야 할 공동의 적이 존재했던 것이다.

13대 대선

과연 양김이 단결해서 이끄는 민주화운동은 힘이 있었다. 국민적 지지를 얻었기 때문이다. 그래서 내각제를 전제로 한 신민당 총재 이민우의 '이민우 구상'이니 '4·13호헌조치'니 하는 우여곡절이 있었지만, 5공은 끝내 견디지 못하고 양김이 주장한 대통령 직선제 개헌안을 받아들이기로 결정한다. 그것이 노태우의 '6·29선언'이었다.

　직선제 개헌안을 관철시키기 위해 단결했던 양김의 공동전선은 사면·복권된 김대중이 그해 7월 17일 '불출마 선언'을 번복하면서 흔들리기 시작했다. 동교동 측은 1986년 11월의 불출마 선언은 대통령 전두환이 자발적으로 직선제를 수락했을 때 유효한 것인데, 4·13호헌조치로 제안을 거부했던 만큼 이미 무효화됐다는 논리를 내놓았다.

　한편 당시 김영삼은 이민우 구상에 반대해 탈당한 신민당 국회의원

15　"3김씨와 낚시와…", 〈동아일보〉, 1985년 4월 6일.
16　"김영삼 인터뷰", 〈신동아〉, 1985년 4월호.

69명과 함께 범민주세력을 통합하는 신당을 표방하며 통일민주당(민주당)을 창당하고 총재로 선출된 터였다. 김영삼은 세세한 논리에 구애되지 않고 김대중의 입당에 심혈을 기울였다. 그 결과 김대중은 그해 8월 8일 통일민주당 상임고문에 취임하게 되었다. 김영삼은 다음과 같이 회고했다.

> 세간에는 나와 김대중의 분열을 관측하는 전망도 있었지만, 김대중이 마침내 입당하는 것을 보고 나는 이번에야말로 군사정권의 종식이 확실히 가능하다는 희망을 갖게 되었다. 이제 한 사람은 대통령 후보로서, 다른 한 사람은 국민의 애정을 듬뿍 받는 지도자로서 두 사람이 손을 잡고 전국을 다니며 군정 종식과 민주주의의 회복을 외치는 대통령선거를 할 수 있게 되었다는 기대를 갖게 되었다.[17]

여기서 국민의 애정을 듬뿍 받으며 자신의 유세를 돕는 지도자란 김대중을 가리킨 것이지만 이는 김영삼의 오산이었다. 8월 27일 동교동계는 김대중의 대통령 후보 추대를 공식화하면서 독자출마의 길을 모색하고 있었기 때문이다.

그러나 당시 국민적 요구는 후보단일화였다. 여기서 김영삼은 김대중을 만나 당내 경선을 제안한다. 민추협을 만들 때나 통일민주당을 만들 때나 양김의 지분은 똑같이 50 대 50이었으므로 공평한 게임이라는 것이 김영삼의 주장이었다. 그러나 김대중 쪽은 같은 지분이라도 당권을 장악한 쪽이 유리한 법이라고 생각했는데, 이 또한 사실이었다. 그는 측근들과 상의할 시간을 좀 달라고 했다.

---

17 김영삼, 《김영삼회고록》, 백산서당, 2000.

이틀쯤 지나 김대중의 측근인 이중재 부총재가 나를 찾아왔다. 그런데 김대중이 보낸 메시지는 너무나 충격적이었다. 김대중은 대통령 후보 출마를 포기할 수 없기 때문에 부득이 탈당하겠다는 것이었다…… 그날 나는 뜬눈으로 밤을 지새웠다. 10월 28일, 김대중은 대통령 출마와 함께 신당 창당을 공식선언했다. 그날 아침 나는 상도동에서 기자들을 만나 "김 고문이 당을 떠나는 것이 과연 국민여망에 부응하는 길인지 의심스러울 뿐 아니라 참으로 유감천만"이라고 짤막하게 논평했다.[18]

이후 '4자필승론'을 앞세운 동교동계는 평화민주당(평민당)을 창당하고 김대중을 대통령 후보로 선출했으며, 같은 무렵 정계에 복귀한 김종필도 신민주공화당을 창당하고 대권경쟁에 뛰어들었다. 이렇게 하여 1노3김의 대선 막이 오르게 되었다.

11월 들어 전 계엄사령관 정승화, 전 특전사령관 정병주, 전 중앙정보부장 김재춘 등이 통일민주당에 입당하면서 김영삼의 지지도가 노태우를 앞지르기 시작했다. 미국의 〈워싱턴포스트〉와 시사주간지 〈타임〉도 미 국무성 관리의 말을 인용 "김영삼 후보가 선두를 달리고 있다"고 보도했다.

대규모 부정사건만 일어나지 않는다면 당선이 확실시되었다고 김영삼은 회고했다. 그런데 대선 18일 전 승객과 승무원 115명을 태운 KAL기가 미얀마의 벵골 만 상공에서 공중 폭파되는 사건이 돌연 발생했다. 이것이 북한 테러였다는 정보가 언론에 보도되면서 안정 희구세력이 결집했다. 각종 여론조사에서 1위를 달리던 김영삼의 지지도는 내려가고 노태우의 지지도는 다시 올라갔다.

18 김영삼,《김영삼 회고록》, 백산서당, 2000.

이렇게 하여 12월 16일 실시된 13대 대선 결과는 1위 노태우, 2위 김영삼, 3위 김대중, 4위 김종필로 나타났다. 김영삼과 김대중의 득표율을 합치면 55%로 노태우의 득표율 36.6%를 크게 앞지른다. 이로써 양김은 후보단일화를 이루지 못한 데 따르는 국민적 비판과 심적 부담을 떠안게 되었다.

호랑이굴로 들어가다

김영삼은 숲을 보고 김대중은 나무를 본다는 말이 있다. 대선 후 김영삼은 여당에 맞서기 위해 야권을 통합해야 한다고 생각했다. 분열은 필패라는 것이 대선패배의 뼈아픈 교훈이었기 때문이다. 그래서 당 총재직을 버리는 승부수를 띄웠다. 김대중을 압박하기 위한 백의종군의 카드였다.

그러나 숲을 보는 김영삼과 달리 나무를 보는 김대중의 생각은 조금 달랐다. 총선에서 여당을 이기려면 야권통합보다 현재의 중대선거구제를 소선거구제로 바꾸는 것이 필요하다고 보았다. 협상이 잘 진척되지 않자 김영삼은 통합을 기대하고 김대중의 제안을 수락했다. 이로써 13대 총선은 소선거구제로 치러지게 되지만 야권은 통합되지 않은 채였다.

4월 26일의 총선 결과, 전국구를 포함하여 여당은 125석인 데 반해 야당은 평민당 70석, 민주당 59석, 공화당 35석, 기타 10석으로 나타났다. 여소야대였다. 득표율에서는 3.67%나 앞질렀음에도 의석수에서 김대중에게 졌다는 것이 분했지만, 그래도 164석이나 되는 야3당이 공조하면 125석의 여당을 충분히 견제할 수 있다는 점에서 위로가 되었다.

그래서 김영삼은 5공 청산 등 정치현안에서 김대중보다 더 강성으로 나가곤 했다. "세가 적으면 선명성을 강조하라"는 것이 오랜 야당생활을 통해 그가 얻은 노하우였기 때문이다.

그러나 노태우 정권의 중간평가 문제를 둘러싸고 야3당 공조에 균열이 왔다. 중간평가를 강행하기로 합의했던 김대중과 김종필이 이를 유보하기로 노태우에 합의해주었기 때문이다. '낙동강 오리알'이 된 김영삼은 '노 정권 퇴진운동'을 외쳤지만 주목받지 못했다. 김종필은 성향이 그쪽이니 그렇다 쳐도 김대중에 대해서만큼은 분노를 참을 수 없었다.

여기서 그는 책사 황병태의 조언에 따라 "호랑이를 잡기 위해 호랑이굴에 들어가기로" 결심한다. 때마침 목사 문익환의 방북을 계기로 색깔 함정에 빠진 김대중을 따돌리고 그는 노태우와 가까워졌다. 이렇게 하여 차기를 내다본 김영삼과 의회장악을 노린 노태우와 내각제를 꿈꾼 김종필의 정치적 이해관계가 맞아떨어지면서 세 사람은 1990년 1월 22일 3당합당을 선언하게 된다.

김대중은 '야합'이라고 비난했으나 대세를 돌이킬 수는 없었다. 거대여당에 들어간 김영삼도 순탄치만은 않았다. "노태우는 통합 당시 말로는 '누가 더 있습니까? 김영삼 총재밖에 없습니다'라고 말했지만 막상 통합하고 나서는 나를 죽이려고 했습니다. 그는 내심 김복동 등을 염두에 두고 있었던 것입니다"라고 김영삼은 회고했다.[19]

6공 황태자로 불리던 박철언의 도전도 있었고 민정당 대표였던 박태준의 도전도 있었다. 그러나 야당생활 수십 년에 산전수전 다 겪은 김영삼의 적수는 되지 못했다. 과장된 것인지는 모르나, 당시 내가 상도동계 인사로부터 들은 얘기에 따르면 내각제 파동이 일어났을 때 "내가 지금 광화문 이순신 동상 앞에 돗자리를 깔고 앉으면 백만 유권자가 모

---

19 신동준, 《대통령의 승부수》, 올림, 2009.

여들 건데, 한번 해보겠는가?" 하는 김영삼의 도발에 노태우가 백기를 들었다고 한다.

마침내 김영삼은 1992년 5월 19일 민자당 전당대회에서 대통령 후보로 선출되었다. 그러나 선거를 불과 2개월 앞둔 시점에서 그를 못마땅해하던 노태우가 민자당을 탈당했다. 당황한 김영삼은 박태준을 만나 선거대책본부장을 맡아달라고 당부했으나 그도 거절하고 탈당하고 만다. 이를 신호탄으로 16명의 현역의원이 줄지어 탈당했다.

연쇄탈당으로 선거체제를 가동하는 데 애로를 겪기도 했지만 8선의원 김영삼은 선거의 베테랑이었다. 주적수인 김대중은 좌파로 몰아붙이고 제3후보 정주영은 돈으로 대통령 자리를 매수하려 든다고 몰아세웠다. 선거 결과 그는 김대중과 약 200만 표의 표차로 제14대 대통령에 당선되었다. 중학 5학년 때 세운 대통령의 목표가 마침내 45년 만에 달성된 것이었다.

재산공개와 지지율 95%

대선 결과가 확정된 직후 김대중은 "당선을 축하드립니다. 조금 전 회견에서 국민들에게 정계은퇴를 약속했습니다. 당선자께 영광이 있기를 바랍니다. 훌륭한 대통령으로 남기를 바랍니다" 하고 축하전화를 걸어왔다.

"나는 그의 낙선을 위로하면서 '곧 한 번 만납시다. 편한 시간에 언제든지 연락을 주십시오'라고 했고, 김대중씨는 '좋습니다. 곧 연락을 드리겠습니다' 하고 대답했다. 그러나 그는 끝내 나와의 만남을 피하더니 1993년 1월 26일 영국으로 떠났다"고 김영삼은 회고했다.[20]

아마도 패자는 울면서 떠났을 것이다. 용호상박하던 그가 떠난 한국 땅에 이제는 김영삼에 맞설 만한 적수가 아무도 없었다. 그 때문에 30여 년에 걸친 군사통치를 평화적으로 끝내고 문민정부를 수립한 그의 위상은 거산이란 아호처럼 거대해 보일 수밖에 없었다.

그는 권위주의 체제에서 비롯된 도덕성과 효율성의 위기를 '한국병'으로 진단하고 변화와 개혁을 통해 그 한국병을 치유함으로써 '신한국 창조' 또는 '제2의 건국'을 해나가자고 국민들에게 말했다. 그리고 취임 첫날부터 군사정권 시절 폐쇄했던 청와대 앞길과 인왕산 등산로를 개방함으로써 시민들에게 문민 시대의 도래를 피부로 느끼게 했다.

또 시차를 두어 10·26사태가 일어났던 궁정동의 안가安家 10여 채를 철거하고, 지방 청와대로 불리던 여러 곳의 대통령 전용공관을 폐쇄했다. 한편 청와대의 식단을 칼국수와 설렁탕으로 간소화시키는가 하면 청와대와 각 부처에 경제살리기를 위한 예산절약운동을 제창했다.

회심의 카드는 윗물맑기운동이었다. 청와대 비서진과 조각을 끝낸 뒤 그는 청와대 출입기자들과 가진 오찬 간담회에서 "앞으로 임기 5년 동안 기업이든 일반이든 어떠한 사람한테서도 돈을 받지 않겠다"고 선언했다. "저는 상도동에 집 한 채밖에 없습니다. 앞으로도 그것밖에 없을 것입니다. 제가 대통령이 되었다가 물러나더라도 옛날 모습에서 조금도 변하지 않은 상도동 집으로 돌아갈 것입니다."

그렇게 선언하고 선대로부터 물려받은 자신과 가족의 재산을 먼저 공개했다. 윗물맑기운동의 시작이었다. 이에 따라 그때까지 유명무실했던 공직자윤리법을 개정하고, 각부 주요 공직자 9만여 명의 재산등록을 의무화시켜 고위공직자의 재산내역을 공개토록 했다.

---

20 김영삼, 《김영삼 대통령 회고록》, 조선일보사, 2001.

이 과정에서 입법부의 상징인 국회의장 박준규와 전 국회의장 김재순 등이 재산과다 또는 재산은닉 혐의로 민자당을 탈당하거나 의원직을 사퇴하지 않으면 안 되었다. 김영삼의 오랜 정치적 동지로 문민정부의 창업공신이기도 한 김재순은 정계를 떠나면서 "토끼사냥이 끝나면 사냥개를 삶아 먹는다"는 뜻의 '토사구팽'이란 사자성어에 자신의 서운한 심경을 실었는데, 이는 한동안 시중의 유행어가 되기도 했다.

그밖에도 다수의 국회의원이 두 사람의 뒤를 뒤따랐고, 이어 부정축재 의혹이 짙은 공무원 3000명이 구속, 파면 또는 징계되었다. 이러한 인적청산은 국민의 마음을 후련하게 했다. 필자도 기억나는데 만나는 사람마다 "역시 달라. 진짜 정치인이 정권을 잡으니까 뭐가 달라도 달라" 하고 김영삼을 칭찬했다. 택시를 타도 그랬고 식당에 가도 그랬다. 모두가 문민정부가 들어선 보람 같은 것을 느꼈다.

이같은 분위기는 여론조사에도 반영되어 그의 지지도는 당초의 41.4%에서 60%→70.5%→85%→95%로 가파른 상승곡선을 보였다. 의기양양해진 김영삼은 품에서 두 번째 개혁 카드를 꺼냈다.

하나회 척결

그것은 군부 내의 강력한 사조직 '하나회'를 제거하는 일이었다. 3공 때부터 존속해온 이 모임의 수장은 군의 표면적인 위계질서를 뛰어넘어 언제든 군을 장악할 수 있다는 것을 전두환의 쿠데타로 입증해 보였다. 거기다 하나회 회원끼리 돌아가며 그 장을 맡아온 기무사(보안사)는 어떤 민간기구와도 비교할 수 없는 정보와 힘을 지닌 막강한 권력기구로, 자기들끼리 돌아가며 맡아온 육군참모총장직과 더불어 군의 승진과 인사에 결정적 영향력을 행사하고 있었다.

따라서 그 내막을 아는 외국 기자들의 단골 질문은 "대통령에 당선되면 군을 어떻게 다룰 것인가?"였다. "그때 나는 '두고 보자'는 짤막한 대답만 했을 뿐이다. 그들은 아마 내가 대통령에 당선되면 군부세력과 적정선에서 타협할 것으로 생각하고 있었다. 내가 대통령에 당선된 이후에도 〈뉴욕타임스〉나 〈워싱턴포스트〉, 〈르몽드Le Monde〉지를 비롯하여 전 세계 대부분의 외신이나 외국 정부는 '김영삼 씨가 문민대통령으로 당선됐지만 앞으로 군과 동거할 수밖에 없을 것'이라는 내용의 분석을 내놓았다"고 그는 회고했다.[21]

3당합당으로 호랑이굴에 들어가서 호랑이를 잡은 그였지만 실제론 노태우 정부까지 군사정권이라고 간주하던 그는 "쿵 소리만 나도 누가 쿠데타했구나 하고 생각할 때였다. 쿠데타가 최고의 죄악인데 나는 대통령이 되면 바로하겠다고 생각했다"는 것이다.[22]

그는 취임 열흘 만인 3월 8일 하나회 회원이던 육군참모총장 김진영과 기무사령관 서완수를 전격 교체했다. 친군부적인 어떤 학자는 "국방문제에 대해 별로 아는 바도 없는" 김영삼이 일종의 깜짝쇼를 벌인 것이라고 폄하했지만, 국회의원이 된 26세부터 줄곧 국회 국방위원이었던 김영삼은 군에 대해 아주 밝은 구석이 있었던 것이다.

그전에도 파악하고 있었지만 그때(취임 후) 더 자세히 알게 되었습니다. 취임과 동시에 참모총장, 1군사령관, 2군사령관, 수도경비사령관을 한꺼번에 보직 해임하고 후임자를 동시에 임명해서 그날로 취임시켰습니다. 딴 수작을 벌

21 김영삼, 《김영삼 대통령 회고록》, 조선일보사, 2001.
22 〈SBS특별기획, 한국현대사 증언〉, 2009년 4월 20일 방송.

이면 안 되니까 서둘러 취임을 시킨 것입니다. 하나회하고 관계없는 사람 중에서 대장을 시키고 이랬더니 깜짝 놀란 겁니다. 천하가 놀란 거예요.[23]

군 인사를 단행한 이후 그는 측근들에게 자랑스러운 표정으로 "어때 놀랬제?" "저쪽 사람들(하나회) 깜짝 놀랬을 거야"라고 장난기 어린 말을 했다고 한다.[24]

그가 체득한 한 가지는 아무리 강력한 군인이라도 군복을 벗기면 그만이라는 사실이었다. 이때 중요한 것은 스피드였다. 군은 특수조직인 데다 하나회 같은 사조직은 오랜 세월 자기들끼리 똘똘 뭉친 집단이라 언제든 세력을 재규합해 저항해올 가능성이 높았던 것이다. 그래서 세력 규합의 시간적 여유를 주지 않는 것이 중요했다.

김영삼은 취임 후 100일 동안에 국방부·합참본부·고위장성·군단장·사단장·해군수뇌부·공군수뇌부를 구성하고 있던 고위간부 87명 중 무려 50명을 교체시켰다. '군부 대학살'로도 불린 이 숙청작업에 의해 물갈이된 장교는 모두 1000여 명에 달했다고 한다.[25]

이렇게 해서 "수십 년간 내 조국의 민주주의에 드리워져 있던 암울한 쿠데타의 망령이 사라지게 되었다"면서 김영삼은 "(당시 내가) 압도적 지지를 받았기 때문에 힘이 있었고 뭐든지 할 수 있었다. 하나회를 청산 안 했으면 김대중이나 노무현이가 대통령이 되지 못했을 것"이라고 훗날 회고하기도 했다.[26] 자신감에 휩싸인 김영삼은 세 번째 카드를 꺼냈다.

23 김영삼 고려대 강의(2000년 10월 20일). 함성득(편), 《김영삼 정부의 성공과 실패》, 나남출판, 2001.
24 강준만, 《김영삼 이데올로기》, 개마고원, 1995.
25 김충남, 《대통령과 국가경영》, 서울대학교출판부, 2006.
26 〈SBS특별기획, 한국현대사 증언〉, 2009년 4월 20일 방송.

금융실명제

금융실명제였다. 이는 대통령 선거공약이기도 했다. 그러나 그가 처음 생각해낸 것은 아니었다. 이를 도입하자는 논의는 5공 때도 있었고, 6공 때는 거의 실시할 것처럼 요란을 떨었기 때문에 당시 신문에 이에 관한 기사도 많이 났었다. 그런데도 앞의 두 정권이 이 제도를 채택하지 못한 것은 부작용에 대한 우려 때문이었다.

김영삼은 결단의 정치인이다. 재산공개로 국민적 지지를 얻은 그는 6월 22일 경제부총리 이경식을 청와대로 불러 실명제에 대한 견해를 물었다. 실명제를 빨리 시행하지 않으면 공직자 재산공개 등 기왕의 정치개혁 작업이 물거품이 될 가능성이 있었기 때문이다. 이경식은 실명제에 찬성한다는 입장을 밝혔다. 그러자 김영삼은 비밀리에 초안을 마련해 오라고 지시했다.

이경식은 한국개발연구원(KDI) 연구원 양수길 등 극소수의 전문가를 선발한 뒤 보름 만에 초안을 마련해 왔다. 김영삼은 7월 12일 재무장관 홍재형을 불러 그 초안을 넘겨주면서 실무작업에 착수할 것을 지시했다.

홍재형은 재무부, 국세청, 법제처, 은행 직원 가운데 전문가를 차출하여 실무팀을 만들고, 작업기밀을 유지하기 위해 7월 하순 이들 전원에게 장기 해외출장 명령을 내렸다. 그래서 직원과 가족의 환송을 받으며 출국했던 이들은 일본에 도착하자 다시 한국행 비행기를 타고 돌아와 비밀작업 장소인 과천 아파트에 들어가 작업에 임했다.

7월 28일, 김영삼은 법제처장 황길수를 청와대로 불러 금융실명제의 효력이 발생할 수 있는 대통령 긴급명령조항을 하나 만들어 오라고 했다. 이렇게 해서 만반의 준비가 끝난 1993년 8월 12일, 그는 "친애하는 국민 여러분! 드디어 우리는 금융실명제를 실시합니다"라고 시작되는 특별담화문을 발표했다.

역대 어느 정권도 해내지 못했던 금융실명제를 단행하면서 김영삼과 관계자들은 국민들로부터 쏟아져 들어올 칭찬을 기대했다. "기자실 반응이 어때?"라고 김영삼은 출입기자들에게 묻기도 했다.[27] 실제 발표가 있던 날 국민과 모든 언론은 개혁다운 개혁을 한다며 환영일색이었다. 정경유착이나 구정권 통치권자의 비자금 뿌리를 들여다보게 된 점은 성공적이었다.

그러나 뒤에 부작용이 나타나기 시작했다. 즉 "재산소득자의 수입은 드러나지 않고 근로소득자의 수입만 맑은 물밑처럼 드러나게 됨으로써 '못 가진 자가 고통 받는 시대'가 도래하고 가진 자의 과소비 풍조가 만연하는 부작용이 일어났다. 또한 사채시장에 의존하던 중소기업들이 금융실명제로 인해 사채시장이 잠수하자 자금난을 겪다가 부도를 내는 사태가 줄을 잇게 되었다."[28]

이런 부작용이 드러나자 언론은 초기의 환영논조에서 표변하여 금융실명제가 무슨 나라 망치는 제도라도 되는 것처럼 비판하기 시작했다. "엄청난 비판과 걱정이 쏟아지자 김영삼 정권의 핵심은 실망하고 당황하고 어떤 면에서는 분개했다"면서 이후 그 후유증 때문에 1994년 말까지 거의 1년 반 동안 개혁의 침잠기에 빠졌었다고 당시 청와대 정책비서관은 회고했다.

5년 대통령 임기에 1년 반이란 대단히 긴 시간이다. 다른 정권이면 몰라도

27 "청와대 출입기자들이 평가한 김영삼의 국가경영 능력", 〈월간조선〉, 1993년 9월호.
28 김광수, 《역사에 남고 싶은 열망》, 현암사, 2003.

개혁에 정권의 정당성을 걸고 있던 문민정부가 거의 1년 반 동안 개혁전선에 동면을 취했다는 것은 매우 흥미로운 일이다. 왜 그랬을까?[29]

세계화의 횃불

부작용으로 인한 비판의 후폭풍에 휩싸이자 개혁세력 자체가 흔들렸다. 이 점에 대해 예의 청와대 정책비서관은 "대통령은 여전히 개혁의지를 불태우며 저만큼 나아가 있지만 금융실명제 개혁에서 혼쭐이 난 그의 막료들은 아무도 대통령을 따라가지 않았다"고 회고했고,[30] 당시 청와대 비서실장은 3당합당에 의해 출발한 문민정부 안에 개혁대상(노태우계·김종필계)과 개혁주체(김영삼계)가 혼재하는 태생적 한계가 있었기 때문이었노라고 분석했다.[31]

개혁 추진세력의 규모도 문제였다. 개혁을 누구보다 많이 했던 것으로 알려진 박정희는 그 추진을 내각에 맡겼다. 물론 청와대가 개혁을 독려했지만 이는 어디까지나 감독의 차원이었고, 개혁 그 자체는 각부 장관이 진두지휘했다.

그러나 김영삼 정부에서는 주로 청와대 수석들이 개혁을 진두지휘했다. 문제는 장관이 움직일 수 있는 부하는 수백, 수천인데 청와대 수석이 지휘할 수 있는 직속부하는 불과 기십 명에 지나지 않았다는 점이다.[32]

---

29 전성철, 《청와대가 보인다, 대통령이 보인다》, 조선일보사, 2001.

30 전성철, 《청와대가 보인다, 대통령이 보인다》, 조선일보사, 2001.

31 박관용 고려대 강의(2000년 11월 3일). 함성득(편), 《김영삼 정부의 성공과 실패》, 나남출판, 2001.

이러니 효율성 면에서 누가 사령탑을 맡아야 하는가는 명약관화한 것인데, 체계적인 조직과 행정경험이 없는 김영삼은 의욕만 앞선 나머지 자기가 든 개혁의 횃불 뒤로 누가 따라오는지 확인해보지 않았다는 것이다. 내각을 활성화시키지 못했기 때문에 그가 든 개혁의 횃불 뒤로 따라오는 사람은 청와대 수석과 그 부하 기십 명에 지나지 않는 격이었다. 바로 이 점이 "명령은 5%, 확인과 감독은 95%"라던 박정희의 확인 행정과 확 차이 나는 대목이다.

대통령의 힘이 장관에게 실리면 부서 전체의 기가 살아난다. 개혁 일을 잘하면 즉각 승진시켜주는 등 보상도 따라줘야 신이 나서 움직이는 법이다. 그런데 그런 동기부여는 없이 공무원 3000여 명과 장교 1000여 명만 잘라냈으니, 바짝 얼어붙은 공직사회는 당시 등장한 신조어 '복지안동伏地眼動'처럼 땅에 엎드려 눈알만 굴리고 있었던 것이다.

미국에서는 장관을 Secretary라고 한다. 대통령제하에서는 장관이 바로 대통령의 비서인 까닭이다. 따라서 각 부처의 일은 야전비서인 장관에게 맡기고, 청와대 안의 비서는 자기가 속한 부문에서 어떻게 하면 대통령의 존재를 선전하고 홍보할 수 있는가에 전념해야 한다. 부서 간의 조정업무도 부서 자체에 간섭할 것이 아니라 대통령의 존재를 부각시키는 차원에 머물러야 한다. 대통령의 인기가 높아야 개혁도 그 무엇도 할 수 있는 것이니까 말이다.

잦은 인사도 문제였다. "인사가 만사"라고 했지만 김영삼은 집권 5년 동안 무려 24차례의 개각으로 6명의 총리와 114명의 장관을 양산해 냈다.[33] 비서진 교체도 너무 잦았다. 문제는 인물이 바뀌면 정책도 바뀐

32 전성철, 《청와대가 보인다, 대통령이 보인다》, 조선일보사, 2001.

33 최진, 《대통령 리더십》, 나남출판, 2003.

다는 점이다. 정책의 일관성이 사라지는 것이다. 김영삼의 개혁이 용두사미가 될 수밖에 없었던 원인의 하나다.

개혁을 하지 않으면 나라가 망하고 개혁을 하면 정권이 망한다는 말이 있다. 이런저런 이유로 개혁은 시들해지는 분위기였다. 그러나 여기서 주저앉을 김영삼이 아니었다. 그는 다시 '세계화'라는 횃불을 높이 들었다. 우루과이라운드가 타결되고 세계무역기구(WTO)체제가 출범함으로써 지구촌화되어가던 당시의 국제환경에서 세계화라는 방향성은 옳았다고 할 수 있다. 글로벌 스탠더드로 나아가자는 것이었으니까. 그런 맥락에서 김영삼은 선진국 경제협력기구인 OECD 가입을 신청하도록 했다.

그럼에도 불구하고 그가 횃불을 든 세계화의 실체는 분명치 않았고 구체적인 프로그램도 뒤따르지 않았다. 이리 되니 세계화 분위기를 이용한 영어학원과 영어산업만 배를 불려나갔다.

여기서 세계화의 명분을 낚아챈 것은 엉뚱하게도 민자당이었다. 갑자기 정당도 세계화해야 한다면서 민주계(통일민주당 계파)의 좌장인 최형우가 "당이 세계화하려면 대표직을 없애야 한다"는 공개발언을 한 것이다.

비자금사건

졸지에 세계화의 화살을 맞은 당 대표 김종필은 당혹했던지 "솔직히 세계무대에서 활동을 해도 내가 더 했는데 나더러 세계화의 걸림돌이라니……" 하고 투덜거렸다. 그러나 곧 이것이 후계구도를 둘러싼 권력투쟁의 신호탄임을 알아채고는 "모택동 전기에 보니 동지를 칠 땐 다른

사람을 시켜 문제를 제기하게 하더라" 하고 최형우 뒤의 김영삼을 에둘러 비판했다.[34]

그는 민주계의 노골적인 밀어내기가 계속되자 민자당을 나와 신당 자유민주연합(자민련)을 창당했다. 그가 탈당한 뒤 김영삼은 김종필 등의 '외인부대'가 차지하고 있던 자리를 민주계로 채우기 시작했다. 떡은 달았다. 그러나 쫓겨난 사람들은 모두 김영삼의 정적이 되었다. 김종필 계뿐이 아니다. 집권 후 그는 너무 많은 적을 양산해냈다.

우선 윗물맑기운동과 하나회 숙청으로 밀려난 인사들을 중심으로 지역여론이 등을 돌리고 있었고, 개혁대상으로 삼았던 공무원 집단 내에도 반反김영삼 정서가 흐르고 있었다. 그러나 지지도 95%의 환상에 사로잡힌 김영삼 등은 이 같은 민심의 흐름을 읽지 못하고 있었는데, 그 결과는 1995년 6·27지방선거에서 상상을 뛰어넘는 대참패로 나타났다.

김영삼이 신경을 곤두세운 것은 쫓겨난 김종필이 충청지역의 기반을 확보했다는 점보다는 대선 후 눈물을 흘리며 영국으로 떠났던 김대중이 귀국한 뒤 '아시아태평양평화재단(아태재단)'이라는 조직을 만들어 정치적 기반을 마련하더니 지자체 선거에서 조순을 서울시장에 당선시키는 등 김영삼은 격렬히 비판했다. 민주당의 약진에 크게 기여한 점이었다.

사실상의 정계복귀였다. 하지만 김대중 씨는 "당원으로서 지방선거에서 후보로 지명된 사람에 대해서는 적극적인 지원을 하겠다"고 말하면서도 "지원 유세일 뿐 정계복귀는 아니다"라고 궤변을 늘어놓았다. 은퇴를 선언했으면 뒤에 물러서 있을 일이고 복귀를 하려면 당당하게 선언할 것이지, 김대중 씨는

---

34 주돈식,《우리도 좋은 대통령을 갖고 싶다》, 사람과책, 2004.

은퇴다 아니다, 복귀다 아니다, 당원 자격이다 아니다 등등의 말장난을 계속했다.[35]

그만큼 김대중의 재등장이 마음에 걸렸던 것이다. 중간평가의 성격도 있는 지자체선거에서 참패한 이상, 김대중을 그냥 놔두면 다음 해 총선이 어떻게 될는지 장담할 수 없었다. 총선에 지면 자기가 레임덕에 걸린다. 김영삼으로서는 국면전환의 카드가 절실했다.

마침내 그 카드가 제시된 것은 총무처 장관 서석재의 입을 통해서였다. 전직 대통령이 4000억 규모의 비자금을 가지고 있다는 정보를 기자들에게 처음 흘린 것이 그였다. 그러나 파문이 너무 크게 일자 책임을 지고 낙마해야 했다. 두 달 뒤 그 카드가 다시 제시된 것은 대정부 질문에 나선 민주당 의원 박계동의 입을 통해서였다. 노태우가 관리하고 있는 비자금 4000억 원 중 300억 원의 비자금이 동화은행 등 차명계좌 3개에 은닉되어 있다는 사실을 폭로한 것이다. 국민적 분노가 일었다.

이에 압박을 견디지 못한 노태우는 대국민 사과문을 발표하고 자신이 재임중 조성한 '통치자금'은 약 5000억 원이었다고 밝혔다. 그런데 서석재나 박계동을 통한 노태우 비자금의 폭로가 시작될 때부터 실은 이것이 자신을 겨냥한 카드이기도 하다는 것을 김대중은 직감하고 있었다. 중국 방문중이던 김대중은 김영삼 쪽에서 터뜨리는 것보다는 자기 입으로 말하는 것이 낫다고 판단했다. 그는 노태우가 대국민 사과문을 발표하기 몇 시간 전 "14대 대선기간 중 노태우 대통령으로부터 20억 원을 받아 선거운동 자금으로 썼다"고 수행 기자들에게 털어놓았다. 이 뉴스는 다음 날 대문짝만 하게 도하 신문에 실렸다.

---

35 김영삼, 《김영삼 대통령 회고록》, 조선일보사, 2001.

김영삼으로서는 1석2조였다. 노태우는 구속시키고 김대중은 언론에 맡겼다. 언제나 그렇듯 김대중에게 우호적이지 않은 보수언론들은 기사로 칼럼으로 사설로 연일 그를 때렸다. 뇌물수수의 덫에 걸린 김대중은 보라매공원에서 대규모집회를 열고 5·18특별법과 전직 대통령을 구속한 것은 김영삼의 '깜짝쇼'라고 비판했지만 대세를 반전시키기에는 역부족이었다.

역사 바로세우기

그런데 노태우의 비자금사건이 터지면서 심리적 코너에 몰린 사람이 또하나 있었다. 전두환이었다. 그의 5공세력 일부가 활로를 찾기 위해 역시 코너에 몰려 있던 김대중과 정치적 연대를 모색하고 있다는 정보가 입수되었다.[36]

이에 김영삼은 '역사 바로세우기'의 명분을 내걸고 12·12쿠데타 및 5·18광주사건을 전면 재조사하도록 검찰에 지시했다. 이에 검찰의 칼끝은 전두환에게로 향했다. 그해 12월 2일 반란수괴 혐의로 사전 구속영장이 발부되자 전두환은 측근들과 함께 연희동 집 앞에서 검찰의 소환에 일체 응하지 않겠다는 이른바 '골목성명'을 발표하고 고향으로 내려갔다.

그러나 검찰은 이례적으로 합천까지 뒤따라가 그를 체포했다. 수사결과 전두환은 재임중 기업인들로부터 총 9500억 원을 거둬 7000억 원을 비자금으로 사용하고 퇴임시 약 1600억 원을 챙겨 개인적으로 관리

---

36 "법조 출입기자팀이 쓴 전두환·노태우 수사비화", 〈신동아〉, 1996년 1월호.

해왔던 것으로 밝혀졌다.

마침내 1996년 2월 28일 전두환·노태우 두 전직 대통령과 16명의 전직 장성이 부패, 내란 및 군사반란 혐의로 기소됐다. 더불어 돈을 준 재벌들도 기소됐다. 사정司正이나 인적청산은 언제나 인기가 있다. 국민에게 카타르시스를 주기 때문이다. 김영삼의 인기는 다시 올라갔다. 무엇보다도 그에 대항할 만한 적수 김대중의 설 자리를 완전히 잃게 만들었다는 것이 다음 총선을 위해 수확이라면 큰 수확이었다.

김영삼은 선수다. 대항마를 억눌러놓은 '정치 9단'은 눈길을 내부로 돌려 총선 출마자들을 하나하나 챙겼다. 그리고 1996년 2월 6일 전당대회에서 노태우의 흔적이 남아 있는 민자당의 당명을 '신한국당'으로 바꾼 다음 총선 출마자 전원을 국민 앞에 선보였다.

그 결과는 4·11총선의 대승으로 나타났다. 신한국당은 139석(지역구 121석)을 확보했고, 김대중의 새정치국민회의는 79석(지역구 66석)을 얻었다. 그러나 정계복귀 과정에서 민주당과 분열하고 '20억+α' 수수설에 시달렸던 김대중은 총선 직후 실시된 한 여론조사에서 "은퇴해야 한다"는 응답이 61.1%나 될 정도로 이미지 손상을 크게 입었다.[37] 김영삼은 안도했다.

그러나 이 정도에 주저앉을 김대중이 아니었다. 그도 '정치 9단'이다. 김영삼에게 쫓겨난 김종필과 힘을 연대하면서 반전의 때를 기다렸다.

4·11총선에서 승리한 뒤 김영삼은 정책수석실을 통해 노동법 개혁안을 준비했다. 우여곡절을 거쳐 완성된 정부안이 국회로 보내진 것은 그해 12월 10일경이었다. 복수노조의 설립을 유예시키는 등 대체로 재계 쪽에 유리하게 만들어진 이 최종안을 노조측은 반대했다. 야당은 노

---

37 "김대중 총재 정계은퇴해야 61%", 〈동아일보〉, 1996년 4월 13일.

조편을 들었다. 여야합의에 의한 법안통과가 불가능해지자 보수언론들은 경제를 위해 여당 단독통과가 불가피하다는 논조를 폈다. 언론의 전폭적인 지지를 얻은 신한국당은 자신감을 가지고 12월 16일 이 법안을 날치기 통과시켰다. 그러자 날치기 통과라는 절차적 하자가 시민들의 격렬한 저항을 불러왔다.

김영삼은 이 문제를 해결하기 위해 1997년 1월 21일 청와대에서 여야영수회담을 가졌다. 이 자리에서 그는 야당의 이해와 협조를 구했으나, 김대중과 김종필은 약속이라도 한 듯 '원천무효'를 외쳤다. 부메랑이었던 것이다. 원래 김영삼의 친화력은 알려진 것이었지만 대통령이 된 뒤로는 "야당과의 정치를 결코 매끄럽게 이끌지 못했다"고 당시 청와대 출입기자는 회고했다.

> 여기서 지적하지 않을 수 없는 것 하나가 있습니다. 그것은 YS는 DJ를 대단히 경계했고 불신했고 멸시했다는 것입니다. 저는 과연 YS가 진정으로 DJ에 대해 따뜻한 마음을 가진 적이 있었을까 의심합니다.[38]

그렇다면 역도 마찬가지였을까?

9룡

임기중 김영삼은 이런저런 이유로 재벌들과의 관계가 원만하지 못했다. 삼성그룹 회장 이건희는 중국 방문중에 "우리나라 기업은 1류인데, 정

---

38 김창기, 〈김영삼론〉, 함성득(편), 《김영삼 정부의 성공과 실패》, 나남출판, 2001.

치는 3류"라고 한 말이 비위를 건드려 사이가 좋지 못했고, 대선 때 함께 겨룬 현대그룹 회장 정주영은 "양김은 정치건달"이라고 한 말이 심기를 불편하게 해 정적으로 남았고, 대우그룹 회장 김우중은 1992년 민자당 대통령 후보경선 때 이종찬을 밀었기 때문에 밉보였고, 선경그룹 (SK) 회장 최종현은 정부개혁에 종종 반대입장을 표명해 사이가 좋지 않았고, 한화그룹 회장 김승연은 사정에 걸려 해외로 도피한 것을 귀국 후 구속시킨 터였다. 그래도 관계가 괜찮았던 재벌은 LG와 롯데그룹 정도였다.[39]

이처럼 김영삼은 개인적으로 재벌을 선호했던 것이 아니었음에도 경제에 대한 이해부족으로 군사정권 때보다 더 친재벌적인 문어발식 또는 선단식船團式 경영을 허용해주는 꼴이 되었다. 여기서 엄청나게 늘어난 재벌들의 부채구조가 IMF사태의 한 원인이 된 것이다.

그 대표적인 사례가 노태우 정권 때 '수서비리'의 장본인이었던 한보그룹이었다. 자기자본이 2200억 원밖에 안 되는 회사가 6조 원이 넘는 제철소를 빚으로 건설하다 쓰러지면서 삼미·한신·진로 등 거대기업 12군데가 연쇄 도산하게 되었다. 그러자 외국에서 주로 단기외채를 끌어들여 돈을 빌려주던 크고 작은 금융기관들이 압박을 받게 되었고, 이는 다시 기타 재벌들의 자금난으로 이어졌다.

이 무렵 한국경제는 마치 엔진이 고장난 비행기처럼 추락하고 있었다. 선진국으로 도약하겠다면서 서둘러 OECD에 가입한 것도 문제였다. 부자나라들의 사교클럽이라고 일컬어지는 OECD에 세계 29번째 회원국이 된 것까지는 기분 좋은 일이었지만, 그 가입을 앞당기기 위해 금융시장을 자유화하고 개방하는 과정에서 대내적으로 필요한 대책을

---

39 김창기, 〈김영삼론〉, 함성득(편),《김영삼 정부의 성공과 실패》, 나남출판, 2001.

제대로 강구하지 못했던 것이다. 또한 외국인 직접투자는 국내기업에 부담이 된다는 논리로 제한하면서 은행의 외환차입 등 단기성 국제금융거래를 자유화시켰는데, 이 결과 급격히 늘어난 단기외채가 총외채의 58%를 점하게 되었다.[40]

사정이 이런데도 닥쳐올 외환위기 곧 IMF사태 같은 것을 경고하는 경제학자나 신문기사는 찾아볼 수 없었다. 당시 난립한 종합금융회사(종금사)는 일본의 단기외채를 빌려 동남아 금융시장까지 투자하는 등 방만한 돈놀이를 하고 있었으나 경제관료들은 그 같은 단기외채의 규모조차 제대로 파악하지 못하고 있었다.

여기에 재계 서열 8위인 기아그룹의 부도 등 경제적 눈사태가 임박해 있었음에도 불구하고 이를 진지하게 생각한 사람이 없었다. 언론과 국민과 정치권은 온통 1997년 12월로 예정된 대선에만 관심이 쏠려 있었다. 이미 여당인 신한국당에서는 대권 예비후보가 9명이나 등장해 가판 주간지를 장식하고 있었다.

당시 언론은 이들을 '9룡'이라고 불렀다. 여당 후보가 이렇게까지 난립하게 된 것은 야당 후보 김대중이 민주당 분열, 비자금 수수설 등으로 국민적 염증을 야기해 지지율이 바닥을 헤매고 있었기 때문이다. 누가 나와도 김대중을 이길 수 있다는 분위기가 여당의 9룡을 등장시킨 것이었다.

김영삼의 민주계는 내적으로 경기도지사 출신의 이인제를 밀고 있었다. 그러나 한보비리에 측근과 차남이 연루돼 대국민 사과까지 해야 했던 김영삼의 인기도는 이 무렵 9%까지 추락해 있었다. 이에 반해 '3김청산'의 기치를 내걸어 김영삼을 간접으로 때림으로써 김영삼과 사이

40 김충남, 《대통령과 국가경영》, 서울대학교출판부, 2006.

가 좋지 않았던 대구·경북과 민정계(구 민정당 계파)의 지지를 확보한 이회창은 개혁성 이미지로 대세를 장악, 그해 7월 21일 열린 전당대회에서 신한국당 대선 후보로 선출되었다. 이 무렵 실시된 여론조사에서 이회창의 지지율은 야당 후보 김대중보다 20%나 앞선 것으로 나타났다.[41] 누가 보더라도 승리는 떼어놓은 당상이었다.

그런 그에게 예상치 못한 돌발사태가 터졌다.

이회창의 탈당요구

그건 김대중의 국민회의 쪽에서 들고 나온 이회창의 두 아들에 대한 병역비리 문제였다. 아들을 군대에 보내야 하는 서민 유권자들에게 병역만큼 민감한 문제는 없었던 것이다.

판사→부장판사→대법원 판사→대법관→감사원장→국무총리를 거치며 확립해온 '대쪽' 이미지가 두 아들의 병역비리 문제로 치명상을 입게 되면서 이회창의 지지율은 50.3%에서 20% 이하로 곤두박질쳤다. 그러자 경선 2위였던 이인제가 신한국당을 뛰쳐나가 국민신당을 창당하고 대선 후보가 되었다.

이렇게 되자 다급해진 이회창은 10월 7일, 신한국당 사무총장 강삼재를 통해 김대중의 비자금을 폭로케 했다. 이회창 캠프가 대對김대중 전략으로 준비해온 카드였다. 주장에 따르면 김대중은 동화은행 등의 365개 차명계좌에 670억 원의 비자금을 은닉하고 있다는 것이었다.

사흘 뒤에는 신한국당 대변인 이사철의 2차 폭로가 있었다. 주장에

---

41 "野 단일화돼도 이회창 우세", 〈중앙일보〉, 1997년 7월 23일.

따르면 김대중은 1992년 대선을 전후해 10개 기업으로부터 134억여 원의 돈을 받았다는 것이었다.

4일 뒤 신한국당 의원 송훈석의 3차 폭로가 이어졌다. 주장에 따르면 김대중은 1987년부터 1997년까지 가족 및 친인척 수십 명의 차명계좌 300여 개를 이용하여 378억 원을 은닉하고 있다는 것이었다.

같은 날 신한국당 의원 정형근의 4차 폭로가 있었다. 주장에 따르면 김대중이 1989년 노태우 정권의 중간평가를 유보해주는 대가로 200억 원을 받았다는 증거를 갖고 있다는 것이었다.

4차에 걸쳐 폭로된 김대중의 비자금을 모두 합치면 1300억 원이 넘었다. 이회창은 10월 16일 그동안 폭로한 자료들을 근거로 김대중을 대검찰청에 고발토록 했다.

이렇게 되자 여야 간에는 김대중의 비자금 문제를 둘러싸고 치열한 공방전이 오갔다. 당시의 정국에 대해 김영삼은 "이회창 씨는 온갖 경로를 통해 김대중 씨의 비자금에 대한 검찰수사를 강력히 요구하면서 나에게 면담을 요청해왔다. 김대중 씨 역시 궁색한 변명을 늘어놓으며 나와의 면담을 요청해왔다. 검찰은 검찰대로 이를 수사해야 될 것인지를 놓고 난감해했다"고 회고했다.

이회창 씨는 김대중 씨의 비자금에 대한 수사가 이뤄지면 자신이 대통령선거에서 승리할 것이라고 판단한 것 같다. 하지만 사태는 그렇게 간단치 않았다. 대통령선거를 불과 2개월 앞둔 시점이었다. 일단 김대중 씨의 부정축재를 수사하게 되면 그의 구속은 피할 수 없을 것이다. 만약 그렇게 되면 전라도 지역은 물론 서울에서도 폭동이 일어날 것이고, 그럴 경우 대통령선거를 치를 수 없게 될 것은 불을 보듯 뻔한 일이었다. 선거 자체가 없어질 상황인데 어떻게 당선될 수 있다는 말인가.[42]

김영삼은 검찰총장 김태정을 불러 수사유보를 지시했고, 이에 따라 김태정은 10월 21일 "국민회의 김대중 총재에 대한 비자금 의혹 고발 사건 수사를 15대 대통령선거 이후로 유보한다"고 공식 발표했다.

그러자 이회창은 바로 다음 날 기자회견을 갖고 김영삼의 탈당을 요구했다. "어처구니없는 일이었다. 나에게는 한마디 상의도 없이 김대중 비자금사건을 터뜨리더니 이제는 내가 만든 당에서 나보고 나가달라는 말이었다"고 김영삼은 회고했다.

10월 24일부터 김영삼은 대선주자들과 차례차례 만나기로 되어 있었다. 첫 번째 조찬회동자는 김대중이었다.

김대중 씨는 내가 비자금 수사를 유보한 데 대해 좋아서 어쩔 줄 모르는 표정이었다. 김대중 씨는 이날 나에게 "감사합니다"라는 인사를 수없이 했다.[43]

11월 1일에는 이회창과의 조찬회동이 잡혀 있었다. 그러나 김대중의 비자금 수사를 할 것이 아니면 만날 필요도 없다면서 이회창 쪽에서 약속을 취소해버렸다. 더불어 주요 신문들에 전면광고를 내고 김대중에 대한 수사보류 지시를 내린 김영삼을 맹렬히 비난하면서 탈당할 것을 요구했다.

일이 여기에 이르자 정나미가 떨어진 김영삼은 11월 7일 탈당했고, 그 뒤를 따라 서석재 등 김영삼계 의원들이 잇달아 탈당했다.

42 김영삼,《김영삼 대통령 회고록》, 조선일보사, 2001.
43 김영삼,《김영삼 대통령 회고록》, 조선일보사, 2001.

IMF사태

세상사란 모를 일이다. 한때 재집권이 확실시되던 신한국당이 이인제에 이어 김영삼이 탈당하는 등 자중지란에 빠진 것이다. 이회창은 아들의 구속 등으로 인해 김영삼의 인기가 바닥권에 있으므로 오히려 그를 때리는 것이 선거에 유리하다는 전략적 판단을 한 터였으나 그렇지만은 않았다는 것이 선거 후에 밝혀졌다. 적어도 김영삼의 지지기반인 부산·경남 지역에서는 이회창 대신 이인제의 표가 30% 이상 나왔던 것이다.

이와 반대로 한때 당선이 불가능해 보였던 김대중은 김종필·박태준과 'DJT연합'을 통해 세를 불려나갔는데, 이는 역설적으로 한솥밥을 먹다가 적대관계가 된 김영삼의 공이라고도 할 수 있었다. 만일 김영삼과 척지는 일이 없었다면 이념이 다른 그들 두 사람은 김대중과 연합하기 어려웠을지도 모른다.

여기에 IMF사태가 터졌다. 김영삼은 미국에 도와달라는 전화를 걸었으나 대북 포용정책을 둘러싸고 갈등이 있었던 빌 클린턴Bill Clinton은 "국가부도사태를 면하려면 IMF와의 협상을 12월 1일까지 마무리 지어야 한다"고 말했다. 김영삼은 일본에 고위관리를 보내 도움을 요청했다. 그러나 지난날 "버르장머리를 고쳐놓겠다"는 등의 직설로 심기가 불편해 있던 일본 정부는 냉담한 반응을 보였다.

IMF사태의 직접적 원인은 OECD 가입을 앞당기기 위해 금융시장을 자유화하면서 그 일환으로 설립된 24개의 종금사가 단기외채를 끌어다 썼기 때문이라지만, 유권자들은 모든 일을 맡긴 대통령의 위기관리능력 부족을 절감하고 있었다. 이런 분위기 속에서 당시 김대중이 내건 선거구호 '준비된 대통령'은 유권자들에게 크게 어필했다.

이렇게 하여 한때 세간에서 '대통령병 환자'로 야유받기도 했던 대선 4수의 김대중은 그해 12월 18일 39만 표의 표차로 이회창을 누르고 제15대 대통령에 당선되었다. 수평적 정권교체였다. 이를 가능케 한 것은 검찰수사를 유보하고, 호남 출신의 국무총리 고건을 통해 공명선거를 실시했기 때문이라고 김영삼이 주장했는데, 그 점은 사실이었을 것이다. 그러나 김대중이 발목을 잡는 바람에 IMF가 왔다는 그의 주장에 동조하는 사람은 별로 없었다.

그는 IMF사태를 신속히 극복해나가는 김대중의 활약상이 보기 싫었던지 〈월간중앙〉과의 인터뷰에서 "김대중 5년 동안 나는 한국 TV는 보지 않고 일본 NHK TV만 시청했다"고 말했다. 또한 김대중이 노벨평화상을 탔다는 소식이 들렸을 때는 "노벨상의 가치가 땅에 떨어졌다"고 평하기도 했다.

이렇듯 김대중에 대해 끊임없이 라이벌의식을 느끼던 그도 생사의 갈림길에 있는 그를 병문안 갔을 때는 감회가 새로웠던지 "우리는 세계에서 유래가 없는 특수관계였다"고 회고하기도 했다. 이때 기자들이 "화해냐?"고 묻자 그는 "그렇게 봐도 좋다"고 대답했는데 사실은 그때 김대중은 의식이 없는 상태였다. 40년간 지속된 두 사람의 경쟁과 협력관계는 8일 후 김대중이 운명함으로써 대단원의 막을 내리게 된다. 이후 상도동계와 동교동계의 화해 움직임이 일어 식사모임을 갖기도 했다.

슬하에 2남 3녀를 둔 그는 패혈증과 급성신부전으로 2015년 11월 22일 서울대학교 병원에서 숨을 거두었다. 누린 해는 89년이다. 국가장으로 장례를 치른 후 그의 시신은 지금 국립서울현충원에 안장되어 있다.

9

김대중

**주변부를
중심부로**

'인동초'라는 별명이 붙을 만큼 어려움이 많았던 그는 색깔론 이외에도 온갖 야유와 냉소를 받으면서 대선 4수 만에 대통령이 된다. 전임 정권이 초래한 IMF환란을 단기간 내에 수습한 그는 '생산적 복지'라는 개념하에 사회안전망 확충을 위해 노력하고, 새로운 먹거리를 위해 IT산업을 일으킨다. 또 민족분단의 고통을 치유하기 위해 햇볕정책이라는 이름으로 남북교류 시대를 연다. 수평적 정권교체를 이루었던 그는 2기 진보정권의 길도 연다.

중심부와 주변부

이 사회엔 중심부center에 속한 사람들(주류의 주류)이 있는가 하면 중심부에 속한다고 생각하는 사람들(주류의 비주류)이 있고, 중심부에 속해야만 한다고 생각하는 사람들(비주류의 주류)이 있는가 하면 먹고살기 바빠 그런 걸 생각할 틈도 없는 사람들(비주류의 비주류)도 있다. 후광後廣 김대중金大中은 출생·성분·학벌·인맥·지역 등에서 비주류의 주류 정도에 해당하는 주변부periphery 출신이었다.

사람들은 누구나 중심부에 들어가고 싶어 한다. 그것이 인지상정이다. 그래서 주변부 또는 변두리 출신은 흔히 사법고시나 사업 등을 통해 중심부에 접근하는 방법을 개인적으로 모색한다. 그러나 김대중은 그렇게 하지 않았다. 그는 놀랍게도 자신이 속한 주변부 자체를 중심부로 만드는 방법을 택했다. 아니, 처음부터 그랬던 것은 아니다. 해방 후 사업을 하고 돈을 벌고 몇 번인가의 낙선 끝에 국회의원에 당선되어 적어도 3공 중반이 될 때까지는 그런 생각을 깊이 하지 않았던 것 같다.

그러나 목적이 이끄는 삶이 분명해지면서 그는 나라를 바꾸어야 한다는 생각을 하게 된다. 그러자면 최고권력이 필요했다. 그의 대통령 꿈이 태동하게 된 배경이다. 하지만 그 꿈이 밖으로 표출된 순간부터 그는 십자포화를 받기 시작한다. 혁명을 하겠다는 것이 아니었다. 그저 진보적인 정책을 들고 대통령에 출마해서 그 가능성을 보여주었을 뿐이다. 그런데도 그는 과격 인물로 몰렸고 용공으로 낙인찍혔다. 지난날 이승만의 위협적인 선거상대였던 조봉암이 간첩죄로 몰렸던 것처럼, 그 또한 박정희의 독재에 맞서 현상status quo을 뒤흔든 혐의로 탄압당했다. 신군부에 위협이 된다는 이유로 구속되기도 했다.

이후 구속 당시는 아직 일어나지도 않았던 사건을 선동했다는 혐의로 사형선고를 받은 그는 국외로 쫓겨나기도 했으나 오히려 망명생활을 통해 국제적 거물이 되어 돌아온다. 고난을 기회로 바꾼 그의 의지는 놀라웠다.

그는 색깔론 이외에도 '거짓말쟁이' '권모술수의 대가' '지역감정 이용자' '대통령병 환자' 등 온갖 야유와 정치적 냉소 또는 혐오를 받으면서도 대선 4수 만에 대통령이 되었다. 소수정권이었다. 그 때문에 IMF 환란을 수습하고 IT산업을 일으켰으며 사상 최초의 남북정상회담을 이끌어낸 성과를 보였음에도 집권 내내 다수파에게 휘둘려야 했다.

지지기반인 진보세력의 뿌리가 깊지 못했기 때문이다. 두 번의 군사정권을 거치면서 생성·증식된 진보세력은 소리만 요란했지 실제 규모는 그리 크지 못했다는 설이 있다. 여기에 호남세력을 덧붙인 것이 그의 지지기반이었다.

충분치는 못했다. 그래서 주변부를 중심부로 만드는 일은 실패할 수밖에 없었지만 그래도 자신의 지지기반을 바탕으로 제2기 진보정권이 탄생하는 길을 열어줄 수는 있었다. 분열과 불협화음 속에서도 진보진영의 구심점 역할을 했던 그는 대체 어떤 인물이었을까?

4대 콤플렉스

흔히 김영삼을 김대중의 라이벌이라고 한다. 일단은 그렇다. 그러나 자료를 좀 더 섭렵해보면 그는 두 번째 라이벌이었음을 알 수 있다. 첫 번째 라이벌은 박정희였다. 재미있는 것은 박정희의 마음속 라이벌은 김대중이 아니라 김일성이었다는 점이다.

그에게는 또 하나의 라이벌이 있었다. 이 세 번째 라이벌은 주변부를 중심부로 만들고 싶은 그 자신의 꿈이었다고 할 수 있다. 가난이 박정희에게 그런 역할을 했던 것처럼, 성취동기의 면에서 그에게 영향을 준 4대 콤플렉스가 있었는데 그 첫 번째가 바로 출생 콤플렉스였다.

1923년 전남 하의도에서 아버지 김운식과 어머니 장수금의 4남 3녀 중 2남으로 출생했다는 것이 공식기록이지만 중앙정보부나 안기부의 기록에는 그 출생 내막이 좀 더 복잡한 것으로 되어 있는데, 이를 다 무시한다 하더라도 그가 서자였던 점은 그 자신이 밝힌 바 있다.

두 번째 콤플렉스는 학력이다. 마을 서당을 다닐 때부터 장원을 했다는 그는 하의보통학교→목포제일보통학교를 거쳐 목포상업학교에 수석으로 입학했다. 재학 시절 작문과 역사를 좋아했던 그는 1943년 "만주의 건국建國대학에 진학할 예정이었으나 일제의 징용을 피하기 위해 대학진학을 포기하고 일본인이 경영하는 회사"[1] 곧 전남기선주식회사 경리담당 사원으로 취직했다.

그때 대학에 진학하지 못한 아쉬움이 얼마나 컸던지 20대로 다시 돌아가면 무슨 일을 하고 싶으냐는 한 TV 사회자의 질문에 그는 "정상적으로 대학생활을 해보지 못했던 게 한으로 남아 있습니다. 그래서 우

---

1 NHK취재반(김용운역),《김대중자서전》, 인동, 1999.

선 열심히 공부해서 대학에 가고 싶습니다" 하고 대답했을 정도다.[2] 그는 끊임없이 자신을 탁마했는데, 부인 이희호의 회고에 따르면 결혼 전의 "그때에도 촌음을 아껴가며 많은 독서를 하고 있었다"는 것이다.[3] 훗날 도합 14개의 (명예)박사학위를 따게 된 것도 학력 콤플렉스와 무관하지 않다.

세 번째 콤플렉스는 출신 지방에 대한 것이다. 여기서 그의 마음은 박정희와 부딪친다. 대통령 박정희가 "영남인에게 우월감을 부추기고 호남인에게는 열등감을 조장함으로써" "호남사람은 마치 천형의 죄인 같이 기피당하고 차별되었다"는 것이다.[4] 자유당 때만 하더라도 경상도 사람이 전라도에서, 전라도 사람이 경상도에서 당선되는 사례가 있었다고 한다.

그래서 자료를 찾아보았더니 1971년 대선을 치른 직후의 한 유력 신문은 "이번 대통령선거에 있어 지역감정이 현저히 드러나 경상도는 박정희 후보에 거의 몰표를 던졌고, 호남은 김대중 후보에 다수표를 던진 것은 우려할 만한 경향이라고 아니할 수 없다. 이러한 지역감정은 5·16 전에는 전혀 볼 수 없었다"는 사설을 싣고 있었다.[5]

박정희가 집권하기 전에는 지역감정의 문제가 전혀 없었다는 것이다. 하지만 앞의 글을 통해 보면 김대중 역시 지역감정의 수혜자였음을 알 수 있다. 호남으로부터 다수표를 받았기 때문이다. 그래서 당시 집권층은 그를 지역감정 유발자라고 역으로 매도하기도 했다. 그러나 호남의 몰표를 받는 대가로 타지역의 표를 받지 못하면 대통령에 당선될 수

2　김대중,《나의 삶 나의 길》, 산하, 1997.
3　이희호,《나의 사랑 나의 조국》, 명림당, 1992.
4　김대중,《다시 새로운 시작을 위하여》, 김영사, 1993.
5　"4·27선거가 제기한 문제",〈동아일보〉, 1971년 4월 28일.

없다는 점에서 그는 역시 지역감정의 피해자였다.

　　대선 때마다 호남 고립화로 발목이 잡히던 그는 호남 사투리를 교정해보라는 전문가의 조언에 따라 한두 번 시도해보기도 했으나 "자연스럽게 나오는 사투리도 쓰지 말라면 내 정체성을 부정하라는 것입니다" 하고 거절한 일이 있다.[6] 그만큼 지역감정은 그의 마음의 상처였다. 그래서 기자들에게 "나는 목포에서 태어나 강원도에서 국회의원이 됐고, 이북 출신 며느리를 맞이했다. 또 내가 김해 김씨 후손이니 나야말로 경상도 사람이다"라고 언급한 일도 있다.[7]

　　네 번째는 그를 더욱 곤경으로 몰고 간 레드 콤플렉스다.

레드 콤플렉스

"일본놈들이 우리 독립운동가를 뭐라 그랬습니까? 후테이센징不逞鮮人 (못된 조선인)이라고 하지 않았어요. 후테이센징이란 개망나니란 뜻 아닙니까?"[8] 하고 자신에 대한 용공 낙인을 '후테이센징'에 대비시킨 김대중의 울분을 읽다보니 일본의 혐한 네티즌이 떠오른다.

　　일본의 2ch사이트에 혐한들이 올린 글을 읽어보면 그야말로 날씨만 나빠도 '총チョン(초센진朝鮮人을 줄인 말로서 조선인에 대한 비어)' 탓이라는 식인데, 이와 비슷하게 무슨 일을 하기만 하면 욕을 먹던 김대중은 지금도 '빨갱이'로 매도되곤 한다. 그럼 그런 구석이 전혀 없는데 그랬느냐

6　　이희호, 《동행》, 웅진지식하우스, 2008.
7　　"투지와 신념의 정치인-김대중론", 〈월간조선〉, 1980년 6월호.
8　　"김대중-민주 위해 누구와도 손 잡아", 〈월간조선〉, 1985년 4월호.

하면 그건 아니다.

"새 나라에 대한 희망과 내 나라에 대한 열정으로" 그는 장로교 목사 이남규가 1945년 8월 20일 건립한 목포 건국준비위원회에 참여했던 것이 사실이다. 그 후 건준 조직이 인민위원회로 탈바꿈하자 이남규는 순수한 뜻이 훼손되었다면서 조직을 탈퇴했지만 김대중은 그대로 남았고, 다음 해 2월 출범한 신민당(당수 백남운)의 목포지부 조직부장 일을 보다가 1946년 말 그들과 결별했다. 기간은 2년 미만이었는데, 이 짧은 좌익활동이 평생 그의 발목을 잡는 족쇄가 될 줄은 그도 몰랐을 것이다.

그가 본격적으로 색깔론의 표적이 되기 시작한 것은 1971년 대선 때부터였다.

> 그때 야당 후보였던 김대중은 박정희 정권을 맹공하며 현란한 웅변으로 선거 분위기를 휘어잡았다. 이에 놀란 박정희 진영은 색깔론으로 김대중 바람을 잠재우려 했다. '김대중이 피리를 불면 김일성이 춤을 추고, 김일성이 북을 치면 김대중이 장단을 맞춘다'면서 김대중을 좌경으로 몰고 갔다.[9]

이때 덧씌워진 용공 혐의는 유신정권이 끝나도 벗겨지지 않았다. 1979년 11월 28일, 계엄사령관 정승화는 "김대중은 사상이 좋지 않다"고 발언하여 파문을 일으켰고, 그와의 힘겨루기에서 승리한 전두환의 신군부도 그를 용공분자로 몰아 사형을 선고받게 했다.

그러나 이는 '견강부회far-fetched'였다면서 "80년대 말 미 CIA 출신의 제임스 릴리 주한 미대사는 각종 비밀보고서와 경찰자료를 포함한 김대중 관련기록들을 면밀하게 검토한 후 그가 공산주의자라는 증거를

---

9 김호진, 《대통령과 리더십》, 청림출판, 2006.

찾을 수 없다는 결론을 내렸다"고 당시 〈워싱턴포스트〉지의 특파원은 기록했다.[10]

　그럼에도 불구하고 그의 용공 혐의는 벗겨지지 않았다. 1989년 문익환·서경원 등의 방북사건이 잇달아 발생하자 그를 배후인물로 지목하고 용공친북으로 몰아붙인 것인데, "이 사건은 재판 과정에서 안기부와 검찰이 조작한 것으로 드러났다."[11]

　1992년 대선 때는 이선실 간첩사건을 터뜨려 김대중 부부와 연관을 짓고 "평양방송이 김영삼을 낙선시키고 김대중을 당선시키라는 대남방송을 하고 있다"는 식으로 도하 신문에 대서특필케 했다. 그러나 대선 후 사실여부를 따진 남궁진 의원의 질의에 안기부장은 "북한방송이 선거기간 중 그런 보도를 한 사실은 없다"고 답했다.[12]

　1997년 대선 때는 다시 오익제 편지사건을 터뜨려 김대중을 용공으로 몰았다. 이때는 북풍이 먹혀들지 않았으나 그는 툭하면 용공으로 모는 일에 "수없이 분노하고 좌절했다"면서 "국민들이 김대중이는 과격하다, 용공이다 하고 오해할 때는 피눈물이 났습니다"라고 술회했다.[13] 용공으로 낙인찍히는 일이 얼마나 뼈아픈지에 대해 그의 큰아들은 "중앙정보부에서 조사를 받았을 때 '빨갱이 새끼'라는 말이 가장 울화가 치밀게 했다"고 회고한 일이 있다.[14]

10　돈 오버도퍼(뉴스위크 한국판뉴스팀 역),《두 개의 코리아》, 중앙일보사, 1998.
11　김호진,《대통령과 리더십》, 청림출판, 2006.
12　NHK취재반(김용운역),《김대중자서전》, 인동, 1999.
13　조갑제,《김대중의 정체》, 조갑제닷컴, 2006.
14　김홍일,《나는 천천히 그러나 쉬지 않는다》, 나남출판, 2001.

김대중과 박정희

김대중의 고난은 1971년 대선에서 박정희와 맞붙으면서부터 시작되었다. 그전까지는 '똑똑하고 말 잘하는' 야당 의원으로서 박정희가 추진하던 한일국교정상회담을 적극 찬성하여 '사쿠라'라는 소리를 듣기도 하고, 베트남에 파병된 국군장병을 위문하러 가기도 하며, 미 국무부의 초청으로 동료 의원들과 함께 미국을 방문하기도 하는 등 고난과는 거리가 먼 삶이었다.

정치판에 처음 발을 디딘 것은 1954년이다. 그해 3대 총선에서 목포에서 출마하여 낙선한 그는 민주당에 입당했다. 그리고 4대 총선 때는 민주당 현역의원이 있는 목포 지역구를 피해 군인 유권자가 80%였던 강원도 인제에서 출마하려고 했다. 그러나 자유당 후보가 경찰을 동원해 등록 자체를 방해하는 바람에 결국 출마하지 못했다.

김대중은 억울한 사정을 호소해보려고 그곳에 주둔해 있던 사단장의 관사를 찾아갔다.

> 그러나 사단장은 부재중이었다. "사단장님 성함이 어떻게 됩니까?" 나는 당번병에게 물어보았다. 나중에 다시 찾아오려면 이름이라도 알아야 했기 때문이다. "박정희 장군님이십니다." 그후 관사를 다시 찾았지만 사단장은 여전히 부재중이라고 해서 결국 만나는 것을 포기하고 말았다.[15]

박정희와의 첫 대면이 이렇게 무산된 것에 대해 김대중은 훗날 아쉬움을 토로했다. 그때 만났더라면 역사가 달라졌을까? 그 뒤 치러진 보

---

15 김대중,《나의 삶 나의 길》, 산하, 1997.

궐선거와 총선에서 내리 낙선하는 바람에 첫 부인 차용애까지 잃는 아픔을 겪다가 1961년의 보궐선거에서 겨우 비원을 달성했으나 사흘 뒤 5·16이 나는 바람에 이것도 공수표가 되고 말았다. 그 후 정치활동정화법에 묶여 백수 신세로 전락한 그는 부산 피난 시절부터 알았던 YWCA 전국연합회 총무 이희호와 다시 만나 1962년 5월 재혼했다. 그러나 결혼한 지 열흘 만에 전 민주당 인사들의 이주당사건에 연루돼 3개월간 수감되었다. 첫 아내를 잃으며 4수 만에 확보한 국회의원 자리와 어렵게 시작한 재혼 초를 망친 박정희에 대해 그의 원망은 골수에 사무쳤다.

그런데 다음 해인 1963년 2월 중앙정보부의 고 모 국장으로부터 "앞으로 중용하고 우대할 테니 공화당 창당에 참여해달라"는 제안을 받았다. 응했다면 박정희 쪽에서 일하게 되었을지도 모를 그 제안을 그는 단호히 거절했다.

그는 5대 대선을 앞두고 재건된 민주당(당수 박순천)의 대변인이 되자 박정희를 겨냥했다. 즉 박정희가 현역에서 물러난 뒤 공화당에 입당한 것은 절차상 국가재건특별조치법에 위반되므로 공화당 입당과 대통령 후보등록은 무효라는 지적이었다. 검토해보니 그의 주장이 맞았다. 이에 박정희는 서둘러 특별조치법을 개정토록 했다.

대선 직후 치러진 6대 총선에 당선된 뒤에도 그의 포화는 시종 박정희를 겨냥했다. 김준연 의원의 구속을 막기 위해 장장 5시간 19분에 걸친 의사진행 발언을 하는 진기록을 세우기도 했는데 이 또한 궁극적으로는 박정희를 겨냥한 것이었다.

박 대통령도 국회에서의 내 활동을 알고 있었다. 처음으로 국회라는 단체를 상대해야 했던 그로서는 사사건건 문제점을 짚고 나서는 내가 의식되지 않을 리 없었던 것이다. 한번은 국무총리와 모든 각료들이 내 추궁에 쩔쩔매고 돌

아간 뒤 김대중이라는 한 사람에게 모두가 휘둘렸다고 대통령에게 역정을 들었다는 얘기도 들려왔다.[16]

그의 존재는 눈엣가시였다. 7대 총선을 앞두고 박정희는 "김대중의 당선만 막으면 여당 후보가 열 명, 스무 명 떨어져도 상관없어" 하고 불편한 심경을 토로했다는 소문이 나돌기도 했다.[17]

실제 박정희는 목포까지 두 번이나 내려가 국무회의를 주재하면서 목포의 개발을 약속하는 등 여당 후보 김병삼을 적극 지원했으나 종내 김대중을 꺾지 못했다. 그런데 다음 해 신정에 김대중이 느닷없이 청와대의 신년 하례식에 참석했다.

세배객은 주로 공화당과 정부 인사들이었고 그 사이에 줄을 서 차례를 기다리고 있는데, 남편을 발견한 대통령이 다른 사람들을 제치고 다가와 인사를 나눴다는 것이다. "각하, 목포에서 많은 공약을 약속하셨는데 이제 선거가 끝났으니 해주셔야죠?" "합시다. 그렇게 해야죠." 흔쾌히 답했는데 실행은 없었다.[18]

야당 의원이 갈 자리도 아니었는데 그는 왜 불쑥 청와대의 신년 하례식에 참석했던 것일까?

16 김대중, 《나의 삶 나의 길》, 산하, 1997.
17 권노갑, 《누군가에게 버팀목이 되는 삶이 아름답다》, 살림, 1999.
18 이희호, 《동행》, 웅진지식하우스, 2008.

우회 전략

1968년은 김대중의 행로를 결정하는 데 아주 중요한 해였다. 이 무렵 그가 최초의 저서로 출간한 《분노의 메아리》를 보면 제1편의 제목은 '서생적 문제의식'이고 제2편의 제목은 '상인적 현실감각'이다.

이대로는 안 된다는 '서생적 문제의식'이 그를 청와대로 향하게 했던 것인지도 모르겠다. 마음의 라이벌인 박정희를 만나 자신이 생각하는 문제점을 직접 말해보고 싶었던 것일까?

그의 '상인적 현실감각' 문제가 노정된 것은 그해 5월 신민당 전당대회를 통해서였다. 당시 부총재 자리를 놓고 계파 간의 경쟁이 치열해지자 그는 유진오·유진산 라인에 합류했다. 유진산을 밀어주는 대신 원내총무 자리를 보장해달라는 것이 합류조건이었다. 이에 따라 총재에 선출된 유진오는 그를 원내총무에 지명했으나 종래 원내총무였던 김영삼의 견제로 인준은 부결되었다.

충격을 받은 김대중은 "총재님과 지지의원들에게 죄송하다"는 말을 남기고 집에 돌아가 한동안 두문불출했다. 이 시기 그가 생각한 것이 '상인적 현실감각'의 문제였다. 당시 야당은 구파가 주류였다. 신파의 2선 경력으로 구파의 4선 경력을 지닌 김영삼을 이기기는 어려웠다. 여기서 우회 전략을 생각하게 되었던 것이다. 훗날 그는 "세계 전쟁사상 정공법으로 돌격하여 승리를 거둔 예는 단 1할도 되지 않는다고 합니다. 대부분의 승리가 우회전술이나 잠복, 작전상 후퇴 또는 내부교란 등 간접적인 전법으로 얻어진다는 것입니다"라는 말을 했다.[19]

우회 전략에 따라 그가 눈을 돌린 것은 원외세력이었다. 원내총무

---

19 김대중, 《다시 새로운 시작을 위하여》, 김영사, 1993.

자리는 원내세력에게 좌우되지만 그보다 높은 자리 곧 대통령 후보 자리는 원외세력의 영향력이 컸기 때문이다. 7대 대선을 앞두고 김영삼이 '40대 기수론'을 제창하고 나서자, 이에 합류한 김대중은 전국 지구당을 누비며 밑바닥 표를 다져나갔다. 그리고 열세인 원내세력을 확보하기 위해 신파의 제2계파 수장인 이재형과 손을 잡고, 신파의 이철승계에게는 "만일 이철승 씨가 지명이 안 되면 나를 도와달라"고 하는 2차선택 second choice 전략을 구사했다.

개표 결과 김영삼 421표, 김대중 382표, 무효 82표였다. 1위의 과반수 확보 실패에 따라 2차 투표가 실시되었다. 부인과 함께 지방 대의원들이 묵고 있는 여관을 돌고 난 김대중은 재투표에 들어가기에 전 기자들에게 승리를 장담했다. 그의 말은 적중했다. 결과는 458대 410으로 뒤집혔다.

갈채와 함성이 장내를 진동하며 김대중을 축하했다. 김대중에 이어 축하연설에 나선 김영삼은 "김대중 씨의 승리는 나의 승리"라며 김대중으로부터 선대본부장 제의가 올 것을 기대했으나 끝내 오지 않았다고 아쉬움을 토로했지만,[20] 김대중의 부인 이희호는 "그때 본진 유세단 일원으로 부산 유세에 갔을 때 (김영삼은) 후보가 아닌 본인의 1975년 대통령 선거운동을 하기에 유진산 총재가 하는 수 없이 2진으로 뺐다는 뒷이야기를 들은 적이 있다"고 회고했다.[21]

20 김영삼, 《김영삼 회고록》, 백산서당, 2000,
21 이희호, 《동행》, 웅진지식하우스, 2008.

가시나무새

여당은 조직이고 야당은 바람이다. 자금과 조직 면에서 우세한 박정희를 이기기 위해 이론과 정책 면에서 승부하여 이것으로 선거의 주도권을 잡아 야당 바람을 일으킨다. 이 선거 전략은 반공포로 출신으로 인제 선거에서부터 김대중을 도왔던 엄창록과 함께 짰던 것으로 알려져 있다.

1970년 10월 16일, 김대중은 박정희를 향한 포문을 열고 ① 향토예비군 폐지 ② 4대국 보장론 ③ 남북교류와 평화통일론 ④ 대중경제론 등의 메가톤급 포탄을 날렸다. 정부 여당은 큰 충격을 받았고 국민들은 호응했다. 김대중의 사자후가 유권자들 사이에 불고 있는 선풍을 태풍으로 몰아가기 시작했다.

1971년 1월 23일 그는 연두기자회견에서 "대중반정을 실현하자"고 외쳤다. 대중반정大衆反正은 그의 이름을 딴 대중반정大中反正도 되기 때문에 시중의 화제가 되었다. 회견을 마친 뒤 그는 부인과 함께 미국에 건너갔는데, 그 직후인 설날 밤 동교동 집 마당에 원인 모를 폭발물이 터졌다. 경찰은 사건을 수사한다며 그의 조직총책인 엄창록을 연행해 갔다.

본래 함경도 원산 출신의 엄창록은 김대중에 대한 지역적 연고는 없었다. 몸이 약했던 그는 여당의 회유와 협박에 넘어가고 말았다. "내게는 큰 타격이었다. 참으로 아쉬웠다. 엄창록은 선거의 귀재였다. 선거판세를 정확히 읽고 대중심리를 꿰뚫는 능력을 지녔다"고 김대중은 훗날 아쉬워하는 글을 남겼다.[22]

상대편으로 넘어간 1970년대의 제갈공명은 "김대중에게 승리하려면 지역감정을 자극하라"고 여당 캠프에 귀띔해준 것으로 알려져 있다.

---

22 김대중,《김대중자서전》, 삼인, 2010.

그로부터 공화당의 반격이 시작되었지만, 전국을 누빈 김대중의 유세장에는 그의 말솜씨를 듣기 위해 구름처럼 청중들이 몰려들곤 했다.

결정판은 선거를 사흘 앞둔 1971년 4월 18일의 장충단공원 유세였다. 당시로선 사상최대인 100만 인파가 모여들었다. 여기서 그는 "이번에 박정희 씨가 승리하면 앞으로는 선거도 없는 영구집권의 총통 시대가 온다"고 경고했다. "정권교체를 바라는 민심의 바다에 거대한 물결이 일었다"고 그는 회고했다.

개표 결과는 박정희 634만 표, 김대중 539만 표였다. 엄청난 자금과 조직을 총동원하고서도 김대중 하나를 간신히 이긴 박정희는 선거 다음 날 "내가 골똘히 생각해봤는데 이거 안 되겠어" 하고 김종필에게 말을 꺼냈다고 한다. 김종필이 "뭐가 안 되겠습니까" 하자 박정희는 "나는 빈곤을 추방하려고 열심히 일했어. 그런데 이 사람(김대중)을 놓고 국민이 나를 대접하는 것이 고작 이것뿐이야?" 하며 무언가 다른 생각을 하는 듯한 말을 했다고 한다.[23] 그 다른 생각이 '10월유신'의 형태로 등장하게 되는 것은 그로부터 1년 반 뒤다.

후폭풍은 김대중 쪽에도 있었다. 포석의 문제였다. 선거기간에 내놓은 정책들이 국민적 관심을 불러일으켰던 것은 사실이지만 그 때문에 자충수가 되고 말았다. 이를테면 향토예비군 폐지-4대국 보장론-남북교류는 군軍을 그의 적으로 만들었고, 대중경제론은 대기업→재계를 그의 적으로 만들었으며, 그해 말 8대 국회에 등원하여 그가 중앙정보부를 집중공격한 일은 수사기관→관官을 그의 적으로 만들었다.

군-관-재계는 군사정권을 받쳐주던 3대 기둥이다. 이들을 적으로 돌렸다는 것은 특정인의 미움을 산 것과는 차원이 다르다. 집단이기 때

---

23 주돈식, 《우리도 좋은 대통령을 갖고 싶다》, 사람과책, 2004.

문에 거부감은 그 특정인이 사라져도 계속될 수밖에 없다. 일생 동안 가장 높고 뾰족한 가시를 찾아 헤맨다는 그의 '가시나무새' 같은 삶은 이렇게 시작되었던 것이다.

반유신투쟁

정권 차원에서도 박정희의 대안 곧 '포스트 박'으로 국민들에게 인식된 김대중의 이미지를 다운시켜야 할 필요가 있었다. 이 일을 시작한 것은 중앙정보부였고 완성한 것은 안기부였다.

"끊임없이 반복하면 네모도 원이 된다"는 파울 괴벨스Paul Goebbels 의 선전술을 원용하여 그들이 만들어낸 김대중의 이미지는 크게 두 가지로, 하나는 (과격하고-폭력적이고-선동적인) 용공이고, 다른 하나는 (임기응변에 능하고-신의가 없으며-기회주의적이고-정략적이며-쓰면 뱉고 달면 삼키는) 교활 간교한 인간상이었다.[24] 이미지에 역사성은 없다. 일단 형성되면 출처는 사라지고 그 이미지만 남게 된다. 그런 사례의 하나로 5공 초에 쓰인 신문기사를 하나 소개해보면 "김대중, 그는 어떤 인물인가? 달변과 간교한 지략을 내세워 한국의 케네디라는 허상 속에 철저히 가려졌던 그의 참모습은 어떤 것일까? 목적을 위해서는 수단과 방법을 가리지 않는 '마키아벨리즘의 화신' 바로 그것이었다. 말과 행동이 다르고, 이중인격과 위선에 가득 찬 그의 인생경로는……"이라는 식으로 묘사되어 있다.[25]

---

24 조갑제,《김대중의 정체》, 조갑제닷컴, 2006.
25 "김대중을 벗긴다", 〈경향신문〉, 1980년 9월 11일.

자기도 모르는 사이에 누구라도 싫어할 만한 이미지의 소유자가 되어가던 김대중은 대선 직후 교통사고로 다친 다리를 치료하러 일본에 건너갔다가 '유신' 소식을 들었다. 그는 다음 날 기자회견을 갖고 "이는 통일을 말하면서 자신의 독재적인 영구집권을 목표로 하는 놀랄 만한 반민주적 조치"라고 박정희에게 직격탄을 날렸다.

그 후 일본과 미국을 오가며 반反유신운동을 펴나갔다.

정적인 김대중이 가까운 일본에서 반유신세력을 키워간다는 것은 박 대통령의 입장에서는 유신을 망가뜨리는 것이었고, 자신의 후계 문제에서나 체제 안정을 위해 용납할 수 없는 일이었다. 그 결론은 쉽게 난 듯했다. 1973년 8월 8일 오전 10시경, 일본 동경 팰리스호텔에 체류하던 김대중이 감쪽같이 사라졌다.[26]

납치사건이었다. 중정 요원들에게 끌려 강제귀국하게 된 김대중이 초췌한 모습으로 집에 돌아오니 "여당은 차마 입에 담아서는 안 될 말을 서슴없이 뱉어냈다. '김대중의 자작극이다.' 그보다 더욱 기막힌 것은 야당이었다. 유진산 총재도 그렇게 믿었으며 채문식 대변인도 동조했다."[27] 그만큼 정국이 경색되어 있었던 것이다.

정치를 하고 싶어도 박정희는 그의 제도권 진입을 철저히 차단했다. 여기서 그는 원외의 재야세력에 눈을 돌리게 되었다. 비주류 출신의 그에게 우회 전략은 낯설지 않았다. 그는 1974년 11월 27일 정계·종교계·학계·언론인·법조인·문인·여성계 등의 재야인사 71명과 연대하

---

26 주돈식, 《우리도 좋은 대통령을 갖고 싶다》, 사람과책, 2004.
27 이희호, 《동행》, 웅진지식하우스, 2008.

여 반유신운동을 위한 '민주회복국민회의'를 발족시킨다.

그러나 이것만으로 만족할 수 없었던 그는 사태의 추이를 주시하면서 1976년 '3·1민주구국선언문'을 발표했다. 또랑또랑한 목소리로 낭독을 한 것은 이우정이었지만 선언문을 기초한 것은 김대중이었다. 그는 수감되었다.

그리고 3년 뒤인 1979년 3월 4일, 윤보선 자택에서 재야세력의 연합체인 '국민연합'을 구성하고 윤보선·함석헌과 함께 3인 공동의장에 취임했다. 야당인 신민당은 중도통합의 이철승 대신 선명노선의 김영삼이 총재가 될 수 있도록 뒤에서 도와주었다. 민주화가 우선이었기 때문이다.

제도권 밖에서 재야세력과 연대하는 과정을 통해 그가 얻은 실리는 명분의 선점이었다. '민주화'의 명분이야말로 그에게 덧씌워진 이념과 지역성을 동시에 극복할 수 있는 카드였기 때문이다. 명분이나 사명감은 그 진정성을 인정받는 시점부터 사람을 끌어모으는 힘이 생긴다.

서울의 봄

10·26으로 유신체제가 사라진 뒤, 제도권 밖의 시선은 민주화의 명분을 선점한 김대중에게로 쏠렸다. 그러나 실력자로 등장한 계엄사령관 정승화는 그의 가택연금 해제 여부를 묻는 기자들의 질문에 "김대중은 용공"이라며 거부반응을 보였다. 그를 용공으로 본 것은 12·12쿠데타로 정승화를 제거한 신군부의 경우도 마찬가지였다. 한 번 정착된 이미지는 바꾸기 어렵다는 반증이다.

1980년 3월 1일을 기해 사면복권이 되자 그는 재야 13개 단체를 이끄는 '국민연합'에 복귀하여 조직을 개편하고 대권을 향한 발걸음을 내디뎠다. 그와 재야의 생각은 민주화투쟁을 해온 자기들이 새 시대의 중심이 되어야 한다는 것이었다. 그러나 신민당 총재 김영삼은 주도권이 자기들에게 있다고 생각했다. 민주사회에서 경쟁은 당연한 것이다.

'서울의 봄'은 짧았다. 신군부는 제도권 밖의 김대중과 제도권 안의 김영삼 간에 벌어지는 '양김경쟁'을 구실로 5·17정변을 단행했다. 그들은 당일로 김대중을 구속했고, 김영삼의 경우는 앞에 나서지 말라는 경고를 무시하고 다음 날 기자회견을 했기 때문에 자택에 연금시켰다.

이처럼 제도권 안과 밖의 처우가 달랐다. 이희호는 "김대중은 재야와 감옥에서, 김영삼은 제도권과 집에서 독재와 투쟁했다. 동교동 사람들은 '어떻게 살아남을 것인가' 하는 생존의 문제에 직면했다면, 상도동 사람들은 '어떻게 살아갈 것인가' 하는 생존방식을 고민했다"고 회고했다.[28]

시도 때도 없이 비명 소리가 들려오는 중앙정보부의 지하 취조실에서 그는 두달 만에 신문을 얻어 보게 되었다.

> 5월 17일 중앙정보부에 들어간 내가 5월 18일 (광주)사태를 조정했더란 말이에요. 홍길동이가 다시 살아난다고 해도 이 짓은 못 할 거에요.[29]

그는 결국 국가내란음모죄와 반국가단체 수괴죄로 사형을 선고받았다. 광주민주화운동을 선동했다는 국가내란음모죄의 최고형은 무기징역이었기 때문에 신군부는 그가 의장에 취임하지도 않았던 일본 '한민

---

28 이희호, 《동행》, 웅진지식하우스, 2008.
29 김진배, 《인동초의 새벽》, 동아, 1987.

통'의 문제를 끌어들였다. 반국가단체인 '재일 한국 민주회복 통일촉진 국민회의'를 결성했다는 죄목이었다. 반국가단체 수괴죄의 최고형은 사형이었기 때문이다.

이 소식은 전 세계에 충격을 주었다. 서독의 한스디트리히 겐셔Hans-Dietrich Genscher 외무장관은 EU 가맹국들이 한국 정부에 공동으로 항의해야 한다고 호소했고, 미 국무부는 "극형이 내려진 것에 대해 심히 우려하고 있다"면서 김대중에게 씌워진 혐의는 "far-fetched" 곧 견강부회였다는 성명을 공식 발표했다.

그의 구명을 위해 전두환과 협상을 벌인 것은 레이건 행정부의 국가안보보좌관 리처드 앨런Richard Allen이었다.

앨런은 김대중을 살려주는 조건으로 전두환의 백악관 방문과 양국 관계 정상화를 약속하는 타협안을 제시했다. 레이건 취임식 다음 날인 81년 1월 21일 백악관은 전두환의 방미가 곧 이뤄질 것이라고 발표했다. 그리고 3일 후 전두환은 계엄령을 해제하고 김대중의 형량을 사형에서 종신형으로 감형한다고 발표했다.[30]

그 후 석방돼 미국에 망명했던 김대중은 김영삼의 단식투쟁 뉴스를 접하자 천여 명의 교포들과 함께 워싱턴과 뉴욕에서 가두시위를 벌였다. 이것이 계기가 되어 두 사람은 1984년 5월 18일 민주화추진협의회 공동의장에 취임하게 된다.

그가 다시 귀국한 것은 총선을 4일 앞둔 1985년 2월 8일이었다. 군사정권의 암살기도가 있을지도 모른다는 추측이 떠돌면서 그를 보호하

---

30 돈 오버도퍼(뉴스위크 한국판뉴스팀 역), 《두 개의 코리아》, 중앙일보사, 1998.

기 위해 에드워드 페이건Edward Feighan, 토머스 포글리에타Thomas Foglietta 하원의원 등 미국 인사들이 동반 귀국했다.

직선제 개헌

바람을 몰고 온 김대중의 존재는 12대 총선에 큰 영향을 미쳐 양김 동등 지분으로 창당한 신민당(총재 이민우)이 제1야당으로 발돋움하는 데 기여했다.

이후 양김은 총선 1주년인 1986년 2월 12일을 기해 직선제 개헌서 명운동에 들어가기로 했다. 이때 김대중이 "백만인 서명운동으로 합시다" 하고 제안하자 김영삼은 "백만이 뭐꼬? 천만은 돼야지" 하고 중얼거렸다. 김대중이 정색을 하며 "우리나라 인구가 몇인데 천만 서명을 받는단 말이오?"라고 반문하자 김영삼은 "그걸 누가 세어보나? 일단 하고 보는 거지"라고 했다. 이에 김대중도 웃으며 화답하여 천만인 서명운동이 시작되었다는 것이다. 김대중은 "그분은 대단히 어려운 일도 아주 간단하게 생각한다"고 김영삼을 평했고, 김영삼은 "그분은 아주 간단한 일도 대단히 복잡하게 설명한다"고 김대중을 평했다.

이 시기 두 라이벌은 굳게 단결해 있었다. 아직은 공동의 적이 있었기 때문이었을 것이다. 그 무렵 거리에는 최루탄 가스냄새가 그칠 날이 없었다. 개헌을 둘러싼 여야의 싸움을 외신들은 "마주 달리는 열차"라고 표현할 정도였다. 1986년 아시안게임이 끝난 뒤부터 대대적인 공안 탄압이 시작되었다. 이 와중에 김대중은 대통령 불출마를 선언했다. 그러자 서독을 방문중이던 김영삼은 "김대중 씨의 복권이 이루어지면 나는 차기 대통령 후보를 그에게 양보하겠다"고 화답했다.

그러던 두 사람 사이에 분열이 일어난 것은 여당이 직선제 개헌을 받기로 한 뒤부터였다. 1987년 6·29선언 이후 사면복권이 된 김대중이 불출마선언을 번복하고 나선 것이었다. 그는 "전두환 씨가 직선제 제안을 수락하고 건국대사태 관련 학생에 대한 탄압을 중지하면 안 나갈 수 있다고 한 것인데, 상대방이 이를 거절했으므로 무효"라고 해명했다. 언론은 그 해명이 "논리상 타당성이 없는 것은 아니지만 식언이라는 비난을 피할 수는 없다"는 식으로 꼬집었다. 그러나 김대중의 복권이 이루어지면 대선 후보를 양보하겠다던 김영삼의 말을 식언이라고 꼬집은 사람은 없었다.

양김은 결국 후보단일화에 실패했고 그 책임은 김대중에게 돌아갔다. 당시 김대중 계보였던 한 중진은 "나는 양김 중 누가 먼저 되든 그것이 별로 중요하지 않다고 생각했다. 다만 군사정권에서 민주정권으로 넘어가는 과도기에는 YS가 하는 것이 좋겠다는 생각을 갖고 있었다"고 회고했다.[31] 당시 이 같은 생각은 광범하게 퍼져 있었다. 고난을 더 겪은 김대중 쪽에서 보자면 억울했겠지만 그것이 현실이었다.

양보하면 5년 뒤에 기회가 온다는 생각을 막은 것은 1971년에 얻었던 539만 표의 환상이었는지도 모른다. 그는 '4자필승론'의 논리를 내세우며 출마했으나 결과는 1위 노태우, 2위 김영삼, 3위 김대중, 4위 김종필이었다.

"선거가 끝나자 국민들은 큰 상실감에 빠졌다. 민심은 흡사 폭격을 맞은 듯했다…… 나라도 양보를 했어야 했다. 지난 일이지만 너무도 후회스럽다"고 그는 뒤에 회고했다.[32]

31 양순직, 《대의는 권력을 이긴다》, 에디터, 2002.
32 김대중, 《김대중자서전》, 삼인, 2010.

13대 총선을 앞두고 그는 재야인사 91명을 평민당에 대거 영입, 전열을 가다듬었다. 대선에 실패한 김영삼은 야권단일화를 위해 민주당 총재직을 사퇴하며 김대중을 압박했다. 김대중도 그의 요구에 응해 평민당 총재직을 사퇴했다.

그러나 양당의 통합협상은 파행으로 끝났다. 결국 김영삼의 민주당과 김대중의 평민당은 후보들을 독자출마시켰는데, 결과는 민정당 125석, 평민당 70석, 민주당 59석, 공화당 35석으로 나타났다. 여소야대였다.

정계은퇴

주적개념이 분명한 군인 출신의 전두환이 노태우의 최측근인 박철언에게 "이제는 DJ와 싸워야 한다"고 충고했던 것처럼 6공 초 정국운영의 열쇠를 쥔 것은 사실상 제1야당의 총재가 된 김대중이었다.

5공비리 청산 문제를 둘러싸고 그는 김영삼, 김종필과 공조했지만 노태우와도 협조할 것은 협조했다. 그래서 귀양을 갔던 전두환이 백담사에서 내려오지 못하고 있을 때 서울 귀환을 승낙해준 것도, 김영삼이 제기한 중간평가 문제를 유보할 수 있도록 승낙해준 것도 그였다. 제1야당의 총재로서 사실상 정국을 주도하고 있던 그로서는 4당체제를 깨는 것보다 현상을 그대로 유지하는 것이 더 낫다는 판단이었다.

중간평가가 유보되자 김영삼은 불과 보름 전에 합의한 야3당 공조합의를 깼다면서 김대중을 "거짓말쟁이"라고 몰아붙였다. 김대중과 노태우의 협력관계가 이어져나간다면 고립되는 것은 그 자신이었다. 위기감을 느낀 그는 "국민과의 약속을 저버린 노 정권 퇴진운동을 전개하겠다"며 엄포를 놓았지만 잘 먹혀들지 않았다.

그러던 차에 문익환·서경원·임수경·문규현 등의 밀입북사건이 잇달아 터져 공안정국하의 김대중이 코너로 몰리면서 김영삼은 보수노선의 노태우·김종필과 가까워졌고, 이를 계기로 3당합당에 합의하게 된다. 1990년 1월 22일 새 여당의 이름은 민자당으로 발표되었다. 이로써 1노 3김 중 김영삼이 고립되었던 정국은 김대중이 고립되는 정국으로 바뀌게 되었다.

김대중은 "야합"이라고 비난을 퍼부었다. 그러나 그 자신도 1989년 말 합당 제안을 받은 일이 있었다. "전혀 예상치 못한 노태우 씨의 제안을 받고 그저 어안이 벙벙할 뿐이었다. 하지만 마음을 진정시킨 뒤 '그건 안 될 말'이라고 노 대통령에게 말했다"고 그는 회고했다.

216석의 비호남 여당이 70석의 호남 야당을 포위한 형국이 되자 그는 지방자치제를 관철하는 데 주력했다. 그래서 그해 말 무기한 단식투쟁에 들어갔다. 단식 8일째 탈수현상이 심해져 세브란스병원으로 옮겼을 때 민자당 대표최고위원이 된 김영삼이 찾아왔다.

> 대화중에 김 대표는 엉뚱한 말을 했다. 자신이 여당에 들어간 것이 민주주의를 위해서라는 것이었다. 나는 결국 참지 못했다. "민주주의와 가장 먼 곳으로 가서 무슨 민주주의란 말이오." 그러면서 지방자치제는 반드시 실시해야 한다고 역설했다.[33]

단식투쟁 13일 만에 민자당으로부터 1991년 상반기에 지방의회선거를 실시하겠다는 약속을 받아낸 다음 단식을 중단했다. 이 합의에 따라 지방의회선거는 30년 만인 1991년 3월과 6월 두 번에 걸쳐 실시되

---

33 김대중, 《김대중자서전》, 삼인, 2010.

었는데, 그 결과는 둘 다 민자당의 압도적인 승리로 끝났다.

그러나 김대중 또한 소기의 성과를 거둔 셈이었다. 인재 양성과 지자체의 공천을 통해 정치자금 확보의 외연을 넓혔기 때문이다. 다음 해 그는 '꼬마민주당'과 합당하여 14대 총선에 임했는데 결과는 민주당 약진(97석), 통일국민당 돌풍(31석), 민자당 참패(149석)로 나타났다. 이를 바탕으로 그는 좀 더 우경화한 '뉴DJ플랜'을 가지고 1992년 말 대선에 출마했다.

그러나 여당은 전통적인 색깔론(이선실 간첩단사건)과 지역감정(초원복집 사건)으로 그를 함락시켰다. 보수세력의 벽이 얼마나 높은가를 다시 한 번 절감한 그는 선거 패배 다음 날 "국민 여러분! 저는 오늘로써 국회의원직을 사퇴하고 평범한 시민이 되겠습니다" 하고 눈물을 흘리며 정계은퇴를 선언했다. 이때 그의 실제 나이 69세였다.

15대 대선

정계은퇴를 선언하자 언론은 나에 관한 기사를 무더기로 쏟아냈다. "정치거인" "정치거목" …… 선거기간 내내 그토록 모질고 야속하게 굴었던 언론은 하루아침에 돌변하여 나를 영웅으로 띄워 올렸다.[34]

그의 은퇴를 기정사실화하기 위한 못질이었다.

1993년 1월 26일 그는 영국 케임브리지대학으로 유학을 떠났다. 당초 미국에 가려다가 영국으로 행선지를 바꾼 것은 "조금이라도 더 국

---

34 김대중, 《김대중자서전》, 삼인, 2010.

내정치와 떨어져 있으려 함이었다"고 그는 술회했다. 그러나 김영삼은 "대통령선거에서 패배한 후 내가 그의 부정한 과거를 수사할까봐 두려워서 영국으로 떠난 것"이라고 말했다.

민추협 시절까지만 해도 김영삼은 "내가 김대중 씨를 새삼 존경하는 것은 참 어려운 시대를 살아왔는데도 좌절하지 않고 이 시점까지 용기를 가지고 올 수 있었다는 점입니다. 참 엄청난 노력을 했을 것입니다"라는 식으로 덕담을 하곤 했으나 이 무렵부터는 "나와 국민은 김대중 씨에게 또 한 번 속았다. 국민 앞에 눈물을 흘리며 정계은퇴를 약속하고 1993년 1월 영국으로 떠났던 김대중 씨는 6개월쯤 지난 뒤 슬그머니 귀국했다"는 식으로 비난을 가하기 시작했다.[35]

그러나 김대중은 맞대응하지 않았다. 지난날 첫 번째 라이벌인 박정희에 대해서는 그토록 날카로운 공격을 가하던 그였지만 두 번째 라이벌인 김영삼에 대해서는 귀국 후 아태평화재단을 설립하면서도 그저 무대응으로 일관했다. 다만 대외정책 면에서, 가령 1994년 북한 핵 문제를 둘러싸고 일촉즉발의 전운이 감돌 때 그가 지미 카터Jimmy Carter 전 미국 대통령의 방북을 건의하여 위기 해소에 일조한 일이 있는데, 김영삼에게는 그 일 자체가 불쾌했던 것 같다. 김대중이 조금만 색다른 행보를 해도 의심의 눈길이 번득였다. 김영삼은 정계를 은퇴한 사람이 뒤에서 이러쿵저러쿵 정치현실에 개입하는 것은 바람직하지 못하다고 비판했다.[36]

영어로 악의 있는 거짓말은 lie, 악의 없는 거짓말은 fib라고 한다. 김대중의 거짓말은 상황에 몰려 방어적으로 하게 된 일종의 fib였다. 지

---

35 김영삼, 《김영삼 대통령 회고록》, 조선일보사, 2001.

36 김영삼, 《김영삼 대통령 회고록》, 조선일보사, 2001.

자체 선거에서의 훈수를 시작으로 의혹이 커져가자 그는 본격적으로 1995년 새정치국민회의를 창당한다. 이로써 정계복귀가 확인되자 엄청난 비난이 퍼부어지기 시작했다.

그러나 그런 십자포화를 맞으면서도 그는 1996년의 총선에서 자신이 만든 '국민회의'를 제1야당으로 만드는 데 성공한다. 이를 발판으로 다음 해 제15대 대선에 다시 출마하자 '대통령병 환자'라는 조롱과 비난이 쏟아졌다. 그의 지지도는 바닥이었다. 얼마나 인기가 없었느냐 하면 여당에서 '9룡'이 대선 후보로 난립할 정도였다. 누가 나와도 김대중은 이길 수 있다는 분위기였다.

이에 반해 여당 후보로 선출된 이회창의 지지도는 그해 7월 말 50.3%까지 치솟았다. 승리가 거의 확실시되었다. 그러나 김대중 진영에서 그의 두 아들 병역비리 문제를 들고 나오자 그의 지지도는 10%대까지 폭락했다. 이렇게 되니 경선 2위였던 이인제가 탈당하여 독자출마를 선언했다. 김영삼의 민주계 지지를 받고 있던 그는 나중에 드러난 것이지만 여당 성향의 표를 무려 500만 표나 끌고 나갔던 셈이다.

김대중은 이 기회를 놓치지 않았다. 호남 고립화로 발목이 잡히곤 했던 그는 역으로 영남 고립화를 추구했는데, 그것이 이강래의 아이디어였던 것[37]으로 알려진 DJP(김대중-김종필)→DJT(김대중-김종필-박태준) 연합이었다.

선거기간 중 여당은 김대중을 향해 비자금 폭로(강삼재·이사철·송훈석·정형근), 북풍(오익제사건), 건강(고혈압·당뇨·치매) 등의 전통적인 포탄을 잇달아 발사했으나 별 효과가 없었다. IMF외환위기를 맞은 유권자들은 "준비된 대통령" "경제 대통령"의 선거구호를 앞세운 김대중을 15대

---

37 신동준, 《대통령의 승부수》, 올림, 2009.

대통령으로 선택했던 것이다.

같이 출마했던 이인제는 "오랫동안 소외되었던 호남이 정치의 중심축에 들어온 것을 축하한다"고 김대중에게 말했다. 헌정사상 최초의 수평적 정권교체였다.

외환위기 극복

김대중은 매우 어려운 때에 국정 최고책임자가 되었다. "경술국치 이래의 국치이며 한국전쟁 이래의 참사"[38]였던 IMF외환위기는 국민들에게 엄청난 충격이었다. 위기와 혼란에 빠진 국민들은 당선자 김대중에게 모든 것을 걸었다. 그는 당선일로부터 취임일까지 두 달 동안 사실상 대통령 권한을 행사했다. 라이벌인 김영삼은 아직 현직 대통령이었지만 완전한 레임덕에 빠져 있었다.

그는 한 소비자단체에서 "우리나라는 연간 60억 달러의 금을 수입하는데 상당 부분 금고에 쌓여 있으니 금모으기 운동을 하여 내다 팔면 달러를 마련할 수 있다"고 말한 일이 있는데, 이 아이디어가 언론에 보도되면서 금모으기 운동으로 발전했다. 국민들의 반향은 엄청났다. 시민단체와 방송사 들이 참여하면서 무려 350만 명이 226톤의 금을 내놓았는데 당시 시세로는 21억 5000만 달러어치였다.

빈사 직전의 나라에 백성들이 수혈을 했다. 그 효과는 여기서 그치지 않았다. 전 세계가 감동하여 한국을 돕자는 기운이 일어났다. 한국의 이미지가 새로

---

38   강만길,《20세기 우리역사》, 창작과비평사, 1999.

김대중 393

워지고 대외 신인도에도 효과가 미쳤다. 금모으기 운동 소식은 전파를 타고 지구촌에 퍼졌다. 세계가 한국의 미래를 믿기 시작했다.[39]

취임 전의 그가 월스트리트 헤지펀드의 대부로 통하는 조지 소로스 George Soros를 일산 자택으로 초대해 대책을 논의하는 모습을 보고 국민들은 안도감을 느꼈다. 그는 대통령 취임사에서 '민주주의와 시장경제'의 병행발전을 국정기조로 설정하겠다고 천명했다. 취임하던 날 클린턴 미국 대통령에게서 전화가 걸려왔다. 축하인사를 받은 것까지는 좋았지만 미국 협상단을 보낼 테니 IMF와의 합의사항을 성실히 이행해달라는 이야기가 이어졌다. "나는 솔직히 클린턴 대통령의 이러한 발언이 지나치다고 생각했다. 당선자와의 첫 통화인데 무례하다는 생각도 들었다. 그러나 그의 말은 과장된 것이 아니었다. 한국이란 나라 전체가 수직으로 추락하고 있었다"고 그는 회고했다.[40]

클린턴과 대화가 끝나자 일본 총리 하시모토 류타로橋本龍太郎의 전화가 기다리고 있었다. 김대중은 최대의 국난을 맞은 한국을 도와달라고 했고 하시모토 쪽에서도 최선을 다해 돕겠다고 약속했다. 상황은 극도로 나빴다. 1998년 1월 한 달에만 3000개 이상의 중소기업이 도산하고 산업시설의 가동률은 65%에 불과하며 실업률은 2배로 늘어나는 등 당시 통계청이 밝힌 경제위기의 실상은 상상을 초월한 것이었다.

이를 극복하기 위해 그는 경제사령탑으로 이규성과 이헌재를 각각 재무장관과 금융감독위원장에 임명한 뒤 금융·재벌·노동·공공의 4대 개혁을 진행하도록 주문했다. 김대중과 일면식도 없던 그들은 DJP연합

39 김대중, 《김대중자서전》, 삼인, 2010.
40 김대중, 《김대중자서전》, 삼인, 2010.

의 한 축을 이룬 자민련 쪽에서 추천한 인사들이었다. 재벌들의 저항은 거셌다. 구조조정은 제자리를 맴돌았고 개혁의 시늉만 내고 있다는 여론이 외국에서조차 비등했다.

IMF경제위기의 본질은 국제 유동성 위기였다. 그와 '국민의 정부'는 156조 원의 공적자금을 투입, 은행 33행 중 5행, 종합금융회사 30사 중 16사를 정리·폐쇄하고 재벌들에게 부채 축소 등 경영 개선을 명령하는 한편 업종 재편성의 '빅딜'을 권장했다. 그간의 무분별한 중복투자를 바로잡으려면 기업 간의 빅딜이 효율적일 수 있다는 판단 때문이었다.

이 과정에서 부채가 많았던 대우그룹은 공중 분해되었고, 제일은행은 외자에 매각되었으며, 삼성그룹은 빅딜 포기를 선언하고 문제가 된 삼성자동차의 법정관리를 신청했다. 이렇게 하여 재벌해체가 시작되었다. 김영삼은 하나회의 영남 군벌을 제거하고 김대중은 재벌을 부분 해체함으로써 군사정권의 유산을 청산하게 되었다.

개혁은 고통스러운 것이었지만 IMF의 개선 요구를 전면적으로 수용한 결과 해외의 불안은 서서히 해소됐다. 거기다 공적자금의 대거 투입을 통한 경기부양과 금융과 기업의 구조개혁에 힘입어 경상수지 적자는 1998년부터 흑자로 전환됐다. 1998년 -6.7%까지 침체했던 경제성장률은 1999년 10.7%로 회복됐다. 주식시장도 활성화되어 1999년에는 외환위기 이전 수준으로 회복됐다.

생산적 복지와 IT산업

그의 세 번째 라이벌은 주변부를 중심부로 만들겠다는 꿈이었다. 이를 위해 그는 팔을 걷어붙였다. 경제위기를 만나 가장 피해를 크게 입은 것이 저소득층이었다. 그는 '생산적 복지'라는 개념을 통해 이들을 끌어안는 사회안전망을 구축하는 데 힘썼다. 생산적 복지란 사회적 약자를 시혜적으로 도와주는 것이 아니라 일할 능력이 있는 사람에게 일할 기회를 주고, 일할 능력이 부족한 사람에겐 교육과 훈련을 통해 복지를 제공한다는 개념이다.

현재 한국 복지제도의 핵심을 이루는 국민기초생활보장제도와 통합의료보험제도, 국민연금 확대 등이 다 이때 마련되었다. 사회안전망의 기반 확충을 위해 3년 동안 그가 투입한 돈은 약 20조 원에 달했다.

또한 인권 문제에 관심이 많았던 그는 사상 처음으로 국가인권위원회를 설치했다. 개혁은 교육분야에도 미쳤다. 한 진보적인 학자는 "그때 교육정책에 대해 이해찬 세대라느니 하면서 트집을 잡습니다만 당시의 의도는 한 가지만 잘해도 성공할 수 있게 한다는 거였잖아요. 박찬호, 박세리가 공부 잘해서 세계적인 선수가 되었느냐면서 특기와 적성을 살리는 방향으로 교육예산을 늘렸던 겁니다"라고 회고했다.[41] 교원 정년 단축을 단행한 것도 이 시절이었고, 시차를 두고 진행되기는 했지만 산재보험과 고용보험의 확대, 단일 건강보험제, 의약분업제, 국민연금 확대 등을 실시한 것도 다 그의 집권 시절이었다. "이제 아랫목은 쫌 따스해졌는데 얼마 있으면 윗목도 따스해지도록 하겠다"고 그는 약속했다. 이때만 해도 의욕이 넘쳤다.

특기할 만한 것은 IT산업에 대한 관심이다. 연로한 나이였음에도 독서량이 남달랐던 그는 새 지식을 흡수하는 마음, 정보화에 대한 자세가 남달랐다. 그래서 취임 전부터 세계적 석학인 앨빈 토플러Alvin Toffler에게 이 문제를 상의해보기도 했던 그는 이미 대통령 취임사를 통해 "세

---

41 한홍구, 《지금 이 순간의 역사》, 한겨레출판, 2010.

계에서 컴퓨터를 가장 잘 쓰는 나라를 만들어 정보대국의 토대를 튼튼히 닦아나가겠다"면서 '산업화엔 뒤졌지만 정보화는 앞서가겠다'는 뜻을 밝혔으나 당시 언론은 그것이 정치인들이 흔히 쓰는 립서비스의 하나인 줄 알고 크게 주목하지 않았다. "나라가 부도났는데 무슨 컴퓨터 세계 제일이냐?"고 비웃는 분위기였다.

하지만 김대중은 취임 후 상당한 예산을 확보하여 그 정책을 강하게 밀고 나갔다. 그는 한국을 방문한 빌 게이츠Bill Gates나 손정의孫正義가 "인터넷은 스피드입니다. 학생에게 투자하는 것이 가장 효과적입니다"라고 한 조언 등을 염두에 두었다가 정보고속도로가 개통될 때 전국 초중등학교에 초고속 인터넷을 깔게 했다. 그리고 교원 33만 명에게 PC를 보급하고 가난한 학생 50만 명에게 컴퓨터 무료교육을 받도록 했다.

2000년 서울에서 아시아유럽정상회의(ASEM)가 열렸을 때 프랑스나 영국 지도자들이 자국의 인터넷 인구가 600만이네, 700만이네 하고 자랑하는 것을 보고 김대중은 그들 앞에서 자랑하고 싶은 것을 참았다고 한다. 왜냐하면 우리나라의 인터넷 인구는 이미 그 무렵 1700만 명을 넘어서고 있었기 때문이다.

김대중은 전자정부의 구현과 더불어 IT를 전통산업에 접목하도록 주문했다. 한번은 미국에서 한국의 철강과 조선업체가 덤핑수출을 한다고 WTO에 제소하는 바람에 국제조사단이 한국에 와서 현장을 조사했다. 그 결과 업체마다 IT를 접목하여 생산원가를 낮추었다는 사실이 밝혀지자 조사단은 감탄하고 돌아갔다. 노르웨이의 한 인사는 한국 조선업계를 둘러보고 "노르웨이는 아직 망치로 못을 두들기는데 한국은 IT가 생산라인을 지배하니 우리는 이제 끝났구나 생각했다"면서 절망감을 토로했다고 한다. 이처럼 한국을 IT강국으로 올려놓은 것은 확실히 그의 공이었다고 할 수 있다.

어느 정도 경제위기가 진정되자 김대중은 1999년 말 각계 대표 120여 명을 청와대로 초청하여 IMF 구조조정을 성공적으로 치러낸 데 대해 감사의 뜻을 표했다. "오늘은 샴페인을 터뜨릴 날이 아니라 일류경제로 발전하기 위해 출정식을 하는 날"[42]이라고 지속적인 개혁을 강조하면서도 실상은 'IMF 졸업파티'의 샴페인 잔을 높이 들었다.

개혁으로 대기업의 부채규모가 낮아지고 지배구조가 개선되며 경영의 투명성이 높아지는 등 상당한 성과가 있었던 것은 사실이다. 그 2년 뒤에는 IMF도 긍정적인 평가를 내렸다. 그러나 자기들이 직접 개입했기 때문에 팔이 안으로 굽는 평가가 아니었겠느냐면서 "신속한 경제회복은 김대중뿐만 아니라 모든 사람들을 착각에 빠지게 했다. 경제개혁이 절실하다는 분위기가 사라지면서 김대중 자신도 경제개혁에 대한 의지가 약화되었다"고 샴페인을 너무 일찍 터뜨린 것에 대해 비판적인 견해를 보인 이들도 많았다.[43]

실제로 그가 IMF 졸업을 서둘러 선언한 것은 다음 총선을 겨냥한 정치적 포석이었다는 설도 있다. 이를 위해 종래의 새정치국민회의를 새천년민주당으로 확대·개편하여 전국정당화를 지향했던 것은 사실이다. 뒷심을 얻어 자신의 꿈, 주변부를 중심부로 만드는 꿈을 이루고 싶었던 것일까?

그러나 제16대 총선의 결과는 만족스럽지 못했다. 물론 민주당이 전보다 30석을 더 얻어 종래의 호남당에서 처음으로 전국정당의 모습을

---

42 "구조조정 감사-재벌개혁 계속해야", 〈조선일보〉, 1999년 12월 21일.
43 김충남,《대통령과 국가경영》, 서울대학교출판부, 2006.

갖추게 된 것은 사실이지만, DJP연합의 한 축인 자민련이 교섭단체 등록에도 못 미치는 17석에 그침에 따라 여권 전체의 숫자는 전보다 크게 나아진 것이 없었다.

거기다 호남인들의 불평을 들어가면서까지 영남 우대의 동진정책을 펴온 그로서는 회심의 카드였던 김중권, 김정길, 노무현 등의 영남 장수들이 모두 낙마하자 한숨을 내쉬었다.

> 나는 이번 총선에 많은 기대를 걸었다. 지난 2년 동안 외환위기를 극복하고 경제를 살리기 위해 혼신의 노력을 다했고 이것을 국민들이 평가해줄 것으로 믿었다. 그런데 결과는 예상과 달랐다. 민심을 읽는 데 또 실패했다. 험난한 앞길을 생각하니 참담했다.[44]

산전수전 다 겪은 정치가는 이 시점에 여소야대의 '험난한 앞길'을 예감했던 모양이다. 실제가 그랬다. 여소야대가 된 국회뿐만이 아니었다. 보수세력이 다수인 이 사회에서 그는 출범 초부터 국정을 효과적으로 끌어갈 수 있는 충분한 권력기반을 확보하지 못했었다. 군부, 재계, 관계, 언론 등은 여전히 그의 우호세력이 아니었다. 따라서 '정치 9단'이었던 그가 '통치'도 '9단'이었다면 절대로 'IMF 졸업파티'를 서둘지 않고 그 상태를 임기 말까지 끌고 나갔을 것이라고 본 정치전략가들도 있었다. 그에게 비우호적인 세력들이 고개를 숙였던 것은 그의 리더십이나 권위에 굴복했던 것이 아니라 넓은 의미에서는 자신들도 연루된 국난에 대한 죄책감 때문이었다는 것이다.

그러나 김대중은 '통치 9단'이 아니었다. 실제론 행정경험이 전무한

---

44 김대중,《김대중자서전》, 삼인, 2010.

'통치 초보'였다. 그래서 조급한 마음에 서둘러 IMF 졸업을 선언한 것이 그만 자충수가 되고 말았다는 것이다. 이 선언에 따라 비우호적인 세력들이 고개를 쳐들기 시작했다. 그가 설치하느라고 애쓴 사회안전망은 개혁의 아픔을 치유하기엔 역부족이었다. 그의 지지세력인 노동계조차도 "경제위기가 끝났다니 노동자의 희생도 끝나야 하는 것 아니냐?"며 임금인상과 노동시간 단축을 요구하기 시작했다.

이처럼 사회 구석구석에서 반발의 기운이 돌고 있었지만 아직은 IMF환란의 메가톤급 폭탄을 맞았던 데 대한 충격이 남아 있고, 환란을 극복해낸 김대중의 리더십에 대한 존경심도 일부 작용하고 있어 본격적인 반발로까진 이어지지 않고 있었다. 이것이 남북정상회담이 열리기 직전의 사회적 분위기였다.

햇볕정책

2000년 6월 13일, 김대중은 평양에 도착했다.

> 비행기 문이 열리고 나는 마침내 트랩 위에 섰다. 하늘과 주위를 살펴보았다. 북한의 조국강산을 처음 보는 심정은 감개무량했다. 참으로 형언키 어려웠다. 순간임에도 수많은 생각들이 떠올랐다. 북녘 하늘과 땅 사이에 대한민국 대통령, 내가 있었다. 울컥울컥 뜨거운 것이 올라왔다. 꽃술을 흔드는 군중이 보이고, 그들이 외치는 함성이 들렸다. 공항 청사에는 김일성 주석의 대형 초상화가 걸려 있었다. 저 아래 김정일 위원장이 있었다. 인민복을 입은 김정일 위원장, 그가 마중을 나왔다. 트랩을 내려갔다.[45]

반세기에 걸친 첨예한 대립 끝에 남북 정상의 만남이 막 실현되려는 찰나였다. 이날 두 정상의 극적인 만남은 한국인뿐만 아니라 전 세계를 놀라게 했다.

두 정상의 대담내용이 김대중을 따라간 한국 기자들에 의해 방송과 신문에 자세히 보도되었다. 특히 김정일이 회담 도중에 "구라파 사람들은 나보고 은둔생활을 하느냐고 그러는데…… 그동안 비공개로 많이 갔다 왔어요. 김 대통령이 오셔서 은둔에서 해방됐다고 그래요"라고 한 파격 유머가 남한 시민들을 크게 웃기면서 '뿔난 괴물'의 김정일 이미지가 순식간에 불식되었다. 이와 함께 북한에 대한 증오와 불신이 사라지고 그가 쓰고 있던 색안경이 유행할 정도로 북한 열풍이 불기도 했다.

이때가 김대중에게는 득의의 절정이었다. 인기가 급등했다. 역사적인 남북정상회담을 통해 그간 꽁꽁 얼어붙었던 남북 간의 냉전 기류를 어느 정도 녹아내리게 하는 데 성공한 것은 사실이었기 때문이다. '햇볕정책'은 그가 가장 이루고 싶어 했던 꿈의 하나이기도 했다.

"강한 바람은 사람의 옷을 여미게 할 뿐이지만 햇볕은 두껍게 껴입은 옷을 벗어던지게 할 수 있다"는 뜻에서 '햇볕정책'이라 이름 붙여진 그의 3단계 통일론(평화공존→평화교류→평화통일)은 기본적으로 서독 수상 빌리 브란트Willy Brandt가 추진했던 '선평화 후통일'의 동방정책과 기조를 같이한 것이다. 동방정책이 베를린 장벽을 무너지게 한 것처럼 햇볕정책이 분단을 제거하는 평화통일의 원동력으로 작용하기를 바라는 사회적 기대치도 한껏 높아졌다. 6·15남북공동선언에 따라 이후의 남북관계에는 지난날 상상할 수도 없던 큰 변화가 일어났다.

장관급 회담이 정례화되어 남북 간의 제반 문제를 논의할 수 있게 되었고

45 김대중,《김대중자서전》, 삼인, 2010.

경제협력 강화, 이산가족 상봉 등 남북 간 교류와 협력이 확대되었다. 그리하여 김대중은 한반도 평화를 위해 기여한 공로를 인정받아 노벨평화상까지 받게 되었다. 그의 햇볕정책은 한동안 김대중의 위대한 역사적 유산이 될 것 같기도 했다.[46]

그러나 거기까지였다. 그 뒤는 실망의 연속이었다.

긴장완화의 구체적 성과는 없었다. 서울과 평양을 연결하는 경의선 복구 공사도 한국 측은 완성했지만 북쪽은 미착공이었다. 이산가족 재회도 100인씩 4회로 끝나고 말았다. 금강산 관광은 적자투성이로 주관하는 현대그룹의 경영 위기를 불렀다. 정부는 현대그룹을 지원, 금강산 관광사업을 국영 관광공사가 인수했지만 이는 정경분리 정책의 위반이며, 정경유착의 전형, 특혜라는 비판을 낳았다.[47]

보수세력이 가장 불만스러워했던 것은 햇볕정책이 국민들의 안보의식을 느슨하게 했다는 점이었다. 외투를 벗겼다지만 실은 내 외투를 벗어놓고 저쪽 외투를 벗겼다고 착각하는 것 아니냐는 것이었다.

야당은 김대중 정권이 '햇볕정책' 아닌 '퍼주기 정책'으로 북한의 전력만 강화시켜줬다고 비난했고, 남북정상회담도 노벨평화상을 받기 위해 사적으로 이용한 것이 아니냐며 로비설까지 흘렸다. 재미있는 것은 IMF사태 이후 숨을 죽이고 있던 라이벌 김영삼이 "노벨상의 가치가 땅에 떨어졌다"고 김대중을 비판하고 나선 일이었다.

---

46 김충남, 《대통령과 국가경영》, 서울대학교출판부, 2006.
47 池東旭, 《韓國大統領列伝》, 東京: 中公新書, 2002.

잔인했던 2002년 봄

때리는 시어미(한나라당)보다 말리는 시누이(언론)가 더 미웠던 것일까? 김대중은 이들을 손보기 위해 2001년 1월 연두기자회견에서 세무조사를 실시한다고 발표하면서 이는 "언론개혁"의 차원이라고 밝혔다.[48]

그러나 한나라당은 "언론탄압"이라고 맞받아쳤다. 이에 진보단체들은 해당 언론사들을 독재정권과 유착했던 "족벌언론"이라고 매도했고, 해당 언론사들은 이 진보단체들을 "홍위병"이라고 몰아붙였다.

싸움이 중국의 작은 문화혁명처럼 번져나가자 당시 해양수산부 장관 노무현이 "언론과의 전쟁선포도 불사해야 한다. 언론과 맞붙어 싸울 수 있는 기개 있는 정치인이 필요하다"고 끼어들어 세간에 파문을 일으켰다.

노무현은 이 발언으로 보수언론의 적이 되었지만 반대로 이를 계기로 보수언론에 심기가 몹시 상해 있던 김대중의 낙점을 받게 되었다. 게다가 지역구도 해소를 외치며 선거에 뛰어들었다가 번번이 낙선하던 사람이 다시 언론에 대해 배짱 있는 발언을 한 것에 반한 당 안팎의 젊은 이들이 노무현 주변으로 모여들기 시작했다. 부산 출신으로 호남정당에서 이렇다 할 기반을 갖고 있지 못했던 노무현은 언론과 대립각을 세움으로써 오히려 지지기반(→노사모)을 확보하게 되었으니 사람 팔자란 정말 알다가도 모를 일이다.

의도하지 않은 정치동력을 노무현이 확보한 것과는 반대로, 세무조사를 시켰던 김대중은 이 작업이 실패로 돌아감에 따라 더욱 궁지에 몰리게 되었다.

---

48 성한용, 《DJ는 왜 지역갈등 해소에 실패했는가》, 중심, 2001.

악재는 겹쳐서 오기 마련이다. 김대중이 방미중 미국 대통령 조지
부시George W. Bush로부터 "this man(이 사람)……"이란 무례한 호칭을 듣
자 보수언론들은 이를 계기로 김대중의 대북 비밀협상을 문제 삼았다.
거기다 김대중의 측근들이 연루된 진승현·정현준·이용호·윤태식 등
의 게이트와 아들 비리가 불거져 나오자 이를 대서특필하기 시작했다.
김대중의 지지도는 곤두박질쳤다.

이렇게 되자 민주당 대선 후보로 김대중의 후원을 받아오던 이인제
는 자신의 인기가 떨어질까봐 '김대중과의 차별화'를 언급했는데 이것
이 대문짝만 하게 보도되었다. 이인제의 실책이었다. 이 때문에 노무현
이 이인제의 대항마로 급부상하게 되었다는 설이 있다.

2002년 3월 노무현은 민주당 대선 후보 광주지역 국민경선에서 뜻
밖의 1등을 했다. 당시 당원들의 지지도는 이인제가 앞섰으나 노무현은
국민경선에 참여한 광주 시민들의 압도적인 지지를 받았다. 그러나 이
돌풍에 대해 당 안팎에서는 김대중이 김홍일을 통해 30만 회원의 '새시
대새정치연합청년회', 즉 '연청' 조직을 움직였기 때문이라는 소문이 나
돌았다. 실제론 영남 후보를 통해 영호남 간의 갈등을 치유해보자는 호
남 유권자들의 바람이 결정적 변수로 작용했던 것인지도 모르지만, 경
선 도중 이인제가 '청와대 음모론'을 거론하며 나머지 지역 경선을 포기
하는 바람에 노무현의 후보당선은 도중에 확정되고 말았다.

이 무렵 아들들의 비리 문제가 도하 신문에 도배질되기 시작했다.
"2002년 봄은 잔인했다"고 김대중은 술회했다.

아들들이 비리 혐의로 여론의 뭇매를 맞고 있었다. 그리고 내가 세운 아태
평화재단이 도마에 올랐다. 평화를 위해 세운 재단이 비리의 온상처럼 연일 보
도되었고 임원 한 명이 구속되었다. 거기에 둘째 아들 홍업과 막내 홍걸에 대한

비리연루 의혹이 연일 언론에 보도되었다.[49]

그는 아들들의 잘못에 대한 사과문을 발표하고 민주당을 탈당했다. 이 때문에 재임기간 중 가장 자랑스러워하고 기뻐했어야 할 행사의 하나였던 2002년 5월 말의 월드컵대회는 그에게 가장 '아픈 추억'으로 남고 말았다.

인동초가 이룬 꿈

이 무렵 언론들은 "대통령이 레임덕에 빠졌다"고 보도했다. 그해 6월 말 서해교전이 일어나자 보수언론은 일제히 김대중의 대북외교 성과를 폄훼하기 시작했다. 소수정권으로서 언론과 척진 것은 뼈아픈 일이었다. 무슨 일만 하면 공격을 받았다. 물론 그 자신은 임기 말까지 "국정의 책임자로서 한 치의 소홀함도 없었다. 나라와 국민의 미래를 위해 열심히 일했다"고 자서전에 썼다.

하지만 사실상의 레임덕이었다. 여소야대에 언론마저 등을 돌린 구조에서는 제대로 할 수 있는 일이 많지 않았다. 물론 그는 임기 내내 이 불안정한 구조를 극복하기 위해 시행착오를 거듭했지만 결국은 실패했다.

당선자 시절 그는 일산 자택에서 청와대로 발길을 돌리면서 "지금 청와대로 가는 길이 중요한 것이 아니고, 5년 후 다시 이 집으로 돌아올 때 위대한 대통령으로 평가받기를 원한다"고 했는데 그 꿈은 이루어졌

---

49 김대중, 《김대중자서전》, 삼인, 2010.

을까?

임기중 그는 외환위기를 극복하고 한국 복지체제의 바탕을 설계한 공을 세웠다. 인권수준을 향상시킨 것도 그의 공이다. 집권 후 평소의 약속대로 정치보복을 하지 않은 것도 특기할 만한 일이다. 이는 모두 정치를 시작할 때부터 그가 꿈꾸었던 주변부의 중심부화 작업의 일환이기도 했다.

그러나 개혁의 피로를 빨리 느껴 재벌과 금융개혁을 기대만큼 하지 못한 점이라든지, 섣부른 규제완화로 신용카드 위기를 방조하고 아파트 상한제를 철폐함으로써 서민들이 다음 정권에서 카드 대란과 폭등한 집값 때문에 고통을 받게 된 점은 아쉬움으로 남는다.

또한 임기 말 '대북송금사건'이 터지면서 남북정상회담조차 돈 주고 샀다는 식으로 그의 국정 브랜드인 햇볕정책이 폄훼되기에 이르렀다. 지역감정을 해소하기 위해 동진정책을 쓰는 등 나름대로 노력했지만 결과적으로는 지역대립이 전보다 더 심화되었다. 이렇게 열거하다보니 그는 실패한 대통령처럼 보인다.

그러나 임기중 그가 이룰 수 있었던 큰 꿈이 하나 있다. 그것은 후계자 노무현의 대통령 당선을 본 일이었다. 그는 "내가 다 하지 못한 일들은 노무현 차기 대통령이 맡아서 잘할 것"이라고 자서전에 기록했다. 그에겐 극복하고 싶었던 라이벌이 셋 있었다. 주변부를 중심부로 만들겠다는 꿈도 그중 하나였는데 노무현이 대통령직을 계승함으로써 극복의 길은 열어놓은 셈이 되었다.

2004년 박근혜가 찾아와서 아버지의 일을 사과하자 그는 "박정희가 환생하여 내게 화해의 악수를 청하는 것 같아 기뻤다"고 말했다. 또다른 라이벌인 김영삼과는 병석에 누워 있을 때 간접적인 화해가 이루어졌다.

희한한 일이다. '인동초'라는 별명이 붙을 만큼 어려움이 많았던 그는 자기가 하고 싶었던 일은 죄다 이루었다. 평생의 라이벌들도 극복했고, 대통령도 되었고, 남북정상회담도 했고, 노벨상도 탔고, (명예)박사학위도 14개나 땄고, 저서도 24권이나 냈다.

돌이켜보면 좋은 의미든 아니든 그는 자기 꿈을 이루기 위해 반세기 이상 큰 소란을 피우다가 간 인물이 아니었나 하는 생각이 든다. 운명했을 때 "큰 별이 졌다"고 했는데 과연 그가 없는 세상은 많이 조용하다. 슬하에 3남을 둔 그가 누린 해는 86년이었다.

10

노무현

'사람 사는 세상'을 위해

특권과 반칙을 이용해 부를 거머쥔 기득권층에게 부의 정당성을 질문하면서 정의가 승리한다는 것을 증명해 보이려던 열정의 정치인 '바보 노무현'은 끝내 '사람 사는 세상'을 만들지는 못하고 기득권층의 강고한 벽에 부딪혀 생을 마감한다. 그러나 개천에서 용 났던 존재 자체가 서민들의 꿈이요 위안이었던 그는 많은 사람들의 가슴에 영원한 그리움으로 남아 있다.

노무현 신드롬

'칠전팔기七顚八起'란 말이 있다.

이 사자성어가 서기 527년 중국으로 건너왔다는 남인도 향지국香至國 출신의 보디다르마Bodhidharma→달마達磨대사에게서 유래했다는 설이 있어 여기저기 찾아보았으나, "일곱 번 넘어졌다 여덟 번째 일어난다"는 사자성어의 뜻에 어울릴 만한 생애 스토리 같은 것은 따로 발견할 수가 없었다. 명확한 출전도 없고, 관행적으로는 삼전사기三顚四起나 사전오기四顚五起 같은 말도 공용되는 것으로 미루어 칠전팔기는 아무래도 불교 선종의 창시자가 된 달마대사의 좌선수행 모습을 닮은 '부도옹不倒翁' 곧 오뚝이에서 유래한 말이 아니었나 싶다.

그런데 이 칠전팔기라는 사자성어에 어울리는 사람이 있다. 노무현盧武鉉이다.

가난을 벗어나기 위해 독학으로 사법고시를 준비하던 그는 낙방에 낙방을 거듭하면서도 결국 상고를 졸업한 지 9년 만에 합격할 수 있었다. 중간에 군대 갔다 온 시간을 빼면 칠전팔기라는 말이 얼추 맞아떨어진다.

그 뒤 변호사 노무현은 부산지역 최대의 용공조작사건인 '부림사건'의 변호를 맡으면서 운동권 논리에 공명하게 된다. 한 여공 출신이 "그 시절 당신은 우리들의 유일한 빽이었는데, 공돌이 공순이 편을 들어주는 가장 직책 높은 사람이었는데, 당신이 있어 우린 수갑을 차고도 당당할 수 있었는데……"[1] 하고 추모의 글을 남길 만큼 노동자의 아픔에 깊은 애정을 보였다. 이 무렵 그는 부조리를 자르는 정의의 칼이 되어 있었다.

정치권에 입문한 뒤 그는 한국정치의 가장 큰 병폐 중 하나였던 지역감정의 벽을 향해 돌진했다. 부닥쳐 깨지고 부닥쳐 깨지고 부닥쳐 다시 깨지는 '바보 노무현'을 보면서 젊은이들은 감동했고, 이어 회오리친 '노무현 신드롬'은 그를 대통령 자리까지 올려놓았다.

청와대로 들어간 뒤 그는 반칙과 특권이 용납되는 시대를 끝내야 한다면서 "정의가 패배하고 기회주의자가 득세해온" 사회를 개혁하려고 시도했다. 이에 보수세력이 반발하자 그는 "대통령직을 못해먹겠다"고 했고, 보수세력은 다시 "못해먹도록 해주겠다"면서 탄핵을 강행했다. 대통령 취임 1년 3개월 만의 일이다. 하지만 그를 지지하던 젊은이들은 총선을 통해 그를 구출해냈다.

이후 개혁 아젠다를 둘러싸고 노무현과 보수진영 사이에 격렬한 실랑이가 계속되었다. 그런데 그의 지지기반인 서민은 이 싸움에서 한 발 물러나 있었다. 민생과 동떨어진 추상적인 아젠다들이 너무 많았기 때문이다. 소리는 요란했지만 가지가 너무 많아 힘이 분산되는 바람에 거둔 열매가 거의 없었다. 여기서 그를 지지하던 유권자들은 "바꿔봤지만 별거 없더라"는 허탈감에 빠지게 되었다. 임기 말의 분위기는 '노무현

1 김진숙, "노무현 동지를 꿈꾸며". http://bsnodong.tistory.com/30

디스카운트'였다. 그가 미워 야당 후보를 찍었다는 소리가 여기저기서서 들릴 정도였다.

그러나 부엉이바위에서 몸을 던졌다는 소식이 전해지자 노무현 신드롬이 다시 살아났다. 그의 분향소에 500만이라는 전대미문의 조문객이 줄을 이었던 것이다. 이처럼 극에서 극을 오르내리던 그는 대체 어떤 인물이었을까?

돈을 버리고 인권을 택하다

우리가 보았던 노무현은 모두 세 명이다. 첫째는 자연인 노무현이었고, 둘째는 정치인 노무현이었으며, 셋째는 대통령 노무현이었다. 그가 경남 김해시 진영읍에서 아버지 노판석과 어머니 이순례의 3남 2녀 중 막내아들로 태어난 것은 1946년이었다.

여섯 살 때 《천자문》을 떼었을 만큼 머리가 좋았던 그는 대창초등학교에 들어가서도 공부를 잘했다. 그러나 기성회비를 제때 못 내 벌을 서곤 했다. 진영중학교에 진학할 때도 입학금이 없어 책값만 내고 외상으로 들어가야 했다.

중학 2학년 때 '부일장학생' 시험에 합격했던 그는 돈이 없어 고교 진학을 포기하고 5급(현재 9급) 공무원 시험을 준비하려 했으나, 큰형의 권유로 졸업 후 은행에 취직할 수 있다는 부산상고에 진학했다. 고교 동창은 그에 대해 "너무 가난해서 도시락을 싸 다닐 수가 없었어요. 점심시간이면 교실 뒤에서 물을 벌컥벌컥 들이마시고는 '아, 배부르다' 그러던 모습이 눈에 선해요"라고 회고했다.[2]

졸업에 즈음하여 그는 각도에서 1명씩 뽑는 농협의 입사시험을 보았으나 떨어졌다. 그래서 학교에서 주선해준 어망회사(삼해공업)에 취직했지만 월급이 쥐꼬리였다. 이래가지고는 가난을 벗어날 수 없었다. 한 달 반 만에 어망회사를 때려치운 그는 사법고시를 준비하기로 했다. 상고 출신으로는 무모한 도전이었지만 가난을 벗어나기 위한 역발상이었다.

중간에 돈을 마련하려고 울산 막노동판에 갔다가 몸을 다쳤다. 그는 입원한 병원의 한 간호사에게 반했다. 그러나 그녀는 고졸 출신의 그보다는 면회하러 온 대학생 친구에게 더 관심을 보였다. 상심을 달래기 위해 그는 입원해 있는 동안 두 편의 단편소설을 쓰기도 했다.[3]

그 뒤 군대에 다녀와서 어릴 때부터 알던 권양숙과 결혼했다. 아내의 내조를 받으며 그는 독력으로 공부하여 상고를 졸업한 지 9년 만에 사법고시에 합격할 수 있었다. 합격자 중 고졸은 그 한 사람뿐이었다. 이 점에 주목한 사법연수원 교수들은 그에게 "어이, 상고 출신, 이 문제를 어떻게 생각하나?" 하고 면박을 주곤 했다. 자존심이 크게 상했을 것이다. 연수원을 수료한 뒤 판사가 되었으나 일류 법대 출신들이 즐비한 그곳에서 승산이 없다고 본 그는 1년 뒤 판사직을 그만두고 변호사 사무실을 개업했다. 돈을 벌고 싶었기 때문이다.

그러나 이름이 없어 사건 의뢰도 들어오지 않았다. 여기서 그는 사법서사들이 주로 하는 등기·저당 업무에 눈을 돌렸다. 역발상이다. 과연 변호사가 그 일을 직접 담당하니 돈이 굴러들어왔다. 이때까지의 그는 '민주화'에 대해서는 아무 생각이 없었다고 한다.

그러던 그가 사회적 부조리에 눈을 뜬 것은 1981년 선배 변호사 김

2   이덕권 인터뷰, 〈MBC스페셜-노무현이라는 사람〉, 2009년 7월 10일 방송.
3   노무현, 《여보, 나 좀 도와줘》, 새터, 1994.

광일의 청을 받아들여 '부림사건'의 변호에 참여하면서부터였다. 그는 청년들의 도움을 받아 역사와 사회를 공부하기 시작했으나 "내가 배운 법률체계가 헌법에서부터 일반법까지 모두 상대주의 철학에 기초를 두고 있기 때문에 사회주의에 마음이 좀 끌리다가도 권력구조에 부닥치면 그만 '이건 아니다'로 돌아서곤 했다"[4]고 회고했다.

그렇지만 독재에 항거하는 젊은이들의 순수한 열정에 감심한 그는 '돈'을 버리고 '인권'을 택하게 된다. 이 무렵 '노변'이라는 애칭으로 불리던 그는 신부 송기인과 함께 재야운동에 나섰고, 노동법률상담소를 차린 뒤에는 아예 사회운동판에 뛰어들었다. 그리고 1987년에는 민주쟁취국민운동 부산본부 상임집행위원장을 맡으며 그곳 민주화운동의 야전사령관 노릇을 하게 되었다.

당국은 거리를 돌며 연설하고 투쟁하던 그가 눈에 거슬렸던지 그해 9월 최루탄에 맞아 숨진 노동자의 임금 협상과 보상 문제를 상담해주었다는 이유로 '제3자개입' '장례식 방해' 등의 혐의로 그를 구속했고, 그해 11월에는 변호사 업무정지 처분까지 내렸다. 이후 무료상담 등으로 소일하던 그에게 영입의 손길을 뻗쳐온 것은 통일민주당 총재 김영삼이었다.

정계입문

YS가 나한테 전화했어. 부산 시민운동권에서 국회의원 후보 4명을 추천해 달라고. 변호사 모임에서 내가 "국회의원 되고 싶은 사람" 하자 김광일만 손들

4　노무현, 《여보, 나 좀 도와줘》, 새터, 1994.

더라고. "노 변호사, 나는 생각 없나" 묻자 "저는 안 합니다. 지금 생활이 좋습니다" 하는 거야. YS 쪽에서 한 사람 더 찾아달라고 해서 노 변호사를 일부러 만났지.[5]

결국 재야 몫으로 통일민주당 후보로 영입된 노무현은 부산 동구에서 출마했다. 좋아하던 민중가요 〈어머니〉의 첫 구절에서 따온 '사람 사는 세상'을 선거구호로 내세운 그는 여당 후보 허삼수를 누르고 당선되었다.

원내에 진출한 그는 이상수, 이해찬과 함께 활발한 노동위 활동을 벌여 '노동위 3총사'라는 별명을 듣기도 했지만, 정작 그를 '정계 스타' 반열에 올린 것은 1988년 말의 5공청문회였다.

질의자로 나선 노무현은 투박한 외모와 달리 현대그룹 회장 정주영을 딱 부러진 논리로 몰아붙이면서 세인의 주목을 받기 시작했다. 그리고 임팩트를 준 것은 청문회장에 나온 전두환에게 명패를 던진 일이었다. 이는 텔레비전 앞에 있던 국민들에게 깊은 인상을 주었다.

이 투척사건에 대해 김광일은 "계산된 난동이었다"[6]고 했고, 그를 알던 변호사들(정성균·김동권)도 재판 도중 서류를 바닥에 내던지고 나가는 그의 습관은 계산된 행동이었다고 증언했다.[7]

그러나 노무현 자신은 그날 증언석에 나온 전두환을 향해 평민당 의원들(정상용·이철용)이 고함을 지르고 소란을 피우자 "평민당이 과격 이미지를 다 뒤집어쓰게 생겼으니 얌전히 구경만 하라"는 당 지도부의 지

5 "노무현의 정신적 스승 송기인 신부", 〈신동아〉, 2009년 7월호.
6 "노무현은 열등·우월의식이 뒤섞여 균형감각을 잃은 인물", 〈월간조선〉, 2004년 4월호.
7 "변호사들이 들려준 '변호사 노무현'의 좌충우돌 법정 비화", 〈신동아〉, 2006년 10월호.

시가 내려온 것에 화가 나서 "나는 통일민주당 지도부를 향해 욕을 퍼부으면서 내 명패를 바닥에 팽개쳤다"고 회고했다.[8]

어느 쪽이 사실이든 이 명패 투척사건으로 인해 여성지를 비롯한 각종 언론의 관심을 받고 고졸 출신의 성공 인터뷰 기사가 실리면서 그는 일약 '스타 정치인'으로 떠올랐다.

그런 그의 존재를 다시 부각시켜준 것은 '3당합당'이었다. 1990년 1월 30일 김영삼이 "구국의 차원에서 통일민주당을 해체한다"면서 당원들을 향해 "이의 없습니까? 이의가 없으므로 통과됐음을······" 하고 선언하려 했다. 그 순간 객석에 있던 노무현이 갑자기 오른손을 쳐들고 벌떡 일어나며 "이의 있습니다" 하고 외쳤다.[9] 이 장면이 뉴스를 타면서 노무현의 존재는 다시 세인의 머리에 각인되었다.

이후 김영삼과 결별한 그는 잔류파와 무소속 의원들로 구성된 속칭 '꼬마민주당'으로 활동했다. 그러나 1991년 6월 지자체 선거에서 참패한 뒤 야권통합 요구가 커졌다. 일부 의원들(이부영·이철)은 "3김 정치를 청산해야 한다"면서 신한국당(→한나라당) 입당을 주장했고, 노무현과 일부 의원들(김원기·김정길)은 "군사정권과 그 후예들을 심판하여 50년 만의 정권교체를 이룩해야 한다"며 신민당(←평민당)과 합당할 것을 주장했다.

이 순간 그는 5공청문회 때 의원식당에서 마주친 김대중이 "잘했어요. 정말 잘했어요" 하고 칭찬해주어 속으로 으쓱했던 일이 생각났는지도 모른다.[10] 우여곡절 끝에 '꼬마민주당'과 김대중의 신민당은 그해 9월

---

8   노무현(유시민 정리), 《운명이다》, 돌베개, 2010.
9   "노무현의 '이의 있습니다' 사진을 찍기까지", 〈오마이뉴스〉, 2009년 5월 29일.
10 노무현(유시민 정리), 《운명이다》, 돌베개, 2010.

당대당 통합을 했고, 노무현은 1992년 총선에서 허삼수와 다시 붙게 되었다.

그러자 김영삼이 자기 텃밭인 부산에 내려와 "허삼수 씨는 충직한 군인입니다. 뽑아주시면 중히 쓰겠습니다" 하는 연설 한 번 하고 돌아간 것으로 간단히 노무현을 낙선시키고 말았다. "낙선의 근본원인은 노무현이를 밀어주면 DJ가 대통령 된다. YS를 대통령으로 만들려면 미워도 허삼수를 찍어야 한다는 것이었다"고 노무현은 회고했다.[11]

국회의원의 최우선 관심사는 자신의 당선여부다. 그러니 영남 출신이라면 '낙선이 보장된' DJ당을 떠나는 것이 상책이었는데도 그는 떠나지 않았다. 왜 그랬던 것일까?

롤모델 김대중

노무현은 김대중 밑에서 정치를 배우고 있었기 때문이다. 노무현의 정치적 사부가 박정희라는 칼럼[12]을 읽은 적이 있는데 나는 그렇게 보지 않는다. 노무현의 멘토는 김대중이었다. 이 점에 대해서는 그 자신이 술회한 일이 있다.

나는 YS를 탁월한 정치인으로 평가하면서도 그를 '지도자'로 인정한 일은 없다. 그러나 DJ에 대해서는 '지도자'로 이름 붙이는 데 주저하지 않는다. 오래 전에 역사의 인물이 된 김구 선생을 제외하고는 역대 대통령이나 현존하는 정

---

11 노무현, 《여보, 나 좀 도와줘》, 새터, 1994.
12 "강준만, 노 대통령의 정치적 사부는 박정희", 〈미디어오늘〉, 2007년 4월 1일.

치인 중에서 내 마음속으로 지도자로 생각해본 사람이 없고 보면 나로서는 그 분을 특별히 존경하는 셈이다.[13]

김대중도 그런 그를 알아본 흔적이 있다. 국회의원은 낙선하면 야인이 된다. 그러나 김대중은 그를 중앙당 청년특위위원장에 임명했다. 노무현은 선대위 산하의 '물결유세단' 단장이 되어 주로 부산에서 김대중의 대통령 선거운동을 도왔다. 현대그룹 회장 정주영이 국민당 후보로 출마해 보수진영의 표를 일부 분산시켰지만 김대중은 1992년 말 치러진 14대 대선에서 김영삼에게 다시 패하고 말았다. 당시 민주당의 실세 정치인은 대선이 끝나자 노무현이 자기를 찾아왔었다고 말했다.

> (노무현은) 나를 찾아와서 선거운동에 사용하고 남은 돈이라며 1억 2000만 원을 내놓았습니다. 그래서 내가 말했습니다. "아니, 노 의원, 다른 사람들은 돈을 아무리 풍족하게 줘도 모자란다고 난리인데, 선거도 끝난 이 상황에서 돈을 도리어 돌려주다니 이게 어찌된 일인가?" "승리했다면 이 돈으로 우리 단원들의 등록금을 내주려 했는데 패했기 때문에 가져왔습니다."[14]

노무현에게는 일정한 수입도 없던 시절이었다. 그런데도 남은 선거 자금을 돌려준 것은 그의 청렴한 성격 탓이었는지도 모르지만 실은 이 무렵부터 큰 꿈을 갖고 있었다는 하나의 방증이 아닐까 하는 생각도 든다. 정계은퇴를 선언한 김대중이 영국으로 떠난 뒤 당권을 둘러싼 권력투쟁이 치열하게 시작되자 초선 출신의 노무현 또한 느닷없이 당내 최

---

13 노무현,《여보, 나 좀 도와줘》, 새터, 1994.
14 권노갑·김창혁,《순명順命-권노갑 회고록》, 동아E&D, 2014.

고위원 선거에 출마했기 때문이다.

1993년 3월에 열린 민주당 전당대회에서는 모두 8명의 최고위원을 뽑기로 되어 있었고, 대의원 한 사람이 4명의 후보를 동시에 찍을 수 있었다. 여론조사에선 김정길이 1등으로 나왔다. "지역구도를 해소하자"며 김대중 편에 섰던 부산 출신의 김정길은 '정치적 의리의 사나이'로 지목되어 호남인들 사이에 인기가 높았다. 그가 단상에 오르면 열광적인 환호 소리가 울려 퍼졌다.

그러나 당내 입지가 없던 노무현의 경우는 단상에 올라도 청중의 반향이 신통치 않았다. 그런 가운데 "여기도 부산 출신이 하나 더 있습니다. 먼저 찍고 싶은 분들을 찍으시고 끝에 저도 하나 끼어주십시오" 하고 후줄근한 모습으로 호소했을 뿐이다.

그런데 선거 결과는 뜻밖이었다. 인기가 높았던 김정길은 떨어지고 인기가 높지 않았던 노무현이 5등으로 당선되었기 때문이다. 김정길이 여론조사 1위였기 때문에 나 아니라도 누가 찍어주겠지 하고 마음에 드는 다른 후보들을 찍다가 마지막에 노무현도 하나 찍어주다보니 그런 결과가 나오게 되었다. 당 안팎에서는 김정길의 낙선을 "충격", 노무현의 당선을 "의외"라고 표현했다.

하지만 이때 노무현이 사용한 전략은 주목을 요한다. 이는 1970년 김대중·김영삼·이철승이 경합한 신민당 대선 후보경선에서 "이철승 씨가 지명이 안 되거든 나를 도와달라"며 김대중이 사용한 2차선택 전략을 그대로 응용한 것이었기 때문이다. 우연의 일치가 아니라면 노무현은 이 무렵부터 김대중을 롤모델로 삼고 있었다는 뜻인데, 이 점은 노무현의 정치 전략을 이해하는 데 매우 중요한 단서가 된다. 왜 그는 김대중을 자신의 롤모델로 삼았던 것일까?

삶의 감동

결론부터 말하자면 꿈이 컸기 때문이다. 당시 낙선한 김대중은 정계를 떠났지만 그것이 다가 아니라고 생각했던 흔적이 뒤에 쓴 노무현의 회고록에 다음과 같이 반영되어 있다.

어느 나라에서나 그렇게 오랜 기간 동안 독재와 싸우다 구속되고 사형선고까지 받으면서도 굴하지 않고 민주주의 노선을 계속 유지하며 투쟁해온 사람은, 보통의 경우 국민의 힘에 의해 독재정권이 무너지고 민주주의가 이루어지면 무투표 당선될 만한 수준의 지도자가 됩니다. 그러면서 건국의 아버지와 같은 대우를 받게 되는 것이지요. 그것이 정상입니다. 그런데 우리가 그렇게 하지 못했던 것은 민주세력이 분열되어 있었던 데다가 워낙 빨갱이로 덧칠을 해놓았기 때문입니다.[15]

여기서 그가 내비친 김대중 전략의 요점은 ① 독재와 싸우다가 사형선고까지 받았던 '삶의 감동' ② 민주화라는 대의명분의 확보였다. 이는 김대중을 깊이 연구해보지 않고서는 간단히 요약할 수 있는 정치 전략이 아니다.

훗날 그는 여야의 대선 후보가 확정된 2007년 10월 말 "이쪽 후보는 연설은 잘하는데 감동이 없습니다. 그 후보의 삶과 행적이 감동을 주는 것이 있어야 하는데……"[16]라는 말도 했다.

큰 꿈을 이루려면 국민에게 감동을 주어야 한다는 점을 그는 명확히

---

15 노무현,《성공과 좌절》, 학고재, 2009.

16 오연호,《노무현 마지막 인터뷰》, 오마이뉴스, 2009.

인식하고 있었던 것이다. 그래서 자신의 '삶과 행적이 주는 감동'에 무엇이 있을까를 궁리했다. 대의명분은 시대적 요구에 걸맞은 것이어야 한다. 여기서 그는 김정길이 먼저 들고 나왔던 '지역구도 해소'를 자신의 정치적 대의명분으로 차용하게 된다.

문제는 '감동'이다. 그의 지적처럼 말만 가지고는 사람들이 감동하지 않는다. '행동'으로 보여주어야 한다. 그 결론에 따라 그는 1995년 6월 다시 부산에서 출마했다. 이번에는 부산시장이었다. 당시 민주당 총재는 부산 출신의 이기택이었는데도 사람들은 민주당을 '김대중당'으로 간주했다. 그래서 '김대중당 후보'로 인식된 노무현은 부산에서 다시 낙선의 고배를 마셔야 했다.

1996년 4월 그는 부산 동구에서 다시 출마할 생각이었으나 자신의 지역구가 김정길의 지역구인 부산 중구와 합쳐지는 바람에 민주당 공천 신청자가 없는 서울 종로구에서 입후보하게 되었다. 결과는 신한국당의 이명박, 국민회의의 이종찬에 이어 3등이었다.

이후 그는 민주당의 당권투쟁에서 패배한 사람들이 결성한 국민통합추진회의(통추)에 몸담고 있다가 1997년 대선 한 달을 앞두고 김대중이 정계로 복귀하면서 새로 창당한 새정치국민회의에 입당하게 되었다. "호남을 고립시켜놓은 지역구도의 정치지형에서 고립당한 쪽을 외면할 수 없다"는 논리였다. 그는 TV찬조연설에 출연하는 등 김대중을 적극 도왔다.

그해 말 김대중이 대선에 승리하여 헌정사상 처음으로 수평적 정권교체가 이루어진 다음 해 7월 21일 종로 선거구의 보궐선거가 실시되었다. 지난번 1위였던 이명박이 선거비용 문제가 불거져 사퇴하면서 생긴 빈자리였는데, 2위였던 이종찬이 안기부장으로 발탁되었으니 3위였던 그가 당선되는 것은 어찌 보면 당연한 일이었는지도 모른다. 10년 만에 다시 달아보는 금배지였다.

그러나 거기에 만족하지 않았다. 꿈이 더 컸기 때문이다. 당선된 지 반년이 조금 지난 1999년 2월 9일 그는 기자회견을 갖고 "동서통합을 위해 16대 총선은 부산에서 출마하겠다"고 선언했다. 안전한 종로 지역구를 버리고 연거푸 떨어진 부산으로 가겠다는 그의 선언이 나오자 신문들은 다투어 이를 보도했다.

노사모의 출현

1994년 제작된 미국 영화 〈포레스트 검프〉를 기억하는 분들이 있을 것이다. 그 영화를 보면 주인공 검프가 도로를 달린다. 처음엔 다들 의아해하지만 계속 달리니까 무슨 사명 같은 것이 있나 해서 하나둘 따르게 되고 나중엔 수많은 사람이 뒤따라 달리게 된다.

'행동하는 양심'을 계속 외치며 추종자들을 확보했던 김대중의 전략을 깊이 연구한 노무현은 이 포레스트 검프의 법칙을 알고 있었다. 어떤 명분의 진정성을 인정받는 데는 같은 일을 반복 또는 계속하는 것이 중요하다는.

그의 특이한 정치행보를 '승부사'로 요약한 글이 많다. 목표가 정해지면 거기에 올인한다는 점에서는 맞는 말이다. 그러나 당선확률 제로 지역에 그가 세 번이나 베팅한 것은 모 아니면 도의 승부사적 성격 때문만은 아니었다. 어릴 때부터 역발상에 능한 그였다. 먹히지도 않는 호남당의 간판으로 그가 세 번씩 도전한 까닭은 당면 목표 이외에 기대하는 다른 것이 있었기 때문이다. 그 다른 목표란 김대중 전략을 연구하면서 그가 추출해낸 '진정성의 획득'이었다. 묘한 것은 명분이나 사명

감은 그 진정성을 인정받는 시점부터 추종자를 끌어모으는 힘이 생긴다는 점이다. 노무현은 이 점을 잘 알고 있었던 것 같다. 그는 부산에서 출마하겠다는 기자회견을 하면서 "내심 이익을 위한 정치와는 다른 '희생의 정치'로 받아들여지기를 희망했다"고 털어놓았다.[17]

하지만 당시 언론들은 그가 무난히 당선될 수 있는 종로 선거구를 버리고 굳이 부산으로 내려가는 것을 선의로만 보도해주진 않았다. 당내 세력다툼에서 밀려났다든지, 김대중의 동진정책의 일환이라든지, 이종찬에게 종로 지역구를 다시 돌려주기로 밀약을 했다든지 하는 식으로 엉뚱한 분석기사들을 실었다. "그나마 '대권을 향한 노무현의 승부수'라는 기사가 제일 잘 써준 것이었다"고 노무현은 회고했다.

포레스트 검프의 법칙이 '노사모'의 형태로 나타나리라는 것까지는 노무현 자신도 몰랐을 것이다. 그러나 누군가는 반드시 자신의 원칙주의를 알아주리라 기대했을 텐데, 과연 그를 알아본 사람들이 있었다. 그중 하나가 당시 삼성에 근무하던 유중희라는 40대 후반의 직장인이었다. 5공청문회를 통해 처음 알게 된 뒤 "편한 길을 내버려두고 올곧은 한길을 걸어온" 노무현을 개인적으로 좋아했다는 그는 2000년 3월 22일 유니텔플라자에 이런 글을 올렸다.

> 그는 이번에도 또 부산에서 출마하겠다는 바보의 길을 택하고 있다. 그러나 이번은 노무현만이 바보가 아니라 그 지역구의 유권자들도 같이 바보이기를 바라고 싶다. '바보 노무현'을 국회의원으로 뽑아주는 바보 같은 부산 시민들!…… 노무현 바보! 부산 시민 바보! 그리고 나도 그 바보의 대열에 끼고 싶다.[18]

17 노무현(유시민 정리),《운명이다》, 돌베개, 2010.

이 글이 누리꾼들 사이에 공감을 일으키며 퍼져나갔다. 거듭되는 노무현의 바보 행동에서 감동을 느꼈던 것이다.

2000년 4월 16일 예상대로 노무현은 낙선했다. 그러자, 낙선할 줄 알면서도 부산에 출마했던 '바보 노무현'에 대한 공감대는 더 넓어졌다. 그날 밤 노무현 개인 홈페이지 '노하우'에는 "우리 따로 모이자!"는 글이 올라왔다. 이 제안에 따라 2000년 6월 6일 그를 좋아하는 사람들이 대전대학교 앞 조그만 PC방에서 모였다. 학생, 가정주부, 아이들을 데리고 온 직장인 등 60명가량이었는데, 이 모임에 노무현도 참가했다. 바로 이 자리에서 '노무현을 사랑하는 사람들의 모임(노사모)'이 결성되었다.

6월 9일 노무현은 자신을 '바보 노무현'으로 처음 불러준 유중희에게 이메일로 "(선생님의 글을 읽어보고) 제가 헛되게 산 게 아니구나, 제 선택은 옳았구나 하는 생각이 많이 들더군요…… 선생님 덕분에 '바보 노무현'은 '행복한 노무현'이 될 것 같습니다"라는 답장을 보냈다. 포레스트 검프의 법칙이 '노사모'의 형태로 작동하기 시작했음을 확인한 순간이었을 것이다.

역발상

그는 영화 속의 포레스트 검프처럼 달렸고, 그의 뒤로는 노사모를 위시한 수많은 20~30대 젊은이들이 따르기 시작했다. 그는 "많은 이들에게 희망이었고 거의 종교적 열정에 가까울 정도로 그를 신봉하는 사람들도 있었다."[19]

---

18 "노무현을 '바보'라 처음 부른 '바보 국민' 유중희", 〈시사IN〉, 2010년 5월 19일에서 재인용.

노무현의 목표가 청와대라는 것을 지지자들도 알고 있었다. '사람 사는 세상'을 위해 청와대 입성이 필요하다고 믿었던 것이다. 그럼 노무현 자신은 언제부터 대권을 꿈꾸기 시작했을까?

노무현은 한 인터뷰에서 "이인제 씨가 2002년 대선 전에 우리 민주당으로 들어오지 않았습니까? 민주당 대선 후보가 되기 위해서였죠. 내가 그때부터 이거 큰일 났구나 생각했습니다. 그때 나는 이회창 씨 쪽은 관심이 없었고, 오로지 내 상대는 이인제 씨였어요"라고 말했다.[20]

이 말을 들으면 그의 대권 꿈이 2002년 직전에 태동되었던 것처럼 들린다. 그러나 이인제가 국민회의(→민주당)에 입당한 것은 1998년 9월 21일이고, 노무현이 입당한 것은 1997년 11월이다. 따라서 이인제가 민주당에 들어오는 것을 보고 큰일 났다고 생각한 것은 2002년경이 아니라 1998년이었음을 알 수 있다.

무슨 얘기인가? 1999년 2월 9일, 총선을 1년여 남겨둔 시점에서 그가 느닷없이 부산 선거구에서 출마하겠다고 선언한 것은 국회의원용이 아닌 대권용 포석이었다는 얘기다. 그러니까 떨어질 줄 알면서도 2000년 4월에 부산에서 출마한 것은 더 큰 것을 얻기 위한 일종의 사석捨石이었다는 이야기가 되는 것이다.

역발상에 능한 그는 이런 말도 했다. "아직 알려지지 않은 일일지는 모르나 나는 항상 몇 해 앞의 상황을 미리 가정해보고 대응책을 생각하는 버릇이 있습니다."[21] 과연 그는 1999년 시점에서 3년 뒤의 대선에 대한 대응책을 강구했던 것인데, 이는 동진정책을 추진하던 대통령 김대

---

19 "진중권, 盧, 이 정도로 한심한 수준일 줄이야", 〈뷰스 & 뉴스〉, 2009년 4월 8일.

20 오연호, 《노무현 마지막 인터뷰》, 오마이뉴스, 2009.

21 오연호, 《노무현 마지막 인터뷰》, 오마이뉴스, 2009.

중의 눈에 들기 위한 포석이었다는 설도 있다.

종로 지역구를 버리고 부산으로 내려간 노무현에게 김대중은 당 최고위원 자리를 배려하려고 했다. 그러나 그는 최고위원 자리보다 입각을 원했다. 대권에 도전하려면 행정경험을 쌓아두는 것이 필요하다고 생각했기 때문이다. 이에 8월 7일 김대중은 동진정책에 협조해준 그를 해양수산부 장관 자리로 보상했다. 노무현은 노동부 장관을 희망했으나 김대중은 그가 부산 출신이라는 점을 고려하여 해양수산부 장관에 임명했던 것으로 알려져 있다.

노무현은 여기서 한 걸음 더 나아갔다. 장관이 되자 그는 언론을 공격했다. 그 자신도 언론에 대한 반감이 있었지만, 그보다는 코너에 몰려 있던 대통령 김대중의 마음을 얻기 위해 의도적으로 취한 공격이었다는 설도 있다. 그가 청와대와 당 지도부의 동향에 민감했던 점에 대해 당시 민주당 고위인사는 이렇게 회고했다.

> 해양수산부 장관을 할 때 노무현 씨가 하루는 나를 만나자고 해서 시내의 한 호텔 중국식당에서 만난 일이 있습니다. 그때 노무현 장관이 내게 이렇게 말했습니다. "이인제만 돕지 말고 저도 좀 도와주십시오." 아직 대선 후보경선이 실시되기 이전이었습니다. 그래서 나는 그에게 이렇게 대답했습니다. "내가 왜 이인제 후보만 돕고 노 장관은 돕지 않겠는가. 당내 경선이 실시되면 도와줄 것이니 조금도 걱정하지 말라. 현재 이인제가 여론조사에서 앞서고 있으니 그를 돕는 것이다. 하지만 열심히 해서 격차를 좁히면 두 사람 중 지지율이 올라가는 사람을 도와주겠다." 그러자 노무현 장관이 웃으며 말했습니다. "지금 하신 말씀을 언론에 발표해도 되겠습니까?" [22]

---

22 권노갑·김창혁, 《순명 順命-권노갑 회고록》, 동아E&D, 2014.

노무현의 시선은 시종 한곳을 향해 있었던 것이다. 지난날 김대중이 그랬던 것처럼.

국민참여경선

2001년 4월 해양수산부 장관에서 물러난 노무현은 5월 여의도 금강빌 딩에서 참모 몇 사람(염동연·이강철·유종필·안희정·이광재)과 함께 '자치 경영연구원'이라는 이름의 캠프를 차리고 대선경쟁에 뛰어들었다.

이 무렵 김대중의 국정수행 지지도가 바닥으로 가라앉아 다음 대권 은 한나라당 총재 이회창에게 넘어갈 것 같은 분위기였다. 정권 재창출 이 불투명해진 민주당은 2002년 초 이를 타개할 묘안을 하나 내놓았는 데, 그것이 바로 한국 정치사상 처음으로 도입된 국민참여경선제였다. 여기에 참가할 후보는 노무현을 포함하여 모두 7명(김근태·김중권·유종 근·이인제·정동영·한화갑)이었다. 이들 가운데 여론조사 1위는 단연 이인 제였다.

2002년 3월 9일부터 경선이 실시되었다. 노무현은 제주 경선에서 3위를 했고, 다음 날 울산 경선에서는 노사모 등의 숨은 노력으로 1위 를 했다. 관건은 3월 16일의 광주 경선이었다. 민주당의 근거지인 광주 는 사실상 대선 후보를 결정짓는 승부처였다. 대세론의 이인제와 조직 력의 한화갑 기세가 만만치 않았다. 이에 비해 노무현은 영남 출신에다 가 당내 조직 또한 신통치 않았다.

그러나 그에겐 온라인을 통해 급격하게 늘어나고 있는, 행동이 빠르 고 자유로운 노사모가 있었다. 그들이 광주 경선에서 어떻게 활동했는 지 구체적으로 알려진 바는 없다. 또는 항간의 소문처럼 '연청'의 30만

회원이 실제 움직였는지 여부도 확인된 바는 없다. 그러나 광주 경선이 노무현의 압승으로 나타난 것만큼은 사실이었다.

이 돌풍은 '이인제 대세론'의 기반을 흔들고 '노무현 대안론'을 부상시키면서 민주당 경선에 대한 국민적 관심을 끌어내는 데 성공했다. 다음 날 이인제는 대전 경선에서 1위 자리를 탈환했다. 그러나 종래의 '대세론'에 상처를 입게 되자, 대항마로 부상한 노무현을 "장인이 좌익활동을 하다가 옥사했는데 그 딸이 어떻게 영부인이 될 수 있느냐?"는 색깔론으로 공격했다. 그러자 노무현은 "장인이 좌익이었다는 이유로 사랑하는 아내를 버려야 한다면 나는 차라리 후보직을 버리겠다"고 응수하여 강남 아줌마들까지 박수를 치게 만드는 저력을 보였다. 전망이 불투명해지자 이인제는 '청와대 음모설'을 거론하며 중도에 경선을 포기했다.

그러자 다른 후보들도 하나둘 떨어져나가더니 나중에는 노무현과 정동영만 남게 되었다. 파죽지세인 노무현의 지지율은 마지막 서울 경선 날에는 사상 최고치인 60%까지 치솟았다.

그러나 상승은 거기까지였다. 민주당 대선 후보로 공식 선출된 그는 4월 30일 상도동 자택으로 김영삼을 방문해 'YS손목시계'까지 내보이며 부산시장 후보 문제를 상의했다. 이것이 실책이었다. "그날부터 지지율이 꺾였다. 의욕이 앞선 나머지 너무나 서투르게 행동한 탓이었다. 뒤늦게 후회했지만 이미 엎질러진 물이었다"고 노무현 자신도 후회했다.[23]

그는 지지율을 다시 끌어올릴 생각으로 새로운 약속을 던졌다. 6·13 지방선거에서 영남권 단체장을 하나라도 당선시키지 못하면 재신임 받겠다는. 그런데 이것이 또 실책이었다. 선거 결과 호남을 제외한 전지역이 참패로 끝났던 것이다.

---

23 노무현(유시민 정리),《운명이다》, 돌베개, 2010.

이렇게 되자 재신임 요구가 터져 나왔다. 국회의원 재보선이 8월 8일로 예정되어 있어 일단 선거를 치른 후에 그 문제를 다루기로 했지만 재보선 결과도 다시 참패로 끝나자 비노非盧 및 반노反盧 의원들은 '후보 즉각사퇴론'으로 노무현을 흔들기 시작했다.

후보단일화

노무현의 대선 과정은 마치 스코어가 엎치락뒤치락하는 운동경기를 보는 것 같았다. 민주당에서는 그즈음 월드컵 인기로 급부상한 정몽준을 영입해 재경선해야 한다는 주장이 대두되었다. 민주당 지도부는 선대위 구성을 자꾸 미루었다. 선대위를 통해 중앙당을 운영하도록 되어 있는 대선 후보는 선대위가 구성되지 않음에 따라 당에 배당된 국고보조금조차 쓸 수 없었다.

10월 4일 내심 '국민통합21'의 정몽준을 지지하는 민주당 의원 35명은 '대통령 후보단일화 추진협의회'(후단협)를 발족시켰다. 이어 서울시장 후보였던 김민석이 정몽준 진영으로 넘어갔다. 상황은 절망적이었다. 이때 노무현을 구하기 위해 노사모 등이 필사적으로 움직이면서 지지율을 약간 반등시켰으나 전체적으론 역부족이었다.

11월 11일 노무현은 정몽준과의 후보단일화에 합의했고, 25일 여론조사를 실시했다. 그 결과 노무현 우세를 정몽준이 인정함에 따라 노무현이 단일후보로 확정되었다. 이후 두 사람은 향후 정권을 함께 운영한다는 데 합의하고 선거유세를 같이 다녔다.

그러나 내적으로는 지분 문제를 둘러싼 갈등이 있었다. 대선 하루전날 명동 유세에 나간 노무현은 '다음 대통령은 정몽준'이라는 단하의 피켓을 보고 "속도위반하지 말라. 우리에겐 정동영과 추미애도 있다"고 두 사람을 정몽준의 반열에 올리는 듯한 발언을 했다. 여기에 비위가 상한 정몽준의 얼굴이 싸늘하게 굳었다.

그날 밤 10시경 국민통합21의 대변인 김행은 노무현과의 공조를 파기한다고 선언했다. 대선캠프는 혼돈과 절망감에 빠졌다. 노무현은 선대위원장 정대철의 손에 끌려 평창동을 방문했으나 정몽준 측에서는 그가 잠들었다는 핑계로 대문을 열어주지 않았다.

선거당일 아침 한 유력지의 사설 제목은 "정몽준, 노무현을 버렸다"였다. 오프라인은 대개 그렇게 전망했다. 실제 그날 오전의 출구조사도 이회창이 이기는 것으로 나왔다. 그러나 정오를 넘기면서 노무현을 지지하는 수만 명의 네티즌 참모들이 다시 컴퓨터 키보드를 두드리고 휴대전화의 문자메시지를 날리며 지인들의 투표를 촉구하기 시작했다. 이 네티즌 참모들 가운데는 노사모를 비롯한 개혁당의 유시민 등도 포함되었던 것으로 알려져 있다.

오후 4시경부터 노무현의 박빙 승리를 예측하는 견해가 나오기도 했지만, 정작 개표가 시작되자 이회창은 노무현을 5% 내외로 따돌린 채 선두에 나섰다. 그러나 밤 8시를 지나면서부터 그 차이가 점점 좁혀들어갔다. 개표중계를 시청하던 노무현 캠프는 기대감에 가슴을 조이기 시작했다. 그리고 8시 25분에 "0.8!", 29분에 "0.4!", 30분에 "0.3!" 하고 합창을 하더니, 동률에 도달하자 갑자기 와 하는 함성을 터뜨렸다. 9시 30분 드디어 노무현의 '당선 유력'이 예고됐고 밤 11시 26분 '당선 확정'이 보도됐다.

노사모와 당원들은 서로 얼싸안고 "아, 눈물 난다!" "노짱!" 하고 외쳤다. 감격적인 승리였다.

인터넷과 휴대전화를 통해 '선거혁명'을 맛본 젊은이들이 자부심과 기쁨을 느낀 것과는 반대로 "경기고, 서울법대를 나온 한국 보수의 적자 이회창이 '상고 출신' 노무현에게 패배하고 눈물을 흘리며 정계은퇴를 선언하는 모습은 보수의 치욕이었다."[24]

노무현이 "지배세력을 교체하겠다"는 의지를 보이며 참여정부를 출범시켰을 때 온라인매체는 대한민국의 주류가 바뀌었다고 떠들어댔지만, 보수언론·검찰·서울대·강남 등으로 상징되는 대한민국의 주류는 그대로 존속하고 있었다. 안토니오 그람시Antonio Gramsci의 표현을 빌리면 헤게모니가 없는 정치권력만 잠시 노무현에게 건너갔을 뿐이다. 진보세력이 대세인 것처럼 알려진 문화계조차 그랬다. 퇴임 후의 그는 이런 말을 남겼다.

미디어이든 인터넷이든 연구소든 출판이든 어디를 보아도 우리가 열세입니다. 그냥 열세가 아니라 형편없는 열세입니다. 이런 열세를 딛고 세상을 바꾼다는 것은 역사의 진운이 함께할 때에만 가능할 것입니다.[25]

그런가 하면 이런 말도 했다.

대한민국 정치는 기울어진 운동장에서 하는 축구 경기와 비슷하다. 보수세력은 위쪽에, 진보세력은 아래쪽에서 뛴다. 진보세력은 죽을힘을 다해도 골을

---

24 유시민·진중권·홍세화,《이런 바보 또 없습니다, 아! 노무현》, 책보세, 2009.
25 노무현,《진보의 미래》, 동녘, 2009.

넣기 힘들다. 보수세력은 뻥 축구를 해도 쉽게 골을 넣는다. 나는 20년 정치인 생에서 이런 현상을 뼈저리게 체험했다. 기울어진 운동장을 바로잡지 않으면 앞으로 진보세력이 승리하기는 매우 어려울 것이다.[26]

진보에 대한 성찰은 퇴임 후에 깊어졌으나 대통령 취임 전이나 취임 초에는 아직 그런 인식이 깊지 않았던 것 같다. 그랬기 때문에 지배세력을 교체하겠다는 선전포고부터 했을 것이다.

물론 1987년 6·10민주항쟁 이후 정치개혁과 민주화는 많이 이루어졌다. 그러나 국가권력 내부의 권위주의와 사회적 특권구조는 여전히 정리되지 않고 있었다. 이에 노무현은 검찰의 정치적 중립화를 시도해볼 생각이었다. 이를 위해 그는 지난날 군림하는 청와대의 상징이었던 민정수석실 수석에 합동법률사무소를 함께 운영했던 인권변호사 문재인을 내정했고, 민정비서관에는 각종 선거 때마다 노무현의 캠프를 총괄해왔던 이호철을 기용했다.[27]

민정수석실 업무의 8할은 대對검찰업무인데 그 자리를 비검찰 출신들에게 맡긴 것이다. 그는 또 검찰 상층부를 신뢰할 수 없다면서 검찰총장보다 사시가 10기쯤 아래인 여자 변호사 강금실을 법무장관에 앉혔다. 서열을 중시하는 검찰은 강도 높은 개혁을 예고하는 이 의외의 인사에 벌집을 쑤셔놓은 상태가 되었다. 그들 뒤에서는 긴장한 대한민국의 주류가 이 사태를 지켜보고 있었다.

노무현은 평검사들과의 공개토론을 제안했다. 이 또한 전례가 없는 일이었다. 그는 자신이 검찰의 정치적 독립을 보장하면 검찰도 스스로

26 노무현(유시민 정리),《운명이다》, 돌베개, 2010.
27 문재인,《문재인의 운명》, 가교출판, 2011.

특권을 내려놓지 않겠느냐는 기대감을 갖고 있었다고 한다. 말솜씨가 좋은 그는 아직 순수성이 남아 있는 평검사들이라면 자신의 의도에 충분히 공감하게 할 수 있으리라고 믿었던 것 같다.

그러나 2003년 3월 9일 TV 중계된 공개토론은 노무현의 뜻대로 움직이지 않았다. 아마도 명문대학을 나왔을 40명의 검사들은 그에게 설득을 당하기는커녕 오히려 상고 출신의 대통령을 인정 못 하겠다는 듯이 대들었다. 여기에 노무현은 "이쯤 되면 막가자는 거지요?"라는 말로 되받아쳤다.

이후 '검사스럽다' 같은 신조어가 등장한 예를 들어 이날 토론이 노무현의 승리였다고 본 진보논객도 있었지만, 실은 노무현 집권 5년의 어려움이 이 공개토론으로부터 시작되었다고 보는 견해도 있었다. 사실 개혁 인사를 단행하려면 전격적으로 소리 없이 할 수도 있는 것이다. 지난날 김영삼의 하나회 제거에서 보듯 군인이나 검사는 옷을 벗기면 그걸로 그만이다. 그런데 일개 검사와 맞장을 뜨면 대통령의 권위는 어떻게 되겠는가? 일개 검사 수준으로 추락하고 마는 것이다.

반칙과 특권 없는 세상

민주화 이후 검찰의 힘이 강해진 것은 기소권과 수사권을 독점하고 있는 이 권력기관을 견제할 만한 세력이 없었기 때문이다.

판례법주의인 영미법계의 국가에서 수사는 경찰, 기소는 검찰이 담당한다. 한국 법체계가 속한 대륙법계라 해도 프랑스에서는 검사뿐 아니라 범죄 피해자가 직접 형사소추를 할 수 있으며, 일본에서도 1차 수사는 경찰이 맡고, 검찰은 사후적인 2차 수사만 담당한다.

그러나 한국 검찰은 기소권·영장청구권과 함께 수사지휘권을 독점하고 있을 뿐 아니라 직접 수사를 할 수도 있는 수사권까지 갖고 있다. 세계 어느 나라에서도 찾아볼 수 없는 검찰의 막강한 권한이다. 이같이 기이한 권력 리바이어던Leviathan은 필연적으로 독선과 부패를 야기한다.

불행하게도 한국 검찰의 수사권·기소권 독점은 조선총독 데라우치 마사다케寺內正毅가 한국의 독립운동 탄압을 쉽게 하기 위해 1912년 제령 11호로 공포한 이른바 '조선형사령'에 그 뿌리를 두고 있다. 일제의 잔재가 해방 이후에도 그대로 남은 셈이다.

이에 노무현은 두 가지 제도개혁을 추진했다. 하나는 검찰과 경찰의 수사권 조정이었고, 다른 하나는 고위공직자비리수사처(공수처)의 신설이었다.

그러나 검찰이 적극적으로 국회 로비를 하고 야당인 한나라당이 결사적으로 반대하는 바람에 개혁은 실패로 돌아가고 말았다. 그렇게 된 것은 공수처 수사대상에 포함된 국회의원들이 법안 통과에 미온적이었거니와 그 자신 법안 통과를 끝까지 밀어붙이지 못한 탓도 있었다고 회고했다. 당시 그는 대통령인 자신이 검찰의 정치적 독립을 보장해주면 검찰도 정치적 중립을 지키리라고 믿었으나 돌아온 대가는 그의 참모들과 친인척, 후원자와 측근에 대한 집요한 공격과 퇴임 후 그를 죽음으로까지 내몬 인격적 모독과 보복이었다.

반칙과 특권 없는 세상을 만들고 싶었던 그는 국정원의 정치 중립화도 시도했다. 그래서 그는 임기 내내 국정원장의 독대 정보보고를 받지 않았다. 국정원장의 보고를 받을 때는 반드시 관련 장관이나 청와대 참모를 배석시켰다. 국정원은 방대한 조직을 통해 정치·경제·사회·문화·언론·기업 등 사회 전반에 대한 정보를 수집하는 기관으로 이 기관의 정보를 활용하지 않았던 이유에 대해 그는 이렇게 회고했다.

바보라서 그랬던 것이 아니다. 대한민국의 발전을 위해서는 꼭 필요한 일이라서 그랬던 것이다…… 대통령이 권력기관을 사조직처럼 이용하는 제왕적 대통령의 시대를 확실하게 마감하고 싶었다. 그래서 그렇게 한 것이다.[28]

국세청의 경우도 반대세력의 세무사찰 등에 이용하는 일을 피했다.

언론과의 갈등

그가 개혁하고 싶었던 또 다른 분야가 언론이다. 제4부 The Fourth Estate라고도 불리는 언론은 본래 정권을 감시하는 역할을 해야 하는데, 사실상 시장을 장악하고 있는 한국의 거대 보수언론은 군사정권 시절에는 권력의 하수인 역할을 하다가 민주화 이후에 정권을 만들어내는 주체의 하나로 기능하기 시작했다. 선출되지도 않고 책임지지도 않으며 교체될 수도 없는 막강한 한국의 언론권력에 대해 노무현은 이런 말을 했다.

언론은 국민의 생각을 지배하며 여론을 만들어낸다. 그들이 아니라고 하면 진실도 거짓이 된다. 아무리 좋은 일도 언론이 틀렸다고 하면 틀린 것이 된다.[29]

그가 던진 물음은 보다 본질적인 것이었다.

"지금 언론이 서 있는 자리는 어디입니까? 정치권력입니까? 시장권력입니까? 시민권력입니까?"

---

28 노무현(유시민 정리), 《운명이다》, 돌베개, 2010.
29 노무현(유시민 정리), 《운명이다》, 돌베개, 2010.

그러나 언론 쪽에서는 그가 언론을 못마땅해하게 된 것이 보수언론의 '과도한 노무현 때리기' 때문이었다고 해석했다. 그 점에 대해서는 "친노 또는 진보파 인사들뿐만 아니라 보수파 진영에서도 상당수 동감하고 있다. 필자가 사석에서 만난 야당 의원, 심지어 일부 언론의 일부 편집간부도 그런 의견을 표시했다"는 것이다.[30]

이 분석처럼 보수언론이 노무현을 과도하게 때리게 된 데는 물론 취재시스템 개편이나 신문고시 개정 등 노무현이 취임하고 나서 취한 언론정책에도 그 원인이 있지만 그보다는 노무현의 등장 자체에 치욕을 느꼈기 때문이라는 지적도 있다.

또 다른 분석은 그 원인의 8할이 노무현 스스로 초래한 것이었다면서 "한때 '일부 언론'이라는 용어가 유행했지만 이제는 '일부'라는 수식어를 제거하는 것이 진실에 가깝다. 그 정도로 노 대통령에 대한 비판은 매체의 성격을 가리지 않고 있다. 뭔가 리더십에 문제가 있다는 징표"라고 주장했다.[31]

주류 언론만 비판한 것이 아니라 그가 특별한 애정을 보였던 〈한겨레〉와 〈오마이뉴스〉조차도 당선 후 노무현 때리기에 동참했다는 점은 주목을 요한다. 노무현이 언론에 제공했다는 빌미의 8할은 아마도 그의 '막말'이었을 듯하다.

이 점과 관련하여 그의 정치적 스승으로 알려진 신부 송기인은 당선 직후의 소감을 물은 기자에게 "애를 우물가에 보낸 것처럼 걱정되더라고…… 너무 함부로 얘기하는 것. 그런 게 늘 걸렸어"[32]라고 회고했는데,

30 "盧와 조·중·동 소모적 기 싸움", 〈경향신문〉, 2003년 6월 19일.
31 "거물정치의 종언", 〈경향신문〉, 2003년 6월 23일.
32 "노무현의 정신적 스승 송기인 신부", 〈신동아〉, 2009년 7월호.

그 우려가 현실로 나타났던 것이다.

검찰과의 공개토론에서 "이쯤 되면 막가자는 거지요?"라고 한 것도 그렇지만 "미국 좀 안 갔다고 반미냐? 반미면 또 어떠냐?" "미국이 53년 전 한국을 도와주지 않았다면 나는 지금 정치범수용소에 있을지도 모른 다." "남북대화 하나만 성공시키면 다 깽판 쳐도 괜찮다." "그렇게 별을 달고 거들먹거리고 말았다는 말입니까?" "모든 것이 노무현 하는 것 반 대하면 다 정의라는 것 아니겠습니까? 흔들어라 이거지요. 흔들어라. 난 데없이 굴러들어온 놈……" 하는 식의 막말이 자주 튀어나왔고, 그를 싫 어하는 언론은 이 막말을 놓치지 않고 집중보도하여 그의 이미지를 다 운시켰던 것이다.

결정적인 것은 "대통령직 못해먹겠다"는 표현이었다. 2003년 5월 18일 그는 광주민주화운동 기념식장에 입장하려 했으나 한국대학총학 생회연합(한총련) 학생들이 시위를 벌여 우회로를 통해 식장에 들어갈 수밖에 없었는데, 그 후 청와대를 예방한 5·18기념재단 간부들이 "지 난번 일은 죄송하게 되었다"고 사과하자 "이러다가 대통령직을 못해먹 겠다는 위기감이 든다"는 속내를 토로했던 것이다.

이것이 그와 불화관계에 있던 주류 언론들에 의해 "대통령직 못해 먹겠다"는 식으로 보도되면서 큰 파장을 불러일으키고 마침내 보수세 력에 의해 "못해먹겠다면 못해먹게 해주겠다"는 탄핵의 빌미로까지 활 용되었던 것이다.

탄핵 태풍

취임한 지 1년 3개월밖에 안 된 노무현이 탄핵을 당하게 된 표면적인 이유는 열린우리당에 대한 지지발언 때문이었다. 그는 2004년 2월 18일 경인지역 6개 언론사와 가진 합동회견에서 "개헌저지선까지 무너지면 그 뒤에 어떤 일이 생길지는 나도 정말 말씀드릴 수가 없다"라는 발언을 하여 특정정당 지지를 유도했고, 그 1주일 뒤 방송기자클럽에서 "국민들이 총선에서 열린우리당을 압도적으로 지지해줄 것을 기대한다"는 발언을 하여 논란에 휩싸였다.

이에 선관위가 선거법 위반이라면서 중립의무 준수를 요청했으나 노무현은 선관위의 결정을 납득할 수 없다면서 앞으로도 계속 특정정당을 공개지원하겠다고 밝혔다. 그러자 민주당은 위반을 사과하고 재발방지를 약속하지 않으면 탄핵을 발의하겠다고 압박했다. 노무현이 사과를 거부하자 3월 9일 민주당과 한나라당이 합동으로 탄핵소추안을 발의했다는 것이 공식적인 경과설명이다.

그러나 열린우리당을 돕겠다는 발언이 탄핵을 받아야 할 만큼 엄청난 잘못이었을까? 국민의 생각은 그렇지 않았다는 것이 그해 4월 15일 치러진 총선을 통해 밝혀졌다. 그럼 왜 여야 의원들은 노무현을 탄핵까지 몰아붙였던 것일까?

한마디로 그가 미웠기 때문이다. 당시 경제계에서도 그를 싫어하는 사람이 많았는데, 한 칼럼니스트가 이유를 물어보았더니 "딱히 이거다 할 것은 없어요. 그냥 반기업적 태도랄까 아님 언행이랄까 뭐 그런 것들……" 하면서 똑 부러진 대답을 하지 못하더라는 것이다. 칼럼은 이렇게 이어진다.

사실 노 전 대통령이 친기업적이지는 않았지만 그렇다고 반기업적인 것도 별로 없었다. 규제를 양산했던 것도 아니고, 노조를 특별히 우대하지도 않았다. '분배' 얘기를 좀 했지만 기업에 실질적 부담을 줄 정도는 아니었다…… 그럼

'노무현 기피증'의 실체는 뭘까. 경제계는 대체로 기득권에 가까운 곳이다. 사회적으론 주류이고 이념적으론 보수다. 아마도 이들로선 노 전 대통령의 비주류적 태생과 삶의 궤적, 그리고 기득권 저항적인 성향 모두가 맘에 들지 않았던 것 같다. 논리적 반대보다는 정서적 거부감 같은 것이랄까.[33]

이 칼럼이 지적한 것처럼 한나라당은 물론이거니와 민주당 의원들 또한 노무현을 탄핵한 진짜 이유는 그에 대한 정서적 거부감 때문이었는지도 모른다. 이렇게 볼 때 그가 자파 사람들에게 그것도 9개월 전에 "대통령직 못해먹겠다"고 푸념처럼 내뱉은 말이 탄핵의 동기였던 것처럼 알려진 배경을 납득할 수 있게 된다.

열린우리당의 저항으로 탄핵안은 1차 처리에서 실패했다. 그러나 2차 본회의에서 자민련이 동참함으로써 탄핵안이 가결되었다.

그러나 당시 젊은 세대는 자기들이 뽑은 대통령을 국회의원들이 몰아내려는 것에 동조하지 않았다. 그들의 생각은 4·15총선의 탄핵 태풍이 되어 정계를 휘몰아쳤다. 그 결과 47석의 열린우리당은 152석으로 늘어나 원내 제1당이 되었다. 그러나 탄핵을 주도한 75석의 민주당은 9석의 소수당으로 전락했고, 133석의 한나라당도 당 대표 박근혜의 호소로 간신히 위기를 모면하여 121석에 안착할 수 있었을 뿐이다.

4대 개혁법안

17대 국회가 개원하자 힘이 생긴 열린우리당은 국가보안법 폐지, 언론

---

33 "충격, 애도, 그다음엔?", 〈한국일보〉, 2009년 5월 26일.

관계법 개정, 사립학교법 개혁, 과거사청산법안 등 4대 개혁입법안을 국회에 상정했다.

152명 중 102명이 초선의원이었다. 의욕이 앞섰다. 뭔가 진보정치의 정수를 보여줘야 한다는 사명감에 불타고 있었다. 하지만 경험이나 역량이 부족한 아마추어였고, 이것은 청와대도 마찬가지였다. 4대 개혁법안뿐 아니라 대선공약이었던 수도이전법안까지 여러 과제를 동시에 상정함으로써 전선을 너무 넓게 펼치고 말았던 것이다.

군사 전략에는 중앙돌파라는 개념이 있다. 아군과 대치한 적의 전선을 뚫고 나가는 개념이다. 뚫고 나가면 적을 포위하여 승리할 수 있지만 뚫고 나가지 못하면 역으로 적에게 포위되어 패배한다. 중앙돌파시에 가장 중요한 것은 힘의 집결이다. 송곳처럼 힘을 집결해서 전선을 뚫어야 한다. 이 점은 가령 우리가 소설《삼국지》를 읽을 때 자주 접하는 승전 전략의 전형이기도 하다.

그런데 노무현 정권에서는 이러한 전략개념을 고려하지 않았다. 그래서 너무 많은 아젠다를 한꺼번에 내놓는 우를 범하고 말았던 것이다. 이렇게 되면 힘이 분산되어 중앙돌파를 할 수 없게 된다.

생각해보라. 수도이전 문제 하나만 해도 정권을 걸어야 할 정도의 엄청난 안건이다. 보안법 폐지도 진보와 보수의 싸움이 6·25전쟁에 준할 정도의 문제다. 우호적인 주류 신문을 하나도 확보하지 못한 참여정부의 실정에서 신문법안을 통과시키는 것이 그렇게 간단한 일이었겠는가. 사학비리방지 법안만 해도 대부분의 사학이 종교재단과 연관되어 있고, 종교계의 파급력이 엄청나다는 점을 간과한 판단이었다. 거기다 과거사 문제는 또 어떻고?

한 진보학자는 당시의 사태를 이렇게 분석했다.

저는 민주세력이 (국가보안법 폐지에 실패한) 이때부터 밀리기 시작했다고 봅니다. 이때부터 저쪽이 기가 살기 시작했어요. 죽었던 국가보안법이 살아나서 작동했기 때문이 아닙니다. 그러면 뭐예요? "아, 쟤네가 저 정도밖에 안 되는구나" "쟤네 전투력이 저거밖에 안 되는구나."[34]

힘이 분산되어 전투력이 약화된 것을 갈파한 야당은 보수단체, 보수언론과 보수지식인들의 도움을 받아 전선을 강화했다. 노무현 정권은 그 전선을 뚫지 못했다. 중앙돌파에 실패하면서 역으로 포위당하기 시작했다. 결과는 노무현 정권의 총퇴각이었다. 수도이전도 개혁법안도 건진 것이 별로 없었다.

이렇게 되자 노무현 정권에 기대를 걸었던 지지세력은 허탈감에 빠졌다. 그들의 허탈감은 이중적이었다. 하나는 성과가 아무것도 없다는 점이었고, 다른 하나는 성과 이전에 참여정부가 추진한 아젠다 자체가 먹고사는 문제와 별 관련이 없는 거대담론 위주라는 점이었다.

이 점을 만회하기 위해서였는지 노무현은 다음 해 7월 28일 뜬금없이 한나라당과의 대연정을 제안하고 나섰다.

지지자들로서는 황당했다. 탄핵에서 구해주고 제1당까지 만들어줬는데도 하라는 개혁은 제대로 하지 못하고 한다는 것이 고작 한나라당에 추파를 던지는 것인가?[35]

그러나 노무현 자신은 대연정 제안에 대해 "상대방이 상당히 난처해

---

34 한홍구, 《지금 이 순간의 역사》, 한겨레출판, 2010.
35 오연호, 《노무현 마지막 인터뷰》, 오마이뉴스, 2009.

지고 내부에서 갑론을박이 나올 수도 있다고 생각한 겁니다. 그런데 상대방은 일사불란하고 우리 쪽이 갑론을박이 돼버렸어요. 수류탄을 던졌는데 데굴데굴 굴러와 막 우리 진영에서 터져버렸어요"라고 해명했다.

그의 장기인 역발상의 수류탄이 진보진영으로 굴러들어오는 바람에 일을 그르치게 되었다는 것이다. 대선 때 그렇게 열정적이었던 그의 전사들은 이라크 파병→4대 개혁법안 실패→대연정 제안 등에 의해 마음의 상처를 입고 전의를 상실하거나 탈영하거나 등을 돌렸다. 진보진영의 분열과 지리멸렬은 보궐선거의 연전연패로 이어졌다.

양극화 현상

개혁하라고 표를 찍어주었던 서민 유권자들이 그에게 등을 돌린 것은 개혁 피로감 때문만은 아니었다. 그들은 먹고사는 문제와 동떨어진 거대담론에 빠져 이를테면 과거사 문제 같은 것에 집착하는 참여정부에 공감할 수 없었던 것이다.

자고로 정치의 핵심은 두 가지다. 하나는 외부로부터 백성을 보호해주고, 다른 하나는 안에 있는 백성을 밥 먹여주는 일이다. 이 두 가지 해법을 내놓지 못하면 그 밖의 것은 다 사치에 속한다.

YS 말기에 IMF환란이 있었고 DJ 때 IMF를 졸업했다지만, 신자유주의가 확대되면서 노무현 정권 출범 당시 서민들의 삶은 이미 상당히 피폐해져 있었다. 그래서 서민들은 DJ의 개혁 5년이 부족하다 보고 노무현을 다시 선택했던 것이다.

그런데 권력을 잡은 노무현은 경제 청사진 같은 것은 내놓지 않은 채 "경제는 정치적 목적으로 무리하게 하지 않으면 성공하게 되어 있습니다. 대통령이 사고만 치지 않으면 됩니다"[36] 하고 말했다.

나중의 신년연설문에는 그의 경제관이 더 뚜렷이 나타나는데, 거기서 그는 "누가 대통령이 되었어도 경제는 어쩔 수 없었으며, 앞으로 누가 온들 크게 달라질 수 없을 것"이라는 말을 했다.

> 하지만 경제는 결코 우연히 전개되는 것이 아니다. 5년만 손을 놓고 있으면 회복할 수 없는 지경에 빠지게 된다. "누가 대통령이 되었어도 경제는 어쩔 수 없었다"는 그의 생각은 경제성장률 같은 현상은 자신의 관심사항이 아니라는 것을 시사한 것이다.[37]

이 점을 꼬집어 경기도지사 손학규는 노무현에게 '경포대'라는 별명을 붙여주었다. 이것이 몹시 기분 나빴던지 노무현은 "한나라당에서 나를 가리켜 '경포대'라고 했다. 경제를 포기한 대통령, 알 만한 사람들이 도대체 왜 그렇게 이야기하나 화가 났지만 정치가 원래 그런 것이고 나도 야당을 할 때 모질게 하지 않았나 생각하면서 서운함을 달랬다"며 반박자료로 거시경제지표를 열거했다.[38]

거시경제지표가 나쁘지 않았던 것은 사실이다. 그런데도 평가가 좋지 않았던 것은 서민의 삶이 불안해지고 신자유주의 체제하에서 경제의 불균형이 심화되었기 때문이다. 이 같은 양극화 현상은 갑자기 생긴 문제도 아니고 또 우리만의 문제도 아니다. 하지만 그는 점점 더 심해지는 양극화의 물결을 막지 못했다.

---

36 노무현, 《성공과 좌절》, 학고재, 2009.
37 바른사회 시민회의, 《혼란과 좌절, 그 4년의 기록》, 해남, 2007.
38 노무현(유시민 정리), 《운명이다》, 돌베개, 2010.

그의 주된 관심사는 사람 사는 세상, 정의 실현, 도덕성 같은 추상적이고 문화적인 것들이었다. 반칙과 특권이 용납되는 세상은 잘못된 역사에 뿌리를 두었기 때문이니 이를 바로잡아야 한다면서 분야별로 온갖 과거사위원회를 만들어 진상을 파헤쳤던 기억이 난다. 분단 자체가 모순이었는데, 거기서 나라를 세워 압축성장해 나오는 과정에서 어떻게 모순이 없었겠는가?

그러나 싫든 좋든 과거는 지나간 일이다. 지나간 일에서 역사적 교훈을 얻는 일은 필요하지만 이는 본질적으로 학계의 일이다. 정치적 지도자는 비전을 제시해야 한다. 비전은 앞을 내다보는 일이다. 앞을 내다보기 위해서는 앞을 내다보는 안력을 키워야 한다. 그러나 일부 지도자들은 미래 대신에 과거를 돌아보았다. 역사 바로세우기니 과거사 정리니 하는 것들이 바로 이 같은 카테고리에 속한다. 하지만 우리의 삶은 앞으로 이어지는 것이지 뒤로 돌아가는 것이 아니다.

노무현이 집착했던 과거사나 정의 실현이나 도덕성은 일종의 문화 영역에 속하는 테마다. 문화란 한 집단이 남기고 간 생활의 흔적 같은 것으로 5년 임기 안에 해치울 수 있는 테마가 아니다. 정책과제는 먹고 사는 문제 같은 좀 더 현실적인 것을 다루어야 한다.

잠룡 시절 그가 김대중을 연구했다는 말을 앞에서 했는데, 이때 그는 어떻게 하면 싸움에 이길 수 있나 하는 김대중의 전법만 연구했지, 김대중의 '대중경제론'처럼 대통령이 된 다음에 펴보고 싶은 자기 나름의 경제정책 같은 것은 준비하지 못했다. 그래서 생각이나 말은 상당히 진보적인데 현실로 나타난 경제정책은 진보적인 것이 별로 없었다.

노무현 시대의 한 고위관리는 노무현의 모든 정책이 친서민 위주였고 서민들을 무척 걱정했으나 막상 혜택을 본 사람들은 부유층과 대기업이었다면서 이것이 '노무현의 역설'이라고 했다.[39] 그러니까 서민에 대해 걱정은 했지만 서민이 득을 보는 정책을 펴지 못했다는 뜻인데, 이 패러독스는 그가 경제에 대해서는 별로 준비한 것이 없었다는 반증이라 기보다도 사실은 삼성경제연구소가 작성한 '국정과제와 국가운영에 관한 아젠다'라는 내용의 방대한 연구 보고서가 참여정부의 경제정책에 막대한 영향을 끼쳤기 때문인 것으로 알려져 있다.[40] 그럼 노무현이 한 일은 아무것도 없었나?

비전 2030

참여정부가 출범할 때 노무현이 내건 3대 국정목표는 국민과 함께하는 민주주의, 더불어 사는 균형발전사회, 평화와 번영의 동북아 시대였다.

그중 노무현 정부가 민주주의 신장에 상당한 성과를 거둔 것은 사실이다. 선거공영제를 확대하여 돈이 들지 않는 선거제를 확립했다든지, 시민단체의 활발한 정치참여를 유도했다든지, 시장개입을 없앰으로서 정경유착의 고리를 상당부분 끊었다든지, 인권을 신장시켰다든지, 앞에서 언급했듯이 검찰과 국정원, 국세청의 정치 중립화를 위해 노력했다든지, 권위주의를 청산했다든지 하는 것은 다 그의 공이다. 그는 이렇게 자부했다.

5년 전과 지금의 상황을 비교하면 제가 공약했던 민주주의의 과제, 즉 독

---

39 박승, 《하늘을 보고 별을 보고》, 한국일보사, 2010.
40 "떠오르는 지식 패권 삼성경제연구소", 〈한겨레21〉, 2005년 3월 22일 / 윤석규, "노무현의 불행은 삼성에서 비롯됐다", 〈프레시안〉, 2010년 3월 17일.

재의 잔재를 청산하고 제왕적·권위적 지도자의 정치문화를 바꾸고, 낮은 권력과 법치주의와 투명하고 공정한 사회를 실현했습니다. 이런 문제들은 분명히 진보한 것이 맞습니다. 훨씬 더 민주적이고 합리적인 사회로 진보한 것이 맞습니다.[41]

그는 사람 사는 세상을 만들어보려고 노력했고, 자주적인 국가안보와 강대국 사이의 균형자 역할, 북한 끌어안기 등으로 나름대로 새로운 국가를 만들어보려고 노력했던 것이 사실이다.

그러나 그 모든 아름다운 노력에도 불구하고 먹고사는 경제 문제를 빠뜨린 것은 큰 실책이었다.

민주주의가 무엇이고 인터넷민주주의가 무엇인지를 이해하는 리더십이 필요한 것도 사실이지만, 그보다 더 절실한 것은 당장 사람들이 무엇을 먹고살고 있나 하는 점에 관심을 갖는 리더십이다. 정치는 단순히 권력에 관한 것, 선거에 관한 것, 정당정치에 관한 것만이 아니다. 정치는 곧 생활의 문제고 민생의 문제이기 때문이다.[42]

말은 친서민을 표방했지만 그가 민생 문제에 등한했음을 보여주는 대표적 사례로는 부동산 문제가 있다. 집권 초에 아파트 값이 대폭 뛰었다. 그때 노무현은 관심조차 기울이지 않았다. 호미로 막을 일을 가래로도 못 막을 만큼 부동산 가격은 다시 폭등했다. 지역균형발전 정책에 따라 지방 땅값이 올랐는데 이 차액이 다시 서울로 유입되면서 폭등을 부

41 노무현, 《성공과 좌절》, 학고재, 2009.
42 바른사회 시민회의, 《혼란과 좌절, 그 4년의 기록》, 해남, 2007.

채질했다. 서민들은 상대적 박탈감에 시달렸다. 이를 꼭 잡으려는 생각이 있었다면 아파트 분양가격 상한제로 회귀하거나, 은행금리를 올리거나, 1가구 1주택 정책을 쓰거나 하면 가격 상승을 잡을 수도 있었다.

그러나 노무현은 이런 방법을 취하지 않았다. 그때 어디선가 아파트 분양원가를 공개하자고 했는데 그는 이 안도 시장원리에 맞지 않는다며 취하지 않았다. 그러자 부동산은 다시 폭등했다. 이에 엄청난 떼돈을 번 것은 아파트를 몇 채에서 몇십 채씩 사둔 부유층과 대기업이었다. 온 나라가 부동산투기 홍역을 앓게 되자 노무현은 급기야 세금폭탄이라고 불린 방법을 동원하면서 세간의 원망만 잔뜩 샀다.

부동산이 오르면 건물 임대료가 오르니 물가가 오르고 생활비도 덩달아 오른다. 이 차액은 노무현 정부가 대폭 늘렸다고 자랑하던 복지예산으로 상쇄될 수 있는 수준이 아니었다. 그러니 수입이 늘지 않은 서민만 죽어나게 되었던 것이다. 서민이 '서민 대통령'에게 등을 돌린 주원인이다.

그러자 노무현은 2006년 9월 서민을 위한다는 경제 청사진을 때늦게 내놓았다. 국민이 집 걱정, 병원비 걱정, 일자리 걱정, 먹을거리 걱정을 하지 않는 스위스 수준의 사회를 만들겠다는 야심찬 계획이었지만 '비전 2030'이라는 이름의 이 플랜에 대한 사회적 반응은 시큰둥했다. 진보진영은 재원조달에 의문을 제기했고, 보수세력은 이 장밋빛 그림의 떡이 현재를 건너뛴 먼 훗날의 "몽상에 지나지 않는다"고 쏘아붙였다.

언제는 시장원리를 찾다가 언제는 친서민 정책을 내놓는 등 이랬다저랬다 하는 노무현을 가리켜 진보 정치학자 최장집은 "처음부터 개혁에 대한 체계적이고 일관된 비전, 아이디어를 가졌던 리더나 정치세력이 아니었다…… 처음에는 개혁적이었는데 나중에 변한 것으로 보지 않는다"는 견해를 밝혀 파장을 불러일으키기도 했다.[43]

"좌회전 신호를 넣고 우회전을 한다"고 진보진영이 호되게 비판하기 시작한 것은 노무현이 신자유주의적인 규제완화→민영화→부동산 정책에 이어 한미 FTA를 추진했을 때였다. 협상이 타결되자 보수진영에서는 그의 추진력을 극찬했지만 그것은 뿌리 없는 지지였을 따름이다. 그가 뿌리를 둔 진보진영의 허탈감은 그나마 남아 있던 지지자들마저 등을 돌리게 했다.

서민의 꿈

앞에서 언급한 진보 학자는 "노 대통령은 '포르투나fortuna(운)'는 굉장히 좋았는데 '비르투virtu(능력)'가 없었다고 본다"는 말을 했다.

　노무현의 사주는 2002년부터 5년간 쟁쟁한 관운이 들어 있으므로 포르투나가 좋았다는 말과 일치한다. 얼굴도 오악五嶽 중 이마와 턱이 빈약한 것은 흠이지만 묵직하게 나온 광대뼈와 평수가 넓은 코는 때를 만나면 운세의 강함이 상당할 수 있음을 보여주는 관상인데, 그때가 바로 2002년이었다.

　그는 시라소니상이다. 시라소니는 높은 산에 서식하는 고양잇과의 야행성 동물로 행동이 빠르고 술수가 뛰어나다. 다만 무리지어 사는 것을 싫어하여 홀로 다니는 습관이 있다. 노무현은 독력으로 고시를 패스했을 만큼 머리가 좋았던 사람이니 비르투가 없다는 말을 머리가 나쁘다는 뜻으로 해석할 수는 없고, 그에게 취약했던 통솔력에 대입해볼 수 있지 않을까 싶다. 확실히 노무현은 통합적인 행보를 보인 일이 거의 없

43　"최장집 교수, 노 대통령은 개혁리더 아니다", 〈경향신문〉, 2006년 9월 28일.

다. 대연정 제안도 한미 FTA협상도 당 지도부와 사전교감이나 의견교환 없이 시라소니처럼 혼자서 결정한 일이다.

임기 말 그와 여당의 인기는 바닥이었으므로 다음 정권은 한나라당에게 넘어가는 분위기였다. 따라서 여권의 통합 노력이 아쉬운 때였다. 그러나 그는 시종 분열주의로 나갔다.

대선주자만 하더라도 처음 고건의 주가가 올랐을 때 노무현은 그를 총리로 기용한 것이 "실패한 인사였다"는 식으로 초를 쳤다. 이것이 한 원인으로 작용하여 고건은 뒤에 불출마를 선언한다.

그다음 물망에 오른 것은 서울대 총장 정운찬이었는데, 노무현은 "경제공부 좀 했다고 경제를 잘하는 건 아니다"라는 발언으로 분위기를 깨버렸다.

다음 손학규 영입론이 대두되자 노무현은 "남의 당 경선하는 사람을 모셔 와야 한다는 정치감각이라면 문제가 있다"며 여당 지도부를 나무랐다. 손학규가 한나라당을 탈당하자 그는 다시 "요즘 정치는 가관이다. 김영삼 전 대통령의 3당합당을 비난했던 사람들이 그쪽에서 넘어온 사람에게 줄 서서 부채질하느라 바쁘다"고 손학규를 간접 비판했다. 그러자 대통합민주신당(←열린우리당)에 입당한 손학규는 "대통령은 열린우리당을 문 닫게 한 장본인이고, 민주신당 당원도 아니다"라며 "제발 대선판에서 한 발짝 비켜달라"고 반박했다.

기업인 출신의 문국현이 인터넷상에서 주가가 오르자 그는 "정치판에서의 검증이 안 돼 있다"고 평가절하했다.

정동영과는 한동안 절연상태에 있다가 그가 대선 후보로 확정된 10월 말에야 봉합하는 형태를 취했지만 앙금은 남아 있었다. 그 단적인 예가 "아버지 돈 떨어졌다고 아들이 아버지 대접 안 하고, 사장 돈 떨어졌다고 전무가 '회사 부도난다, 빨리 나가라' 하고, 그러니 감동이 있겠습니까?" 하는 그의 인터뷰 기사다. "밀어주고 싶어도 밀어줄 사람이 없다"며 여권 후보가 마땅치 않다고 언급한 그는 이런 말도 했다. "보수세력에게 적의 개념은 항상 외부에 있습니다. 진보세력도 적의 개념이 있는데 그 적의 개념이 내부에 있어요, 외부에 있지 않고."[44]

사실은 자기 얘기가 아닌가? 그의 행적을 되돌아보면 집권 초부터 전선을 형성했던 보수세력과는 탄핵을 기점으로 돌아올 수 없는 강을 건넜고, 진보세력과는 민주당과의 결별→대북송금특검에 의한 동교동계와의 결별→이라크 파병 결정에 따른 일부 진보진영과의 결별→부동산 가격 폭등에 따른 서민과의 결별→FTA에 의한 진보진영과의 결별을 거치며 통합의 길과 반대되는 쪽으로 향했음을 알 수 있다.

그와 함께 지지자도 줄어들어갔다. 대선 한 달 전 진보진영이 환영할 만한 남북정상회담을 갖기는 했으나 그 무렵엔 이미 그를 따르는 추종자가 많지 않았다. 세상의 눈은 온통 17대 대선에 쏠렸고, 그 뒤로는 '경제 대통령'의 구호를 내걸어 대통령으로 선출된 새 당선자에게 쏠렸다. 노무현은 청와대를 나와 고향으로 내려갔다. 그리고 1년 뒤 그가 뇌물수수 혐의로 검찰수사를 받게 되었을 때 그의 주변에는 측근들 외에 아무도 없었다. 정치적 동지였던 민주당(←민주신당←열린우리당)조차 지원사격을 해주지 않았다.

그럼 왜 그는 혼자 남게 되는 줄 알면서도 그런 외로운 길을 걸었던 것일까? 노무현은 매우 뛰어난 정치 검객이었지만 전쟁을 승리로 이끄는 대통령으로서의 전략은 갖고 있지 못했기 때문이다. 대통령의 전략은 검찰도 끌어들이고, 언론도 끌어들이고, 강남도 끌어들이고, 서울대도 끌어들이고, 기업인도 끌어들이고, 영남도 끌어들이고, 보수도 다 끌

---

44 오연호, 《노무현 마지막 인터뷰》, 오마이뉴스, 2009.

어들여야 한다. 그렇게 다 끌어들이면 틀림없이 전쟁에 이겼을 것이다.

대통령이 치러야 할 전쟁은 무엇인가? 그건 '사회통합'이라는 이름의 전쟁이다. 정치의 궁극적 목표이기도 하다. 논리로서는 그도 알고 있었을 것이다. 그러나 조직의 경험이 별로 없던 그로서는 잘되지 않았던 것 같다.

그런데 퇴임 후 봉하마을로 내려간 그가 자전거를 타고 시골길을 달린다든지 발가락 양말에 슬리퍼를 신은 채 막걸리를 마시는 등 소탈한 모습이 뉴스로 전해지면서 그의 인기는 온라인상에서 다시 치솟은 바 있다. 그에 대한 호감은 '퇴임 후 낙향'이란 새로운 전직 대통령 문화를 만들었기 때문이기도 했지만, 이명박 대통령을 새로 겪어본 뒤에 노무현의 소탈하고 서민적인 모습이 새삼 그리워졌기 때문이었을 것이다.

그러나 그가 부엉이바위에 올라갈 때까지 정치적으로 그를 편든 사람은 많지 않았다. 그도 자기를 버려달라고 했다. 그런데 갑자기 투신자살했다는 충격적인 소식을 접하자 옛 지지자들은 문득 깨달았다. 있을 때는 몰랐는데 막상 사라지고 나니 개천에서 용 났던 그의 존재 자체가 서민들의 꿈이요 위안이었다는 것을.

지켜주지 못해 미안하다는 마음이 500만 조문객의 발걸음을 그의 분향소로 향하게 했다. 우리가 아는 세 명의 노무현 가운데 솔직하고 남자답던 자연인 노무현, 편법과 반칙을 이용해 부를 거머쥔 기득권층에게 부의 정당성을 질문하면서 정의가 승리한다는 것을 증명해 보이려던 열정의 정치인 '바보 노무현'은 많은 사람들의 마음에 영원한 그리움으로 남게 되었다.

슬하에 1남 1녀를 두었던 그가 누린 해는 63년이다. 그는 지금 봉하마을의 양지바른 곳에 안장되어 있다.

11

이명박

CEO 대통령

경제인 출신의 그는 정치인 출신보다 더 사안의 핵심을 잘 짚는 유능한 인물이지만 회사와 정부를 혼동하고 정치의 궁극적 목표가 '통합'에 있다는 것을 간과한 것 같다. 그랬기 때문에 자신을 반대한 나머지 세력에 대한 배려와 설득을 외면하고 자신이 하고 싶은 일을 열심히 추진한다. 얼리버드처럼. 하지만 누구를 위해 열심히 일했는지 국민은 의문을 갖는다.

상인 정치가

'상인 정치가'라 할 때 우선 머리에 떠오르는 인물은 더 큰 장사를 해야 겠다면서 진秦나라 왕자 자초子楚를 후원했던 대상인 여불위呂不韋다. 다음으로는 "내가 직접 정치를 해야겠다"면서 14대 대선에 출마했던 재벌 정주영이다. 둘 다 왕이나 대통령이 되진 못했다. 또 한 사람이 머리에 떠오르는데 그건 2016년 미국 대선에 당선된 부동산업자 도널드 트럼프Donald Trump다.

그런데 우리나라에도 경제인 출신 대통령이 있다. 17대 대통령 이명박李明博이다. 그가 당선된 데는 시대적 분위기도 크게 작용했다. 2007년 당시 대통령 노무현의 임기 말 지지율은 12%로, 10년이나 계속된 진보정권에 대해 유권자의 상당수가 거부반응을 보이고 있었다. 거기다 당시 여당은 해체·변신·통합을 반복하면서 유권자의 눈살을 찌푸리게 했다.

뒤에 밝혀진 바와 같이 진보정권의 거시경제지표가 결코 나쁜 것이 아니었는데도, 외환위기 후 신자유주의적 경제여건하에서 고달픔을 느껴온 서민들은 '사람 사는 세상'이니 '과거사 청산'이니 하는 추상적인 거대담론 대신에 먹고사는 문제를 해결해줄 현실적인 해결사를 학수고대하고 있었다. 이미 2002년경부터 일반인들 사이에 폭발적인 유행을 보인 "여러분, 모두 부자 되세요"라는 '천박한' TV광고야말로 당시 외환위기를 겪고 후줄근해진 대중의 심경을 정확히 반영해준 문구이기도 했다.

이런 분위기 속에서 경제인 출신의 이명박이 '경제 대통령'의 구호를 걸고 등장했던 것이다. 흠결 때문에 '윤리냐 경제냐'의 논란[1]이 극심한 가운데서도 경제를 살리겠다는 그를 당시 유권자들은 2위 후보보다 530만 표나 더 몰아주었다. 최연소 대기업 사장 출신으로 서울시장 재직시에 보여준 청계천 복원 등의 과시적 성과가 뇌리에 깊이 남아 있었던 것이다.

하지만 대통령이 되고 나서는 달랐다. 경제학자 출신의 정치인 김종인은 "그분이 대통령 하는 5년 동안 경제가 살아났는가?"[2]라고 반문했다.

실제는 어떤가 싶어 평균 경제성장률을 찾아보니 이명박 시대는 2.9%였다. 이에 반해 '잃어버린 10년' 동안 경제를 다 망쳤다고 혹독히 비판했던 김대중 시대는 5.0%, 노무현 시대는 4.3%였다.[3]

경제를 살릴 구세주처럼 환호 속에 등장했다가 정치의 뒤안길로 사라진 그는 대체 어떤 인물이었을까?

1 "뉴욕타임스, '한국 유권자, 윤리냐 경제냐 선택 기로에 섰다'", 〈한겨레〉, 2007년 12월 19일.
2 "김종인, '이명박 그분이 대통령 하는 5년 동안 경제가 살아났는가'", 〈트루스토리〉, 2016년 3월 14일.
3 "역대 정부별 GDP", 〈연합뉴스〉, 2013년 1월 9일.

가난의 굴레

1941년 아버지 이충우와 어머니 채태원의 4남 3녀 중 다섯째로 태어난 이명박의 출생지는 포항이 아닌 일본 오사카였다. 이 점은 형제들의 돌림자인 상相자가 포함되지 않은 그의 이름과 함께 대선을 앞두고 논란을 불러일으켰다. '명박'은 일본 이름에 흔한 '아키히로明博'인데, 이는 오사카 근교의 목장에서 일했던 아버지가 일본 여자와 낳은 아들이기 때문이라는 설이 나돌았고, 이와 유사한 견해를 피력했던 지만원은 검찰에 구속·기소되어 재판을 받기도 했다.[4]

이명박은 자신의 이름에 대해 이렇게 설명했다.

> 내 이름은 원래 상경相京이었다…… 이름이 바뀌게 된 것은 어머니 때문이었다. 어머니는 밝은 보름달이 치마폭에 쏘옥 안기는 꿈을 꾼 후 아이를 가진 것을 알게 되었다고 한다…… 어머니는 아버지를 계속 설득했고 결국 아버지는 족보에 '상경'이라 올리되 호적에는 밝을 명明, 넓을 박博자를 써서 '명박'이라 짓는 것으로 양보하셨다.[5]

그래도 의혹은 가시지 않았다. 대선을 앞두고 그를 '쓰키야마 아키히로月山明博'로 비아냥대는 일이 잦아지자 그의 형 이상득은 "숨길 게 없습니다…… 다른 대다수 한국인처럼 살기 위해 바꾼 겁니다. 민족의 아픔이었습니다. 다만, 이(명박) 전 시장이 스스로 창씨개명을 한 것은 아니에요. 이 전 시장은 선친이 지어준 이름을 그대로 받은 것뿐이죠"[6]

---

4 "이명박 병역 출생 의혹 제기, 지만원 씨 구속 기소", 〈한겨레〉, 2007년 8월 13일.
5 이명박, 《어머니》, 랜덤하우스, 2007.

라고 해명하여 논란을 잠재웠다.

해방이 된 그해 11월 귀국선을 타고 포항에 돌아온 이명박 가족을 맞은 것은 지독한 가난이었다. 그는 초등학교 시절부터 "아버지를 따라 장터를 돌았으며, 성냥개비에 황을 붙여 팔기도 했고, 군부대 철조망 밖에서 김밥을 팔기도 했으며, 밀가루 떡을 만들어 팔다가 헌병에게 잡혀 매도 맞았다."[7]

그 시절의 영양실조와 고단한 생활 탓에 그는 형제들 가운데 키가 작고 남보다 팔이 10센티미터는 더 긴 아이가 됐다. 그래도 학교 성적은 좋았다. 포항중학교에 진학했는데 전교 2등을 놓치지 않을 정도로 수재 소리를 들었지만 고등학교에 진학할 형편은 못 되었다. 사정을 들은 담임선생이 말했다.

"너무 아깝구나. 무슨 수가 없을까? 그래, 포항에 동지상고라는 야간 고등학교가 하나 있는데 거기라도 가라."[8]

이명박은 담임선생의 주선으로 3년간 장학금을 받으며 다닐 수 있는 동지상고 야간부에 입학한 뒤 밤에는 학교에 가고, 아침과 낮에는 어머니를 도와 뻥튀기를 튀기고 국화빵 굽는 생활을 계속해나갔다.

3학년이 되었을 때 부모님은 공부를 잘해 집안의 희망이었던 둘째 형 이상득의 뒷바라지를 위해 서울로 이사했다. 뒤늦게 상경한 이명박은 매일 새벽 일자리를 찾아다니면서도 대학에 진학하고 싶어 청계천 헌책방에서 참고서를 구해 공부했다. 가난의 굴레를 벗어나기 위한 몸부림이었는지도 모른다. 그는 1961년 고려대 상대에 입학한 뒤에도 학

---

6   "이명박 대세론의 뇌관, X파일 철저 검증", 〈신동아〉, 2007년 2월호.
7   이명박, 《신화는 없다》, 김영사, 1995.
8   이명박, 《신화는 없다》, 김영사, 1995.

비와 생계를 위해 새벽부터 서울 이태원시장에서 쓰레기를 치워야 했다. 아무리 젊어도 새벽 4시부터 일어나 일하고 공부하는 생활은 고달팠다. 이를 탈출해보려고 먹여주고 재워주는 군 입대를 자원했으나 기관지 확장증 때문에 불합격 판정을 받았다.

대학 3학년 때 상과대학 학생회장에 당선되었고 이어 한일회담에 반대하며 6·3시위에 가담했다가 서대문형무소에 5개월간 복역하게 되었다.

> 학생죄수들은 형무소를 하나의 투쟁장소로 삼아 단식투쟁을 했다…… 법정에 나가면 야당 정치인과 종교인, 법조인, 문화인 그리고 학생들이 열렬한 지원을 보냈다. 영웅이 된 기분이었다.[9]

감옥은 그동안 그가 가질 수 없었던 '여유'를 가져다주었다. 거기서 전공서적 이외의 책들도 읽었고 생각에 깊이 잠기면서 "생활이 아니라 생존에 매달려왔던" 지난 20여 년의 자신을 되돌아보고 인간과 사회를 생각했다. 그 결론은 다른 학생 수감자들의 생각과는 반대로 나타났다.

> 감옥 안에서 나는 학생운동의 범위를 명확하게 긋고 나왔다. 학생운동은 순수한 열정에 바탕한 문제 제기에 그쳐야지 그것을 해결까지 하려면 문제가 생긴다…… 학생운동을 직업으로 삼아서는 안 된다고 나는 감옥에서 생각했다.[10]

9 이명박, 《신화는 없다》, 김영사, 1995.
10 이명박, 《신화는 없다》, 김영사, 1995.

취직하기로 했다. 그래서 출옥 후 대학을 졸업하고 몇 군데 입사시험을 치렀다. 그러나 시위와 복역의 흔적 때문에 2차 서류전형이나 3차 면접에서 번번이 떨어졌다.

현대건설

어느 날 신문 한구석에 난 작은 광고가 그의 눈길을 끌었다.

"해외 건설현장에 나가 일할 역군 모집"

광고를 낸 회사는 현대건설이었다. 20명 모집에 모두 1000여 명이 응시했다. 필기시험을 치르고 기다리는데 "인사부장 면담 요"라는 전보가 날아들었다. 또 '보이지 않는 손'이 그물을 쳐놓은 것인가 하는 불안감을 떨치지 못하며 면담하러 갔더니 인사부장은 "필기시험 성적은 아주 좋은데…… 학생운동 전력이 있구먼" 하고 안타까운 표정을 지었다.

여러 번 낙방 경험이 있던 이명박은 이번에는 지푸라기라도 잡는 심정으로 대통령에게 탄원편지를 썼다. 그랬더니 며칠 뒤 청와대에서 연락이 왔다. 면담을 한 민정비서관 이낙선은 국가체제에 도전했던 자들에게 불이익을 주는 것은 당연하지 않냐면서 국영기업체에 취업하거나 해외로 유학 갈 생각이 있다면 도와주겠다고 했다. 이명박은 그 제안을 거절하면서 헤어지기 전에 다음과 같은 한마디를 던졌다고 한다.

"한 개인이 자신의 힘으로 살아가고자 하는 길을 국가가 가로막는다면 국가는 그 개인에게 영원히 빚을 지는 것입니다."

세월이 흘러 현대건설 사장이 된 이명박이 국세청장이 되어 있던 이낙선을 만난 일이 있는데 그는 "이 사장, 당신이 그때 마지막으로 한 말이 너무도 충격적이라 청와대 수석회의에서 취업의 길을 열어주기로 했던 거요"라고 털어놓았다.

수석회의 의제에까지 올라갔다면 의당 대통령도 이야기를 들었을 것이다. 역시 세월이 흘러 공개된 것이지만 주한 미대사 알렉산더 버시바우Alexander Vershbow는 이때의 비화를 미 국무부에 보내는 보고서에서 다음과 같이 소개했다.

비화의 내용은 박정희 대통령이 이명박의 취업과 관련, 정주영 회장과 짧은 대화를 나누면서 "그를 지켜보라look out for him"고 경고했으나 정 회장은 "그를 돌봐주라take care of him"는 뜻으로 해석했다. 사실이라면 이 대화가 이명박이 현대에서 고속승진하는 데 기여한 또 다른 요인이다.[11]

흥미롭지만 이 보고서의 내용에 100% 동조하기는 어렵다. 물론 대통령의 말 한마디가 정주영으로 하여금 이명박을 주목하게 만든 계기쯤은 되었을 것이다. 하지만 사원에서 대리→과장이 되는 정도라면 몰라도 차장→부장→이사→상무→전무→사장→회장의 매 단계마다 언젠가 들은 대통령의 말 한마디가 계속 영향을 미쳤다고 볼 순 없기 때문이다.

오히려 이 비화는 이명박이 결정적인 순간에 '한 방'을 준비했다 터뜨리는 사람이라는 느낌을 준다. 주지하는 바와 같이 이명박의 언변은 그리 뛰어난 것이 아니다. 그럼에도 어떻게 그 마지막 순간에 이낙선, 그리고 박정희의 마음을 움직이는 감동적인 한마디를 던질 수 있었을까? 그건 반드시 가난의 굴레를 벗어나고 싶다는 간절함이, 아니 살아남

---

11 "ROK Presidential Candidate Lee Myung-Bak", 위키리크스 공개 주한 미대사관 문서, 2007년 2월 2일.

기 위해 준비한 나름의 필살기가 자기도 모르는 사이에 튀어나온 게 아니었을까?

비슷한 사례는 그가 현대 면접시험을 보던 날 다시 재현되었다. 이명박이라는 이름을 대자 사장 정주영은 이력서를 들여다보다가 그의 얼굴을 쳐다보았다.

"건설이 뭐라고 생각하나?"

"창조라고 생각합니다."

"왜 그런가?"

"무에서 유를 창조하기 때문입니다."

이는 이명박이 현대건설에서 고속승진하게 된 배경을 설명해주는 유명한 일화인데 이명박을 채용한 정주영은 그 이유를 조금 다르게 기억했다.

"얼굴이 새카만 녀석이 눈은 살아 있었다. 한쪽 눈이 찌그러졌는데 그땐 똘망똘망하게 보이더군. 그래서 합격시켰다."[12]

사원을 뽑을 때 관상가를 옆에 대동했다는 삼성의 이병철과 달리 정주영에게 그런 일화는 없다. 그러나 사업상 많은 사람을 접촉하고 많은 직원을 거느렸던 그에겐 나름대로 사람 보는 눈이 형성되어 있었던 것 같다.

이명박의 관상에 대해선 여러 설이 있다. 어떤 사람은 거북이와 뱀이 뭉친 현무玄武상이라 하고, 어떤 사람은 뱀이 변해 용이 되었다는 사변성룡蛇變成龍의 상이라 하고, 어떤 사람은 뱀상, 쥐상, 매상, 여우상이라고도 했다. 사실 대부분의 사람들 얼굴이 그렇듯 이거다 하고 딱 잡히는 무엇이 없었다는 이야기도 된다. 이럴 때는 특징을 잡아내는 것이 중

---

12 "직원들 조금 느슨한 면 보이면 '뭐 하러 출근했어?' 다그쳐", 〈중앙일보〉, 2007년 12월 23일.

요한데 이명박의 자서전에 이런 대목이 나온다.

어린 시절 내가 영양실조로 누워 있을 때 동네 어른들은 "그놈 눈을 봐라. 곧 살아난다"고 했다. 눈은 작지만 눈빛에 힘이 있고 광채가 있다는 것이었다.[13]

정주영의 눈 이야기와 일치한다. 눈은 관상의 요체인데, 관상을 연구한 어떤 이는 이명박의 강한 눈빛을 지적하면서 비록 초년 고생을 의미하는 짝짝이 눈이긴 해도 그 눈은 일종의 용안龍眼이라고 했다. 용안은 귀격이고 한 분야의 1인자가 된다는 뜻이다. 쌍꺼풀 없이 가늘고 길면서 안광이 강한 눈.

결정적 한 방

현대건설에서의 승진 과정을 살펴보면 그의 안광처럼 반드시 강렬한 한 방이 있었다. 1966년 태국 고속도로 건설현장에 경리사원으로 파견되었을 때는 건달 출신의 불량 인부들로부터 회사 금고를 지켜냈다. 불량 인부들의 발길질이 쏟아졌지만 그는 금고를 껴안고 끝까지 내주지 않았다. "내가 안고 있는 것은 금고가 아니라 나의 자존심이었다"고 그는 회고했다.

이 같은 무용담으로 사내에 이름이 났던 이명박은 어느 날 그곳 현장을 방문한 정주영 사장에게 물어보았다.

---

13 이명박, 《절망이라지만 나는 희망이 보인다》, 말과창조사, 2002.

"사장님, 이 공사 이익이 많이 남습니까?"

"그런 걸 자네가 왜 묻나?"

"제가 어림짐작해볼 때 이 공사는 밑지고 있는 게 분명합니다. 손해는 앞으로도 크게 늘어날 것 같아 걱정입니다. 혹시 알고 계시는지요?"

"아니야, 이 군이 뭔가 잘못 알고 있는 거야. 이익이 남아. 내가 다 보고를 받고 있어."

그러나 얼마 후 정말로 공사가 적자라는 것이 밝혀졌다. 이명박은 정주영의 눈에 들게 되었다.

"이 군, 자네가 이 현장을 책임지면 어떻겠나?"

귀국 후 이명박은 중기사업소 관리과장으로 발령을 받았다. 금고를 지켜낸 공도 있고, 태국 건설현장에서 3년 가까이 일했으므로 본사 관리부나 경리부에 배치될 줄 알았다. 그러나 임시직 사원이나 영어도 모르는 현장 기능공들이 우글거리는 중기사업소에 배치된 것이었다.

그러나 이명박은 불평하지 않고 이 좌천 부서에서 영어 매뉴얼을 보고 불도저를 몽땅 해체하며 중장비의 구조와 성능, 부품을 착실히 익혔다. 곧 경부고속도로 건설이 시작되면서 미8군이 쓰던 고물 장비가 아니라 차관으로 신규 도입되는 각종 중장비의 용도가 커지면서 한직이었던 중기사업소의 중요성도 커졌다. 대졸 출신으로 중장비의 부품과 성능, 구조를 정확히 알게 된 그의 존재도 빛을 발하기 시작했다.

> 나의 진급은 빨랐다. 정규 인사 때는 당연히 진급됐고, 정규 인사가 아닌 때에도 나도 모르는 사이에 특진 명령이 내려왔다. 그리하여 1년여 만에 과장에서 차장을 거쳐 부장이 되어 있었다.[14]

---

14 이명박, 《신화는 없다》, 김영사, 1995.

부장으로 진급한 뒤 그는 정주영에게 새로운 제안을 하나 했다.

"장차 아파트 사업이 유망할 것 같습니다. 현대건설도 아파트 사업으로 업종을 넓혀가야 하지 않을까요?"

정 사장은 처음에 무슨 쩨쩨한 소리냐며 반대했으나 결국 자회사인 한국도시개발주식회사를 만들게 되었는데, 아파트 사업이 궤도에 올라 회사에 돈을 벌게 해주면서 이명박은 이사로 승진하게 된다.

본사 근무를 하게 된 그는 현대건설이 현대그룹으로 커지면서 1972년 관리담당 상무로 승진했다. 이 시절 그는 기업 자체의 역량을 강화하기 위해 예산관리제도 실시, 인력의 소수정예화, 중기관리규정 마련 등 경영합리화에 주력함으로써 회사 경비를 크게 절감했다. 그 공으로 1974년엔 전무로 승진했고 이듬해엔 부사장이 되었다.

압구정동의 버려진 땅을 매립해 대규모 아파트 단지를 세우기 시작한 것은 그가 부사장이던 1975년부터였다. 당시만 해도 아파트에 대한 인식은 그저 '집 없는 사람들을 수용하는 집단 가옥' 정도였는데, 이를 고급화한 것이었다. 분양공고를 냈으나 처음엔 신청자가 없었다. 그러나 사회 상층부에 속하는 고급공무원·언론인·예술가·학계 인사를 유치하면서 고급 아파트 붐이 일었고 회사는 큰돈을 벌었다.

1977년 정초 정주영은 이명박을 광화문 사옥 회장실로 불렀다.

"당신이 사장을 맡지."

36세의 이명박이 대기업 사장에 임명되는 순간이었다.

그런데 이 승진과 관련해서는 전임 사장의 부인이 모 가수와 벌인 불륜사건의 나비효과 때문이었다는 설도 있다. 그러나 불륜사건이 신문에 대대적으로 보도된 것은 1975년 2월 초이고, 이명박이 사장에 취임한 것은 1977년 1월로 약 2년의 시차가 있기 때문에 설득력이 약하다. 그 파격적인 승진의 요인은 아무래도 압구정동 현대아파트 단지의 성공이 아니었던가 싶다.

사장이 된 이후 그가 치중했던 것은 한국과 미수교국인 이라크에서의 공사 수주였다. 7억 2000만 달러짜리 화력발전소 공사 수주, 8억 2000만 달러짜리 주택단지 공사 수주 등을 성사시킨 공으로 그는 1988년 마침내 현대건설 회장 자리에 올랐다. 그의 나이 47세 때였다. 말단 사원에서 회장 자리까지 오른 이명박에 대해 정주영은 이렇게 회고했다.

이명박 씨는 사실 부지런하고 판단력이 좀 빨랐다. 그런 점이 인정되어 승진도 빨랐다. 사실 사람은 그렇다. 기용하는 사람이 그 사람의 재능을 알아주지 않으면 재능이란 쓸모없게 되는 것이다. 내가 서울대학 출신의 많은 선배들을 물리치고 그분을 기용했기 때문에 많이 클 수 있었다.[15]

피고용자의 재능을 알아본 고용주 덕분에 고속승진할 수 있었다는 얘기다. 그러나 20대 이사, 30대 사장, 40대 회장이 된 이명박은 고속승진의 비결에 대해 뉘앙스가 다른 말을 했다.

나는 기업주의 목표보다 훨씬 높은 목표를 제시하고 그것의 실현을 위해 최선을 다했다. 내가 정주영 회장 앞에서 내놓은 사업의 목표는 늘 정 회장의 기대치를 한두 걸음 앞섰다.[16]

자기는 늘 다음 목표를 설정하고 그 목표를 달성하기 위해 결정적한 방을 준비했다는 얘기다.

---

15 "독점연재-정주영 정치에 건다", 〈시사저널〉, 1992년 4월 23일.
16 "이명박, 가난·시련 떨친 '성공신화'", 〈경향신문〉, 2007년 12월 19일.

야망의 세월

이명박을 회장으로 만들어준 이라크 공사 수주는 그와 현대의 발목을 잡기 시작했다. 당시 이라크는 1980년대엔 이란과 전쟁을 벌이고 1991년엔 쿠웨이트와 걸프전을 벌여 초토화됨으로써 공사대금을 지불할 수 없는 상태에 빠져들었기 때문이다. 미수금은 모두 8909억 원이었다.[17]

현대건설이 이라크 공사 미수금으로 1차 부도위기에 몰린 것은 1992년도이지만 어두운 그림자는 이미 훨씬 전부터 사내외에 드리워져 있었던 모양이다.

> 국내에서는 "이라크 공사 때문에 정주영과 이명박이 마침내 갈라선다"는 말이 퍼지기도 했다…… 전쟁 발발로 공사 대금을 제대로 받지 못해 원유로 받기로 했으나 정 회장은 그 모든 것이 우리가 원하는 대로 되지 못한 책임이 그 시장을 개척한 나에게 있다고 생각했을지도 모른다.[18]

소문도 괜히 나는 것은 아니다. 물론 소문처럼 정주영과 곧 갈라섰던 것은 아니지만 두 사람 사이가 전과 같진 않았다. 앞날을 미리 대비해두는 행동패턴을 감안할 때 이명박은 이 시점에서 나름대로 자구책을 강구하고 있었을 확률이 높다. 그게 무엇이었을까?

1987년 민주화 이후의 사회에는 정치권 밖에 있던 사람들도 정치권으로 들어가려는 분위기가 팽배했는데, 특히 14대 대선을 앞두고서는 기업인 정주영도 대선에 나갈 의향을 갖고 있었다. 이런 기류 속에서 이

---

17 "역대 '정경유착' 역사 7-이명박 정권 上", 〈주간현대〉, 2015년 11월 9일.
18 이명박, 《신화는 없다》, 김영사, 1995.

라크 공사 미수금으로 궁지에 몰려 있던 이명박 또한 탈출구로 정계 진출을 염두에 두었던 것 같다.

그 계기를 마련해준 것이 KBS 드라마 〈야망의 세월〉이었다. 생뚱맞은 것 같지만 결론은 그랬다. 주말연속극으로 1990년 10월 20일부터 만 1년간 방영되는 동안 최고 40~50%의 시청률을 보인 〈야망의 세월〉은 6·3시위에 가담해 단식투쟁을 벌이기도 했던 주인공이 운동권에 회의를 느끼고 건설회사에 들어간 뒤 한국 경제발전에 이바지한다는 줄거리였다. 이는 바로 이명박 스토리였던 것이다.

그 자신은 "드라마가 시작되었을 때 나는 업무상 드라마를 볼 시간적 여유가 없었다. 그래서 처음에는 드라마 방영 사실조차 몰랐다"[19]고 자서전에 썼지만, 나중에는 "나연숙 작가는 〈야망의 세월〉 1~2회분 비디오 녹화물을 가지고 왔다. 그때 그걸 처음 봤는데……"[20]라고 드라마의 존재를 처음부터 알고 있었음을 드러내는 발언도 했다. 따라서 닭이 먼저냐 달걀이 먼저냐 하는 물음처럼 방송국에서 먼저 이명박을 모델로 삼아 드라마를 만들었는지, 아니면 이명박 쪽에서 손을 쓴 탓에 그를 모델로 한 드라마가 만들어졌는지는 불분명하다.

그러나 이 드라마가 이명박을 일약 전국적인 브랜드로 만들었다는 점은 자타가 다 수긍하는 대목이다. TV에서 뜨면 신데렐라가 된다. 그것으로 정계에 나갈 발판이 만들어졌다.

하지만 이 드라마가 100회나 방영되는 과정에서 회사 측에서는 "현대를 이명박 혼자서 일구었느냐"는 비난이 쏟아지기 시작했다. 특히 정주영은 현대를 일으킨 자신은 뒷방 늙은이처럼 취급되고 자신이 키워준

---

19 이명박, 《절망이라지만 나는 희망이 보인다》, 말과창조사, 2002.
20 "정주영 알면 이명박 리더십 보인다", 〈시사저널〉, 2008년 1월 21일.

이명박은 현대의 성장을 주도한 전지전능한 인물로 그려진 것에 몹시 심기가 상했던 모양이다.

> 〈야망의 세월〉이라는 드라마가 그분을 너무 유명하게 만들었는데 그건 정말 작가의 장난이었다. 드라마에서 보면 이명박 씨가 소양강 댐이다 뭐다 해서 다 한 것처럼 나오고 박 대통령 앞에 가서 으르렁거린 걸로 나오는데 사실이 아니다. 소양강 댐 만들 때 이명박 씨는 간부도 아니었고 참여도 하지 않았다. 설계에서부터 설계·시공에 이르기까지 전부 서울공대 패거리들이 했다.[21]

이명박과 함께 현대건설에 근무하다 뒤에 미국 벡텔Bechtel사 부사장을 역임한 이상백도 정주영의 말에 무게를 실었다.

> 현대건설에 '이명박 신화'는 없었어요…… 현대건설의 성장은 전적으로 사주인 정주영 회장의 덕으로 봐야 해요. 모든 아이디어·전략·결단은 정 회장에게서 나왔죠. 그 외 사람은 스태프에 불과해요.[22]

그러나 드라마 방영을 계기로 두 사람 사이가 악화되었던 것은 사실이다. 이명박도 "이 한 편의 드라마로 인해 30년 가까이 호흡을 맞춰온 정 회장과 나 사이에 눈에 보이지 않는 금이 가기 시작했다는 것을 후에 알았다"[23]고 했다.

1992년 1월 초 두 사람은 마침내 결별했다. 정주영은 통일국민당을

---

21 "독점연재-정주영 정치에 건다", 〈시사저널〉, 1992년 4월 23일.
22 "단독인터뷰 'MB 입사동기' 이상백 전 美 벡텔 부사장", 〈신동아〉, 2008년 7월호.
23 이명박, 《절망이라지만 나는 희망이 보인다》, 말과창조사, 2002.

창당했고, 이명박은 여당인 민자당에 입당했다. 〈야망의 세월〉로 스타덤에 올라 있던 그는 여당 전국구를 내락받은 상태였지만 목표는 국회의원이 아니었다. 현대그룹 홍보실에서 그를 보필하며 사보제작을 담당했던 소설가 백시종은《팽》이란 작품에서 이명박을 모델로 한 주인공 엠비유가 재직 당시부터 서울시장 출마를 공언하고 다녔던 것으로 그리고 있다.[24]

서울시장

1992년 3월 14대 전국구 의원이 된 그는 과연 1995년 6월 서울시장 경선 후보에 등록했다. 그러나 민자당의 서울시장 후보 내정자는 국무총리를 역임한 정원식이었다. 이에 이명박은 대통령 김영삼을 만났으나 그의 간청은 받아들여지지 않았다.

15대 총선에서 그는 종로 지역구에 출마하여 이종찬, 노무현 등 중견 정치인들과 맞붙어 당선되었다. 그러나 6급 비서였던 김유찬이 이명박 캠프의 선거비용이 법정비용을 초과했다고 폭로함으로써 그는 선거법 위반으로 기소되었고, 대법원에서도 벌금형이 확정되어 피선거권이 박탈되었다.

그러나 이명박은 거기서 자신의 목표를 포기하지 않았다. 광복절 특사로 사면복권된 그는 마침내 서울시장 후보 당 공천을 받았고, 이어 출마하여 민선 3기 서울시장에 당선되었다.

서울시장이 그의 최종 목표였을까? 그와 친분이 있던 재미교포 변호

---

24 "MB 모델로 한 소설도…", 〈한국일보〉, 2015년 2월 3일.

사 에리카 김은 이런 증언을 했다.

> 1993년께 이명박 씨를 처음 만났는데 자서전 《신화는 없다》를 쓰고 있었
> 다. 자기가 썼는지 모르지만 아무튼 그때부터 자기 꿈은 대통령이라고 했다. 대
> 통령 노래를 하던 사람이다.[25]

그의 목표는 대통령이었다는 것이다. 서울시장은 부족한 그의 정
치·행정 경력을 보충해주는 일종의 징검다리였던 셈이다. 그렇다면 서
울시장을 하는 동안에 무언가 한 방을 보여주어야 했다.

그 한 방은 청계천 복원사업으로 나타났다. '복원'이 아니라 '개발'이
었다고 지적한 소설가도 있고,[26] 복원공사가 아니라 토목공사였다고 폄
하한 이도 있다.

그러나 대다수 서울 시민들에게 새로 연 청계천은 그의 리더십과 실
천력을 증명해주는 '핵심 업적'이 되었다. 중요한 점은 그 무렵 시대정
신Zeitgeist이 바뀌고 있었다는 점이다. 적어도 외환위기 전까지 한국인
의 경제에 대한 합의는 '나라를 살려놓으면 나라가 날 살려주겠지' 하는
'공동체형 성장주의'였다. 그래서 나라를 위해 금모으기 운동에 적극적
으로 참여했던 것이다.

2년 뒤 국민의 정부는 IMF를 졸업했다고 발표했지만, 정리해고니
계약직이니 비정규직이니 하는 단어들이 등장하면서 서민들은 신자유
주의 여파에 위기감을 몸으로 느끼기 시작했다. 통장에 있던 저축금은
점점 줄어들어갔다.

25 "이명박이 경준에게 대신 감방 가라 했다", 〈시사IN〉, 2007년 12월 3일.
26 "청계천, 복원 아닌 개발-박경리 씨 특별기고", 〈한겨레〉, 2004년 3월 5일.

그래서 서민들은 "IMF 때보다 더 어렵다"는 신호를 보냈다. 하지만 '신성장' 담론에 함몰된 참여정부와 여당은 "경제는 잘되고 있다"면서 보수세력과의 이념전쟁에만 열중했다. 야당인 한나라당 또한 사학법 반대를 위해 거리투쟁에 나서는 등 서민에게 절실했던 민생 문제와는 따로 놀았다.

이런 판국에 청계천 복원공사를 마친 이명박 서울시장이 '경제 해결사' 이미지를 갖고 정치권 밖에서 불쑥 솟아오르자 "야, 저기다" 하고 유권자들의 눈길이 쏠렸던 것이다.

이명박의 청계천은 이후 연평균 1800만 명의 관람객이 찾아올 만큼 깊은 인상을 준 성취였다. 그런 점에서 도약의 매 단계마다 한 방을 준비하고 터뜨려온 이명박 기법은 역대 그 어떤 정치인보다 탁월했다고 볼 수 있다.

목표는 대통령이다. 이를 위해 청계천 하나로는 부족하다고 생각했을 것이다. 그래서 청계천과 아울러 서울시의 대중교통체계를 전면 개편했다. 이로써 그는 당시 '환경 영웅'으로 미 시사주간지 〈타임〉에 기사화되기도 했다.[27] 비슷한 시기에 '서울광장'을 조성하고 뒤이어 뚝섬에 '서울 숲'을 만들었다. 이런 일은 그가 민간기업에서 이골이 나도록 해 온 토목공사의 일종이거나 그 연장선상에 있는 것들이었지만 일반 대중들에게는 신선한 한 방이었다.

게다가 그를 주인공으로 한 드라마가 2004년 7월부터 다시 방영되기 시작했다. 이번엔 MBC였고 드라마의 제목은 〈영웅시대〉였다. 청계천 등의 사업으로 한 방을 보여준 데 이어 70부작 드라마로 '이명박 신화'를 만들어내는 작업은, 만일 의도된 것이었다면, 정말 타의 추종을 불

---

27 "LEADERS & VISIONARIES Lee Myung Bak", 〈TIME〉, October 17, 2007.

허하는 탁월한 선거 전략이자 대망에의 화룡점정이었다고 볼 수 있다.

BBK 의혹

2006년 6월 서울시장에서 물러난 그는 마침내 대통령이 되기 위해 한나라당 후보 경선에 나섰다. 상대는 매 선거를 승리로 이끌어온 선거의 여왕 박근혜였다. '한반도 대운하' 등의 공약을 앞세운 이명박은 그해 10월 9일 제1차 북핵실험을 기점으로 대세론에 탄력을 받기 시작했다. 이에 박근혜 캠프는 이명박의 비리 문제를 들고 나왔다.

도덕성 검증은 '전과' 흔적이 있는 이명박에겐 불리한 테마였다.[28] 하지만 사업을 하면서 많은 문제점을 극복하고 많은 사건을 처리해본 이명박은 뛰어난 요령과 수완을 발휘했다.

그는 '대선은 도덕군자를 뽑는 게 아니다'라는 논리로 도덕성을 오히려 '극복해야 할 대상'으로 전환하는 기민함을 보였다. 그리고 국정원 직원이 불법으로 전산망에 접속해 이명박 후보 처남의 부동산 거래기록을 조회했다는 〈동아일보〉 보도가 나오자, 이를 즉각 '노무현 정권의 이명박 죽이기'로 바꾸어 역공을 취하기 시작했다. 이후 '이명박 죽이기' 이슈는 약 한 달간 각종 언론을 장식했다. 이슈를 더 큰 이슈로 덮는 테크닉이었다.[29] 이렇게 하여 비리의 당사자가 탄압 대상자로 둔갑해버렸기 때문에 이명박의 비리를 폭로해 약간 재미를 보고 있던 박근혜의 문제 제기가 시들해지면서 이명박은 위기를 탈출할 수 있었다.

28 "李는 전과 14범… 朴측 주장에 李측 발끈", 〈연합뉴스〉, 2007년 6월 27일.
29 허만섭, 《절반의 정직》, 디오네, 2008.

그러나 박근혜 측이 제기한 비리 문제들 가운데 BBK사건은 당시의 여당 대선 후보 정동영 캠프에 의해 재점화된다.

BBK사건이란 1999년 재미교포 김경준 등이 설립한 투자자문회사 BBK가 김경준 등이 인수한 옵셔널벤처스의 주가를 조작하여 공식적으로는 384억 원, 비공식적으로는 추정액 약 8000억 원을 횡령한 사건이다. 피해자는 소액투자자 약 5200명이었는데, 문제의 핵심은 주가조작에 김경준의 동업자였던 이명박이 개입했느냐 아니냐였다.

당시 여론조사에서 이명박은 압도적 우세를 보이고 있었다. 이 때문에 현격한 격차를 보이던 정동영은 BBK 폭로에 올인할 수밖에 없었다. 사실 이명박은 김경준과 함께 LKe뱅크, EBK증권 등의 인터넷 금융사를 만들어 약 1년 반 정도 같이 활동했기 때문에 그동안 사업을 하면서 남긴 명함, 동영상 등의 흔적이 속속 공개되는 통에 상당한 곤경에 빠져 있었다.

만일 주가조작에 개입한 것이 사실로 드러나면 이명박은 대선에 출마할 수 없게 된다. 그런 공백이 생길 때를 노리고 이회창은 무소속 후보로 전격 출마하기도 했다. 칼자루를 쥔 것은 검찰이었고, 그 검찰을 움직일 수 있는 힘은 청와대에 있었다.

훗날 한 신문은 BBK를 둘러싸고 "2007년 대선 직전 전·현직 대통령의 형님들이 당시 이명박 후보의 'BBK 수사'와 노무현 전 대통령의 '비자금 의혹'과 관련해 서로 편의를 봐주기로 했다는 '빅딜설'이 제기됐다"[30]고 보도했다.

이러한 '형님들의 밀약' 때문인지 몰라도 검찰은 2007년 12월 초 BBK 주

---

30 "이상득 'BBK 개입 말라' 노건평 '패밀리 건드리지 말라'", 〈한겨레〉, 2009년 4월 8일.

가조작, BBK 차명소유, ㈜다스 차명소유 등 BBK 3대 의혹에 대해 이 후보는 혐의가 없다며 깨끗하게 이 후보의 손을 들어주었다.[31]

능숙한 솜씨

무혐의 발표가 나오자 당시 여당인 대통합민주신당 정동영 후보의 지지자들과 각종 시민단체는 격렬히 반발했다. 여기에 무소속 후보 이회창, 창조한국당 후보 문국현, 민주당 후보 이인제, 민주노동당 후보 권영길 등도 합세했다.

이 대목에서 눈길을 끄는 것은 사건의 진실 여부가 아니라 12월 5일 검찰 발표 후 격랑 속으로 들어간 대선 정국을 이명박 캠프가 어떻게 수습했나 하는 것인데 역시 일처리 솜씨가 능숙했다.

검찰 발표 이틀 후인 12월 7일, 이명박은 전재산 헌납을 선언한다. BBK로부터 유권자의 시선을 돌리기에 충분한 카드였다고 볼 수 있지만 어찌된 셈인지 유권자들의 반응은 시큰둥했다.

그러자 이명박 캠프에선 며칠 후 또 하나의 카드를 꺼냈다. 김경준의 기획입국 증거라며 그와 미국 로스앤젤레스에서 교도소 수감생활을 함께한 신경화 씨가 김경준에게 보낸 편지를 당시 한나라당 클린정치위원장 홍준표가 언론에 공개한 일이었다.

편지에는 "자네가 큰집(청와대)하고 어떤 약속을 했건 우리만 이용당하는 것"이라는 내용이 적혀 있었다. 이를 근거로 이명박 캠프는 김경준이 귀국한 것은 청와대와 여당의 정치공작이었다고 몰아붙였는데, 이

---

31 "깨어진 약속 갈라선 형님들", 〈시사저널〉, 2009년 4월 6일.

같은 폭로는 무혐의 발표 후 격랑에 빠졌던 대선 정국을 수습하는 데 상당한 위력을 발휘했다. 무혐의 발표를 믿지 못하던 반反이명박 세력도 수그러들었다. 문제는 이 편지가 가짜였다는 것이 사후에 밝혀졌다는 점이다.[32]

당시 유권자는 이런 점을 몰랐을까? 일부는 짐작했을 수도 있었겠지만, 그보다 중요한 것은 당시 유권자들의 전반적인 기류가 이명박의 대선광고에 나온 국밥집 욕쟁이 할머니의 멘트에 그대로 반영되어 있었다는 점이다.

"청계천 열어놓고 이번엔 뭐 해낼 겨, 밥 더 줘? 더 먹어 이놈아."

대세는 훨씬 전부터 이명박 쪽으로 기울어, 설사 허물이 드러나더라도 대중은 관대해질 준비가 되어 있었던 것이다. 그들이 원한 것은 드라마 〈야망의 세월〉이나 〈영웅시대〉에 등장하는 주인공처럼 실패를 모르는 영웅이었다.

여러 혐의에도 불구하고 이명박의 인기가 가라앉지 않았던 것은 경제가 유권자들 사이에서 가장 중요한 현안이었기 때문이다. 당시 상당수의 유권자들은 "국가예산 10%를 절약하며 일 잘하는 실용정부를 만들겠다"는 그의 말에 귀를 기울였다. 흠결이 좀 있더라도 현대와 서울시에서 보여준 마법이 국가경제에도 통하기를 바라는 시대적 분위기가 있었다.

심리학자 황상민은 그 점을 '욕망'이라는 단어에 압축시켰다. 대중이 갖는 대통령 이미지는 대통령의 실체와는 별개의 문제다. 대통령 이미지는 대중이 갖고 있는 "내 욕망은 무엇이냐?" "내 욕망을 누구에게 투사할 것이냐?"의 문제라면서 황상민은 17대 대선 당시 많은 유권자

---

32 "BBK 가짜편지 작성에 MB 특보 개입 확인", 〈프레시안〉, 2012년 6월 8일.

들이 이명박을 선택한 것은 그가 '돈 잘 버는 아버지'로 여겨졌기 때문에, 아니 대중이 갖고 있는 '욕망의 화신'이었기 때문이라는 진단을 내렸다.[33]

7% 성장, 4만 달러 소득, 세계 7위 경제를 목표로 하는 이른바 '747 공약'을 제시한 이명박은 그해 제17대 대통령선거에서 압도적 표차로 당선되었다.

ABR 정책

정부에 이름을 붙이는 관행은 김영삼이 '문민정부'라는 이름을 쓰면서 시작된 이래 김대중의 '국민의 정부', 노무현의 '참여정부'로 이어졌다. 이런 관례에 따라 새 정권 이름은 '실용정부'가 될 것이라는 예측이 있었다.

그러나 당선 직후 새로 조직된 대통령직 인수위원회는 당선자가 레토릭을 좋아하는 분이 아니기 때문에 수식어가 붙지 않는 미국식의 '이명박 정부'로 할 것이라고 발표했다.

새로웠다. 그리고 언론에 갑자기 등장하기 시작한 '얼리버드early birds'라는 용어도 신선했다. 열심히 일하겠다는 뜻으로 비쳐 새 정부에 대한 국민들의 기대감도 높았고, 이명박 정부 쪽에서도 넘치는 의욕을 보였다.

당시 이명박과 보수세력의 중심적인 기류는 진보정권 10년 동안 왼쪽으로 치우쳤던 정치·경제·사회·문화적 현상을 모두 정상화시키겠

---

33 "혼군昏君〉얼굴마담〉우리 VIP", 〈신동아〉, 2015년 5월호.

다는 것이었다.

이 때문에 노무현과 참여정부의 모든 것을 디스하면서 '노무현이 하던 것을 빼곤 뭐든지Anything But Rho' 곧 ABR 정책을 펴나가기 시작했다. 영어 몰입교육을 주장한 대통령직 인수위원장의 이른바 '어륀지(오렌지)' 파동도 이런 기류와 무관하지 않았다.

전임 정권들의 '시대착오적인' 좌파정책을 넘어서는 데 이론적 근거를 제공하려고 애쓴 것은 뉴라이트 그룹이었다. 이들이 만든 교과서포럼은 좌파 성향을 갖고 있는 기존 교과서를 바로잡아야 한다는 취지에서 대안교과서를 만들기도 했다.

자율형사립고등학교의 출현도 전임 정권들의 평준화 교육정책에 대한 반동이었다고 볼 수 있다. 정부 부처에서 과학기술부와 정보통신부를 폐지한 것도 ABR 정책의 일환이었다.

그런데 전임 정권의 정책을 180도 뒤집는 ABR 정책의 핵심은 뭐니 뭐니 해도 햇볕정책의 폐지였을 것이다. 당시 주한 미대사관이 국무부에 보고한 문서 가운데는 이런 대목이 보인다.

> 이명박은 햇볕정책이 일방적인 대북지원 정책이라고 규정한다. 경우가 그렇다면 햇볕정책은 끝났다. 왜냐면 이명박이 경제지원에 조건을 붙일 예정이기 때문이다. 그렇다고 금강산 관광과 개성공단이 폐쇄된다는 얘기는 아니다.[34]

그러나 금강산 관광은 여성 관광객이 북한 인민군의 총에 피살됨으로써 2008년 11월 폐쇄되었고, 같은 시기 개성 관광도 중단되었다. 남

---

34 "President Lee's North Korea Policy: Establishing New Ground Rules", 위키리크스 공개 주한 미대사관 문서, 2008년 4월 16일.

북관계 경색의 시작이었다.

　이어 북한의 2차 핵실험이 있었고, 천안함 침몰사건, 연평도 포격사건이 잇달아 발생하면서 남북관계는 햇볕정책 이전의 대결구도로 다시 돌아갔다.

　당초 이명박 정부는 북한이 핵을 폐기하고 개방하면 10년 안에 북한 주민 1인당 소득을 3000달러로 올려준다는 이른바 '비핵 개방 3000'을 대북정책의 기조로 내세우기도 했다. 이 정책을 평가하는 자리에서 미국의 한반도 전문가들의 의견은 갈렸다. 이명박 정부가 "남북관계에 있어 원칙을 지켰다"고 평가한 사람도 있고, 이명박 정부의 "대북강경 입장은 한국 정부가 남북관계의 주도권을 쥐겠다는 걸 과시하려는 행동일 뿐 북한을 다루는 방식이 될 수 없었다"고 비판한 사람도 있다.[35]

대미일변도

ABR의 또 다른 축은 대외정책이었다. 구체적 협상내용에는 이견이 있을 수 있지만 일단 한국이 수출주도형으로 가야 한다는 기본전제가 바뀌지 않는 한 임기중에 한·미 FTA, 한·EU FTA, 한·페루 FTA, 한·인도 CEPA 등을 체결하고 한·베트남 FTA, 한·콜롬비아 FTA 등의 협상을 시작한 것은 모두 이명박 정부의 성과였다고 볼 수 있다.

　또한 대미일변도라는 비판을 받긴 했지만 한때 헐거워졌던 한미동맹을 다시 강화한 것은 사실이다. 북한과 대치하고 있는 한국적 현실에서는 미국과의 동맹이 가장 중요하다. 찬반논란이 있는 가운데 예정돼

35　"미 전문가 이명박 대북정책 평가", 〈VOA〉, 2013년 2월 22일.

있던 전시작전권 환수를 연기한 것도 이명박 정부였다.

그런데 재미있는 점은 이명박 정부는 한미동맹의 강화를 외쳤을 뿐 정작 미국을 위해 한 일이 별로 없었다는 사실이다. 이와 대조적으로 말로는 반미를 외쳤지만 노무현은 이라크 전쟁에 파병을 했고, 미국이 원하던 한미 FTA 체계에 동의했으며, 미국과의 협조 아래 전작권 전환을 순조롭게 추진했다. 그럼에도 미국은 노무현이 아닌 이명박을 환대했다.

이유는 간단했다. 노무현은 미국과 중국 사이에서 중간자적인 입장을 취한 반면, 이명박은 초기부터 한미동맹을 강조하면서 중국과의 관계를 멀리했던 것이다.[36]

거리를 두었을 뿐이지 중국에 해가 될 만한 어떤 정책을 폈던 것은 아니다. 이명박은 한중정상회담도 가졌고 양국관계를 전략적 동반자관계로 격상시키기도 했다. 그러나 내막을 보면 시종 중국과의 긴장관계를 벗어나지 못했는데, 그 이유는 미국과 첨예하게 대립하던 중국이 이명박 정부의 한미동맹 강화에 불만을 갖고 있었기 때문이다.

러시아도 중국과 마찬가지로, 이명박 정부가 미국 정책을 추종하는 데 불만을 갖고 있었다. 러시아 전문가들은 한러관계 현안에서 이명박 정부가 강경노선을 취한 것에 다분히 피로감을 표출하면서 서울의 대러시아 정책 기본목표가 러시아·북한 갈등 유발이라는 의구심까지 갖고 있었다고 평가하기도 했다.[37] 따라서 이명박은 러시아와 여러 차례 정상회담을 가졌지만 특별히 의미를 부여할 만한 협정을 체결한 바가 없다.

한일관계는 독도 교과서 문제나 과거사 문제로 약간 갈등이 있었으

---

36 "사드미사일 배치하면 한중관계 이명박 정부 당시로 회귀한다고?", 한국국방개혁연구소(블로그), 2016년 2월 18일.
37 "러시아 FOCUS-박근혜 시대 한러관계 발전하려면", 〈중앙일보〉, 2013년 3월 27일.

나 정상회담을 통해 수위를 조율했고 북핵 문제 해결을 위한 한일 간 공조에 합의하는 등 초기에는 비교적 무난한 관계를 보였다. 문화적으로는 한층 교류가 왕성해져 일본 내의 한류는 이 시기에 가장 활발하게 꽃피었다고 볼 수 있다.

이명박 정부하에서 한류는 국가의 '신성장동력'으로 지목되어 각종 진흥정책을 통한 대대적인 지원 아래, 기업·지방정부·언론·학계와의 연계 속에서 콘텐츠가 전략적으로 생산·재생산되었다. 이를 반영한 한국 노래·드라마·영화·음식 등은 일본 내에서 큰 붐을 이루었고, 서울 명동 등지에는 날마다 일본 관광객들이 밀려다니다시피 했다.

그러던 것이 2012년 이명박의 독도 방문과 일왕에 대한 사죄 요구 발언이 결과적으로는 일본에서 강하게 타오르던 한류의 불꽃을 꺼뜨리는 계기가 되었다.

즉 이명박은 그해 8월 14일 충북 청원군 한국교원대를 방문한 자리에서 독도 방문의 소회를 묻자 "내가 모든 나라에 국빈 방문을 했지만 일본은 안 가고 있다"면서 "일왕이 독립투사들 앞에서 고개 숙여 사죄한다면 방한도 가능할 것"이라고 대답했다. '천황'을 일본의 상징으로 여기는 일본인들은 일왕의 방한 이야기가 오가는 것도 아닌 상황에서 느닷없이 고개 숙여 사죄하라는 발언이 나온 데 대해 격분했다.

이후 일본 방송에 한국 가수들은 나오지 못하게 되었고 훨훨 타오르던 한류 붐도 꺼졌다. 더불어 전에는 우익들만 혐한이었는데 일왕 사죄 발언 이후 혐한 분위기가 일반인들에게까지 확산되었다.

호사다마였을까? 이명박 정부가 출범하기 직전에 국보1호인 숭례문에 불이 났다. 이 문화재를 일반인에게 개방한 것은 이명박이 서울시장을 하고 있을 때였다. 문화유산을 시민의 품으로 돌려준다는 좋은 취지였지만 그 때문에 화재가 난 것이 안타까웠던지 그는 숭례문의 상징성을 감안, 국민의 힘으로 재탄생시키는 것도 의미 있는 일이 아니냐면서 국민성금 모금을 제안했다.

그러나 이 제안은 대선 참패 후 울분을 삼키고 있던 반이명박 세력의 가슴에 불을 지르고 말았다. 한 진보논객은 "사고는 자기가 치고 재미도 자기가 보고 돈은 왜 우리가 내냐?"라면서 "숭례문이 무슨 불우이웃이냐?"고 힐난했다.[38]

이로부터 이명박의 인사정책을 둘러싸고 고소영(고려대-소망교회-영남출신), 강부자(강남 부동산 부자), S라인(서울시청 출신) 등의 신조어가 나돌면서 반이명박 세력은 물론 반余기대층도 목소리를 내기 시작했다.

여기다 "내가 해봐서 아는데……"라는 이명박 특유의 어법도 반감을 사기 시작했다. 지난날 정주영의 "해봤어?" 화법이 미래지향적 주문이었다면 이명박의 "내가 해봐서 아는데……" 화법은 "세상 다 그런 거니 참고 살아라"라는 고통 감수형 표현으로 받아들여졌던 것이다.[39]

이런 가운데 2008년 5월 시작된 미국산 쇠고기 수입 재개협상은 대선 참패로 실의에 빠져 있던 진보세력을 집결시키는 계기가 되었다. 처음엔 그저 광우병에 대한 우려를 표시하기 위한 여고생 중심의 촛불시

---

38 "진중권, 숭례문이 불우이웃이냐?", 〈프레시안〉, 2008년 2월 13일.
39 "'해봤어?'와 '내가 해봐서 아는데'의 차이", 〈주간경향〉, 2011년 3월 10일.

위로 시작되었으나 집회가 계속되는 동안 반대세력이 집결하기 시작했고 쟁점은 교육·대운하·공기업 민영화 반대를 넘어서 정권퇴진 운동으로까지 확대되었다.

정점은 6·10민주항쟁 21주년인 그해 6월 10일이었다. 경찰 추산 8만, 주최측 추산 70만이 참가한 촛불 대행진이 개최되었다. 경찰측은 시위대의 청와대행을 막기 위해 광화문에 컨테이너박스를 쌓아 길을 차단했다. 누리꾼들에 의해 '명박산성'이라 이름 붙여진 이 컨테이너박스 앞쪽의 거대한 촛불시위는 미국·영국·프랑스·독일·일본 등의 외국 언론에도 대대적으로 보도되었다.

마침내 이명박은 청와대 춘추관에서 가진 특별기자회견에서 대국민 사과를 했다.

지난 6월 10일, 광화문 일대가 촛불로 밝혀졌던 그 밤에 저는 청와대 뒷산에 올라가 끝없이 이어진 촛불을 바라보았습니다. 시위대의 함성과 함께 제가 오래전부터 즐겨 부르던 '아침이슬' 노래 소리도 들었습니다. 캄캄한 산중턱에 홀로 앉아 시가지를 가득 메운 촛불의 행렬을 보면서, 국민들을 편안하게 모시지 못한 저 자신을 자책했습니다……저와 정부는 이 점에 대해 뼈저린 반성을 하고 있습니다.[40]

이 발언을 계기로 촛불시위의 강도는 한풀 꺾였다. 이쯤에서 반대세력의 존재를 인정하고 설득과 포용의 리더십을 보여주었더라면 오히려 국정의 동력을 얻을 수 있었을 것이다. 이명박은 선거에서 상대당보다 530만 표나 더 얻었으니 자신의 지지세력이 훨씬 더 많다고 생각할 수

---

40 "李대통령 뼈저린 반성, 반대의견 귀기울이겠다", 〈조선일보〉, 2008년 6월 19일.

도 있었겠지만, 역대 대선 결과를 보면 여야의 세력은 대략 반반으로 나타났다. 반대세력도 반은 되고, 그 반 역시 대한민국 국민이라는 얘기다.

그러나 이명박은 강하게 나갔다. 일부 시위자의 폭력행위를 근거로 경찰 대응을 한층 강화했다. 7월 말까지 모두 1045명의 시위자가 연행되었으며 이 가운데 900명이 벌금형을 받았다. 서민은 경제에 약하다. 벌금은 그들의 의욕을 위축시켰다. 이렇게 되자 오프라인 광장을 중심으로 모이던 시위세력의 일부는 그해 8월 말부터 포털사이트 '다음'에서 운영하는 온라인 광장 '아고라'로 모여들기 시작했다.

마침 아고라 경제토론방에는 뒤에 30세의 박대성으로 밝혀진 청년이 '미네르바'라는 필명으로 혜성처럼 등장한 터였다. 그가 미국 리먼브라더스의 위기를 예측하는 글을 올리자 보름 후에 정말 리먼브라더스의 파산신청 소식이 들려왔고, 국내외의 경제를 분석하고 예측한 100여 편의 글이 실제 상황과 제법 맞아떨어지자 누리꾼들은 열광하기 시작했다. 민생경제가 나빠진 것은 미국 월가에서 시작된 세계적 금융위기의 탓도 있었으나, 어쨌든 '경제 대통령' 이명박의 매직이 나타나지 않는 것을 본 젊은 대중은 온라인에서 맹활약하던 미네르바에게 '경제 대통령'이란 칭호를 부여했다.

대통령은 이를 모욕으로 느꼈던 것일까? 그해 말 미네르바는 전기통신기본법 위반으로 검찰에 체포되었다.

4대강 살리기

이렇게 오프라인 광장과 온라인 광장의 소란을 잠재운 이명박은 전해부터 시작된 세계적인 경제위기를 극복하는 일에 매진했다. 그는 은행을 구제하고 기업활동을 지원하기 위해 대대적인 경기부양책을 강구하고, 수출확대를 위한 고환율 정책을 폈다. 이로 인한 물가상승은 서민들의 고통을 야기했지만 위기상황은 역으로 국민들의 불만을 억제시키는 역할을 했다. 위기에서 벗어나려면 우선 기업이 안정되어야 하고 그래야만 국민생활도 안정될 수 있다는 주장이 설득력을 얻었던 것이다.

'4대강 살리기' 실행계획이 수립되어 있던 것은 다행이었다. 공공 부문에서 생산적 인프라 투자가 그야말로 신속하고 과감하게 이루어질 수 있었다. 청와대에서는 비상경제대책회의가 이어졌고 현장에서는 기업들과 노조들도 협력했다. 결과는 파란불이었다. 온 세계가 마이너스 성장이었을 때 우리는 플러스 성장을 기록했다…… 우리 경제가 취약하다고 비판했던 해외 언론들도 아낌없이 박수를 보냈다.[41]

"위기를 가장 모범적으로 극복한 나라."

이 찬사는 이명박에게 돌아갔다. 그러나 주목을 요하는 것은 과감한 경기부양책 중 핵심 사업으로 언급된 '4대강 살리기'다. 이는 촛불시위에 떠밀린 특별기자회견에서 국민이 반대한다면 추진하지 않을 것이라 천명했던 '한반도 대운하 사업'의 다른 이름이었던 까닭이다.

이명박 회고록엔 이런 대목이 나온다.

인수위원회 시절, 이후 대통령직 자문위원이 된 조지프 나이Joseph Nye 하버드대학 교수는 내게 한국의 소프트파워 문제를 언급한 적이 있다. 한국의 국력이 한 단계 높아지기 위해서는 공산품 수출도 중요하지만 국제사회에서의 '의

41 이명박, 《대통령의 시간》, RHK, 2015.

제 설정력'을 가져야 한다는 것이었다.[42]

이명박은 조지프 나이가 언급했다는 '의제'의 중요성을 인식하고 이를 응용하여 대운하 사업을 '4대강 하천정비 사업'으로 바꾸었던 것 같다. 취소했던 대운하 사업을 재개한다면 반대가 쏟아지겠지만 역대 정부에서도 해왔던 하천정비 사업을 벌인다니 큰 반대가 없었다. 이에 이명박은 4개월 뒤인 2009년 4월부터는 사업명을 '4대강 살리기'로 바꾸고 4년간 총 22조 원을 투입하기로 했다.

명분은 여러 가지였다. 물 부족과 홍수 피해를 해결하고, 수질을 개선하며, 다양한 생태하천 구역을 조성하고, 국민의 여가문화 및 삶의 질을 향상시키며, 무엇보다도 이 사업을 하는 동안 34만 개의 일자리를 창출하고 40조 원의 생산유발 효과를 발생시킬 수 있다는 것이었다.

그러나 결과는 달랐다.

국무조정실 4대강 사업조사·평가위원회가 (2014년 12월) 23일 발표한 보고서에서 4대강 사업에 걸린 명분과 목적은 모두 '실패'로 귀착됐다…… 동 위원회는 4대강 보가 2012년 봄부터 연례행사처럼 창궐한 '녹조라떼'의 주범임을 분명히 했다.[43]

한 전문가는 이러한 4대강 사업의 부작용을 바로잡으려면 모두 65조 원이 든다고 주장하기도 했다.[44]

42 이명박,《대통령의 시간》, RHK, 2015.
43 "22조 삼킨 4대강 목적 '모두 실패' 평가", 〈경향신문〉, 2014년 12월 23일.
44 "4대강 사업 부작용 바로잡으려면 65조 원!", 〈프레시안〉, 2014년 8월 5일.

또 34만 개가 창출될 것이라던 일자리는 1만 개 남짓 생겼는데 그것
도 "국토부가 발표한 (4대강 공사로 인한) 1만 364개 일자리 중 4분의 3에
해당하는 7939개는 고용보험조차 적용되지 않는 아르바이트 수준의 질
낮은 일자리"[45]였다.

40조 원의 생산유발 효과란 것도 "4대강 정비와 연계해 인근에 거
점도시를 조성하고 이를 지역경제 활성화의 핵으로 활용한다면 건설뿐
아니라 제조·서비스 산업에서도 고용이 새로 창출될 것"[46]이라는 식의
막연한 추정이었을 뿐, 정작 4대강 사업을 통해 돈을 번 것은 전국 95개
공구에 참여한 중·대형 건설사들뿐이었다.

그렇다면 서울에서 차로 1시간만 달리면 '황해'라는 대운하를 만날
수 있는데 왜 좁은 땅덩어리에 굳이 대운하를 파겠다고 고집했던 것일
까? 사업명을 바꾼 '4대강 살리기'도 찬성(36.7%)보다 반대(49.9%)가 많
았는데 왜 국민여론을 무시하면서까지 공사를 기어이 강행했던 것일
까?

집권이 끝난 후 감사원·검찰 조사가 있었고, 그 와중에 이런 보도가
나왔다.

> 4대강 공사 과정에서 이명박 전 대통령과 친분을 가진 업체에 물량이 몰리
> 고, 해당 업체에 공사비가 높게 산정돼 특혜 의혹도 나왔다.[47]

45 "새 일자리 34만 개는 뻥… 그나마 대부분 알바", 〈한겨레〉, 2010년 11월 17일.
46 "경제효과 40조 원… 강물 따라 돈이 흐른다", 〈중앙일보〉, 2009년 7월 8일.
47 "공사비 부풀리고 하청업체서 리베이트", 〈경향신문〉, 2013년 5월 16일.

자원외교

출범 초부터 이명박이 역점을 두고 추진했던 아이템이 하나 더 있었다. '자원외교'다. 이명박 정부 외교의 대표 브랜드가 된 자원외교는 이름도 새롭고 경제 대통령의 이미지와도 부합했을 뿐 아니라 세계적 자원전쟁에 대비한다는 명분도 있었다.

자원외교의 중심 인사는 '자원외교 총리'로 임명된 한승수를 위시하여 이명박 정부의 개국공신들인 국회의원 이상득, 지식경제부 차관 박영준, 미래기획위원장 곽승준, 일부 친이계 의원 등이었고, 해외자원 개발 실무는 석유공사·가스공사·광물자원공사 등의 공기업 사장들이 맡았다.

간간이 희소식이 전해졌다. 카메룬에서 다이아몬드 광산 개발권을 따냈다느니 미얀마 해상 석유광구를 확보했다느니 쿠르드 유전개발에 참여하게 되었다느니 캐나다 하베스트 석유사업을 인수했다느니 칠레에서 광물을 캐내게 되었다느니 하고.

그러나 집권 후의 "국정조사 과정에서는 MB정부의 자원외교 MOU(양해각서) 96건 중 본 계약을 맺은 건 16건에 불과했다는 사실이 드러났다."[48]

이명박 정부 당시 공기업 및 민간자본과 합작해 해외 자원개발에 투자한 돈은 약 40조 원이었는데 이 가운데 87.2%인 35조 원을 날린 것으로 밝혀졌다.[49] 거기다 경제성이 없는 것으로 판명된 국책 SOC(사회간접자본)사업에 약 40조 원의 예산이 투입되었다. 이렇게 하여 "이명박 시대

---

48 "정부 부처들 호들갑?… MOU, MB 자원외교 때와 다를까", 〈경향신문〉, 2016년 5월 3일.
49 "해외자원 개발 40조 투자 35조 손실", 〈에너지신문〉, 2014년 10월 27일.

의 국고 손실액은 4대강 사업에 22조 원, 해외자원투자 실패액 35조 원, SOC 손실 40조 원 등 모두 100조 원에 달했다."[50]

100조 원? 이 돈을 IT산업이나 BT산업이나 교육·의료·공공주택·서비스업 등에 투입했더라면 얼마나 많은 일자리가 생겼을 것인가 하고 아쉬워한 사람들도 많았다.

일자리와 서민경제

물론 이명박 정부에서도 서민 일자리 창출에 역점을 두지 않았던 것은 아니다. 촛불시위와 세계경제위기로 흔들렸던 집권 1년차를 보낸 뒤 심기일전한 이명박은 2009년 1월 2일 국정연설을 하는 가운데 "새해 경제운영에서 일자리만큼 중요한 것은 없습니다"라고 역설했다.

이 말을 뒷받침하기 위해 정부 각 부처는 일자리 창출 대책을 쏟아냈다. 임기 말까지 총 50조 원을 투자해 약 95만 개의 일자리를 만들어내겠다는 이 야심찬 프로젝트의 이름은 '녹색뉴딜'이었다. 이는 그 전해인 도야코 G8확대정상회의에서 이명박이 한국은 '녹색성장'으로 선진국과 개도국을 연결하는 가교 역할을 수행하겠다[51]고 약속하여 국제적인 찬사를 받았던 '녹색성장'에서 파생한 이름이었다.

그리고 청년 인턴제, 미래산업분야 청년 리더, 글로벌 청년 리더 등 총 43만 개의 청년 일자리를 만들겠다고 했다. 그러나 전문가들은 인턴은 영구직업이 아님을 지적하고, 4대강 등의 토목공사를 '녹색뉴딜'이

---

50 "MB 국고 손실, 22조+35조+40조+α", 〈뷰스앤뉴스〉, 2014년 10월 27일.

51 이명박,《대통령의 시간》, RHK, 2015.

라는 이름으로 포장한 것이 아니냐는 비판을 쏟아냈다.[52]

일자리 창출과 아울러 이명박은 서민경제에 대해서도 언급했다.

> 취임 초기 '비즈니스 프렌들리' 정책과 감세정책은 야당의 공세 탓에 '친대기업'과 '부자감세' 정책으로 낙인찍혔다. 더구나 세계금융위기 이후 유동성 부족을 해소하려다보니 서울에 돈이 많이 풀렸고, 환율도 종전보다 높아지면서 물가가 올라 서민들이 어려움을 겪고 있었다. 변화가 필요한 시점이었다. 나는 참모들에게 이 같은 상황을 거론하면서 서민경제에 각별히 신경 쓸 것을 당부했다.[53]

그러면서 언급한 것이 방글라데시의 그라민은행이 빈곤층의 영세사업을 지원하기 위해 처음 시작했다는 무담보 소액대출 '마이크로크레딧'이었다.

이를 변형해서 나온 정책이 '미소금융'이었고, 그밖에 사채부담을 줄이기 위한 '햇살론' '바꿔드림론' 등의 서민금융정책이 나왔다. 학자금을 대출해주는 '든든학자금'이나 유아 보육비를 지원하는 '누리과정' 같은 것이 등장하기도 했다.

그러나 이러한 친서민 중도실용정책은 재벌에 대한 일방적인 지원, 대기업 수출을 위한 고환율 정책, 토건산업 지원 등을 반대하는 여론을 잠재우기 위한 곁가지에 지나지 않는 친서민 대책이라는 비판도 있었다.[54]

52 "일자리 창출 정책은 속빈 강정?", 〈위클리경향〉, 2009년 1월 20일.
53 이명박, 《대통령의 시간》, RHK, 2015.
54 김세균, 〈기로에 선 한국사회〉, 학술단체협의회·민주화를 위한 전국교수협의회·전국교수노동조합(편), 《독단과 퇴행, 이명박 정부 3년 백서》, 메이데이, 2011.

언론장악

회고록《대통령의 시간》에서 본인도 시인했듯이 이명박 정부는 '비즈니스 프렌들리'였고, 보다 정확히는 '대기업 프렌들리'였다. 물론 대선 직전에 펴낸 책에는 "중소기업이 살아야 우리나라 경제가 산다…… 그래서 서울시장 퇴임 직후 국가경제 회생을 위한 첫 단추를 전국의 중소기업 현장을 찾는 일로 정했다"[55]는 대목이 보인다. 다짐대로 중소기업 현장을 찾긴 했을 것이다. 그러나 행보는 거기까지였다.

집권 후는 '대기업 프렌들리'와 '부자 프렌들리'였다고 믿는 사람들이 많은데 적어도 '서민 프렌들리'가 아니었음을 보여준 단적인 사건이 '용산참사'였다.

농성자들이 화염병을 투척하고 새총을 발사하는 등 폭력성을 보인 것은 잘못이지만, 사람이 죽고 다쳤다. 이 사건을 TV로 지켜본 김대중은 자신의 일기에 이렇게 적었다.

> 용산구의 건물철거 과정에서 단속 경찰의 난폭진압으로 5인이 죽고 10여 인이 부상·입원했다. 참으로 야만적인 처사다. 이 추운 겨울 쫓겨나는 빈민들의 처지가 너무 눈물겹다.[56]

그 후 민주당·민노당·진보신당·창조한국당 등 야4당은 용산참사에 항의하는 합동시위를 벌였다. 민심은 흉흉했다. 이런 우울한 사회 분위기 속에서 전 대통령 노무현이 자택 뒷산인 봉화산 부엉이바위에서

---

55 이명박,《흔들리지 않는 약속》, 랜덤하우스, 2007.
56 "김대중 전 대통령, 정부 강압일변도 큰 변 당할 것", 〈한겨레〉, 2009년 8월 21일.

투신자살하는 사건이 발생했다.

임기 말 지지율이 5.7%까지 내려갔던 노무현이지만 서거하자 그리움이 되살아났던 탓인지 조문객은 전국적으로 무려 500만 명을 상회했다. 그리고 그 석 달 후 진보진영의 또 다른 지도자인 김대중이 서거했다.

진보진영은 크게 위축되었다. 이들을 백업해줄 진보언론은 매우 취약했다. 전두환 시절 〈보도지침〉을 폭로하여 유명해진 한 언론인은 "이명박 정부 들어…… 수많은 기자와 PD들이 해직되거나 현업에서 쫓겨났다…… 유엔은 각종 법령을 개정하라고 권고했다. 그러나 이명박 정부는 눈 하나 꿈쩍 않는다. 오히려 좀 더 교묘한 방식으로 언론을 통제하려고 시도한다"[57]고 말했다.

'언론통제의 교묘한 방식'이란 표현이 눈길을 끄는데 그게 대체 무엇이었을까?

2009년 7월 22일 신문법·방송법·IPTV법 개정안 등 '미디어 관련 3법'이 국회를 통과했다. 이 미디어 관련법에 근거하여 신문사도 TV방송 사업을 겸할 수 있는 길이 열렸다.

종이신문의 경우 시대 변화와 함께 구독자가 줄어들고 그에 따라 광고가 줄어드는 바람에 신문시장에서 절대적인 지배력을 갖고 있던 유력 보수신문들조차 재정적인 어려움을 겪고 있었다. 이 때문에 종합편성채널(종편)의 확보야말로 신문사의 사활이 걸린 문제였다. 이 약점을 알고 있던 이명박 정부는 종편 사업자 선정을 약 2년간 미루었다.

그동안 종편에 목을 건 종이신문들은 이명박 정부에 대한 비판을 할 수 없었다. 언론에 재갈을 물리고 싶었던 정권은 많지만 이명박 정부처럼 완벽하게 언론을 장악했던 정권은 없다. 정말 뛰어난 솜씨다. 수단은

---

57 "이명박 정부 4년, 언론탄압과 표현의 자유억압", 〈오마이뉴스〉, 2012년 3월 8일.

채찍이 아니라 종편이란 이름의 당근이었다.

허가가 난 후 종편은 제작비가 적게 드는 정치토론 프로그램으로 방송시간을 메우는 일이 많아졌다. 종편 사업자로 선정된 유력 보수언론의 성향은 아무래도 정부 입장을 편드는 쪽일 수밖에 없다.

이렇게 되자 극도로 위축된 진보세력의 일부는 새로운 언로를 찾았다. 그것은 바로 팟캐스트로, 한 회당 1000만 명이 다운로드할 정도로 놀라운 파급력을 보였던 〈나는 꼼수다〉가 대표적이다. 이 팟캐스트에 자주 등장한 단어의 하나가 "쫄지 마!"였다. 전방위적인 압박을 느껴 위축되어 있던 사람들에게 용기를 주는 말이기도 했다. 젊은 청취자들은 열광했다.

이 기이한 현상에 대해 당시 〈뉴욕타임스〉는 "이들의 인기는 최근 물가상승과 취직난, 그리고 이명박 정권 및 주류 보수언론에 대한 불신의 시국에서 한국 젊은이들의 정치적 각성을 보여주는 증거"[58]라고 분석했다.

돌이켜보면 촛불시위→미네르바→〈나는 꼼수다〉로 형태를 바꿔가며 큰 물결을 만들어온 이 불특정 세력은 그해 말부터 다시 '안철수 현상'이라는 또 다른 파도를 만들어내기 시작했다.

얼리버드

한번 따져보자. 촛불시위의 경우는 "쇠고기가 계기는 됐지만 과거의 시

---

58 "By Lampooning Leaders, Talk Show Channels Young People's Anger", 〈New York Times〉, November 1, 2011.

대로 돌아갈 것 같은 두려움에 대한 잠재의식이 표출된 것"[59]이라는 김대중의 해석이 마음에 와 닿는다.

정치 불신 또는 정치 냉소주의였다고 보는 견해도 있는데 〈나는 꼼수다〉의 경우가 그랬던 것 같다.

그러나 미네르바나 안철수 현상에는 기성정치에 환멸을 느끼고 어디선가 메시아가 출현해주기를 바라는 이들의 기대심리가 깔려 있었다. 그들은 기대치에 근접한 인물이 등장하자 밑도 끝도 없이 열광했던 것이 아니었던가 싶다. 미네르바나 안철수의 열광자들은 지난날 정치세력을 만들었던 YS나 DJ의 경우처럼 충성심은 없었다. 그렇기 때문에 갑자기 나타났던 열광이 갑자기 사라지는 특성을 보였다.

이상하다. 왜 그 같은 기이한 현상들이 이명박 시대에 집중적으로 나타났던 것일까? 이명박 캠프의 이론적 토양을 마련하는 데 관계했던 원로 학자 안병직은 이런 말을 했다.

정치가 뭔지 제대로 터득을 못하고 있다. 장관 임명하고 해서 그냥 일하면 되는 줄 아는데 실제는 안 된다. 국민들이 이념적으로 찢어져 있는데 그걸 통합하는 게 정치의 핵심이다. 그게 정치라고 생각하지 않고 장관이나 임명해서 효율적으로 국정수행만 하면 된다고 생각하는 것 같다.[60]

요컨대 이명박은 회사와 정부를 혼동한 채 정치의 궁극적 목표가 '통합'에 있다는 것을 몰랐다는 얘기다. 그랬기 때문에 자신을 지지하지

---

59 "통일은 망원경처럼 멀고 넓게 보고 현미경처럼 가깝고 깊게 봐야", 〈KNSI〉, 김대중평화센터, 2008년 9월 3일.
60 "이명박 1년-'보수'의 평가는 어떠한가", 〈경향신문〉, 2009년 2월 25일.

않았던 나머지 세력에 대한 배려와 설득을 낭비의 개념으로 간주하고 자신이 추진하고 싶은 일만 불도저처럼 밀어붙였던 것이다.

미국의 한 보고서는 "이명박은 한국전쟁 이후 남한이 빠르게 경제 성장을 하던 시대의 산물이다"[61]라고 평했다.

올드 패션이라는 얘기다. 군대식을 닮은 1970년대식 CEO 리더십은 효율을 중시하기 때문에 소통과 설득이 없다. 과연 이명박은 같은 당내의 박근혜계를 껴안지 못했고 심지어 주류파 안에서도 몇몇 인사들을 배제시켰다. 그러니 어떻게 야당이나 반대세력을 설득하고 포용할 수 있었겠는가?

이 과정에서 극도의 소외감과 위기감을 느낀 반대세력은 때로 촛불 시위로 항의하고, 때로는 〈나는 꼼수다〉처럼 비꼬는 것으로 분노를 달래며, 때로는 혜성처럼 나타난 미네르바나 안철수를 자신들의 메시아로 만들어 열광하기도 했던 것이 아닐까?

이명박 자신은 이런 말을 했다.

나와 나의 참모들은 얼리버드들이었다. 정말이지 쉬지 않고 뛰었고 신나게 일했다.[62]

아주 열심히 일했다는 것이다. 하지만 누구를 위해서?

---

61 "Who Is President-Elect Lee Myung-Bak?", 위키리크스 공개 주한 미대사관 문서, 2007년 12월 19일.
62 이명박, 《대통령의 시간》, RHK, 2015.

욕망의 시대

　　현재 국민 다수는 이 대통령을 '그들 리그' '우리 리그'로 나누어진 사회 속의 전문경영인으로 본다. 그 경영인이 우리가 아닌 그들을 위해 일한다고 여긴다…… 이 대통령을 국민을 배려하거나 위하는 척하는 리더라고 느끼는 사람들이 있고, 그런 그들은 이 대통령에 대해 부정적인 생각을 하면서 우리 사회를 약자에 대한 배려가 없는 사회로 본다고 한다.[63]

　　해외순방 같은 작은 사례를 하나 들어보자. 이명박은 대한민국의 먹을거리를 만들어 '더 큰 대한민국'으로 뻗어나가는 든든한 디딤돌을 마련하겠다면서 역대 대통령 가운데 최다인 도합 49회의 해외순방을 가졌다. 그런데 그 비용은 "역대 대통령의 순방비용을 바탕으로 계산해보면 최소 1163억에서 최대 2013억원으로 추정된다"[64]고 한 경제신문이 보도했다.

　　그에 비해 노태우는 11회(452억), 김영삼 13회(495억), 김대중 23회(546억), 노무현 27회(700억)였다. 이처럼 전임 대통령들에 비해 훨씬 많은 나랏돈을 쓰면서 해외순방을 강행했지만 그가 얻은 외교성과가 지금 무엇으로 남아 있는지는 분명치가 않다. 해외여행의 주요 명분이었던 자원외교의 성과가 거의 허탕이었다는 것은 이미 언론을 통해 보도된 바 있다.

　　"나는 정치자금을 걷지 않았다"[65]고 그는 말했다. 그 말은 사실이었

63　"MB 지지율 높은데 바닥 민심은 왜…", 〈중앙일보〉, 2011년 2월 8일.
64　"MB '비즈니스 외교' 비용은 총 1200억?", 〈헤럴드경제〉, 2012년 11월 26일.
65　이명박, 《대통령의 시간》, RHK, 2015.

을 것이다. 그럼에도 불구하고 4대강 공사와 자원외교 등을 둘러싼 여러 말들이 나돌았다.

재임기간 내내 민영화의 논리를 타고 인천국제공항, KTX 등 주요 시설의 매각설이 끊임없이 나돌았고, 속칭 '검은머리 외국인'이 개입된 맥쿼리인프라가 한국 내의 여러 고속도로와 지하철 9호선 등 각종 사회간접자본에 투자하여 2009년부터 임기 말까지 매년 1000억 원대의 당기순이익을 기록했다는 보도가 나왔는데[66] 호주에 본사를 둔 이 맥쿼리라는 다국적기업엔 이명박의 인척이 관련되어 있다는 보도도 여러 매체에서 나왔다.

> 이명박 정부의 '방송장악 시나리오'처럼 '인천공항공사 매각 시나리오'도 나돌고 있다. 정부가 인천공항공사 평가를 낮춰 공기업 매각 대상에 올리고 외국자본인 맥쿼리로 지분을 넘긴다는 것이 뼈대인데, 이명박 대통령의 지인과 친척 등이 맥쿼리와 직·간접적 관계를 맺고 있는 점 때문에 눈길을 끈다.[67]

또한 임기 말엔 이명박의 멘토와 개국공신들이 비리 혐의로 줄줄이 구속·수감되었다. 그리고 퇴임 후엔 야당이 이명박 시대의 4대강 사업과 자원외교 등에 대한 국정조사를 요구하고 나서기도 했다.[68]

야당이 요구한 국정조사는 이루어지지 않았다. 여당과 청와대가 방패막이로 나서주었기 때문이다.[69] 늘 다음 단계를 준비해두는 그의 행동 패턴을 고려할 때 퇴임 후의 사후대비책까지 마련해두었음을 짐작하게

---

66 "맥쿼리 가면 쓰고 혈세 가져간 검은 머리는", 〈조선비즈〉, 2013년 3월 11일.

67 "인천공항공사, 조카를 위해 준비했다?", 〈한겨레21〉, 2008년 8월 18일.

68 "새정치, MB정부 정조준 '4대강 자원외교 국정조사 검토' 공세", 〈한국일보〉, 2014년 10월 22일.

69 "MB, 4대강·자원외교 '부실' 드러나도 여유만만", 〈헤럴드저널〉, 2014년 11월 14일.

하는 대목이다. 자신을 위해서 그처럼 계획적이고 실천적인, 그리고 민완하고 유능한 인물은 많지 않다. 그랬기 때문에 아무것도 가진 것 없는 출발점에서 시작하여 스스로의 힘으로 엄청난 '성취'를 당대에 이루어 낼 수 있었을 것이다.

그러나 안타깝다. 시각이 당대에만 머물렀기 때문이다. 영국의 한 사학자는 상업적이며 경쟁적인 동기에 익숙한 경제인 출신이 정치권력을 장악하게 되면 "경제적 불안정성이 커지고 사회적 불평등이 깊어지며 환경적 재앙이 고개를 들게 된다"[70]고 했다. 퇴임 후 실시된 여론조사에서 경제인 출신의 그는 '역대 최악 대통령'으로 나타났다.[71]

시각을 높여 멀리 역사를 바라보고 시야를 넓혀 널리 만인을 살폈더라면 최고 대통령이 될 수도 있었을 것이다. 여기서 강조해야 할 대목은 대통령 자리는 한 개인의 성취욕을 만족시키기 위한 자리가 아니라는 점이다. 또한 개인의 입신영달의 정점이나 치부의 수단이 되어서도 안 된다. 이 점과 관련하여 심리학자 김태형은 "이명박 전 대통령은 어떤 사람이라고 말할 수 있나?"라는 인터넷신문의 질문에 이렇게 혹평했다.

철학이 있다. 다름 아닌, 돈! 돈을 벌기 위해 대통령이 됐고, 돈을 벌었기 때문에 퇴임 후에도 만족하며 살고 있다.[72]

슬하에 3남 1녀를 둔 그는 현재 부인 김윤옥과 함께 논현동 자택에서 여생을 보내고 있다.

---

70 David Priestland, 《Merchant, Soldier, Sage: A New History of Power》, New York: Penguin Books, 2014.

71 "MB 역대 최악 대통령… 전두환·노태우·YS순", 〈한국일보〉, 2015년 8월 15일.

72 "MB는 교활한 ○○○… 문제인은 또 진다", 〈프레시안〉, 2015년 5월 1일.

12

박근혜

**청와대의 '공주'에게
비전은 있는가**

9세 때부터 27세까지 청와대의 공주로 자란 그녀에게 청와대는 늘
돌아가야 할 자신의 집이었을 따름이다. 그 집에서 공과 사를 구분
하지 못하고 나라를 사유화한 채 국정을 비선에 의지한다. 당초부
터 권력욕은 강했으나 그 권력욕을 성취하고 나서 무엇을 해야 할
것인지에 대한 비전은 없다. 아버지 시대의 정당화에만 관심을 두
었던 공주를 탄핵한 것은 피플파워다.

영애의식

다시 왕조 시대로 돌아간 것일까?

아버지 부시George H. W. Bush에 이어 아들 부시George W. Bush가 미국 대통령을 할 때도 좀 이상한 느낌이 들었더랬는데, 옆 나라 일본에선 기시 노부스케岸信介 총리의 외손자인 아베 신조安倍晋三가 총리를 하고 있고, 중국에선 공산당 원로의 자식들 모임인 태자당의 시진핑習近平이 주석을 하고 있다.

그런가 하면 인도·파키스탄·스리랑카·방글라데시 등에서는 아버지의 뒤를 이어 아들이나 딸이 총리 또는 대통령을 지낸 경우가 많았고, 그리스의 경우도 북한처럼 3대가 총리를 역임했다. 그리고 한국에서는 아버지 박정희에 이어 딸 박근혜가 대통령을 하고 있다. 이렇게 열거하다 보니 세계적으로 가문정치가 유행하고 있다는 느낌마저 든다.

문제는 그 결과가 별로 좋지 못했다는 점이다. 이를테면 인도·파키스탄·스리랑카·방글라데시의 경우는 부정부패 등으로 나라가 수렁에 빠졌고, 아르헨티나의 경우는 페론 부부Juan Domingo Perón·Eva Duarte Perón가 세계 제4위의 부자 나라를 나락으로 떨어뜨렸다. 그리스의 경우도 아버지 파판드레우Andreas Papandreou 총리 때 파탄 낸 나라 경제를 그 아들Giorgos Papandreou이 복구하려고 애쓰다가 중도하차하고 말았다.

한국은 현재 '제2의 IMF'라는 표현으로도 모자란다는 것이 전문가들의 견해다.

2세나 3세의 집권은 왜 이처럼 좋지 않은 결과를 초래하는 것일까? 그 이유는 왕조 시대의 종식 원인에서 찾아야 한다.

근대 공화주의의 등장은 인간의 오류 가능성에 대한 성찰로부터 비롯되었다. 민주주의를 통한 정권교체가 필수적인 이유는 앞선 통치의 오류에 대한 교정의 필요성 때문이었다.[1]

그러나 가문정치는 선대의 잘못을 인정하거나 고치기가 어렵다. 오히려 권력자의 아들딸로 자란 그들에겐 왕자병이나 공주병 같은 것이 있다.

전형적인 부잣집 망나니 아들로 자라다 근본주의 기독교 신자가 되었다는 부시는 미국을 역사상 최악의 전쟁 수렁으로 밀어 넣었고, 역시 왕자병을 지닌 아베는 군사대국화를 위한 개헌에 반대하는 일본 국민이 찬성하는 사람보다 배가 많은데도 굳이 이를 밀고 나간다. 집권 이후 역시 군사대국화를 추진하고 있는 시진핑의 중국은 경제 또한 불안하다는 뉴스가 자주 등장할 정도의 저성장을 이어가고 있어 앞날을 지켜보아야 한다.

박근혜의 경우는? '영애令愛의식'이 있다. 2007년 대선 경선 당시 박근혜 캠프의 좌장이었던 김무성은 기자들에게 "너거, 박근혜가 제일 잘

1 "박정희의 희극, 박근혜의 비극", 〈중앙일보〉, 2012년 10월 18일.

쓰는 말이 뭔지 아나?" 하고 물었다. 기자들이 "원칙, 신뢰, 약속 아닌가요?"라고 하자 이렇게 말했다.

> 하극상이다, 하극상! 박근혜가 초선으로 당 부총재를 했는데 선수選數도 많고 나이도 많은 의원들이 자기를 비판하니까. 하극상 아니냐고 화를 내더라. 그만큼 서열에 대한 의식이 강하다. 그다음으로 잘 쓰는 말이 색출하세요다, 색출. 언론에 자기 얘기가 나가면 누가 발설했는지 색출하라는 말이다. 그다음이 근절이고. 하여간 영애의식에서 벗어나지 못했다.[2]

'영애의식'이야말로 집권 전후의 수많은 사건에서 그녀가 보여준 특이한 언행을 어떻게 해석해야 하느냐에 대한 하나의 관점을 제공해준다.

한때 '친박親朴'이었다가 등 돌린 사람들이 공통적으로 하는 얘기가 "박 대통령은 우리를 신하로 여긴다"[3]는 것이었다. 대중의 열렬한 환호 속에 대통령에 당선되었던 '영애'가 집권 후엔 '여왕'으로 바뀌었다는 뜻인데, 공화 시대에 여왕의 모습을 보인 그녀는 대체 어떤 인물일까?

단조로운 학창 시절

1952년 대구에서 아버지 박정희와 어머니 육영수 사이에서 장녀로 태어난 박근혜는 아버지가 대통령에 당선된 1963년 말부터 청와대에서 살기 시작했다. 장충초등학교와 성심여자중고교를 거쳐 서강대 전자공

---

2 "비밀해제 MB 5년-무대와 공주", 〈동아일보〉, 2013년 5월 25일.
3 "여왕과 공화국의 불화", 〈조선일보〉, 2015년 7월 2일.

학과에 입학하기까지의 생활에 대해서는 알려진 것이 많지 않은데 그녀의 자서전에 소개된 내용을 일부 옮겨보면 다음과 같다.

가족이 함께 하던 밥상 대화를 통해 나는 참 많은 것을 배웠다. 자연스레 다양한 분야에 관심을 갖고, 고민하고 공부하였다. 그 과정에서 나도 모르는 사이 애국심도 함께 자랐던 것 같다. 어느 날인가부터 부모님이 가뭄 걱정을 하면 비가 내리게 해달라는 기도를 하는 등 어느새 나는 나라살림을 걱정하는 애어른이 되어 있었다. 하지만 돌이켜보건대 그 나이에 어울리는 엉뚱한 추억 한두 개쯤 가지고 있었더라면 하는 아쉬움이 남기도 한다.[4]

엉뚱한 추억에 해당할 듯한 일화가 하나 전해진다. 서강대 입학 당시는 19세였다. 상당히 예뻤을 것이다. 그래서 당시 시골 출신의 한 남학생이 대통령 딸인 줄도 모르고 "저랑 빵 드실래요?" 하고 데이트 신청을 했다고 한다. 그러자 다음 날 덩치 큰 경호원이 네댓 명 달려들어 빵 한 보따리를 안겨주면서 "다시는 빵 이야기하지 마" 하고 사라졌다는 것이다.

유신 시절 대학가에 떠돌았다는 이 일화를 꺼낸 어떤 기자에게 박근혜는 이렇게 답했다.

"재미있네요. 그런 일이 있었겠어요? 상상해서 하는 얘기지. 대학 시절이 특별히 유별난 건 없었어요. 미팅 같은 건 한 번도 못 해봤어요."

"연애도 못 해봤겠군요."

"그런 것도 없었습니다."

---

4 박근혜, 《절망은 나를 단련시키고 희망은 나를 움직인다》, 위즈덤하우스, 2007.

"젊은 시절에 재미가 별로 없었겠네요."

"여러 가지로 어렵고 힘들었어요."[5]

그런 가운데서도 하루는 경호팀 몰래 서강대 뒷문을 빠져나가 버스를 타고 명동으로 나가 거리를 구경하고 영화를 관람한 다음 명동성당의 저녁미사에 참가한 일이 있었는데, 이것이 학창생활 중 돌출행위였던 것으로 기억될 만큼 그녀의 생활은 제한적이었다. "당시 여학생이 둘뿐이었는데 한 명이 유학을 가서 혼자가 되는 바람에 공대 얼짱이 됐다"는 그녀의 농담 속에서도 단조로웠던 젊은 날이 감지된다.

대학졸업 후 프랑스에 유학 갔다. 그러나 그르노블대학교에서의 유학생활은 6개월을 채 넘기지 못했다. 대사관 직원들의 갑작스러운 연락을 받았기 때문이다. 짐도 챙기지 못한 채 김포공항에 도착해서 얼핏 신문 가판대를 보니 "어머니의 사진 위에 '암살'이라는 글자가 눈에 확 들어왔다…… 온몸에 수만 볼트의 전기가 흐르는 것처럼 쇼크를 받았다"고 그녀는 회고했다. 어머니가 흉탄에 쓰러졌던 것이다.

퍼스트레이디

박근혜는 어머니 장례식을 치른 지 6일 뒤 '영부인배 쟁탈 어머니 배구대회'에 퍼스트레이디로 참석해야 했다. 스물두 살 때의 일이다. 이로부터 5년 동안 그녀는 어머니 역할을 대신해야 했다.

---

5 "직격 인터뷰─박근혜의 비타협적 권력의지", 〈월간조선〉, 2002년 4월호.

나는 아버지를 보필하는 일에 주력했다. 아버지가 국토시찰이나 산업현장을 방문할 때면 아버지를 수행하면서 나는 많은 것을 보고 배웠다. 아버지와의 대화는 주로 승용차 안에서 이루어졌다. 아버지는 훌륭한 선생님이었고, 나는 착실한 학생이었다. 아버지는 역사·안보·경제에 관한 이야기를 주로 하셨다. 알게 모르게 나는 아버지로부터 돈으로 계산할 수 없는 귀한 과외수업을 받고 있었다.[6]

그녀는 퍼스트레이디 자격으로 걸스카우트 명예총재를 맡았고, 이어 전국의 학교를 돌며 '새마을운동'과 '새마음운동'에 적극 동참해줄 것을 호소했다. 훗날 그녀가 침착한 모습으로 대중 앞에 서서 설득력 있는 연설을 할 수 있게 된 데는 이때의 연습과 경험이 큰 도움이 되었던 것으로 보인다.

'새마음갖기' 궐기대회 등에서 행한 격려사들을 모은 《새마음의 길》이란 책이 1979년 5월에 발간되었는데, 주된 내용인 충효사상에 덧붙여 예禮의 가치가 수록된 것이 이채롭다. 그런데 그로부터 십수 년이 지난 뒤 그녀가 발간한 일기와 수필 형식의 책들을 보니 10·26 이전에 강조했던 예가 인격형성 또는 바르게 살기의 테마로 발전해 있음을 알 수 있었다.

나는 헛됨으로 가득한 이 세상에서 영원한 것은 있을 수 없는 이 세상에서 생의 등대로서 한 가지 목표를 정하였다. 그것은 언제 어디서, 무슨 일을 하건 간에 죽는 날까지 바른 마음을 지니고 바른 언행을 익히면서 살아가겠다는 것이다.[7]

6 박근혜, 《고난을 벗삼아 진실을 등대삼아》, 부산일보출판국, 1998.

정계 진출 후 그녀가 강조하게 되는 '원칙' '신뢰' '절제' '정직' 같은 단어들이 사실은 이 시기에 얻은 삶의 원칙이었을까?

한편, 그녀가 머리맡에 두고 수시로 읽은 책은 《성경》《금강경金剛經》《명심보감明心寶鑑》 같은 것들이었다고 하는데, 그래서 그런지 그녀가 출간한 책을 보면 무슨 금언집이나 명상록을 읽는 느낌이 든다.

"저 자신을 다스리기 위해 계속 글을 썼어요. 그러면서 살아가는 데 정말 중요한 가치는 무엇일까를 끊임없이 생각했고 그것이 확고히 마음속에 뿌리내리는 느낌을 받았어요"[8]라고 그녀는 말했다.

왜 그렇게까지 자기 자신을 단련하고 절제해야 했던 것일까?

배신의 아픔

새벽 1시 30분쯤 전화벨 소리에 잠이 깬 그녀는 수화기 너머로 "일어나 몸차림을 해주십시오"라는 비서관의 말소리가 들려왔을 때 등 뒤로 서늘한 기운이 느껴지며 어머니의 일이 번개처럼 스쳐갔다고 자서전에 적었다.

이번엔 아버지가 변을 당한 것이다. 이후 모든 것이 변했다. 그녀는 참담했던 처지와 심경에 대해 "오랫동안 큰 힘 또는 권력의 비호 아래 지내왔거나 뭐든지 다 들어주는 부모의 보호 아래 금지옥엽으로 자란 사람들은 그 권내를 벗어나면 참으로 비참한 지경이 되기 쉽다. 무엇보다도 먼저 분노를 다스릴 줄 모른다"[9]고 회고했다.

7 박근혜, 《고난을 벗삼아 진실을 등대삼아》, 부산일보출판국, 1998.

8 "한나라당 초선 박근혜 의원", 〈신동아〉, 1998년 10월호.

3인칭으로 되어 있으나 사실은 그녀 자신의 이야기였을 것이다. 바로 그 분노를 삭이기 위해 절제와 인내가 필요했고 수양이 필요했으리라. 분노는 배신자들에 대한 것이었다. 일기와 수필 형식으로 된 그녀의 초기 저작물을 보면 배신의 아픔을 피력한 구절이 많아 그 점을 어렵지 않게 짐작할 수 있다.

모두가 변하고 또 변하여 그때 그 사람이 이러저러한 배신을 하고 이러저러하게 변할 것을 어찌 생각이나 했겠는가.[10]

사실상의 퍼스트레이디로서 수많은 사람들의 충성맹세를 받았던 그녀의 입장에서는 아버지를 잃고 나서 표변한 수많은 배반자들의 존재에 치를 떨어야 했다. 배신에 대한 분노와 좌절은 남과의 싸움인 것 같으나 근본적으로는 자신과의 싸움이다.

"극복해야 한다고 생각했죠. 내가 생명을 부여받은 것을 감사하자. 시간이 흐르면서 자연의 아름다움, 생명의 아름다움에 눈을 떴어요. 그때 식물원을 참 많이 찾아다녔지요."

실은 식물원뿐만 아니라 많은 곳을 혼자 다녔다. 이 무렵의 그녀는 사람들에게 잊혀 있었던 것이다. 그래서 거리를 혼자 다니면 화장품 코너의 아가씨가 그녀를 붙들고 "메이크업 해보고 가라"고 할 정도였다.[11]

극복해야 한다고 생각했지만 사실은 극복하지 못했다. 나중 정치권에 들어가서 생기게 되는 '친박'이라는 용어가 이후 '탈박' '짤박' '멀박'

---

9   박근혜,《결국 한 줌 결국 한 점》, 부산일보출판국, 1998.
10   박근혜,《평범한 가정에 태어났더라면》, 남송, 1993.
11   김인만,《울지 마세요 박근혜》, 바른길, 2004에서 재인용.

'홀박' '원박'이나 '신박' '복박' '종박' '진박'이라는 식의 해괴한 용어로 파생에 파생을 거듭하는 것도 그 밑바탕엔 배신의 트라우마가 있는 듯 보이기 때문이다.

청와대를 나온 뒤부터 그녀는 자의반 타의반으로 '잃어버린 10년'을 보냈다. 세상 인심이 바뀌고 '독재자 박정희'라는 평가가 대세였던 10년을 보내고 나서 심기일전한 박근혜는 세상 평가에 대한 반격을 시작했다.

1989년에는 이미 전해에 발족한 박정희·육영수 기념사업회의 명의로 부친 사망 10주기 행사를 대대적으로 열었고, 다음 해에는 부친을 미화하는 영화 〈조국의 등불〉을 제작했다.

이 '반격의 세월'에 그녀와 같이했던 것이 최태민이다. 박근혜보다 34세 또는 40세가 더 많은 최태민은 1918년 또는 1912년생으로 순사→경찰→헌병대 문관→사업가→중학교 교장→승려 생활을 하다가 기독교 목사가 된 다채로운 이력의 소유자다.

그는 1975년 꿈에 '육 여사가 나타나 근혜를 도와주라'고 하는 현몽이 있었다는 내용의 서신을 세 차례 발송하여 박근혜를 만났다. 같은 해 박근혜의 후원을 얻어 대한구국선교회→구국여성봉사단→새마음봉사단을 설립했는데 운영자금 등을 마련하면서 사기횡령 등 44건의 비위사실 혐의가 있어 대통령의 친국까지 받았다고 한다.[12]

훗날 윌리엄 스탠턴William Stanton 주한 미부대사가 미 국무부에 보낸 보고서에는 "카리스마가 있는 고 최태민이 인성 형성기의 박근혜 몸과 영혼을 완전히 지배했으며, 그런 결과로 그의 여러 자녀가 막대한 재산을 축적했다는 소문이 파다하다"[13]고 기록되어 있다.

'한국의 라스푸틴Grigori Rasputin'이라고도 불리던 최태민과 일한 것

---

12 "박근혜 X파일 & 히든카드", 〈신동아〉, 2007년 6월호.

때문에 유신 시절과 5공 시절 마음의 고초를 겪었는데도 1990년까지 계속 그의 도움을 받은 이유가 무엇인가를 묻는 기자에게 그녀는 이렇게 대답했다.

그때 저를 도와주고 그런 분들이 별로 없었죠. 아버지가 매도당하던 시절이고 누가 있었나요? 와서 저를 돕는다는 게 쉬운 일이 아니었어요. 세상인심이라는 게 그래요.[14]

그러던 그녀에게 갑자기 정치권으로부터 러브콜이 왔다. 1997년 말에 터진 IMF환란과 함께 대통령 박정희에 대한 국민적 향수가 확산되자 각 당 대선캠프는 그의 딸이 지닌 정치적 상품성에 눈길을 돌리게 되었던 것이다.

선거의 여왕

1997년 12월 10일 한나라당 선대위 고문에 임명된 그녀는 곧바로 청주 유세에 나섰다. 그러자 박정희의 적자로 자처해온 DJP연합의 김종필이 "근혜는 대체 왜 저러는 거야?" 하고 장탄식을 했다고 한다.

그러나 "각 진영에서 영입대상 1호로 꼽히던 박근혜의 위력은 상상 이상이었다. 14일 첫 방영된 그녀의 TV찬조연설이 큰 반향을 불러일으

---

13 "ROK Presidential Election: Still The Politics Of The Vortex", 위키리크스 공개 주한 미대사관 문서, 2007년 7월 20일.
14 "직격 인터뷰–박근혜의 비타협적 권력의지", 〈월간조선〉, 2002년 4월호.

키자 이틀 뒤 이례적으로 재방송됐다. "나라가 어려울 때 근혜 씨를 보니 박 전 대통령과 육영수 여사 생각이 난다" "TV연설만 하지 말고 가까이서 볼 수 있도록 직접 우리 지역을 방문해달라"는 전화를 전국에서 받은 한나라당은 횡재한 느낌을 감출 수 없었다."[15]

이후 그녀는 울산과 대전 등지를 돌며 지원유세를 벌였지만 아들의 병역비리 문제로 지지율이 하락한 이회창 후보는 대세를 회복하지 못하고 끝내 낙선하고 말았다.

당초 입당할 때 그녀는 16대 총선에서 문경·예천 지역구의 공천을 약속받았다. 그러나 대선 지원유세를 통해 인기도를 실감한 당 지도부는 다음 해 4월 대구 달성 보궐선거에 그녀를 내보내기로 결정했다.

국민의 정부를 출범시킨 새정치국민회의는 대구 달성 지역을 전국 정당화의 전략지로 간주하고 있었다. 그래서 안기부 기조실장 출신의 엄삼탁을 후보로 택하고 자민련 총재 박태준으로 하여금 지원유세토록 했다. 여론조사기관은 3.6% 정도 차이의 접전으로 엄삼탁이 승리할 것이라고 예측했다. 이 때문에 야당인 한나라당 지도부에서도 박근혜의 승리를 자신하진 못했다.

엄삼탁 캠프는 화력을 집결하고 심지어 안기부 X파일까지 동원하여 박근혜를 총공격했으나 먹히지 않았다. 더 놀란 것은 한나라당 지도부였다. 유세장마다 인파가 몰려들어 열광하는 모습을 보니 별도 찬조 연설이나 홍보가 필요하지 않았기 때문이다. 결과는 박근혜의 압승으로 끝났다. 24.4%의 표차였다.

그해 6월에 지자체 선거, 7월에 재보궐선거가 이어졌다. 15대 대선 때와 달성 보궐선거 때 박근혜의 위력을 목격한 한나라당 후보들은 너

---

15 "한나라당 초선 박근혜 의원", 〈신동아〉, 1998년 10월호.

도나도 지원유세를 요청했다. 박근혜는 그들의 요구에 응했고 결과는 성공적이었다. 나서기만 하면 이기는 현상이 그녀의 위상을 한껏 고양시켰다. 그것이 2000년 당 총재 경선에서 2등을 하게 된 배경이다. 정치입문 3년 만에 거대 정당의 부총재가 된 사례는 많지 않을 것이다.

이후 부총재 박근혜는 총재 이회창에게 요구한 당 개혁안이 받아들여지지 않자 일시 탈당했다가 재입당하는 우여곡절을 겪었다. 2002년 말 대선에서 다시 실패한 이회창은 일단 퇴장했으나, 한나라당은 여전히 다수당이었다. 그들이 잔류 민주당과 공조하여 2004년 3월 노무현 대통령 탄핵안을 통과시켰다가 거센 역풍을 맞았다. 여기에 불법대선자금 사건까지 불거지면서 '차떼기당'이 된 한나라당의 지지도는 끝 간 데를 모르고 추락했고, 탄핵을 이끈 대표 최병렬은 책임을 지고 사퇴해야 했다. 풍전등화의 위기였다. 이때 한나라당 당원들이 지푸라기라도 잡는 심정으로 붙든 것이 '박근혜 카드'였다.

언론은 이대로 17대 총선을 치르면 한나라당은 최악의 경우 2석, 최대치 50석이라는 비관적인 전망을 내놓고 있었다. 한나라당은 서둘러 임시 전당대회를 열고 2004년 3월 23일 박근혜를 당 대표로 선출했다.

다음 날 박근혜는 당사 건물에 붙어 있던 한나라당 현판을 떼어내는 작업부터 시작했다. 그리고 아무것도 없는 여의도 공터에 천막당사를 열면서 "말이 아닌 실천으로 개혁의 참모습을 보여드리겠다"고 국민에게 약속했다.

그녀는 선대위원장에 서울대 교수 박세일을 영입하고, 선대본부장에 국회의원 윤여준을 중용하는 등 개혁적 보수노선의 기치를 내걸고 한나라당의 '수구부패' 이미지를 걷어내는 데 힘썼다.

이후 한나라당의 지지기반인 영남권 바람몰이에 나섰다. 그녀는 하루에 2~3시간 자면서 28군데를 돌았다. 오랫동안 단전호흡이나 테니스로 단련해온 체력이 그 같은 강행군을 가능케 한 비결이었지만, 하도 악수를 많이 하는 바람에 손이 퉁퉁 부어 양손에 붕대를 감기도 했다.

개표 결과는 놀라웠다. 한나라당은 개헌저지선을 훨씬 뛰어넘는 121석을 확보했던 것이다. 그 무렵 어떤 식당에 들렀더니 뒷자리에서 소주를 마시던 손님 하나가 TV화면에 등장한 박근혜를 가리키며 말했다.

"선거의 여왕이 나타났군."

2007년 대선 경선

정계입문 초기 타협과 상생의 정치를 말하며 개혁보수 노선의 기치를 내걸었던 박근혜가 강경보수로 선회하게 된 것은 탄핵에서 돌아온 대통령 노무현과 과반의석을 확보한 열린우리당이 국가보안법 폐지 등 4대 개혁법안을 추진하면서부터였다.

2004년 7월 22일 박근혜는 대한민국 정통성을 훼손하고 나라를 부정하는 일들이 일어나고 있다면서 '국가정체성 사수'를 위해 정권에 대한 전면전을 선포하겠다는 뜻을 밝혔다. 그러자 노무현 정권을 못마땅해하던 보수언론들은 일제히 '박근혜 띄우기'에 나섰다.

이로부터 여야의 힘겨루기가 시작되었다. 다수당인 열린우리당은 4대 개혁법안 중 신문법안과 사학법안을 직권상정으로 통과시켰다. 그러자 박근혜는 장외투쟁을 선언하고 거리로 나섰다.

당시 한나라당 내부에서조차 회의적인 시선이 많았다. "한나라당이 무슨 장외투쟁이냐"는 비아냥도 있었고, 국회 등원에 대한 여론의 압박도 심했다. 하지만 박 전 대표는 장외투쟁을 계속했고, 결국 여야는 한나라당의 장외투쟁

3개월 만에 사학법 재개정 논의에 합의하게 된다.[16]

투쟁은 거기서 그치지 않았다. 행정수도이전법 처리 과정을 둘러싼 싸움으로 이어졌던 것이다. 이러한 강경노선은 박근혜의 지지율을 하락시키는 결과를 가져왔다. "체감경제의 악화로 민생경제 회생을 바라는 여론이 비등해졌음에도 여야가 이념대결과 정치공방에 매달린 결과이기도 했다."[17]

이와 대조적으로 국무총리 출신 고건의 지지율은 박근혜가 보수회귀 노선으로 돌아선 시점부터 조금씩 상승하더니 여야대결이 극심해진 2004년 말 조사에서는 지지율 32.2%로, 박근혜 16.0%를 따돌리고 1위를 차지했다.

거기다 2005년 초까지만 해도 아직 한 자릿수의 지지율로 하위권에 머물던 서울시장 이명박이 그해 10월 1일 청계천 복원공사를 완성시키면서 갑자기 1위(27.9%)로 뛰어올랐다. 이에 반해 박근혜는 고건→정동영→김근태에 이어 5위(5.1%)로 내려앉았다.

수도권·중산층·중도파·40대·화이트칼라의 5대 계층을 이명박, 고건에게 빼앗긴 박근혜로서는 지역적으로는 영남, 이념적으로는 보수인 전통적 한나라당 지지층에 의존했다. 충성도가 높았다. 그 점이 다시 확인된 것은 2006년 지방선거였다. 그녀는 오세훈 서울시장 후보의 지원유세를 위해 단상에 오르다가 커터칼 테러를 당했다. 턱 부근을 찢겨 3시간에 걸친 봉합수술을 마친 뒤 마취에서 깨어난 박 전 대표는 "대전은요?" 하고 가장 신경이 쓰였던 선거구의 상황부터 물어보았다. 이 한

16 "MB·박근혜 '세종시' 문제 왜 타협 못할까", 〈국민일보〉, 2010년 2월 21일.
17 김종욱 외, 《박근혜 현상》, 위즈덤하우스, 2010.

마디가 '박근혜 바람'을 불러일으키면서 한나라당은 호남을 제외한 전 지역에서 압승을 거둘 수 있었다.

그러나 박근혜 바람은 지방선거의 기억이 멀어지면서 강도가 점점 약해져갔다. 반면 '이명박 대세론'은 그해 10월 9일 제1차 북한 핵실험을 기점으로 탄력을 받기 시작했다. 양인의 격차는 당내 경선에서의 치열한 검증을 거치면서도 좁혀지지 않았다.

마침내 그녀는 2007년 8월 20일 거행된 경선에서 3000표 차로 이명박에게 졌다. 그녀는 깨끗이 승복했고, 그 후 독자출마를 강행한 전 총재 이회창의 손을 끝내 들어주지 않음으로써 이명박이 본선에서 압승할 수 있는 구도를 확정짓는 데 일조했다. 그러나 다음 해 그녀에게 돌아온 것은 친박계에 대한 '공천학살'이었다.

"나도 속았고 국민도 속았다"

2008년 4·9총선을 20일 남짓 앞둔 시점에서 영남권 현역의원을 대폭 물갈이한 공천 결과가 발표되었다. 친이親李계는 "계파를 고려하지 않은 공천혁명"이라고 의미를 부여했지만, 친박계는 "공천 대학살"이라며 크게 반발했다.

이에 서청원·홍사덕 등 공천에서 탈락한 친박계는 한나라당을 대거 탈당하여 '친박연대'라는 좀 묘한 이름의 정당을 창당했고, 김무성 등 영남 친박계는 '친박무소속연대'를 결성했다.

박근혜 자신은 이들과 직접 행동을 같이하지는 않았지만 공천 결과에 대한 기자회견을 갖고 "나도 속았고 국민도 속았다"고 말했다. 그리고 친박진영에 대해 "살아서 돌아오라"고 했는데 이 같은 그녀 특유의

'한마디 정치'가 위력을 발휘했음인지 그녀는 물론 친박진영의 출마자 상당수도 살아서 돌아왔다. 이들은 친이계의 반대로 당장 한나라당에 복당할 수 없었으나 광우병사태를 겪고 나서 그해 7월 전원 복당되었다.

이로부터 한나라당 내에는 박근혜가 경선캠프를 차렸을 때 같이 일했던 의원들을 포함하여 이른바 친박계가 자리 잡게 되었고, 이후 주류인 친이계와 사사건건 부닥치게 되었다.

두 세력의 한판 대결이 크게 노정된 것은 세종시 수정안이 대두되었을 때였다. 신임 총리 정운찬이 행정도시 백지화를 골자로 하는 세종시 수정안을 내놓자 박근혜는 "세종시는 국회가 국민과 충청도민에게 한 약속이었다"면서 맞섰다. 이후 친이계는 6개월 동안 여론전을 펼치며 수정안을 국회에 상정시켰으나 부결되었다. '공천학살'의 제1라운드에 이어 '세종시'의 제2라운드에서도 박근혜는 이명박을 이긴 것이었다. 이 시점부터 한나라당 내부 권력은 점차 박근혜 쪽으로 옮겨갔다. 미래 권력으로 떠오른 그녀에 대해 친박계 의원들도 "포스가 강해졌다"고 느끼기 시작했다.

언젠가 박근혜가 핵심 측근들과 함께 역삼동의 한 중국집에서 오찬을 하는 자리였다. 친박계 의원 윤상현이 5·16을 혁명이라고 하는 사람도 있고, 쿠데타라고 하는 사람도 있다는 얘기를 했다. 그는 이에 대한 입장을 명확하게 정해야 한다고 말했다.

"내부적으로 토론을 해서 정해야 합니다!"
"식사하면서 무슨 토론회를 해요!"
박근혜가 특유의 '레이저'를 쏘았다. 순간 화기애애했던 분위기는 썰렁해졌고 윤상현은 식사도 제대로 하지 못했다.[18]

친박 주변에서 흘러나오기 시작한 '레이저'라는 단어는 그녀의 강렬한 눈빛을 가리킨 말이다. 이를 보고 일부 관상가는 박근혜를 봉안鳳眼이라고 했다. 봉안이란 가늘고 길며 눈초리가 위로 올라가 있고 사람을 쏘아보는 눈빛이 강한 눈의 소유자를 지칭하는데, 관상학에서는 용안龍眼과 더불어 1급으로 친다. 거기다 박근혜는 호랑이상이다. 그렇기 때문에 가히 제왕이 될 수 있는 상이라고 평한 관상가도 있었다.

하지만 뉘 알겠는가? 사람 얼굴을 동물에 비교해서 보는 물형관상物形觀相에 동원되는 동물은 유파에 따라 34종, 50종, 72종이 있는데, 거기서 으뜸으로 치는 용과 봉황은 현실에 존재하지도 않는 것이니.

어쨌거나 이 무렵 미래권력은 상대를 제압했다. 하지만 현재권력과의 라운드는 거기서 끝난 것이 아니었다. 당시 친박계는 대통령 이명박이 정운찬을 총리로 기용한 것도 사실은 박근혜를 견제하기 위한 카드라고 보았고, 그 후임으로 전격 기용되었다가 청문회에서 낙마한 전 경남지사 김태호도 박근혜의 대항마로 뽑은 카드였다고 보았다. 그리고 확인된 바는 없지만 안철수도 그런 카드의 하나라는 설이 세간에 나돌기도 했다.

그러나 떠오르는 미래권력을 막을 수는 없었던 모양이다. 이 점은 친이계의 수장이었던 특임장관 이재오가 개헌론을 꺼내면서 "나는 개헌을 위해 가장 강력한 상대와 맞서겠다. 나는 다윗이고 나의 상대는 골리앗"이라며 개헌에 부정적이었던 박근혜를 골리앗에 비유했던 것으로도 확인된다.

이 시기 언론의 초점은 여당 내에서 마치 야당 같은 역할을 하고 있는 박근혜 또는 친박계에 집중되어 진짜 야당은 그 존재감을 잃는 손해

---

18 "비밀해제 MB 5년 12-박근혜의 레이저", 〈동아일보〉, 2013년 6월 15일.

를 봐야 했다.

MB라는 관문을 통과한 박근혜의 두 번째 관문은 수도권 중도층의 표심 확보였다. 수도권 인구는 전체 인구의 절반이다. 그래서 이곳을 빼앗기면 2007년의 경선 짝이 난다. 그 뼈아픈 경험을 잊지 않았던 박근혜는 종래의 보수일변도 노선에서 중도포용 노선으로 전환했는데, 그 점이 2010년 '한국형 복지구상', 2011년 '사회보장기본법 개정안' 발의 등으로 나타났다.

그러나 18대 대선 환경은 그렇게 녹록하지 않았다. 이명박의 임기 말 지지율이 20%대에 머물 정도로 정부 여당에 대한 여론이 좋지 않았기 때문이다. 이에 박근혜는 천막당사로 당을 일신했던 선례를 따라 이번에는 당명을 새누리당으로 바꾸고 상징색 또한 종래의 파랑에서 빨강으로 바꾸었다.

그러자 야권에서도 민주통합당 대선 후보 문재인과 당시 유력주자의 한 사람이었던 안철수가 단일화를 모색하여 힘을 결집하고 있었다.

이에 박근혜는 '경제민주화'라는 대선공약을 들고 나왔다. 보수진영에서 깜짝 놀랄 만한 테마였다. 나중에 들으니 야당 대선 캠프에선 박근혜가 자기들의 공약인 '경제민주화'를 가로채간 것이라고 푸념했지만 선거에선 선점이 중요하다. 의제를 먼저 설정하고 프레임을 먼저 거는 쪽이 유리해지기 때문이다.

이런 와중에 국정원 댓글사건이 터졌다. 민주통합당은 전 국정원 직원으로부터 국정원 심리정보국 소속 직원 70여 명이 여론조작 댓글을 달고 있다는 제보를 받고 그 현장의 하나인 역삼동의 한 오피스텔을 경찰과 함께 급습했다. 그러나 그곳에서 댓글을 달고 있던 국정원 여직원을 수사한 경찰당국은 대선 후보 TV토론이 끝나던 날 밤 11시경 "게시글이나 댓글을 단 흔적이 없다"는 중간수사를 발표함으로써 이 문제를 일단락 지었다.

그리고 사흘 후 제18대 대통령선거가 치러졌다.

국정원의 그림자

12월 19일 오후 6시 각 방송사가 출구조사 결과를 일제히 발표하자 민주통합당 영등포 당사는 깊은 침묵에 빠졌다. 박근혜에게 과반을 내준 것으로 조사되었던 것이다.

실제 개표 결과 득표율은 문재인 48.02%, 박근혜 51.56%였다. 박근혜를 반대하는 유권자도 국민의 반 정도는 되었다는 뜻이다. 그중 일부는 선거 직전 비공개 기간의 여론조사와 방송 3사의 출구조사가 최종 결과와 달랐던 점에 대해 의혹을 떨치지 못했다.

그런데 대선 전 경찰당국의 중간수사 발표로 일단락 지었던 댓글조작 의혹이 사실로 드러났다. 국정원장 원세훈이 3월 21일 전격 사임했고, 6월 14일에는 공직선거법 위반 혐의로 불구속 기소되었다. 국정원 대선 부정개입 공방이 일파만파로 확대되어가자 박근혜는 마침내 이 문제에 대해 선을 그었다.

박근혜 대통령은 24일 국가정보원의 대선개입 의혹과 관련, 왜 그런 일이 생겼는지 왜 그런 일을 했는지 전혀 알지 못한다며 대선 때 국정원이 어떤 도움을 주지도, 국정원으로부터 어떤 도움도 받지 않았다고 말했다.[19]

---

19 "朴대통령, 국정원으로부터 어떤 도움도 안 받아", 〈동아일보〉, 2013년 6월 24일.

그러나 사건의 최종 지휘자인 검찰총장 채동욱은 전 국정원장 원세훈에게 공직선거법 위반 혐의를 적용해야 한다는 강경한 입장이었다. 지휘 라인을 통해 보고되는 증거관계로 미루어 명백한 선거개입이라고 보았기 때문이다. 그런데 원세훈 기소 석 달 뒤인 9월 13일, 채동욱은 혼외자 의혹으로 총장직을 내려놓아야 했다. 그 후 수사를 담당했던 특별수사팀도 모두 와해되었다.

이 사건을 깊이 있게 추적한 한 방송기자는 이렇게 말했다.

> 분명한 건 이 사건 수사대상에 박근혜 후보는 포함되지 않았고, 당연히 수사대상이 아닌 이상 지시를 했다는 것도 드러나지 않았다. 전 정권에서 발생한 사건이고, 이명박 전 대통령과 박근혜 대통령의 관계, 원세훈 전 원장과의 정치적 역학구도를 봤을 땐 박 대통령이 이런 범죄사실을 알고 있었다는 건 가능성이 낮을 수도 있다. 또, 국정원의 사이버활동이 선거 결과에 어떤 영향을 줬는지, 몇 표가 박근혜 후보에게 갔는지 정량적 평가가 어려운 것도 사실이다. 그러나 영향을 준 건 확실하다.[20]

이 무렵 "검찰은 국정원 옛 심리전단 소속 직원이 트위터상에서 특정 정당을 지지하거나 반대하는 글을 5만 5689차례에 걸쳐 게시한 혐의를 공소사실에 추가하기 위해 공소장 변경허가를 신청했고"[21] 원세훈은 그해 12월 구속되었다. 당시 한 신문은 "검찰이 국가정보원 심리전단 직원들이 2011년부터 2012년 12월까지 2270개의 트위터 계정에서

---

20 "국정원 대선개입 사건과 이름을 말할 수 없는 존재 '그림자'", 〈SBS 뉴스〉, 2015년 2월 16일 방송.
21 "檢, 원세훈 등 3명 공소장 변경허가 신청", 〈뉴시스〉, 2013년 10월 18일.

2,200만 건의 글을 조직적으로 올리거나 퍼 나른 사실을 확인했다"[22]고 보도하기도 했다.

엄청나다면 엄청난 보도였다. 그러나 일반여론은 국정원과 군 사이버사령부가 대선에 개입했다는 검찰수사 결과를 접하고서도 비교적 무덤덤했다. 왜 그랬을까? 한 언론인은 그 이유가 사건의 이름을 잘못 붙인 데 있다고 말했다.

> 야당조차 '국정원 댓글사건'으로 부른 탓에 사건의 본질이 사라지고 있다. 야당은 '대선 결과 불복'의 프레임을 걱정하거나, 또는 감당할 수 없는 정치적 파장에 대한 우려 탓에 감히 사용하지 못하고 있는 것일까…… 시인 김춘수의 '꽃'을 거론하지 않아도 제대로 된 이름을 불러줘야만 비로소 꽃이 된다. 일물일단어一物一單語다. 민주주의 공화국의 헌정질서를 문란하게 하고 민주주의 법질서를 혼탁하게 한 18대 대선의 부정선거 의혹을 바로잡고 싶다면 이름을 제대로 불러줘야 한다. 이렇게 '대선 부정선거 의혹'이라고![23]

이렇게 출발 전부터 어른거린 국정원의 그림자는 박근혜 정부가 출발한 뒤에도 사라지지 않았다. 한참 뒤인 2016년 2월 테러방지법을 저지하기 위한 필리버스터가 진행되었을 때 야당 국회의원들이 가장 많이 인용한 글이 한 학술지에 발표되었던 〈박근혜 정권의 국정원 정치〉라는 논문[24]이었을 정도로 국정원의 존재는 박근혜 정권을 설명하는 키워드로 계속 남게 된다.

22 "국정원 트위터글 2091만 건 더 있다", 〈한겨레〉, 2013년 12월 6일.
23 "프레임의 덫에 걸린 국정원 댓글사건", 〈한국기자협회〉, 2014년 2월 12일.
24 "박근혜 정권의 국정원 정치", 〈경제와사회〉, 2014년 봄호.

인사 파동

'국민행복' '국민대통합'의 기치를 내걸고 정권을 출범시킨 대통령 박근혜는 부정을 저지를 가족이 따로 없는데다가 원칙과 신뢰를 중시해왔던 만큼 국민들은 일단 기대감을 갖고 취임식을 지켜보았다.

국회의사당에 마련된 행사장에서 대통령 취임식을 마친 박근혜는 리무진을 타고 광화문광장으로 향했다. 그곳 세종대왕 동상 앞에는 복주머니 형태의 거대한 헝겊상자가 놓여 있었는데, 붉은 한복을 입은 박근혜가 줄을 잡아당기자 헝겊상자가 벌어지면서 그 안에 있던 '희망이 열리는 나무' 한 그루가 드러났다. 나뭇가지엔 '희망 복주머니'라는 이름의 오방낭五方囊들이 마치 서낭당 나무의 부적처럼 주렁주렁 걸려 있었다.

이 같은 무속적인 행사를 기획한 것은 "박근혜 몸과 영혼을 완전히 지배했던" 최태민의 딸 최순실이었으리라는 추정기사들이 2016년 '박근혜·최순실 게이트'가 터지면서 나왔으나, 당시는 그런 의문을 제기한 사람이 없었다.

정권은 출범 초기부터 삐걱거렸다. 인사 문제였다. 초대 총리 후보를 비롯하여 국방장관 후보, 미래창조과학부장관 후보 등이 이런저런 이유로 낙마하면서 내각 구성이 늦어졌고, 그밖에도 중소기업청장, 법무차관, 공정거래위원장 등이 줄줄이 사퇴했다. 임기 초를 흔든 인사 실패의 하이라이트는 박근혜가 비서진 가운데서 가장 먼저 발탁했다는 언론인 출신의 청와대 대변인이 미국에서 일으킨 어이없는 섹스스캔들이었다.

이후로도 인사 실패는 계속되어 자진사퇴하거나 지명이 철회된 총리와 장관 들이 줄을 이었다. 누군가는 기네스북에 오를 만한 기록이라고 비아냥거리기도 했다. 그 원인으로 '수첩 인사' '밀봉 인사' '깜깜이

인사' 등의 용어가 언론에 오르내리기도 했지만, 되짚어보면 양태는 조금씩 다르나 인사와 관련된 구설수는 그 전임 정권들에서도 있었다. 참여정부는 때는 코드 인사, 이명박 정부 때는 고소영(고려대·소망교회·영남)·강부자(강남 부동산 부자) 등의 유행어가 떠돌았다.

왜 매끄럽지 못한 인사가 계속되었던 것일까? 문제는 경험이었다. 이를테면 박정희·전두환·노태우 등은 오랜 지휘관생활을 통해 군대식 용인술을 익힐 기회가 있었고, 김영삼·김대중은 오랜 정당생활을 통해 정당식 용인술을 익힐 기회가 있었다. 그러나 노무현에겐 그런 경험이 별로 없었고, 이명박에겐 회사경험이 있지만 월급쟁이라는 한계가 있었으며, 박근혜의 경우는 몇몇 단체장과 당대표 등을 역임하기는 했지만 얼굴 마담적인 요소가 강했다. 결국 노무현·이명박·박근혜에게는 용인술을 충분히 익힐 기회나 경험이 부족했던 것이다.

이 정권들의 국회 인사청문회 낙마율을 비교해보면 참여정부 3.8%, 이명박 정부 8.4%, 박근혜 정부 14.5%로 박근혜 정부가 가장 높았다.

그러나 그녀는 정권의 불안정성을 다른 방식으로 강화해나가기 시작했다. 그것은 아버지 박정희의 통치스타일을 벤치마킹하여 청와대가 정보기관·수사기관을 틀어쥐고 이 기관들을 통해 민감한 정치 문제를 풀어나가는 방식이었다. 이를 위해 그녀는 검찰·경찰·국정원·국세청·감사원·공정거래위원회 등 6대 권력기관의 장차관급에 특정지역이나 검찰 출신 또는 네오콘neocons에 가까운 군 출신을 대거 기용했다.

그리고 이들을 장악할 강력한 비서실장을 기용했는데, 그가 바로 검사 출신으로 유신헌법 제정(법무부 과장)에 참여했을 뿐 아니라 육영수 피격(중정부장 법률보좌관), 학원침투 간첩단(중정 대공수사국장), 강기훈 유서대필(법무장관), 초원복집(법무장관), 노무현 탄핵(국회 법제사법위원장) 등 주요사건의 한 축을 담당했던 김기춘이었다.

30년대에 태어나 나이 80을 바라보며 60년대에 공직에 입문한 이른바 '쉰 386세대'의 대표적 올드보이였지만 지난날의 화려한 경력이 말해주듯 그의 일처리 솜씨는 탁월했다. 그러나 비서실장에 임명된 직후 공식브리핑에서 "윗분의 뜻을 받들어"라는 말을 사용했던 사례에서 짐작할 수 있듯이 그의 일처리 방식은 시대에 어울리지 않는 것이었다.

국민은 권력을 대통령에게 위임한 것이지 청와대 비서실장에게 위임한 것이 아니다. 이 때문에 '선출되지 않은 권력'으로 막강한 영향력을 행사한 그를 세인들은 '기춘대원군'이라는 별명으로 부르기도 했다.

창조경제와 초이노믹스

권위주의 시대로 다시 돌아간 듯한 국정운영 분위기 속에서 대선공약으로 들고 나왔던 박근혜의 '경제민주화'나 복지정책은 슬그머니 꼬리를 내렸다. 대선 때 박근혜를 도왔던 김종인은 뒤에 "서울의 첫 유세에서 경제민주화 가장 잘할 수 있는 사람이 박근혜라고 얘기했는데 국민에게 미안하다. 당선 후 인수위 구성 멤버를 보니까 싹수가 노랗더라. 이 정권은 3년만 가면 눈물을 흘릴 수밖에 없을 것이라고 봤다"[25]고 회고했다.

임기 초부터 경제민주화 대신 전면에 등장한 것은 창조경제였다. 그러나 개념이 불분명했다. 그러자 박근혜는 "새 정부가 추구하는 창조경제는 과감한 패러다임의 전환을 의미한다"면서 "창의성을 경제의 핵심 가치로 두고 과학기술과 정보통신기술의 융합을 통해 산업과 산업이 융

---

25 "김종인 前민주당 대표, 박 대통령 조종하는 비선실세 수수께끼 풀렸다", 〈동아일보〉, 2016년 10월 31일.

합하고 산업과 문화가 융합해 새 부가가치를 창출하며 새 일자리를 만들어내는 것"이라고 개념정리에 나서기도 했다.

생각건대 '창조경제'란 1997년 영국 정부가 새로운 중장기 경제정책 비전을 선포할 때 사용했던 '창조적 영국Creative Britain'이라는 구호나 그 후 영국 경제학자 존 호킨스John Howkins가 펴낸《창조경제The Creative Economy》라는 책 제목에서 따온 용어였던 듯싶다. 창조성을 기반으로 하는 문화·콘텐츠 산업을 국가전략산업으로 발전시키겠다는 창조경제의 핵심은 창조적 아이디어나 기술이 시장에 쉽게 진입하고 산업화될 수 있도록 그 '과정'을 혁신해야 한다는 점에 있다.

그러나 한국의 경우는 창조경제를 막는 주범으로 지목되는 관 주도하에 대기업이 앞장서는 방식으로 진행된데다 과정보다는 '일자리 70% 달성' 같은 '목표'부터 내걸었다.

이에 온라인 창조경제타운을 설치하고 전국 18개소에 창조경제혁신센터를 발족시켰지만, 마치 '녹색'으로 포장되었던 이명박 정부나 '세계화'라는 단어가 무성했던 김영삼 정부처럼 소리만 요란한 빈 수레 정책이 되고 말았다. 그런데도 놀라운 점은 취임 후 3년 동안 사용한 창조경제 예산이 이명박 정부의 4대강 살리기 예산에 육박하는 총 21조 5615억 원에 달했다는 사실이다.[26]

2014년 2월 박근혜는 '경제혁신 3개년 계획정책'을 발표했으나 그간에 나왔던 여러 정책을 백화점식으로 늘어놓은 '말의 성찬'에 지나지 않았다. 그러더니 그해 6월 경제부총리에 임명된 최경환은 침체된 경제를 회복시키겠다면서 이른바 '초이노믹스'를 추진하기 시작했다.

---

26 "박근혜 대통령 '창조경제' 예산 21조 5000억 원… 4대강 예산 육박", 〈경향신문〉, 2015년 9월 8일.

그러나 그건 부양일변도의 성장정책에 지나지 않았다. 한 경제전문 가는 초이노믹스는 돈 풀기와 부동산 띄우기였으나 효과가 없었고 오히려 가계부채를 누적시켰다고 말했다.[27] 빚내서 집 사라는 식의, 그래서 더 이상 지속가능하지 않은 내수경제를 만들어버리는 우를 범했다.

결론적으로 이명박 정부는 잘못된 정책을 너무 많이 실시한 것이 문제였다면, 박근혜 정부는 말의 성찬 속에서 사실은 아무것도 한 것이 없다고 비판한 학자도 있다. 한국의 5대 주력산업은 경쟁력을 잃고 좀비기업은 급증하고 가계는 빚더미에 짓눌리고 문제해결의 리더십은 부재한 가운데 경제는 IMF 수준의 위기로 치달았다.

한 블로거는 이런 글을 게재했다.

> 대통령은 '경제 살리기'를 외치는데 경제는 더욱 엉망이 되어가고 있습니다. 필자가 보기에 그 이유는 박근혜 대통령은 서민경제를 전혀 모르기 때문입니다. 서민의 삶을 살아보지 못하고 자기 손으로 돈 한 푼 직접 벌어본 적이 없는 박근혜 대통령이 서민경제를 모르는 것은 너무나 당연한 것입니다.[28]

그런 점도 있었을 것이다.

그리고 정권 초기부터 무얼 좀 해보려고 하면 대형사고가 터져 발목을 잡았던 점도 있다. 세월호 참사가 그중 하나였다.

---

27 "최경환 초이노믹스는 실패했다", 〈주간현대〉, 2016년 4월 25일.
28 약수거사, "박근혜 대통령이 보여주는 무능한 정치, 그 이유는 무엇일까". http://blog.daum.net/geosa3661/864

컨트롤타워는 없었다

2014년 4월 16일 승객 304명의 목숨을 앗아간 세월호의 침몰은 온 국민을 비탄에 젖게 했다. 침몰 장면은 아침부터 TV 등으로 거의 생중계되다시피 했고, 정부의 늑장대응, 무능 등이 국민의 개탄과 안타까움과 슬픔을 불러일으키는 가운데 대통령 박근혜는 그날 오후가 되어서야 참사대책본부에 모습을 드러냈다. 이 문제와 관련하여 김기춘 비서실장은 국회 청문회에서 그 시간 동안 대통령이 어디에 있었는지 알지 못한다고 대답했다.

그런데 얼마 뒤 유력신문의 한 칼럼이 그날 대통령은 모처에서 비선과 함께 있었다는 세간의 루머를 소개했고,[29] 얼마 뒤 일본 〈산케이신문産経新聞〉이 이 칼럼을 바탕으로 대통령이 7시간 동안 함께 있었다는 비선은 최태민의 사위 정윤회였다는 장문의 기사를 실었다.[30]

청와대는 격노했고, 기사를 쓴 〈산케이신문〉의 서울지국장이 한국 검찰에 의해 기소되었다. 그러자 7시간 동안 사라진 대통령의 행방에 대한 뉴스는 미국의 〈뉴욕타임스〉를 비롯한 전 세계 언론의 관심을 끌었다.

세월호의 진상과 더불어 대통령이 사라진 7시간의 미스터리는 지금도 규명되지 않고 있다. 항간에 여러 가지 추론이 나돌 뿐이다. 구체적인 원인이 무엇이었든 가라앉는 배에서 수많은 어린 학생들이 애타게 구조를 기다리고 있던 절체절명의 골든타임에 국가의 컨트롤타워인 청

---

29 "대통령을 둘러싼 풍문", 〈조선일보〉, 2014년 7월 18일.

30 "朴槿惠大統領が旅客船沈没当日, 行方不明に… 誰と会っていた？", 〈産経新聞〉, 2014年 8月 3日.

와대가 7시간 동안이나 멈춰 있었다는 것은 대통령의 책무 소홀 또는 능력·자질·판단에 대한 국민적 의혹을 불러일으키기에 충분했다.

그런데 비슷한 현상이 다음 해에 또 노정되었다. 이번에는 메르스(중동호흡기증후군)의 발발이었다. 국내에서 최초로 메르스 환자가 확진된 것은 2015년 5월 20일이었다. 이후 온 나라가 난리였다. 환자가 2차 감염자, 3차 감염자로 확대되자 국민들은 공포에 떨었다. 그런데 정작 대통령 박근혜가 메르스에 대해 처음 언급한 것은 그로부터 12일이 지난 6월 1일의 수석비서관회의 자리에서였다. 거기다 이틀 후 여당이 메르스 대책을 마련하자며 요구한 당정청협의회 개최를 청와대는 "현 단계에서 도움이 되지 않는다"며 일언지하에 거절했다.

이를 보다 못한 서울시장 박원순은 다음 날 긴급 기자회견을 열고 "35번째 환자가 1500여명이 모인 개포동 재건축 조합행사에 참석했다" 면서 "정부의 미온적 조처로는 서울 시민의 안전을 책임지지 못한다고 판단해 직접 적극 대응책 마련에 나서겠다"고 밝혔다. 이로써 박원순의 인기는 올라갔고 검찰은 허위사실 유포죄로 박원순 수사에 착수했다는 보도가 나오기도 했다. 그런데 국민의 안전을 책임져야 할 대통령 박근혜는 왜 그처럼 사태 파악에 무감각하고 사후대책에 굼뜬 것이었을까?

〈뉴욕타임스〉는 "국가와 결혼했다"면서 부친을 연상시키는 카리스마적 지도력을 갈망하던 한국 보수층의 총아로 등장했던 박근혜에 대해 한국의 "비평가들과 정치분석가들은 다들 그녀의 지도력에 의문을 제기하고 있다"[31]고 보도했다.

박근혜의 지도력 또는 능력에 대한 비판은 그녀가 대통령에 당선되기 전부터도 있었다. 이를테면 '선거전략가'로 알려진 전 환경부 장관

31 "MERS Tarnishes Korean President's Image as Leader", 〈New York Times〉, June 12, 2015.

윤여준은 박근혜에 대해 "당 운영방식 등을 보면 공공성에 대한 의식, 능력이 많이 부족한 것 아니냐?"[32]고 반문한 일이 있었다.

2004년 한나라당 원내대표였던 김덕룡은 당시 한나라당 대표 박근혜가 거의 날마다 열리던 탄핵정국의 지도부 회의를 주재한 적이 없으며 회의석상에서 자기 의견을 내놓거나 토론하지도 않았다고 회고했다.

> 과연 국정에 대한 철학과 비전을 가지고 있는 사람인지 회의가 들었다. 또 중요한 결정을 한 번도 자기가 하질 않았다. 그래서 그분의 능력에 대해서 늘 의구심을 가지고 있었다.[33]

박근혜의 능력 또는 판단력에 대해서는 다른 방식의 의문 제기도 있었다. 한때 한나라당 대변인으로 박근혜를 지근거리에서 보좌했던 전여옥은 "박근혜는 대통령 될 수도 (없고), 되어서도 안 된다. 정치적 식견·인문학적 콘텐츠도 부족하고, 신문기사를 깊이 있게 이해 못한다. 그녀는 이제 말 배우는 어린아이 수준에 불과하다"면서 한때 보수언론들에 의해 격찬되었던 그녀의 한마디 정치에 대해 혹평을 쏟아냈다.

> "대전은요?" "참 나쁜 대통령" "오만의 극치" 등은 간단명료하지만 그 이상이 없다…… 국민들은 처음에는 무슨 심오한 뜻이 있겠거니 했다. 뭔가 깊은 내용과 엄청난 상징적 비유를 기대했다. 그런데 거기에서 그쳤다. 어찌 보면 말 배우는 어린아이들이 흔히 쓰는 '베이비 토크'와 다른 점이 없어 보인다.[34]

---

32 "윤여준, '박근혜, 공공성 자질 있으나 능력부족'", 〈연합뉴스〉, 2012년 7월 3일.

33 "김덕룡, 박 대통령 당 대표 때 회의 주재한 적 없어", 〈중앙일보〉, 2016년 11월 7일.

34 전여옥, 《i 전여옥: 전여옥의 私, 생활을 말하다》, 현문, 2012년.

심지어 기자회견에서도 기자들과의 일문일답식 자유로운 토론은 없었고, 청와대 수석회의에서도 늘 원고를 읽기만 할 뿐 토론하는 모습이 보이지 않았다. 이런 장면도 박근혜의 능력 또는 판단력에 대한 평가의 한 기준이 되곤 했다.

패션 외교

역설적으로 그녀가 가장 자신 있어하고 잘한 분야는 '패션 정치'였다. 최초의 여성 대통령으로서 그녀는 지난날 재클린 케네디Jacqueline Kennedy, 마거릿 대처Margaret Thatcher, 힐러리 클린턴Hillary Clinton 등 세계적 여성 지도자들이 보여주었던 패션 정치를 한국에 도입했고, 언론도 그녀의 패션이나 의상을 단순한 멋 내기가 아니라 대국민 메시지 전달의 수단으로 해석하기 시작했다.

올림머리와 바지 정장, 브로치를 고수해온 박근혜가 그날 입은 옷을 색깔에 따라 분석해, 이를테면 초록은 조화나 화해를 의미하고 붉은색은 경제활성화나 전투성을 의미한다는 식으로 언론들은 앞다투어 보도하기도 했다. 그런 그녀의 옷을 누군가 세어보았던 모양이다. 집권 1년 동안 공식석상에서 입은 옷만 122벌이었다는 통계가 있다.[35]

그런 옷들을 입고 그녀가 주력한 것은 외교였다. 취임 1주년에 나온 기사들을 보면 인사 문제와 복지·경제민주화 공약 후퇴 등은 아쉽지만, 5차례의 해외순방과 주요국 정상들과의 회담, 그리고 동북아평화협력 구상, 유라시아이니셔티브, 중견국가협의체(MIKTA)의 출범 등 대형 외

---

35 "취임 1년 선보인 옷만도 122벌", 〈단비뉴스〉, 2014년 2월 24일.

교제안들을 통해 나름대로 국제무대에서 존재감을 드러낸 것은 사실이었다. 여기에 주요 10개국 중 최초의 여성 대통령이라는 프리미엄에 덧붙여 기품 있는 외모와 어울리는 패션도 한몫했다. 취임 3년차까지 박근혜는 "외교 하나는 잘한다"는 일반 평가를 받았다.

과연 그녀는 대미일변도로 기울었던 이명박 정부와 달리 당선자 시절부터 미국보다 중국에 먼저 특사를 파견하는 파격을 보였고, 취임 후에는 한중정상회담을 가짐으로써 새로운 동반자협력관계에 시동을 걸었다. 이를 두고 청와대는 한중관계의 새로운 밀월이라고 선전했고, 이에 발맞추어 양국 외교부와 국방부의 전략대화까지 열렸다.

문제는 이 무렵 미국의 아시아 회귀정책과 중국의 대국굴기정책이 충돌하고 있었다는 점이다. 미국은 한미일 삼각체제로 중국을 봉쇄하려 들었고, 중국은 한국을 끌어들여 한미일 삼각체제를 허물어뜨리려고 했다. 그런 계획의 일환으로 중국은 박근혜에게 미소를 던졌다. 이에 박근혜 정부는 무슨 외교적 횡재라도 한 듯이 이 미소정책에 적극 호응했던 것이다.

시진핑은 북한의 3차 핵실험을 계기로 박근혜 정부의 대북정책 기조인 한반도 신뢰프로세스에 대해 지지를 표명했고, 대북수출 규제품목을 공표하는 등 대북압박에 동참하는 듯한 모습을 보였다. 2014년 7월에는 시진핑의 방한이 이루어졌다. 이후 급속도로 가까워진 두 나라의 허니문이 절정에 이른 것은 박근혜가 2015년 9월 베이징 천안문광장에서 거행된 중국 전승기념일 열병식에 참가했을 때였다. 자금성 망루에 올라 열병식을 관람한 블라디미르 푸틴Vladimir Putin 러시아 대통령 등 30개국 정상급 지도자들 가운데 자유민주체제의 지도자는 박근혜와 유엔사무총장 반기문 외엔 단 한 명도 보이지 않았다.

이처럼 쾌조를 보인 대중관계와는 대조적으로 박근혜의 대일외교는 임기 초부터 불협화음을 냈다. 우경화의 길을 걷고 있던 일본 총리 아베가 위안부 문제를 둘러싼 망언을 일삼던 터라, 임기 초에는 위안부 문제와 역사 문제에 강경입장을 보인 박근혜의 태도가 원칙 고수의 일관성 있는 외교로 평가받기도 했다.

그러나 한일관계의 대립은 한미일 삼각체제로 대중봉쇄정책을 펴고 있던 미국의 동북아정책에 큰 걸림돌이 되었다. 위안부나 역사 문제 말고도 한일 간에는 당면한 난제들이 많은데, 박근혜는 이 난제들을 풀기 위해 씨름하기보다는 맵시 있는 형형색색의 패션을 과시하면서 화려한 이미지 외교에만 힘을 쏟았다. 이 같은 틈새를 엿본 중국은 위안부 문제와 역사 문제에서 공조를 취하며 박근혜 정부를 끌어들이려고 노력했다.

"아시아·태평양 지역 평화와 안정의 린치핀linchpin"인 한국과 "아시아·태평양 지역 평화와 안정의 코너스톤cornerstone"인 일본의 사이가 서로 벌어지자 미국은 박근혜를 달랬다.

오바마Barack Obama가 박근혜의 대통령 당선 축하성명에서 사용한 '린치핀'은 마차에서 수레바퀴가 빠지지 않도록 축에 꽂는 핀을 뜻하며, 오바마가 아베 신조의 총리 재신임 축하성명에서 사용한 '코너스톤'은 건물의 기둥을 받치는 초석을 뜻한다.

중국이 잡아당기고 미국이 말리기 위해 애쓰는 상황을 두고 박근혜 정부의 외교장관 윤병세는 "미중 양측으로부터 러브콜을 받는 상황은 결코 골칫거리나 딜레마 아닌 축복"이라고 말했다.

그러나 그것은 합리적이고 제도화된 외교정책의 결과였다기보다는 박근혜의 개인 선호에 의해 균형이 깨진 외교정책의 결과였다. 그 무렵 국내 신문엔 이런 칼럼이 실렸다.

얼마 전 SNS에는 워싱턴 외교가에서 박근혜 정부 외교안보팀에 대해 "지적 수준이 낮고, 전략적 세련미가 떨어지며, 미성숙하다"고 평가했다는 내용이 돌았다. 워싱턴의 정보지 넬슨리포트가 보도했다는 내용인데 표현이 너무 비외교적이어서 그저 정보지에 떠도는 말이겠거니 생각했다. 그런데 지난 주말 만난 전직 정부 고위관계자도 넬슨리포트 얘기를 하면서 "박 대통령의 외교안보 레임덕이 이미 시작된 듯하다"고 했다. 최근 워싱턴에 가보니 지난 2012년 한국 대선 후 "생스 갓Thanks God"을 외쳤던 오바마 행정부 인사들이 "임기내 사고만 치지 말았으면 좋겠다"는 말을 하고 있다는 것이었다.[36]

이 같은 발언의 배경엔 갈수록 악화되는 한일관계, 급격히 가까워지는 한중관계에 대한 불신이 깔려 있었다. 마침내 미국의 압력과 중재가 막후에서 작용하기 시작했다. 2015년 12월 28일 박근혜 정부는 취임 후 끌어오던 일본군 위안부 피해자 문제의 해결방안에 합의했다.

아베 총리는 위안부 피해자들을 위해 10억 엔을 출연하겠다면서 주한 일본대사관 앞에 세워진 소녀상 철거를 연계한다는 방침을 굳혔다. 논란이 커진 것은 합의문에 위안부 문제가 "최종적이고 불가역적으로 해결되는 것을 확인한다"는 문구가 들어갔다는 점 때문이었다.[37] 위안부 할머니들은 반대했고, 야당은 위안부 합의를 무효화해야 한다고 목소리를 높였다.

이후 머쓱해진 박근혜 정부는 북한의 5차 핵실험과 사드 배치 논란을 계기로 대중관계에서도 위기를 맞게 되었다. 일본의 한 외교전문가는 이 상황을 다음과 같이 평가했다.

36 "朴정부의 외교 레임덕", 〈문화일보〉, 2014년 7월 16일.
37 "日韓解決合意 '最終かつ不可逆的'", 〈每日新聞〉, 2015年 12月 29日.

한국은 중국과는 경제협력을, 미국과는 군사동맹을 단절할 수 없다. 박근혜 정권은 무리하면서 중국과 경제협력을, 미국과는 군사동맹관계를 구축하려고 애썼지만 이러한 양다리 외교는 실제적으로 실효성이 부족하며 결과적으로 한국과 중국의 관계가 파탄에 직면하게 되었다.[38]

'통일 대박'

박근혜 정부가 처음 대북정책으로 내놓은 것은 '한반도 신뢰프로세스'였다.

한마디로 남북 사이에 교류협력과 신뢰구축을 통해 통일 기반을 마련한다는 구상이었다. 인도적 문제를 지속적으로 해결할 것을 추구하며, 대화 창구를 구축하고, 기존 합의정신을 실천하며, 호혜적 교류협력을 확대하고 심화한다는 내용을 담고 있었다. 비무장지대에 평화공원을 조성하고, 민족공동체 통일방안을 발전적으로 계승하며, 동북아의 지속가능한 평화와 발전을 추구한다는 사항도 들어 있었다.[39]

명분은 좋았다. 그러나 문제는 실천이었다. 신뢰란 실천 가능한 부분부터 차근차근 쌓아나가는 것인데 박근혜 정부는 신뢰를 대화의 결과가 아니라 그 조건으로 생각했다. 이렇게 되면 협상의 진전이 어려워진다.

38 "日전문가, 한국 박근혜 대통령 양다리 외교, 사드 배치로 파탄직면", 〈sputnik코리아〉, 2016년 7월 18일.
39 "통일 대박론의 허상", 〈통일뉴스〉, 2015년 4월 30일.

그래서 한반도 신뢰프로세스는 사실상 '봉쇄적 방관정책'이라고 보는 견해가 지배적이었다.

그렇게 본 것은 박근혜가 네오콘에 가까운 군 출신 강경론자들을 외교안보 분야에 대거 기용했기 때문이다. 청와대 비서진에도 군 출신들이 포진되었다. 이 네오콘이 주도하는 대북정책은 '북한 붕괴'라는 신념에 뿌리를 두고 있었다.

그 때문에 통일부는 대북업무의 경험을 살려 전문성을 주도적으로 발휘하기보다는 사실상 청와대의 하명을 받아 집행하는 수준에 머물렀고, 외교부도 청와대 주도의 외교정책에 제동을 걸거나 조언을 하지 못한 채 명령을 충실히 이행하는 수준을 벗어나지 못했다.

그러다가 박근혜는 2014년 1월 6일 신년 기자회견에서 "통일은 대박"이라는 대국민 연설을 했다. 대통령 입에서 나온 이 천박한 표현에 대해 "반反새누리 네티즌 사이에서 조롱의 대상이 되고 있다"[40]는 보도도 있었고, 과정은 없고 결과만 언급한 통일 대박에 대해 "말로만 통일을 외치고 행동은 없다"면서 "북한과의 민간교류를 끊은 MB의 최악의 대북정책과 크게 다르지 않다"[41]고 비판한 사학자도 있었다. 그러나 상당수의 국민들은 표현이 좀 이상하긴 해도 대통령 나름의 확신과 감동에서 그런 표현을 했을 수도 있겠다고 생각했다.

이후 박근혜는 다보스포럼, 외교통일국방 업무보고에 이어 독일 드레스덴간담회에서도 이 표현을 계속 언급해 '통일 대박'이 박근혜 정부 통일정책의 상징어처럼 굳어졌다.

그러다가 2016년 2월 박근혜는 개성공단을 폐쇄했다. 며칠 말미라

---

40 "박근혜 대통령 기자회견 '통일은 대박이다'에 조롱 댓글 폭주⋯", 〈조선일보〉, 2014년 1월 6일.
41 "박근혜, 남북교류 끊은 MB 최악의 정책과 다르지 않아", 〈평화뉴스〉, 2015년 4월 24일.

도 주었으면 생산된 물품이라도 가지고 나올 수 있었을 터인데 군사작전 하듯이 전격 폐쇄하는 바람에 개성공단에 입주했던 124개 기업체 및 이들에 연관된 약 4000개의 협력업체는 곤란에 처했고, 개성공단 입주기업에 속한 노동자 2000여 명 중 약 80%가 하루아침에 직장을 잃게 되었다.

그러나 개성공단 폐쇄는 북한의 4차 핵실험과 장거리로켓 발사에 대한 대응이었기 때문에 불가피했다면서 보수언론들은 이 같은 조치를 두둔하기도 했다.

한편 68주년 국군의 날 기념식에서 박근혜는 북한 주민들에게 희망과 삶을 찾아 자유로운 남쪽으로 오라고 공개적으로 천명한 일이 있었다. 이 같은 탈북권유 발언에 대해 일부 인사는 "북에게 사고 치라는 얘기"[42]라거나 "선전포고 수준"[43]이라고 그 위험성을 지적하기도 했으나, 많은 사람들은 대통령이 북한의 붕괴조짐에 대해 상당한 정보를 갖고 있기 때문에 그런 말을 했으리라 짐작했다.

그런데 문제는 그후 '최순실 국정농단'이 드러나면서부터 노정되기 시작했다. 통일부 장관을 지낸 한 야당 의원은 그동안 박근혜의 대북정책에는 "개성공단 폐쇄, 대량탈북 촉구, 통일 대박론 등 뭔가 정상적인 국가운영 절차에 따른 대통령직 수행이 아닌, 설명되지 않는, 이해되지 않는 부분이 많다는 것이 그동안 분야별 전문가들의 의혹 제기였는데, 이 수수께끼에 최(순실) 씨를 대입하면 모두 다 풀린다"[44]고 지적했다. 최순실의 존재가 수면 위로 급부상했던 것이다.

42 "정세현 '南으로 오라' 기념사, 北에게 사고치란 얘기", 〈노컷뉴스〉, 2016년 10월 3일.
43 "박지원, 朴대통령 국군의 날 기념사, 선전포고 수준", 〈뉴시스〉, 2016년 10월 2일.
44 "정동영, 박 대통령 양심고백해야", 〈뉴시스〉, 2016년 10월 28일.

2016년 10월 25일 종편의 하나인 〈JTBC〉가 최순실의 것으로 추정되는 컴퓨터에 남겨진 파일 200여 개를 분석한 결과, 대통령 당선 이후 대국민 공식발언이 담긴 연설문 44개가 포함되어 있었다는 특종을 보도하면서 정국은 '최순실 게이트'로 돌입했다.

사실 이 사건은 2016년 4월 13일 총선 당시 청와대가 당내 공천에 적극 개입했다는 의혹이 일고, 여당의 총선 참패에도 박근혜가 전면개각 요구 등에 침묵하면서 불거지기 시작했다. 이 과정에서 인사검증을 책임진 민정수석 우병우가 국정운영 실패를 책임지고 물러서는 선에서 인사쇄신을 단행했으면 그럭저럭 묻힐 수도 있는 문제였다.

그러나 청와대가 미적거리자 〈조선일보〉는 우병우의 처가 부동산 등 문제점을 파헤치기 시작했다. 그러자 박근혜는 "국정 흔들기"라며 우병우를 적극 옹호했고, 〈조선일보〉의 주필이 워크아웃 상태였던 대우조선해양의 접대를 받았다는 의혹이 한 여당 의원에 의해 역으로 폭로됨으로써 이 싸움은 일단 청와대의 승리로 끝나는 듯했다.

그런데 우병우 문제를 다루는 과정에서 〈한겨레〉의 한 선임기자는 사정당국의 한 관계자로부터 "괜히 헛다리 긁지 말아요. 우병우가 아니라 미르재단이 본질입니다"라는 말을 듣게 되었다. 그는 인터넷을 뒤져보다가 이미 미르재단에 대한 보도가 〈TV조선〉에서 자세히 다루어진 것을 보고 '문화융성사업'의 다른 한 축을 이루는 K스포츠재단의 배후에 최태민 목사의 다섯째딸 최순실이 있다는 특종을 보도하게 되었다.

이후 야당은 미르재단과 K스포츠재단에 대한 정권 차원의 특혜지원과 비선실세 개입 의혹을 국정감사에서 집중조명했고, 여당은 야당의 14명 증인 채택 요구에 "단 한 명도 안 된다"며 맞섰다. 논쟁이 점점 과

열되어가자 10월 24일 국회시정연설에 나선 박근혜는 그동안 '블랙홀'이라며 반대했던 개헌을 임기 안에 추진하겠다는 의사를 밝혔다. 야당은 사태를 덮기 위한 꼼수라 비판했지만 그럼에도 정국은 삽시간에 '개헌 블랙홀'로 빠져 들어가는 듯했다.

그런데 다음 날인 10월 25일 〈JTBC〉가 최순실의 것으로 추정되는 컴퓨터 내용을 공개하면서 블랙홀로 빠져들어가던 개헌정국을 하루만에 '최순실 게이트' 정국으로 복원시켰다.

보수언론의 중심인 〈조선일보〉는 다음 날 "부끄럽다", 〈중앙일보〉는 "납득이 안 된다", 〈동아일보〉는 "참담하다"는 사설을 실었다.

그날 오전 박근혜는 대국민 사과문을 발표했다. 그녀는 아직 청와대 보좌체제가 완비되기 전 최순실로부터 "일부 연설이나 홍보물의 표현 등에서 도움을 받았을 뿐"이라는 90초짜리의 짧은 녹화 영상을 TV로 내보냈다. 성의 없는 이 녹화 사과가 국민의 분노를 더 키웠다.

각 언론은 박근혜의 비선실세인 최순실이 국정을 농단했다는 수많은 의혹을 폭로하기 시작했다. 재벌기업들로부터 미르재단, K스포츠재단에 774억 원을 모금한 일이라든지, 국방·외교·문화·체육·복지·경제 등 전방위에 걸친 국정개입, 인사개입…… 자고 깨면 터져 나오는 의혹은 끝이 없었다.

초기의 의혹 제기 단계에서 국민을 가장 분노케 한 사건의 하나는 최순실의 딸로 알려진 정유라가 이화여대에 승마 특기생으로 부정입학했다는 보도였다. 게다가 정유라가 자신의 SNS에 썼다는 "능력 없으면 니네 부모를 원망해" "돈도 실력이야"라는 발언이 수많은 학부모들과 청소년들의 분노를 불러일으켰다.

여러 가지 보도가 쏟아지면서 '최순실 게이트'의 몸통이 사실은 박근혜라는 것이 드러나면서 야당에서는 '박근혜·최순실 게이트'라 명명하기 시작했다. 더불어민주당 대표 추미애는 "이건 독재도 아니고 한마디로 무서운 '신정정치'라고 할 수 있다"고 비판했고, 국민의당 비상대책위원장 박지원은 "지금 상황은 박근혜 대통령이 최태민, 최순실의 사교邪敎에 씌어 이런 일을 했다고 볼 수밖에 없다"고 주장했다.

분노한 시민들은 "누가 진짜 대통령이냐"는 손팻말을 들고 거리로 나갔다. 10월 29일 청계천광장에 모인 1차 촛불집회 기사를 다루면서 〈워싱턴포스트〉는 고 최태민이 '한국의 라스푸틴'으로 불린다는 과거 주한 미대사관의 본국 보고 사실을 거론했고, 〈파이낸셜타임스Financial Times〉는 "최순실 씨와 박 대통령의 신령스러운 관계를 짚은 보도를 보고 많은 한국 국민은 대통령이 돌팔이로부터 영향을 받았다고 믿는다"고 보도했으며, 미국 공영방송 NPR은 "샤머니즘적 숭배가 연관된 스캔들 소용돌이가 한국 대통령을 위협한다"고 보도했다. 한국은 졸지에 샤머니즘의 나라가 됐다. 이 같은 외신을 접하면서 많은 국민들이 수치스러워했다.

11월 4일 박근혜는 2차 대국민 사과를 발표했다. 9분짜리 이 사과문 말미에 그녀는 필요하다면 검찰과 특검 수사도 받겠다는 말을 덧붙이기는 했으나, 대통령 본인이 연루된 사건임이 점차 드러나고 있음에도 "특정 개인이 이권을 챙기고 여러 위법행위까지 저질렀다고 하니"라고 하면서 이른바 '유체이탈' 화법을 구사하고 검찰에 수사 가이드라인을 제시하기도 했다.

국민들은 오히려 분노했다. 박근혜 지지율은 역대 최저인 5%로 내려갔다. 수세에 몰린 박근혜는 11월 8일 국회의장을 방문하여 국회가 추천하는 총리를 임명하겠다는 뜻을 밝혔다. 이것은 국정에서 손을 떼라는 요구와 배치되는 것이어서 야3당은 "일고의 가치도 없다"고 거절했고, 하야를 외치는 국민은 11월 12일 3차 촛불집회에서 다시 모였다.

광화문에서 숭례문까지의 광장과 도로를 꽉 메운 인파는 100만에 이르 렀다.

이 시위는 한 외국 유력지의 보도처럼 "박근혜 대통령의 아버지 박 정희가 1960년대에 시작한 군사독재를 종식시키기 위한 오랜 싸움에서 결정적 역할을 했던" "1987년의 대규모 시위에 필적할 만했다."[45]

탄핵안 가결

비선실세 의혹은 2년 전인 2014년 말 이미 언론을 통해 보도된 적이 있 었다. 이른바 '정윤회 문건'을 만들었던 민정수석실 산하의 박관천 경정 에 따르면 "권력서열 1위는 최순실, 2위는 정윤회, 3위는 박근혜"라는 것이었다.

2016년 11월 6일자 〈뉴욕타임스〉 만평에는 이 같은 견해가 반영되 어 있다. 경찰과 수사관이 박근혜라는 커다란 로봇의 머리 위까지 사다 리를 타고 올라가서 머리 뚜껑을 젖히고 조명등으로 비춰보니 그 안에 서 핸들을 잡고 로봇을 운전하는 것이 바로 최순실이라는 내용이었다.

최순실이 구속된 후 한동안 세인과 언론의 관심사는 최순실의 지시 를 받지 못하게 된 그녀는 대체 누구에 의지하여 정국을 풀어가고 있을 까 하는 것이었다.

그러나 한동안 움츠렸던 박근혜는 청와대 참모진과 차관, 대사 인사 를 단행하고 국정운영을 재개하면서 각종 의혹에 정면으로 대응하기 시

---

45 "South Koreans Rally in Largest Protest in Decades to Demand President's Ouster", 〈New York Times〉, November 12, 2016.

작했다. 이와 함께 변호인을 내세워 검찰이 요구한 대면조사 요구에 불응한다고 밝히면서 해운대 LCT 비리사건에 대해서도 지위고하를 막론하고 철저히 수사하라는 명을 내렸다. 이 같은 청와대의 반격 기류에 발맞춰 새누리당의 한 친박의원은 "촛불은 바람이 불면 꺼진다"고 발언하여 시민들의 분노에 기름을 끼얹었다.

11월 19일 4차 촛불시위가 전국 각지에서 거세게 일어났고, 그다음 날 검찰의 중간수사 결과가 발표되었다. 놀라운 점은 박근혜가 임명하여 야당으로부터 '편파수사'라는 비난을 받던 검찰이 아마도 100만 촛불의 국민적 의지표명에 힘입었음인지 형법 30조를 적용해 대통령을 '공동정범'으로 밝혔다는 사실이다. 누구의 지시를 받은 종범이 아니라 누구에게 지시를 내린 주범이란 뜻이었다.

이 같은 반전을 두고 한 사설은 "차라리 다행이란 생각마저 든다. 만약 종범이었다면 우리는 최순실의 꼭두각시를 대통령으로 뽑았다는 말이 되기에 그렇다"[46]고 비꼬기도 했다.

그러나 청와대는 검찰의 공소장에 대해 "객관적 증거는 무시한 채 상상과 추측을 거듭해서 지은 사상누각"의 편파수사였다는 점을 강조하면서 대면조사 약속을 번복하는 초강수를 던졌다. 나아가 헌법절차로 매듭짓자면서 차라리 탄핵하라는 주문을 공식화했다. 탄핵국면으로 들어가서 시간을 끌면 대통령 임기를 그럭저럭 채울 수도 있다는 계산이었다. 한때 자신의 트레이드마크이기도 했던 '신뢰와 원칙'을 집어던지고 그야말로 '마이웨이'를 선언한 것이다.

하야를 원하는 국민과 억울하다는 말만 되풀이하면서 자리에서 내려오고 싶어 하지 않는 대통령 사이의 강 대 강 입장은 '3차 담화'와 '6차

---

46 "'국정농단 공범' 대통령, 이래도 물러나지 않을 텐가", 〈국민일보〉, 2016년 11월 20일.

촛불집회'로 맞붙었다.

그 결과는 국민도 놀라고 세계도 놀랐다. 12월 3일 6차 촛불집회에 참가한 국민은 무려 232만 명이라고 추산되었다. 사상 최대의 규모와 열기에 놀란 국회는 12월 9일 대통령 탄핵소추안을 통과시켰다.

같은 날 저녁 열린 국무위원 간담회에서 박근혜는 자진사퇴 없이 헌재의 탄핵심판에 차분히 대응하겠다고 밝혔다. 이전의 1, 2, 3차 담화와 동일한 태도를 재확인한 것이다. 어느 담화에서도 국민과 나라를 진정으로 생각한 흔적은 보이지 않는다.

바로 이 점이다. 국민은 대통령이 아니라 여왕을 뽑았던 것이다.[47] 한 인기가수가 트위터에 올렸다는 농담처럼 "힐러리가 당선되면 미국 최초의 여성대통령이 되고 트럼프가 되면 미국 최초의 미친 대통령이 되는데 이걸 2012년에 한 방에 해냈던" 박근혜는 "여성은 지도자로서 적합하지 않다는 주장에 이용될 수도 있다는 우려"[48]를 낳기도 했다.

두 가지 질문

훗날 역사드라마의 단골 소재로 활용될지도 모를 일이다. 박근혜에게 여왕이 될 거라는 확신을 심어주고 부추긴 것은 최태민·최순실 부녀였다지만 청와대의 공주로 자란 그녀에게 청와대는 단지 자신이 돌아와야 할 집이었을 뿐이다. 그 연장선상에서 공과 사를 제대로 구분하지 못하

---

47 "이진순의 열림—우리 국민은 여왕을 선출했다", 〈한겨레〉, 2013년 11월 22일.

48 "Gender Colors Outrage Over Scandal Involving South Korea's President", 〈New York Times〉, November 21, 2016.

는 행동을 저지른 것이 아닐까 싶다. 다시 말하면 나라를 사유화하고서도 그녀 자신은 아무런 잘못을 느끼지 못한 것이다.

당초부터 권력욕은 강했다. 하지만 그 권력욕을 성취하고 나서 무엇을 해야 할지에 대한 비전이나 국정철학 같은 것은 없었다. 그랬기 때문에 집권 4년 동안 이렇다 할 치적이라 할 만한 것이 없어 일각에서는 '무위無爲정권'이라 비판했던 것이리라. 아니, 선대의 정치를 합리화하기 위해서란 논란에 휩싸였던 '역사교과서 국정화' 작업이 있었던가.

국가정책의 선택은 대통령의 비전이기도 하다. 비전은 앞을 내다보는 일이고, 앞을 보려면 앞을 보는 안력을 키워야 한다. 그러나 그런 준비가 없었던 대통령들은 미래를 볼 수 없으니까 과거를 돌아보았다. 역사 바로세우기니 역사교과서 국정화 작업 같은 것이 바로 그 같은 카테고리에 속한다. 하지만 우리의 삶은 미래로 이어지는 것이지 과거로 돌아가는 것이 아니다.

이 글을 마무리하는 시점에서는 헌재의 대통령 탄핵 인용과 함께 조기대선이 예상되고 있다. 그녀도 그렇지만, 이제까지 12명의 권력자에 대해 집필하면서 내가 놀라고 또 개탄하는 것은 대통령 자리를 개인 입신영달의 정점으로 간주한 권력자가 너무 많았다는 점이다.

5000만 국민의 삶을 좌우하는 대통령 자리는 한 개인의 즐거움이나 입신영달이나 부귀영화를 위해 주어지는 자리가 아니다. 정도의 차이는 있지만 대통령직에 대한 인식이 박근혜와 크게 다르지 않은 정치인들이 많다는 점에서 이제 유권자는 대통령이 되고자 하는 사람에게 적어도 다음 두 가지 질문에 대해 분명한 답을 듣고 나서 투표해야 하리라고 생각한다.

첫째, 당신은 왜 대통령이 되고 싶은가?

둘째, 당신은 대통령이 되고 나서 무엇을 하고 싶은가?

대한민국 대통령 연표

순서	대통령	재임기간
1대	이승만	1948.7~1952.8
2대	이승만	1952.8~1956.8
3대	이승만	1956.8~1960.4
과도정부	허정(총리)	1960.4~1960.8
내각책임제	장면(총리)	1960.8~1961.5
4대	윤보선	1960.8~1963.12
5대	박정희	1963.12~1967.6
6대	박정희	1967.6~1971.7
7대	박정희	1971.7~1972.12
8대	박정희	1972.12~1978.12
9대	박정희	1978.12~1979.10
10대	최규하	1979.12~1980.8
11대	전두환	1980.9~1981.2
12대	전두환	1981.2~1988.2
13대	노태우	1988.2~1993.2
14대	김영삼	1993.2~1998.2
15대	김대중	1998.2~2003.2
16대	노무현	2003.2~2008.2
17대	이명박	2008.2~2013.2
18대	박근혜	2013.2~